2025
国家统一法律职业资格考试

记忆通

飞跃考试辅导中心 编

中国法治出版社
CHINA LEGAL PUBLISHING HOUSE

出 版 说 明

　　《国家统一法律职业资格考试记忆通》的前身是飞跃考试辅导中心于2006年推出的《司法考试记忆通》。作为一本能够脱颖而出并连续热销多年的考试记忆类图书，本书的制胜秘诀是什么呢？

　　根据考生的反馈信息，可以总结出本书的两大秘诀：一是体系详略得当、重点突出，帮助考生形成清晰的复习思路，显著提高复习效率；二是复习方法独特，通过图表记忆、数字记忆、比较记忆等方法，使得考点形象化，记忆效果更持久。

　　在2024年法考烽火熄灭、2025年法考战鼓又将擂响的时候，为了满足读者高效备考的需要，编写组对本书进行了修订。2025年版在全面继承前十九版优点的基础上，根据法考命题的特点及《刑法修正案（十二）》《公司法》《各级人大常委会监督法》《矿产资源法》《消费者权益保护法实施条例》《民法典合同编通则解释》《民法典侵权责任编解释（一）》等对相关内容进行了修订和调整。

　　因为用心，所以卓越。真诚希望《国家统一法律职业资格考试记忆通》一书能助您达成夙愿，早日敲开法律专业人执业的大门！

飞跃考试辅导中心

目　　录

第一章　习近平法治思想

一、习近平法治思想的形成发展及重大意义 ··················· 1
二、习近平法治思想的核心要义 ····························· 1
三、习近平法治思想的实践要求 ····························· 4

第二章　法　理　学

复习记忆指导 ··· 5
一、法的概念 ·· 5
　　（一）法的概念的争议 ······························· 5
　　（二）马克思主义关于法的本质的学说 ··················· 6
　　（三）法的特征 ···································· 6
　　（四）法的作用 ···································· 6
二、法的价值 ·· 8
　　（一）法的价值的种类 ······························· 8
　　（二）法的价值冲突的解决 ··························· 8
三、法律规则的分类 ···································· 8
　　（一）授权性规则、义务性规则 ······················· 8

1

（二）确定性规则、委任性规则和准用性规则 9
　　（三）强行性规则和任意性规则 9
四、两大法系的比较 9
五、法与社会 11

第三章　宪　　法

复习记忆指导 14
一、国家机关 14
　　（一）全国人大职能 14
　　（二）全国人大及其常委会的工作制度 15
　　（三）地方各级人大及其常委会的工作制度 17
　　（四）全国人大常委会和全国人大各专门委员会 18
　　（五）地方各级人大常委会的监督职能 19
　　（六）国家主席 20
　　（七）民族自治地方的自治机关 20
二、选举、人大代表 21
　　（一）选举权（与被选举权） 21
　　（二）人大代表的选举 21
　　（三）人大代表资格的停止和终止 22
　　（四）代表的权利和执行职务保障 23
三、立法体制 24
四、宪法修正案 26
五、数字记忆点 29

第四章　中国法律史

复习记忆指导 ·· 32
一、各个朝代法律制度 ···································· 32
　（一）西周至秦汉、魏晋时期 ···························· 32
　（二）隋唐宋至明清时期 ································ 34
　（三）清末、民国时期 ·································· 35
　（四）新民主主义革命时期 ······························ 36
二、首次事件列表 ·· 36
三、重要法典 ·· 38
四、重要数字列表 ·· 39
五、刑罚演变 ·· 41
六、各朝司法机关 ·· 41

第五章　国际法

第一节　国际公法 ·· 43
复习记忆指导 ·· 43
一、国际法主体 ·· 43
　（一）国家 ·· 43
　（二）国际组织 ·· 46
二、国际法上的空间划分 ·································· 47
　（一）领土 ·· 47
　（二）海洋法 ·· 47
　（三）外层空间法 ······································ 52
三、国际法上的个人 ······································ 52

3

（一）国籍的取得和丧失 ·· 52
　　（二）引渡 ··· 53
第二节　国际私法 ··· 54
复习记忆指导 ··· 54
一、冲突规范 ··· 54
　　（一）冲突规范的结构 ·· 54
　　（二）冲突规范（中国） ·· 54
二、冲突规范的制度 ··· 59
　　（一）识别 ··· 59
　　（二）反致 ··· 59
三、区际司法协助 ··· 60
　　（一）区际委托送达司法文书 ··· 60
　　（二）区际法院判决的承认与执行 ··· 60
　　（三）区际仲裁裁决的承认与执行 ··· 61
第三节　国际经济法 ·· 63
复习记忆指导 ··· 63
一、国际货物买卖 ··· 63
　　（一）国际贸易术语 ··· 63
　　（二）《联合国国际货物销售合同公约》 ·································· 66
二、国际海上货物运输 ··· 67
三、国际海运保险 ··· 69
　　（一）损失 ··· 69
　　（二）保险的类别 ·· 69
四、国际贸易支付 ··· 70
　　（一）托收 ··· 70
　　（二）信用证 ··· 71
五、WTO 相关规则 ·· 74

六、MIGA 多边投资担保机构 …………………………………………………… 74
七、独立保函 ……………………………………………………………………… 75

第六章　司法制度和法律职业道德

复习记忆指导 ………………………………………………………………………… 80
第一节　司法制度 …………………………………………………………………… 80
一、概述 …………………………………………………………………………… 80
二、审判制度 ……………………………………………………………………… 82
三、检察制度 ……………………………………………………………………… 84
四、律师制度 ……………………………………………………………………… 85
五、法律援助制度 ………………………………………………………………… 86
第二节　法律职业道德 ……………………………………………………………… 88
一、法官职业道德 ………………………………………………………………… 88
二、检察官职业道德 ……………………………………………………………… 89
三、律师职业道德 ………………………………………………………………… 90

第七章　刑　　法

复习记忆指导 ………………………………………………………………………… 92
第一节　刑法总论 …………………………………………………………………… 92
一、犯罪构成 ……………………………………………………………………… 92
　（一）犯罪主体 ………………………………………………………………… 92
　（二）犯罪客体 ………………………………………………………………… 94
　（三）犯罪主观要件 …………………………………………………………… 94
　（四）犯罪客观要件 …………………………………………………………… 96
二、犯罪排除事由 ………………………………………………………………… 97

- （一）正当防卫 ·· 97
- （二）紧急避险 ·· 97
- （三）其他犯罪排除事由 ·· 98

三、犯罪未完成形态 ·· 98

四、共同犯罪 ·· 99
- （一）共同犯罪的成立条件和形式 ····························· 99
- （二）共犯人的分类及其刑事责任 ····························· 99

五、单位犯罪 ··· 100

六、罪　　数 ··· 100
- （一）实质的一罪 ··· 101
- （二）法定的一罪 ··· 102
- （三）处断的一罪 ··· 102
- （四）不可罚的事后行为 ······································ 103
- （五）法条竞合 ·· 103
- （六）常考数罪并罚 ··· 103

七、刑罚种类 ··· 104
- （一）主刑（不含死刑） ······································ 104
- （二）刑法关于死刑的规定 ··································· 105
- （三）刑法关于死缓的规定 ··································· 105
- （四）剥夺政治权利 ··· 106
- （五）职业禁止 ·· 106

八、刑罚的裁量 ·· 106
- （一）累犯 ··· 106
- （二）自首 ··· 107
- （三）立功 ··· 107
- （四）坦白 ··· 107
- （五）数罪并罚 ·· 108

（六）缓刑 ··· 109
九、刑罚的执行和消灭 ··· 110
　　（一）减刑 ··· 110
　　（二）假释 ··· 110
　　（三）刑罚的消灭 ··· 111

第二节　刑法分则 ··· 112
一、危害公共安全罪 ··· 112
　　（一）交通肇事罪 ··· 112
　　（二）危险驾驶罪 ··· 113
　　（三）妨害安全驾驶罪 ·· 113
　　（四）危险作业罪 ··· 113
　　（五）帮助恐怖活动罪、准备实施恐怖活动罪 ················· 114
　　（六）破坏电力设备罪 ·· 114
二、破坏社会主义市场经济秩序罪 ······································ 115
　　（一）生产、销售伪劣商品罪 ······································· 115
　　（二）走私罪 ··· 116
　　（三）妨害对公司、企业的管理秩序罪 ·························· 116
　　（四）破坏金融管理秩序罪 ·· 117
　　（五）金融诈骗罪 ··· 119
　　（六）危害税收征管罪 ·· 120
　　（七）侵犯知识产权罪 ·· 121
三、侵犯公民人身权利、民主权利罪 ··································· 121
　　（一）故意杀人罪 ··· 121
　　（二）组织出卖人体器官罪 ·· 122
　　（三）强奸罪 ··· 122
　　（四）负有照护职责人员性侵罪 ··································· 123
　　（五）强制猥亵、侮辱罪 ··· 123

（六）拐卖妇女、儿童罪 ··· 124
（七）绑架罪与非法拘禁罪比较 ·· 124
（八）侮辱罪与诽谤罪比较 ·· 125
（九）侵犯公民个人信息罪 ·· 125
（十）虐待被监护、看护人罪 ·· 125
四、侵犯财产罪 ··· 126
（一）盗窃罪、诈骗罪、故意毁坏财物罪 ··· 126
（二）抢劫罪 ··· 127
（三）盗窃罪与相关罪名的比较 ·· 129
（四）挪用资金罪与挪用公款罪 ·· 131
（五）破坏生产经营罪 ··· 131
五、妨害社会管理秩序罪 ··· 132
（一）扰乱公共秩序罪 ··· 132
（二）妨害司法罪 ·· 135
（三）走私、贩卖、运输、制造毒品罪 ··· 137
（四）其他重要罪名 ··· 138
六、贪污贿赂罪 ··· 138
（一）贪污罪 ··· 138
（二）受贿罪与利用影响力受贿罪 ·· 139
（三）挪用公款罪 ·· 140
（四）单位受贿罪 ·· 140
（五）行贿罪 ··· 141
七、渎职罪 ··· 141
（一）滥用职权罪 ·· 141
（二）玩忽职守罪 ·· 142
（三）徇私枉法罪 ·· 142
（四）徇私舞弊不移交刑事案件罪 ·· 142

第八章　刑事诉讼法

复习记忆指导 ·· 144
一、数字记忆 ·· 144
　　（一）侦查阶段的期限规定以及相关数字 ·················· 144
　　（二）审查起诉阶段的期限规定以及相关数字 ·············· 146
　　（三）一审程序、二审程序、再审程序中的期限规定以及相关数字 ·· 146
二、图表记忆 ·· 148
　　（一）管辖 ·· 148
　　（二）强制措施 ·· 151
　　（三）判处死刑立即执行案件复核后的处理 ················ 154
　　（四）辩护律师在刑事诉讼程序各阶段的权利 ·············· 155
　　（五）值班律师 ·· 156
　　（六）死刑案件证据的审查判断 ·························· 156
　　（七）量刑程序 ·· 157
　　（八）非法证据排除规则 ·································· 157
　　（九）检察院立案监督问题的规定 ························ 159
　　（十）批准或决定逮捕阶段讯问犯罪嫌疑人的规定 ·········· 160
　　（十一）规范量刑程序 ···································· 160
　　（十二）死缓限制减刑程序 ································ 161
　　（十三）上下级法院审判 ·································· 162
　　（十四）涉外刑事诉讼程序与司法协助制度 ················ 162
三、比较记忆 ·· 163
　　（一）刑诉、民诉以及行诉中回避决定权之比较 ············ 163
　　（二）委托辩护人与诉讼代理人之比较 ···················· 164

第九章　行政法与行政诉讼法

复习记忆指导 ··· 165
第一节　行政法 ··· 166
一、比较记忆 ·· 166
　（一）行政主体与行政机关 ··· 166
　（二）内设机构与派出机构、派出机关 ·· 166
　（三）抽象行政行为与具体行政行为 ··· 166
　（四）行政复议与行政诉讼的关系类型 ·· 167
　（五）行政复议的申请人与行政诉讼的原告 ····································· 168
　（六）行政复议的被申请人和行政诉讼的被告 ·································· 168
　（七）行政复议的复议机关与行政诉讼的管辖法院 ··························· 169
二、归类记忆 ·· 171
　（一）行政处罚程序 ·· 171
　（二）行政许可程序 ·· 172
　（三）听证程序 ·· 172
　（四）治安管理处罚的程序 ··· 173
　（五）行政复议程序 ·· 175
三、图表记忆 ·· 176
　（一）公务员的条件、权利、义务 ·· 176
　（二）公务员的"进、管、出" ·· 177
　（三）公务员的保障 ·· 179
　（四）行政许可的设定机关和法律渊源 ·· 180
　（五）行政处罚的设定 ··· 180
　（六）行政处罚的适用 ··· 181
　（七）行政处罚的执行 ··· 181

（八）治安管理处罚的种类和适用 ……………………………………… 182
　　（九）行政复议的处理 …………………………………………………… 183
四、重要数字归纳记忆法 ………………………………………………………… 184
第二节　行政诉讼法 ……………………………………………………………… 186
一、数字记忆 ……………………………………………………………………… 186
二、图表记忆 ……………………………………………………………………… 188
　　（一）证据提供 …………………………………………………………… 188
　　（二）证据认定 …………………………………………………………… 189
　　（三）行政诉讼一审程序的判决 ………………………………………… 191
　　（四）行政诉讼简易程序 ………………………………………………… 192
　　（五）行政诉讼二审程序的处理 ………………………………………… 192
　　（六）行政合同（行政协议）诉讼 ……………………………………… 193
第三节　国家赔偿法 ……………………………………………………………… 195

第十章　民　　法

复习记忆指导 ……………………………………………………………………… 197
一、总　　则 ……………………………………………………………………… 197
　　（一）民事权利的分类 …………………………………………………… 197
　　（二）代理 ………………………………………………………………… 198
　　（三）诉讼时效 …………………………………………………………… 199
二、物　　权 ……………………………………………………………………… 200
　　（一）物权变动与公示原则 ……………………………………………… 200
　　（二）所有权 ……………………………………………………………… 202
　　（三）担保物权 …………………………………………………………… 205
　　（四）用益物权 …………………………………………………………… 209
三、合　　同 ……………………………………………………………………… 210

11

（一）合同的订立 ……………………………………………………… 210
　　（二）合同的效力 ……………………………………………………… 211
　　（三）合同的履行 ……………………………………………………… 213
　　（四）合同的变更和转让 ……………………………………………… 214
　　（五）合同权利义务的终止 …………………………………………… 215
　　（六）违约责任 ………………………………………………………… 217
四、人格权 …………………………………………………………………… 219
　　（一）生命权、身体权和健康权 ……………………………………… 219
　　（二）姓名权和名称权 ………………………………………………… 219
　　（三）肖像权 …………………………………………………………… 220
　　（四）名誉权与荣誉权 ………………………………………………… 221
　　（五）隐私权与个人信息保护 ………………………………………… 221
　　（六）人格权的保护 …………………………………………………… 222
五、婚姻家庭 ………………………………………………………………… 223
　　（一）结婚 ……………………………………………………………… 223
　　（二）夫妻财产关系 …………………………………………………… 224
　　（三）离婚 ……………………………………………………………… 225
六、继　　承 ………………………………………………………………… 227
　　（一）代位继承与转继承 ……………………………………………… 227
　　（二）遗嘱继承、遗赠与遗赠扶养协议 ……………………………… 227
七、侵权责任 ………………………………………………………………… 228
　　（一）归责原则与构成要件 …………………………………………… 228
　　（二）免责事由的一般规则 …………………………………………… 229
　　（三）数人侵权 ………………………………………………………… 229
　　（四）责任主体的特殊规定 …………………………………………… 230
　　（五）产品责任 ………………………………………………………… 232
　　（六）机动车交通事故责任 …………………………………………… 233

（七）医疗损害责任 ·· 234
（八）环境污染和生态破坏责任 ···························· 234
（九）高度危险责任 ·· 235
（十）饲养动物损害责任 ···································· 235
（十一）建筑物和物件损害责任 ··························· 236

第十一章　知识产权法

复习记忆指导 ·· 238
一、专利法 ·· 238
　（一）授予专利权的条件 ································· 238
　（二）不授予专利权的情形 ······························ 239
　（三）专利侵权责任 ······································· 239
二、著作权法 ··· 239
　（一）著作权的产生和保护 ······························ 239
　（二）著作权法律关系 ···································· 240
三、商标法 ·· 241
　（一）商标注册 ··· 241
　（二）商标的保护 ·· 242
　（三）商标的转让和使用许可 ··························· 243

第十二章　商　　法

复习记忆指导 ·· 244
一、公司法 ·· 244
　（一）公司设立 ··· 244
　（二）股份有限公司的设立方式 ························ 246

（三）公司股东 …… 247
　　（四）公司决议的效力 …… 253
　　（五）公司组织机构 …… 254
　　（六）股权转让 …… 258
二、合伙企业法 …… 262
　　（一）入伙 …… 262
　　（二）退伙 …… 263
三、外商投资法 …… 264
　　（一）外商投资界定 …… 264
　　（二）外商投资促进 …… 264
　　（三）外商投资保护 …… 265
　　（四）外商投资管理 …… 266
四、企业破产法 …… 267
　　（一）重要机构 …… 267
　　（二）程序 …… 269
五、保险法 …… 275
六、票据法 …… 279
　　（一）汇票、本票、支票比较 …… 279
　　（二）票据行为 …… 280
七、证券法 …… 282
　　（一）股票、公司债券发行条件比较 …… 282
　　（二）证券交易的禁止行为 …… 283
　　（三）重要数字记忆 …… 284
八、海商法 …… 284
　　（一）法律适用 …… 284
　　（二）共同海损 …… 285
九、信托法 …… 287

（一）信托制度概述 287
（二）信托的设立 289
（三）信托财产 292
（四）信托当事人 293
（五）信托的变更与终止 299

第十三章 经济法

复习记忆指导 301
一、竞争法 301
　　（一）反垄断法 301
　　（二）反不正当竞争法 306
二、消费者法 307
　　（一）消费者权益保护法 307
　　（二）产品质量法 312
　　（三）食品安全法 312
三、银行业法 314
　　（一）商业银行设立 314
　　（二）商业银行经营管理 315
　　（三）商业银行监管 315
四、财税法 316
　　（一）个人所得税法 316
　　（二）企业所得税法 317
　　（三）税收征收管理法 318
五、土地法和房地产法 319
　　（一）土地管理法 319
　　（二）城市房地产管理法 320

第十四章　环境资源法

复习记忆指导 ································· 322
一、环境保护法 ······························· 322
二、自然资源法 ······························· 324
　（一）森林法 ······························· 324
　（二）矿产资源法 ···························· 325

第十五章　劳动与社会保障法

复习记忆指导 ································· 327
一、劳动法 ·································· 327
　（一）劳动合同的分类 ························· 327
　（二）试用期规定 ···························· 328
　（三）劳动合同的解除 ························· 328
　（四）用人单位经济补偿 ······················· 330
　（五）劳务派遣 ······························ 331
　（六）劳动争议的解决 ························· 331
　（七）知识点数字记忆 ························· 332
二、社会保障法 ······························· 332
　（一）社会保险法 ···························· 332
　（二）军人保险法 ···························· 333

第十六章　民事诉讼法与仲裁制度

复习记忆指导 ··· 334
一、数字记忆 ··· 334
　　（一）当事人与诉讼代理人应当遵守的时限以及其他相关数字 ············· 334
　　（二）人民法院应当遵守的时限以及其他相关数字 ···················· 335
　　（三）仲裁程序中应当遵守的时限以及其他相关数字 ···················· 338
二、图表记忆 ··· 338
　　（一）离婚案件的特殊规定 ··· 338
　　（二）诉前保全的管辖 ··· 338
　　（三）级别管辖 ··· 339
　　（四）管辖权异议 ··· 339
　　（五）地域管辖 ··· 340
　　（六）合同或者其他财产权益纠纷案件的管辖 ························· 340
　　（七）侵权引发诉讼的管辖 ··· 340
　　（八）管辖协议 ··· 341
　　（九）证明责任 ··· 341
　　（十）上诉案件的审理 ··· 342
　　（十一）再审程序的启动 ··· 343
　　（十二）公益诉讼 ··· 345
　　（十三）第三人撤销之诉 ··· 346
　　（十四）执行异议之诉 ··· 346
三、比较记忆 ··· 347
　　（一）确认之诉、形成之诉与给付之诉之比较 ························· 347
　　（二）民事诉讼与行政诉讼中专属管辖之比较 ························· 347
　　（三）共同诉讼之比较 ··· 348

（四）保全与先予执行的比较 ·················· 349
　　（五）审判组织 ···························· 350
　　（六）诉讼中止、诉讼终结与延期审理之比较 ········ 351
　　（七）简易程序与普通程序之比较 ················ 352
　　（八）民事诉讼与刑事诉讼简易程序之比较 ·········· 354
　　（九）六种特别程序之比较 ···················· 355
四、三大诉讼法跨法比较记忆 ······················ 357
　　（一）管辖问题 ···························· 357
　　（二）审判组织 ···························· 358
　　（三）诉讼主体 ···························· 359
　　（四）撤诉 ································ 359
　　（五）审理程序 ···························· 360
五、调解、和解比较记忆 ·························· 364
六、仲裁制度 ···································· 365
　　（一）仲裁协议的效力 ······················ 365
　　（二）申请撤销仲裁裁决 ···················· 366
　　（三）仲裁裁决的执行与不予执行 ·············· 366
　　（四）案外人申请不予执行仲裁裁决或仲裁调解书 ·· 367

第一章　习近平法治思想

一、习近平法治思想的形成发展及重大意义

习近平法治思想的形成发展	习近平法治思想形成的时代背景。
	习近平法治思想形成发展的逻辑。
	习近平法治思想形成发展的历史进程。
	习近平法治思想的鲜明特色。
习近平法治思想的重大意义	习近平法治思想是马克思主义法治理论同中国法治建设具体实际相结合、同中华优秀传统法律文化相结合的最新成果。
	习近平法治思想是对党领导法治建设丰富实践和宝贵经验的科学总结。
	习近平法治思想是在法治轨道上全面建设社会主义现代化国家的根本遵循。
	习近平法治思想是引领法治中国建设实现高质量发展的思想旗帜。

二、习近平法治思想的核心要义

坚持党对全面依法治国的领导	党的领导是中国特色社会主义法治之魂。
	全面依法治国是要加强和改善党的领导。
	坚持党的领导、人民当家作主、依法治国有机统一。
	坚持党领导立法、保证执法、支持司法、带头守法。
	健全党领导全面依法治国的制度和工作机制。

续表

坚持以人民为中心	以人民为中心是中国特色社会主义法治的根本立场。
	坚持人民主体地位。
	牢牢把握社会公平正义的价值追求。
	推进全面依法治国的根本目的是依法保障人民权益。
坚持中国特色社会主义法治道路	中国特色社会主义法治道路是建设中国特色社会主义法治体系、建设社会主义法治国家的唯一正确道路。
	中国特色社会主义法治道路的核心要义。
坚持依宪治国、依宪执政	坚持依法治国首先要坚持依宪治国，坚持依法执政首先要坚持依宪执政。
	宪法是国家的根本法，是治国理政的总章程。
	全面贯彻实施宪法。
	推进合宪性审查工作。
	深入开展宪法宣传教育。
坚持在法治轨道上推进国家治理体系和治理能力现代化	全面依法治国是国家治理的一场深刻革命。
	法治是国家治理体系和治理能力的重要依托。
	更好发挥法治固根本、稳预期、利长远的保障作用。
	坚持依法治军、从严治军。
	坚持依法保障"一国两制"实践与推进祖国统一。
	坚持依法治网。
坚持建设中国特色社会主义法治体系	推进全面依法治国的总目标和总抓手。
	建设完备的法律规范体系。
	建设高效的法治实施体系。
	建设严密的法治监督体系。
	建设有力的法治保障体系。
	建设完善的党内法规体系。

续表

坚持依法治国、依法执政、依法行政共同推进，法治国家、法治政府、法治社会一体建设	全面依法治国是一个系统工程。
	法治国家是法治建设的目标。
	法治政府是建设法治国家的主体。
	法治社会是构筑法治国家的基础。
坚持全面推进科学立法、严格执法、公正司法、全民守法	科学立法、严格执法、公正司法、全民守法是推进全面依法治国的重要环节。
	推进科学立法。
	推进严格执法。
	推进公正司法。
	推进全民守法。
坚持统筹推进国内法治和涉外法治	统筹推进国内法治和涉外法治是全面依法治国的迫切任务。
	加快涉外法治工作战略布局。
	加强对外法治交流合作。
	为构建人类命运共同体提供法治保障。
坚持建设德才兼备的高素质法治工作队伍	建设一支德才兼备的高素质法治工作队伍至关重要。
	加强法治专门队伍建设。
	加强法律服务队伍建设。
	加强法治人才培养。

续表

坚持抓住领导干部这个"关键少数"	领导干部是全面依法治国的关键。
	领导干部要做尊法学法守法用法的模范。
	领导干部要提高运用法治思维和法治方式的能力。
	党政主要负责人要履行推进法治建设第一责任人职责。

三、习近平法治思想的实践要求

充分发挥法治对经济社会发展的保障作用	以法治保障经济发展。
	以法治保障政治稳定。
	以法治保障文化繁荣。
	以法治保障社会和谐。
	以法治保障生态良好。
正确认识和处理全面依法治国一系列重大关系	政治和法治。
	改革和法治。
	依法治国和以德治国。
	依法治国和依规治党。

第二章 法理学

复习记忆指导

国家统一法律职业资格考试越来越注重对考生能力的考查和对法学理论相对深层次的理解。因此，考生学习法理学不能死记知识点，一定要理解其真正的含义。法理学的考查重点一直高度集中在法的本体和法的运行这两部分；法的演进和法与社会是次重点。考生在全面深入复习法理学知识点的基础上，再精研往年考题，把握出题思路，当能攻下法理学。

一、法的概念

（一）法的概念的争议

围绕着法的概念的争论的中心问题是关于法与道德之间的关系。

实证主义	所有的实证主义理论都主张，在定义法的概念时，没有道德因素被包括在内，即法和道德是分离的。	
	分类	以社会实效为首要定义要素的法的概念的主要代表是法社会和法现实主义。
		以权威性制定为首要定义要素的法的概念的主要代表是分析主义法学，如奥斯丁、哈特，或纯粹法学的凯尔森等。
非实证主义	所有的非实证主义理论都主张，在定义法的概念时，道德因素被包括在内，即法与道德是相互联结的。	
	分类	以内容的正确性作为法的概念的唯一定义要素。
		以内容的正确性与权威性制定或社会实效性要素同时作为法的概念的定义要素。

（二）马克思主义关于法的本质的学说

法的阶级性	（1）法的阶级性，是指在阶级对立的社会中，法是国家意志的体现实质上是掌握国家政权阶级即统治阶级意志的体现。 （2）法是统治阶级意志的体现，是指由统治阶级的根本的整体的利益所决定的统治阶级的共同意志的体现。 （3）"法是统治阶级意志的体现"，这并不意味着法的制定与实施不受被统治阶级的制约。 （4）"法是统治阶级意志的体现"，这并不意味着统治阶级的意志就是法。统治阶级的意志只有经过国家机关被上升为国家意志、被客观化正式化为具体规定才可能成为法。
法的物质制约性	（1）法的物质制约性，是指法是统治阶级意志的体现，但是统治阶级意志的内容是由特定社会的物质生活条件或物质生产方式决定的。 （2）法具有客观性，是主观统一的产物。因此，法不是掌握国家政权的阶级即统治阶级可以为所欲为的或恣意的产物。 （3）虽然物质生活条件或物质生产方式是法的最终决定因素，但是，它不是影响法的唯一要素，其他的社会因素，对法也产生影响。

（三）法的特征

1. 法是调整人的行为的一种社会规范。
2. 法是由国家制定或认可的社会规范。
3. 法是以国家强制力保证其实施的社会规范。
4. 法是具有普遍性的社会规范。
5. 法是具有严格、明确的程序的社会规范。
6. 法是具有可诉性的社会规范。

（四）法的作用
1. 法的五种规范作用

	指引作用	评价作用	教育作用	预测作用	强制作用
含义	指法对本人的行为具有引导作用。	指法律具有判断、衡量他人行为合法与否的评判作用。	指通过法律的实施对一般人的行为产生影响。	指凭借法律的存在，可以预先估计到人们相互之间会如何行为。	指法律对违法行为具有制裁、惩罚的作用。
对象	本人的行为	他人的行为	一般人的行为	人们相互的行为	违法者的行为

表现形式	(1) 确定的指引，即通过设置法律义务，要求人们作出或不作出一定行为，使社会成员明确自己必须从事或不得从事的行为界限。(2) 不确定的指引，又称选择的指引，是指通过宣告法律权利，给人们一定的选择范围。	法律作为一种判断标准和评价尺度，被用来评价、判断他人行为的法律性质。	(1) 对违法行为实施制裁，对一般人有教育警戒作用。(2) 对合法行为加以保护、赞许、奖励，对所有的人有示范鼓励作用。(3) 平等有效地实施法律，在更高层次上实现法律的教育作用。	公民之间、社会组织之间、国家、企事业单位之间以及它们相互之间的行为的预测。	(1) 通过制裁违法犯罪行为直接显现出来。(2) 作为一种威慑力量，起预防违法犯罪行为的作用。

2. 法的作用

法的作用	法的作用就是由法的内容、目的决定的。法的社会作用主要涉及三个领域和两个方向。三个领域即社会经济生活、政治生活、思想文化生活领域；两个方向即政治职能（通常说的阶级统治的职能）和社会职能（执行社会公共事务的职能）。
法的作用的局限性	法律不是万能的，原因在于： (1) 法的作用的范围不可能是无限的； (2) 法律是社会规范之一，必然受到其他社会规范以及社会条件和环境的制约； (3) 法律与事实之间的对应难题也不是法律自身所能够完全解决的； (4) 法律自身条件的制约，如表达法律的语言具有开放性结构。

二、法的价值

（一）法的价值的种类

	秩序	自由	正义	人权
概念	法学所言秩序，主要是指社会秩序。它表现通过法律机构、法律规范、法律权威所形成的一种法律状态。	是指法以确认、保障人的行为能力为己任，从而使主体与客体之间能够达到一种和谐的状态。	人与人之间的公正与平等。	每个人作为人应该享有或者享有的权利。
地位	秩序是法的基础价值。	自由在法的价值中的地位，表现在它既是评价法律进步与否的标准，更重要的是它体现了人性最深刻的需要。	（1）正义是法的基本标准；（2）正义是法的评价体系；（3）正义是法律进化的推动力。	人权既可以作为道德权利，也可以作为法律权利，法能够促进与保证人权的实现。

（二）法的价值冲突的解决

个案中的比例原则	与其他法的价值相比较，哪个法的价值在具体案件的情境下更具有优先性或分量。
价值位阶原则	在不考虑具体案件的情境下，法的各个价值之间的优先性关系。

三、法律规则的分类

（一）授权性规则、义务性规则

	授权性规则	义务性规则	
		命令性规则	禁止性规则
含义	规定人们有权作一定行为或不作一定行为的规则。	人们必须或应当作出某种行为的规则。	禁止人们作出一定行为的规则。
性质	具有任意性，即法律关系主体有行为选择自由，是关于主体权利的规定。	具有强制性，不允许主体一方或双方任意违反或改变，是关于主体义务的规定，其规定的行为规则的内容是确定的。	

8

（二）确定性规则、委任性规则和准用性规则

	确定性规则	委任性规则	准用性规则
含义	指内容已明确肯定，无需再援引或参照其他规则来确定其内容的法律规则。	指内容尚未确定，而只规定某种概括性指示，由相应国家机关通过相应途径或程序加以确定的法律规则。	指内容本身没有规定人们具体的行为模式，而是可以援引或参照其他相应内容规定的规则。
举例	在法律条文中规定的绝大多数法律规则属于此种规则。	我国《计量法》第32条规定："中国人民解放军和国防科技工业系统计量工作的监督管理办法，由国务院、中央军事委员会依据本法另行制定。"此规定即属委任性规则。	我国《商业银行法》第17条第1款："商业银行的组织形式、组织机构适用《中华人民共和国公司法》的规定。"此规定即属准用性规则。

（三）强行性规则和任意性规则

	强行性规则	任意性规则
含义	指内容具有强制性质，不允许人们随便加以更改的法律规则。	规定一定范围，允许人们在这一范围内自行选择或协商确定为或不为以及为的方式，以及法律关系中的具体权利义务等的规则。
内容	规定人们的法律义务，因此所有规定人们义务的规范均为强行性规则。	规定法律关系主体的某种权利自由，大多数规定法律权利的规则均为任意性规则。
性质	具有强制性，不允许有个人意思表示，如有订立行为条件的协议，亦为无效。	具有任意性，允许有个人意思表示，法律只在当事人未选择时才使任意性规则发生效力，代替当事人选择。

四、两大法系的比较

	大陆法系（民法法系、罗马法系）	英美法系（普通法法系、英国法系）
特征	（1）以民法典为典型。 （2）以法典成文法为主要形式。	以判例为主要形式。

续表

分支	（1）法国法系是以1804年《法国民法典》为蓝本建立的，以强调个人权益为主导思想，反映自由资本主义时期的社会经济特点。 （2）德国法系以1896年《德国民法典》为基础建立，强调社会利益，反映垄断资本主义时期的社会经济状况。	（1）英国法系主要采取不成文宪法，法院系统自19世纪后为单一制，法院不享有司法审查权。 （2）美国法系主要采用成文宪法，法院系统为联邦制，法院享有通过具体案件来确定法律、法规是否合宪的司法审查权，公民权利也主要通过宪法规定。
法的渊源	正式的法的渊源指制定法，即宪法、法律等。比如：古罗马法、《法国民法典》、《德国民法典》。	正式的法的渊源指制定法和判例法，法院判例具有正式法律效力，由法官创制。其中，判例法又分为普通法、衡平法。
法的分类	基本分类是公法和私法。公法包括宪法、刑法、行政法、诉讼法等；私法主要指民法、商法。	基本分类是普通法、衡平法。两者之间区别主要在于前者由普通法院创制，而后者则由大法官法院创制。
法典编纂	采用法典形式。	通常不采用法典形式，制定法也为单行法律、法规，而非法典。即使采用法典形式，也多为判例法的规范化。
法律术语概念	主要表现为理性主义的倾向，如民法中有关财产权利的法称物权法。	更多体现了经验主义特点，如民法中有关财产权利的法称财产法。
诉讼程序	采取职权主义（即纠问制诉讼），法官在诉讼中居于主导地位，法官审理案件采用演绎法，按制定法的规定来判决案件。	实行当事人主义（即对抗制诉讼），法官在诉讼中居于消极、中立的地位，法官审理案件采用归纳法，将本案事实与以前判例比较，从以前的判例中概括出适用本案的法律规则。

五、法与社会

法与社会一般理论	法以社会为基础	一方面，法是社会的产物。首先，社会的性质决定法的性质，不同性质的社会就有不同性质的法律。其次，社会的发展阶段及其特征决定法的发展阶段及其特征。总之，社会决定法律的性质与功能，法律变迁与社会发展的进程基本一致。另一方面，社会是法的基础。首先，法的发展重心不在立法、法学或判决，而在社会本身。其次，制定、认可法律的国家以社会为基础，国家权力以社会力量为基础。 总之，社会决定法律的性质与功能，法律变迁与社会发展的进程基本一致。
	法对社会的调整	社会需要通过法来调和社会冲突，分配社会资源，维持社会秩序。法律不仅具有维护社会稳定与秩序的作用，也具有促进社会变迁和变化的作用。社会需要通过法来纠正自身存在的各类问题。社会需要使法律与其他的资源分配系统（宗教、道德、政策等）相互配合来一起调整。
	总之，法律是一种社会工程，是社会控制的工具之一，其任务在于调整各种相互冲突的社会利益。它虽然由社会决定，但也反作用于社会。	
法与经济	法与经济一般关系	经济基础对法具有决定作用。首先，经济基础的性质决定法的性质。其次，经济基础决定法的内容。再次，经济基础的发展变化决定法的发展变化。最后，经济基础决定法的作用的实现程度。
		法对经济基础具有反作用。首先，法对经济基础具有指引和预测的作用。其次，法对经济基础也可能具有限制和削弱作用。社会主义法对社会主义经济基础的作用体现在：其一，确认和维护社会主义基本经济基础；其二，对社会主义市场经济进行法律规制；其三，通过调整生产关系促进生产力的发展。
	法与科学技术	科技对立法的影响。首先，科技的发展扩大了法律调整的社会关系的范围。其次，科技的发展在一定程度上提高了立法的质量和水平。最后，新技术的出现也导致了伦理困境和法律评价上的困难。
		法对科技进步的作用。首先，可以运用法律管理科技活动。其次，可以通过法律促进科技成果的商品化。最后，法律要对科技可能导致的问题进行必要的限制，以防止产生不利的社会后果。

续表

法与政治	法与政治的一般关系	政治对法的作用	在政治与法的相互关系之中，政治具有主导作用。首先，法的产生和实现往往与一定的政治活动相关，反映和服务于一定的政治。其次，政治可以为法的发展提供条件和环境。再次，政治可以影响和制约法的内容。最后，政治关系的发展变化也在一定程度或意义上影响法的发展变化。
		法对政治的作用	法具有确认和调整政治关系并直接影响政治发展的作用。首先，法可以确认社会各阶层和集团在国家生活中的地位。其次，法可以反映和实现一定阶级和集团的政治目的和要求。再次，法可以为一定阶级和国家的中心任务服务。最后，法还可以对危害统治阶级的行为采取制裁措施，捍卫政治统治。
	法与政策		法与国家政策、执政党政策在内容和实质方面存在联系。但是，它们在意志属性、规范形式、实施方式、调整范围、稳定性和程序化程度等方面有明显的区别。
	法与国家		一般意义上，法与国家相互依存，相互支撑。法的制定、实施需要国家强制力予以保障，国家权力的合法性、稳定性需要法律予以形式上的强化和维护。同时，法和国家权力也存有冲突，现代法治的实质和精义在于对国家权力的制约。
法与宗教	宗教对法的影响		（1）宗教可以推动立法。 （2）宗教影响司法程序。 （3）宗教信仰有助于提高守法的自觉性。 （4）当然，宗教对法律也有消极的影响，由于宗教信仰产生的热情，会导致过分的狂热，某些宗教甚至妨碍司法公正的实现。
	法对宗教的影响		（1）现代法律对宗教的影响，主要表现为法对本国宗教政策的规定。 （2）在我国，宗教信仰自由既是公民的一项基本权利，也是国家的一项基本政策。

续表

法与道德	联系	（1）法与道德在概念上的联系。对于法与道德在概念上是否存在必然联系，不同学者有不同的观点：一是肯定说，以自然法学为代表，即"恶法非法"。二是否定说，以法律实证主义为代表，即"恶法亦法"。 （2）法与道德在内容上的联系。近现代法在确认和体现道德时大多注意二者重合的限度，倾向于只将最低限度的道德要求转化为法律义务，明确法与道德的调整界限，因而将法律视为最低限度的道德。 （3）法与道德在功能上的联系。法与道德在功能上相辅相成，共同调整社会关系。法律调整与道德调整各具优势，且形成互补。 （4）社会主义社会为法与道德的有机结合提供了广泛的社会基础。一方面，社会主义法追求良法之治，法律中已包含了道德的标准，它对社会主义道德具有积极的促进和保障作用。另一方面，社会主义道德又代表了最大多数人、人类历史上最先进的道德，它为社会主义法的制定提供价值导引并促进法的实施。
	区别	（1）产生方式不同。法在形式上由国家机关按照法定程序主动制定或认可，是立法者自觉建构的产物。道德是在社会生产生活中自然演进生成的，是自发和非建构的产物。 （2）表现形式不同。法一般以国家机关创制的规范性文件的形式来表现；道德则通常存在于人们的内心和社会舆论之中，或以语言的形式被记载下来。 （3）调整范围不同。首先，道德的调整范围要比法的调整范围广。其次，道德对人的行为的调整要比法律的调整更有深度。 （4）内容结构不同。法在规范形态上以规则为主；道德在规范形态上以原则为主。法的可操作性较强，但较为僵硬；道德的灵活度大，但易生歧义。 （5）实施方式不同。法依靠国家强制力保证实施；道德主要依靠人们的内心信念和社会舆论等方式加以强制实施。

第三章 宪 法

复习记忆指导

宪法考查风格比较稳定，体现了重者恒重、轻者恒轻的特点，其中我国的基本政治经济制度和国家机构一直是考查的重点，宪法基本理论在近年也逐渐受到重视。

宪法的内容很庞杂，虽然考查得比较直接，但考查日趋细致化。针对这部分，非常强调记忆的精确性，特别注意细节和比较，否则在考场上很难准确选出答案。

一、国家机关

（一）全国人大职能

任期	任期5年	任期届满的2个月以前，全国人大常委会必须完成下届全国人民代表大会代表的选举。**例外**：遇到不能进行选举的非常情况，由全国人大常委会以全体组成人员的2/3以上多数通过，可以推迟选举。待非常情况结束后1年内，必须完成下届全国人大代表选举。
职权	立法权	修改宪法：由全国人大常委会或者1/5以上的全国人大代表提议，并由全国人大以全体代表的2/3以上的多数通过。
		制定和修改基本法律。法律和其他议案以全体代表的过半数通过。
	人事任免权	选举全国人民代表大会常务委员会的组成人员。
		选举国家主席、副主席。
		决定国务院总理的人选。
		决定副总理、国务委员、各部部长、各委员会主任、审计长、秘书长的人选。
		选举中央军事委员会主席；决定中央军委其他组成人员的人选。
		选举国家监察委员会主任；选举最高人民法院院长；选举最高人民检察院检察长。
		罢免上述人员。

续表

重大事项决定权	决定特别行政区的设立及其制度;决定战争和和平的问题;批准省、自治区和直辖市的建置。	
监督权	改变或者撤销全国人民代表大会常务委员会不适当的决定。 审查和批准国民经济和社会发展计划和计划执行情况的报告以及国家的预算和预算执行情况的报告。	

(二) 全国人大及其常委会的工作制度

	全国人大	全国人大常委会
提案权	**主体**:全国人民代表大会主席团,全国人民代表大会常务委员会,全国人民代表大会各专门委员会,国务院,中央军事委员会,国家监察委员会,最高人民法院,最高人民检察院。 **程序**:列入会议议程的议案,提案人应当向会议提出关于议案的说明。议案由各代表团进行审议,主席团可以并交有关的专门委员会进行审议、提出报告,由主席团审议决定提请大会全体会议表决。	**主体**:委员长会议,全国人民代表大会各专门委员会,国务院,中央军事委员会,国家监察委员会,最高人民法院,最高人民检察院。
	主体:1个代表团或者30名以上的代表联名。 **程序**:列入会议议程的议案,提案人应当向会议提出关于议案的说明。议案由各代表团进行审议,主席团可以并交有关的专门委员会进行审议、提出报告,由主席团审议决定提请大会全体会议表决。	**主体**:常务委员会组成人员10人以上联名。

续表

国家机构组成人员的选举与任免	**提名对象**：全国人民代表大会常务委员会委员长、副委员长、秘书长、委员的人选，中华人民共和国主席、副主席的人选，中央军事委员会主席的人选，国家监察委员会主任、最高人民法院院长和最高人民检察院检察长的人选。 **程序**：由主席团提名，经各代表团酝酿协商后，再由主席团根据多数代表的意见确定正式候选人名单。全国人大会议选举或决定任命。	**主体**：国务院总理；中央军事委员会主席。 **决定**：根据国务院总理的提名，可以决定国务院其他组成人员的任免；根据中央军事委员会主席的提名，可以决定中央军事委员会其他组成人员的任免。
罢免、撤销	**主体**：全国人大主席团、全国人大 3 个以上的代表团或者 1/10 以上的代表。 **罢免对象**：全国人大常委会的组成人员，国家主席、副主席，国务院和中央军事委员会的组成人员，国家监察委员会主任、最高人民法院院长和最高人民检察院检察长的罢免案，由主席团交各代表团审议后，提请大会表决。	**主体**：委员长会议、国务院总理；中央军事委员会主席。 **撤销决定**：常委会在大会闭会期间根据委员长会议、国务院总理的提请，可以决定撤销国务院其他个别组成人员的职务；根据中央军事委员会主席的提请，可以决定撤销中央军事委员会其他个别组成人员的职务。
质询	**主体**：1 个代表团或者 30 名以上的代表联名，可以书面提出对国务院以及国务院各部门、国家监察委员会、最高人民法院、最高人民检察院的质询案。	**主体**：常务委员会组成人员 10 人以上联名，可以向常务委员会书面提出对国务院以及国务院各部门、国家监察委员会、最高人民法院、最高人民检察院的质询案。

（三）地方各级人大及其常委会的工作制度

	地方各级人大	地方各级人大常委会
提案权	**主体**：主席团、常务委员会、各专门委员会、本级人民政府，可以向本级人民代表大会提出属于本级人民代表大会职权范围内的议案。 **程序**：由主席团决定提交人民代表大会会议审议，或者并交有关的专门委员会审议、提出报告，再由主席团审议决定提交大会表决。	**主体**：县级以上的地方人大常委会主任会议、地方各级人民政府、人民代表大会各专门委员会，可以向本级人民代表大会常务委员会提出属于常务委员会职权范围内的议案。 **程序**：主任会议——由常委会审议；其他——由主任会议决定提请常务委员会会议审议，或者先交有关的专门委员会审议、提出报告，再提请常务委员会会议审议。
	主体：县级以上的地方各级人大代表10人、乡、民族乡、镇的人大代表5人以上联名。 **程序**：由主席团决定是否列入大会议程，或者先交有关的专门委员会审议，提出是否列入大会议程的意见，再由主席团决定是否列入大会议程。	**主体**：省、自治区、直辖市、自治州、设区的市的人民代表大会常务委员会组成人员5人以上联名，县级的人民代表大会常务委员会组成人员3人以上联名。 **程序**：由主任会议决定是否提请常务委员会会议审议，或者先交有关的专门委员会审议、提出报告，再决定是否提请常务委员会会议审议。
人事提名	**提名对象**：县级以上——本级人民代表大会常务委员会组成人员，人民政府领导人员，监察委员会主任，人民法院院长，人民检察院检察长的候选人。乡级——本级人民代表大会主席、副主席，人民政府领导人员的候选人。 **程序**：省、自治区、直辖市的人大代表30人以上书面联名，设区的市和自治州的人大代表20人以上书面联名，县级的人大代表10人以上书面联名，乡、民族乡、镇的人民代表大会代表10人以上书面联名。	

续表

罢免领导人	**主体**：县级以上的地方各级人民代表大会举行会议的时候，主席团、常务委员会或者1/10以上代表联名，乡级人民代表大会举行会议的时候，主席团或者1/5以上代表联名。 **罢免对象**：县级以上——本级人民代表大会常务委员会组成人员、人民政府组成人员、监察委员会主任、人民法院院长、人民检察院检察长的罢免案。 乡级——对人民代表大会主席、副主席、乡长、副乡长、镇长、副镇长的罢免案。	
质询	**主体**：地方各级人民代表大会举行会议的时候，代表10人以上联名可以书面提出对本级人民政府和它所属各工作部门以及监察委员会、人民法院、人民检察院的质询案。 **程序**：质询案由主席团决定交由受质询机关在主席团会议、大会全体会议或者有关的专门委员会会议上口头答复，或者由受质询机关书面答复。	**主体**：在常务委员会会议期间，省、自治区、直辖市、自治州、设区的市的人民代表大会常务委员会组成人员5人以上联名，县级的人民代表大会常务委员会组成人员3人以上联名。 **程序**：质询案由主任会议决定交由受质询机关在常务委员会全体会议上或者有关的专门委员会会议上口头答复，或者由受质询机关书面答复。

（四）全国人大常委会和全国人大各专门委员会

	全国人大常委会	全国人大各专门委员会
组成	委员长，副委员长若干，秘书长，委员若干。	主任委员、副主任委员若干和委员若干。
产生	常务委员会的组成人员由全国人民代表大会从代表中选出。	各专门委员会的主任委员、副主任委员和委员的人选，由主席团在代表中提名，大会通过。人大闭会期间，全国人大常委会可决定个别副主任委员和委员的人选。

续表

任职要求	常委会的组成人员不得担任国家行政机关、监察机关、审判机关和检察机关的职务；如果担任上述职务，必须向常务委员会辞去常务委员会的职务。	
主要职权	解释宪法，监督宪法的实施。	审议向全国人大主席团或者全国人大常委会提出有关的议案。
	制定和修改非基本法律。	审议全国人大常委会交付的被认为同宪法、法律相抵触的下位法律文件，提出报告。
	在全国人大闭会期间，对全国人大制定的法律进行部分补充和修改，但是不得同该法律的基本原则相抵触。	审议全国人大主席团或者全国人大常委会交付的质询案。
	解释法律。	对同本委员会有关的问题，进行调查研究，提出建议。

（五）地方各级人大常委会的监督职能

监督对象	本级人民政府、监察委员会、人民法院和人民检察院的工作。
监督方式	按照民主集中制的原则，集体行使监督职权。
	各级人大常委会行使监督职权的情况，应当向本级人民代表大会报告，接受监督，并向社会公开。
监督手段	听取和审议人民政府、监察委员会、人民法院和人民检察院的专项工作报告。
	财政经济工作监督。
	法律法规实施情况的检查。
	规范性文件的备案审查。
	询问、专题询问和质询。
	特定问题调查。
	撤职案的审议和决定。

（六）国家主席

条件	有选举权和被选举权	年满 45 周岁	中华人民共和国公民
产生与任期	由全国人大选举产生。	中华人民共和国主席、副主席每届任期同全国人民代表大会每届任期相同（5年）。	中华人民共和国主席、副主席行使职权到下届全国人民代表大会选出的主席、副主席就职为止。
职务空缺	中华人民共和国主席缺位的时候，由副主席继任主席的职位。	中华人民共和国副主席缺位的时候，由全国人民代表大会补选。	主席、副主席都缺位的时候，由全国人大补选；在补选以前，由全国人大常委会委员长暂时代理主席职位。

（七）民族自治地方的自治机关

自治机关	自治区、自治州、自治县的人民代表大会和人民政府。	民族乡不是民族自治地方。
人员构成	自治区、自治州、自治县的人大常委会中应当有实行区域自治的民族的公民担任主任或者副主任。	自治区主席、自治州州长、自治县县长由实行区域自治的民族的公民担任。应当合理配备实行区域自治的民族和其他少数民族的人员。
特别权限	制定自治条例和单行条例。	自治区的自治条例和单行条例，报全国人民代表大会常务委员会批准后生效。自治州、自治县的自治条例和单行条例，报省或者自治区的人民代表大会常务委员会批准后生效，并报全国人民代表大会常务委员会备案。
	上级国家机关的决议、决定、命令和指示，如有不适合民族自治地方实际情况的，自治机关可以报经该上级国家机关批准，变通执行或者停止执行。	
	有管理地方财政的自治权，经济建设事业、教育、科学、文化、卫生、体育事业的自主权。	
	民族自治地方的自治机关依照国家的军事制度和当地的实际需要，经国务院批准，可以组织本地方维护社会治安的公安部队。	
	民族自治地方的自治机关在执行职务的时候，依照本民族自治地方自治条例的规定，使用当地通用的一种或者几种语言文字。	

二、选举、人大代表

(一) 选举权（与被选举权）

拥有选举权	年满 18 周岁，且未被剥夺政治权利。
不能行使选举权	精神病患者不能行使选举权利的，经选举委员会确认。
停止行使选举权利	因危害国家安全或者其他严重刑事犯罪案被羁押，正在受侦查、起诉、审判的人，经人民检察院或者人民法院决定，在被羁押期间停止行使选举权利。
准予行使选举权利	(1) 被判处有期徒刑、拘役、管制而没有附加剥夺政治权利的；(2) 被羁押，正在受侦查、起诉、审判，人民检察院或者人民法院没有决定停止行使选举权利的；(3) 正在取保候审或者被监视居住的；(4) 正在被采取强制性教育措施的；(5) 正在受拘留处罚的。

(二) 人大代表的选举

	全国人大代表	地方各级人大代表	
		省、设区的市两级	县、乡两级
产生方式	由下一级人民代表大会选举产生。	由下一级人民代表大会选举产生。	不设区的市、市辖区、县、自治县、乡、民族乡、镇的人民代表大会的代表，由选民直接选举。
选举管理	全国人大常委会主持全国人民代表大会代表的选举。	人大常委会主持本级人民代表大会代表的选举，指导本行政区域内县级以下人民代表大会代表的选举。	县、乡设立选举委员会，主持本级人大选举。不设区的市、市辖区、县、自治县的选举委员会受本级人大常委会领导。乡、民族乡、镇的选举委员会受不设区的市、市辖区、县、自治县的人大常委会领导。
代表人数	不超过 3000 人。分配原则：每一代表所代表的城乡人口数相同，并保证各地区、各民族、各方面都有适当数量代表。	按人口确定。由本级人大常委会或者选举委员会分配。分配原则：每一代表所代表的城乡人口数相同，并保证各地区、各民族、各方面都有适当数量代表。	

续表

候选人产生	各政党、各人民团体，可以联合或者单独推荐代表候选人。选民或者代表，10人以上联名，也可以推荐代表候选人。	
确定候选人	间接选举的，代表候选人的人数应多于应选代表名额1/5至1/2。如果所提候选人的人数超过上述最高差额比例，进行预选，根据预选时得票多少的顺序，确定正式代表候选人名单。	由选民直接选举的代表候选人人数，应多于应选代表名额1/3至1倍。对正式代表候选人不能形成较为一致意见的，进行预选，根据预选时得票多少的顺序，确定正式代表候选人名单。
选票效力	每次选举所投的票数，多于投票人数的无效，等于或者少于投票人数的有效。每一选票所选的人数，多于规定应选代表人数的作废，等于或者少于规定应选代表人数的有效。	
代表当选	间接选举时，代表候选人获得全体代表过半数的选票时，始得当选。（过半当选）	直接选举时，选区全体选民的过半数参加投票，选举有效。代表候选人获得参加投票的选民过半数的选票时，始得当选。（过半有效，过半当选）
★（1）获得过半数选票的代表候选人的人数超过应选代表名额时，以得票多的当选。如遇票数相等不能确定当选人时，应当就票数相等的候选人再次投票，以得票多的当选。 （2）获得过半数选票的当选代表的人数少于应选代表的名额时，不足的名额另行选举。另行选举时，如果只选1人，候选人应为2人。		

（三）人大代表资格的停止和终止

	全国人大代表	地方各级人大代表	
		省、市两级	县、乡两级
暂停代表职务的情形	（1）因刑事案件被羁押正在受侦查、起诉、审判的；（2）被依法判处管制、拘役或者有期徒刑而没有附加剥夺政治权利，正在服刑的。上述情形在代表任期内消失后，恢复其执行代表职务，但代表资格终止者除外。		
代表资格终止	（1）地方各级人民代表大会代表迁出或者调离本行政区域的；（2）辞职被接受的；（3）未经批准两次不出席本级人民代表大会会议的；（4）被罢免的；（5）丧失中华人民共和国国籍的；（6）依照法律被剥夺政治权利的；（7）丧失行为能力的。		

第三章 宪 法

续表

代表罢免	**提案主体**：县级以上的地方各级人大主席团或者 1/10 以上代表，闭会期间人大常委会主任会议或者常务委员会 1/5 以上组成人员联名，可以提出对由该级人民代表大会选出的上一级人民代表大会代表的罢免案。 **通过要求**：须经各该级人民代表大会过半数代表通过；在代表大会闭会期间，须经常委会组成人员过半数通过。罢免决议须报上一级人大常委会备案、公告。		对于县级的人民代表大会代表，原选区选民 50 人以上联名，对于乡级的人民代表大会代表，原选区选民 30 人以上联名，可以向县级的人民代表大会常务委员会书面提出罢免要求。须经原选区过半数选民通过。
代表补选	全国人大代表因故出缺的，由原选举单位补选。省、自治区、直辖市的人民代表大会常务委员会在本级人民代表大会闭会期间，可以补选个别出缺的全国人民代表大会代表。	县级以上的地方各级人民代表大会闭会期间，可以由本级人民代表大会常务委员会补选上一级人民代表大会代表。	

（四）代表的权利和执行职务保障

	全国人大代表	县级以上地方人大代表	乡级人大代表
代表权利	(1) 出席会议，审议议案、报告、议题，发表意见；(2) 提出议案、质询案、罢免案等；(3) 提建议、批评和意见；(4) 参加选举；(5) 参加表决；(6) 获得执行代表的保障；(7) 其他。		
代表执行职务的保障	言论免责权：代表在人民代表大会各种会议上的发言和表决，不受法律追究。		
	时间保障：闭会期间参加代表活动，代表所在单位必须给予时间保障。		
	待遇保障：代表执行代表职务，其所在单位按正常出勤对待，享受所在单位的工资和其他待遇。无固定工资收入的代表执行代表职务，根据实际情况由本级财政给予适当补贴。		
	(1) 县级以上的各级人大代表，非经本级人大主席团许可，在本级人民代表大会闭会期间，非经本级人大常务委员会许可，不受逮捕或者刑事审判。如果因为是现行犯被拘留，执行拘留的机关应当立即向该级人大主席团或者人大常委会报告。 (2) 对县级以上的各级人民代表大会代表，如果采取法律规定的其他限制人身自由的措施，应当经该级人民代表大会主席团或者人大常委会许可。		乡、民族乡、镇的人民代表大会代表，如果被逮捕、受刑事审判或者被采取法律规定的其他限制人身自由的措施，执行机关应当立即报告乡、民族乡、镇的人民代表大会。

三、立法体制

	基本法律	非基本法律
主体	全国人大制定和修改刑事、民事、国家机构的和其他的基本法律。	全国人大常委会制定和修改除应当由全国人大制定的法律以外的其他法律。在全国人大闭会期间，对全国人大制定的法律进行部分补充和修改，但是不得同该法律的基本原则相抵触。 全国人民代表大会可以授权全国人民代表大会常务委员会制定相关法律。
提案	（1）全国人大主席团可以向全国人民代表大会提出法律案，由全国人民代表大会会议审议。 （2）全国人大常委会、国务院、中央军委、国家监察委员会、最高人民法院、最高人民检察院、全国人大各专门委员会。由主席团决定列入会议议程。 （3）1个代表团或者30名以上的代表联名。由主席团决定是否列入会议议程。	（1）委员长会议可以向常务委员会提出法律案，由常务委员会会议审议。 （2）国务院、中央军事委员会、国家监察委员会、最高人民法院、最高人民检察院、全国人大各专门委员会。由委员长会议决定列入常务委员会会议议程。 （3）常务委员会组成人员10人以上联名。由委员长会议决定是否列入常务委员会会议议程。
审议	（1）大会全体会议听取提案人的说明后，由各代表团进行审议，并由有关的专门委员会审议。 （2）由宪法和法律委员会根据各代表团和有关的专门委员会的审议意见，对法律案进行统一审议，向主席团提出审议结果报告和法律草案修改稿，对涉及的合宪性问题以及重要的不同意见应当在审议结果报告中予以说明。法律草案修改稿经各代表团审议，由宪法和法律委员会根据各代表团的审议意见进行修改，提出法律草案表决稿，由主席团提请大会全体会议表决。	（1）第一次审议，在全体会议上听取提案人的说明，由分组会议进行初步审议。 （2）第二次审议，在全体会议上听取宪法和法律委员会关于法律草案修改情况和主要问题的汇报，由分组会议进一步审议。

续表

		（3）第三次审议，在全体会议上听取宪法和法律委员会关于法律草案审议结果的报告，由分组会议对法律草案修改稿进行审议。
	（3）法律案在审议中有重大问题需要进一步研究的，经主席团提出，由大会全体会议决定，可以授权常务委员会进一步审议，作出决定，并将决定情况向全国人民代表大会下次会议报告；也可以授权常务委员会进一步审议，提出修改方案，提请全国人民代表大会下次会议审议决定。	（4）各方面的意见比较一致的法律案，可以经两次常务委员会会议审议后交付表决；调整事项较为单一或者部分修改的法律案，各方面的意见比较一致，或者遇有紧急情形的，也可以经一次常务委员会会议审议即交付表决。
		（5）法律案因各方面对制定该法律的必要性、可行性等重大问题存在较大意见分歧搁置审议满2年的，或者因暂不付表决经过2年没有再次列入常务委员会会议议程审议的，委员长会议可以决定终止审议，并向常务委员会报告；必要时，委员长会议也可以决定延期审议。
表决	法律草案修改稿由宪法和法律委员会根据各代表团的审议意见进行修改，提出法律草案表决稿，由主席团提请大会全体会议表决，由全体代表的过半数通过。	法律草案修改稿由宪法和法律委员会根据常务委员会组成人员的审议意见提出法律草案表决稿，由委员长会议提请常务委员会全体会议表决，由常务委员会全体组成人员的过半数通过。
公布	由国家主席签署主席令予以公布。在常务委员会公报上刊登的法律文本为标准文本。	
解释	主体：法律解释权属于全国人民代表大会常务委员会。	
	解释情形：（1）法律的规定需要进一步明确具体含义的；（2）法律制定后出现新的情况，需要明确适用法律依据的。	
	国务院、中央军事委员会、国家监察委员会、最高人民法院、最高人民检察院和全国人民代表大会各专门委员会以及省、自治区、直辖市的人民代表大会常务委员会可以向全国人民代表大会常务委员会提出法律解释要求。	
	法律解释草案表决稿由常务委员会全体组成人员的过半数通过，由常务委员会发布公告予以公布。	
	全国人民代表大会常务委员会的法律解释同法律具有同等效力。	

四、宪法修正案

1988年宪法修正案	国家允许私营经济在法律规定的范围内存在和发展,私营经济是社会主义公有制经济的补充,国家保护私营经济的合法权益,对之实行引导、监督和管理。
	土地的使用权可以依照法律的规定转让。
1993年宪法修正案	将"我国正处于社会主义初级阶段""建设有中国特色社会主义的理论""坚持改革开放""富强、民主、文明的社会主义国家"写入宪法序言。
	增加规定"中国共产党领导的多党合作和政治协商制度将长期存在和发展"。
	将"国营经济"改为"国有经济"。
	明确规定"农村中的家庭联产承包为主的责任制"。
	明确规定"国家实行社会主义市场经济"。
	将县级人民代表大会的任期由3年改为5年。
1999年宪法修正案	将"我国将长期处于社会主义初级阶段""沿着建设有中国特色社会主义的道路""邓小平理论""发展社会主义市场经济"写进宪法序言。
	明确规定"中华人民共和国实行依法治国,建设社会主义法治国家"。
	明确规定"国家在社会主义初级阶段,坚持公有制为主体、多种所有制经济共同发展的基本经济制度,坚持按劳分配为主体、多种分配方式并存的分配制度"。
	明确规定"农村集体经济组织实行家庭承包经营为基础、统分结合的双层经营体制"。
	将国家对私营经济和个体经济的基本政策合并修改为:"在法律规定范围内的个体经济、私营经济等非公有制经济,是社会主义市场经济的重要组成部分。""国家保护个体经济、私营经济的合法的权利和利益。国家对个体经济、私营经济实行引导、监督和管理。"
	将"镇压叛国和其他反革命的活动"修改为"镇压叛国和其他危害国家安全的犯罪活动"。

2004年宪法修正案	指导思想中增加"三个代表"重要思想,将"建设有中国特色社会主义的道路"修改为"中国特色社会主义道路",增加规定"推动物质文明、政治文明和精神文明协调发展"。	
	爱国统一战线中增加"社会主义事业的建设者"。	
	明确规定"国家为了公共利益的需要,可以依照法律规定对土地实行征收或者征用并给予补偿"。	
	再一次修改国家对非公有制经济的政策,明确规定为"国家鼓励、支持和引导非公有制经济的发展,并对非公有制经济依法实行监督和管理"。	
	修改规定"国家依照法律规定保护公民的私有财产权和继承权",并增加规定"公民的合法的私有财产不受侵犯""国家为了公共利益的需要,可以依照法律规定对公民的私有财产实行征收或者征用并给予补偿"。	
	增加规定"国家建立健全同经济发展水平相适应的社会保障制度""国家尊重和保障人权"。	
	明确规定"全国人民代表大会由省、自治区、直辖市、特别行政区和军队选出的代表组成"。	
	将"戒严"改为"进入紧急状态"。	
	增加规定国家主席"进行国事活动"的职权。	
	将乡级人大每届的任期由3年改为5年,从而使地方各级人大的任期都为5年,并增加规定"中华人民共和国国歌是《义勇军进行曲》"。	
2018年宪法修正案	指导思想	新增"科学发展观""习近平新时代中国特色社会主义思想"。
	发展理念	新增"贯彻新发展理念"。
	目标	推动物质文明、政治文明、精神文明、社会文明、生态文明协调发展,把我国建设成为富强民主文明和谐美丽的社会主义现代化强国,实现中华民族伟大复兴。
	法治理念	"健全社会主义法制"改为"健全社会主义法治"。
	国家的发展过程	"革命和建设"改为"革命、建设、改革"。

续表

	爱国统一战线	新增"致力于中华民族伟大复兴的爱国者"。
	民族关系	新增"和谐"。
	外交政策	新增"坚持和平发展道路,坚持互利共赢开放战略""推动构建人类命运共同体"。
	中国特色社会主义最本质的特征	中国共产党的领导。
	国家机构	新增"监察机关"(《宪法》第三章新增"第七节监察委员会")。
	国务院职权	新增领导和管理"生态文明建设",删去对"监察"工作的领导和管理。
	精神文明建设	新增"国家倡导社会主义核心价值观"。
	宪法宣誓	新增"国家工作人员就职时应当依照法律规定公开进行宪法宣誓"。
	全国人民代表大会	(1) 选举对象新增"选举国家监察委员会主任"; (2) 罢免对象新增"国家监察委员会主任"; (3) 常委会组成人员任职限制新增"监察机关"。
	全国人民代表大会常务委员会	(1) 监督对象新增"国家监察委员会"; (2) 新增"根据国家监察委员会主任的提请,任免国家监察委员会副主任、委员"。
	国家主席、副主席	修改国家主席、副主席任职的相关规定。
	地方人民代表大会	(1) 新增"设区的市的人民代表大会和它们的常务委员会,在不同宪法、法律、行政法规和本省、自治区的地方性法规相抵触的前提下,可以依照法律规定制定地方性法规,报本省、自治区人民代表大会常务委员会批准后施行。" (2) 县级以上地方各级人民代表大会罢免对象新增"本级监察委员会主任"。 (3) 常委会组成人员任职限制新增"监察机关"。
	县级以上地方人民政府职权	删去对"监察"工作的管理权。

五、数字记忆点

1/10	（1）全国人民代表大会主席团、3个以上的代表团或者1/10以上的代表，可以提出对全国人民代表大会常务委员会的组成人员，中华人民共和国主席、副主席，国务院和中央军事委员会的组成人员，国家监察委员会主任，最高人民法院院长和最高人民检察院检察长的罢免案，由主席团提请大会审议（《全国人大组织法》第20条）。 （2）县级以上的地方各级人民代表大会举行会议的时候，主席团、常务委员会或者1/10以上代表联名，可以提出对本级人民代表大会常务委员会组成人员、人民政府组成人员、监察委员会主任、人民法院院长、人民检察院检察长的罢免案，由主席团提请大会审议（《地方组织法》第31条）。 （3）（县级以上地方各级人大）主席团或者1/10以上代表书面联名，可以向本级人民代表大会提议组织关于特定问题的调查委员会，由主席团提请全体会议决定（《地方组织法》第36条）。 （4）县级以上的地方各级人民代表大会举行会议的时候，主席团或者1/10以上代表联名，可以提出对由该级人民代表大会选出的上一级人民代表大会代表的罢免案（《选举法》第51条）。
1/5	（1）1/5以上的全国人民代表大会代表提议，可以临时召集全国人民代表大会会议（《宪法》第61条）。 （2）宪法的修改，由全国人民代表大会常务委员会或者1/5以上的全国人民代表大会代表提议（《宪法》第64条）。 （3）（地方各级人民代表大会）经过1/5以上代表提议，可以临时召集本级人民代表大会会议（《地方组织法》第14条）。 （4）乡、民族乡、镇的人民代表大会举行会议的时候，主席团或者1/5以上代表联名，可以提出对人民代表大会主席、副主席，乡长、副乡长，镇长、副镇长的罢免案，由主席团提请大会审议（《地方组织法》第31条）。 （5）主任会议或者1/5以上的常务委员会组成人员书面联名，可以向本级人民代表大会常务委员会提议组织关于特定问题的调查委员会，由全体会议决定（《地方组织法》第58条）。 （6）在人民代表大会闭会期间，县级以上的地方各级人民代表大会常务委员会主任会议或者常务委员会1/5以上组成人员联名，可以向常务委员会提出对由该级人民代表大会选出的上一级人民代表大会代表的罢免案（《选举法》第51条）。

续表

1/5	(7) 县级以上地方各级人民代表大会常务委员会 1/5 以上的组成人员书面联名，可以向常务委员会提出对本法第 60 条所列国家机关工作人员的撤职案，由主任会议决定是否提请常务委员会会议审议；或者由主任会议提议，经全体会议决定，组织调查委员会，由以后的常务委员会会议根据调查委员会的报告审议决定（《各级人大常委会监督法》第 61 条）。
2/3	(1) 如果遇到不能进行选举的非常情况，由全国人民代表大会常务委员会以全体组成人员的 2/3 以上的多数通过，可以推迟选举，延长本届全国人民代表大会的任期（《宪法》第 60 条）。 (2) 宪法的修改，由全国人民代表大会常务委员会或者 1/5 以上的全国人民代表大会代表提议，并由全国人民代表大会以全体代表的 2/3 以上的多数通过（《宪法》第 64 条）。
3 人	(1) 县级的人民代表大会常务委员会组成人员 3 人以上联名，可以向本级常务委员会提出属于常务委员会职权范围内的议案（《地方组织法》第 52 条）。 (2) 在常务委员会会议期间，县级的人民代表大会常务委员会组成人员 3 人以上联名，可以向常务委员会书面提出对本级人民政府、监察委员会、人民法院、人民检察院的质询案（《地方组织法》第 53 条）。
5 人	(1) 乡、民族乡、镇的人民代表大会代表 5 人以上联名，可以向本级人民代表大会提出属于本级人民代表大会职权范围内的议案（《地方组织法》第 22 条）。 (2) 省、自治区、直辖市、自治州、设区的市的人民代表大会常务委员会组成人员 5 人以上联名，可以向本级常务委员会提出属于常务委员会职权范围内的议案（《地方组织法》第 52 条）。 (3) 在常务委员会会议期间，省、自治区、直辖市、自治州、设区的市的人民代表大会常务委员会组成人员 5 人以上联名，可以向常务委员会书面提出对本级人民政府、监察委员会、人民法院、人民检察院的质询案（《地方组织法》第 53 条）。
10 人	(1) 全国人大常委会组成人员 10 人以上联名可以向常务委员会提出属于常务委员会职权范围内的议案（《全国人大组织法》第 29 条）。 (2) 常务委员会会议期间，常务委员会组成人员 10 人以上联名，可以向常务委员会书面提出对国务院以及国务院各部门、国家监察委员会、最高人民法院、最高人民检察院的质询案（《全国人大组织法》第 30 条）。

续表

10人	（3）县级以上的地方各级人民代表大会代表10人以上联名，可以向本级人民代表大会提出属于本级人民代表大会职权范围内的议案（《地方组织法》第22条）。 （4）地方各级人民代表大会举行会议的时候，代表10人以上联名可以书面提出对本级人民政府和它所属各工作部门以及监察委员会、人民法院、人民检察院的质询案（《地方组织法》第24条）。 （5）县级的人民代表大会代表10人以上书面联名，可以提出本级人民代表大会常务委员会组成人员，人民政府领导人员，监察委员会主任，人民法院院长，人民检察院检察长的候选人。乡、民族乡、镇的人民代表大会代表10人以上书面联名，可以提出本级人民代表大会主席、副主席，人民政府领导人员的候选人（《地方组织法》第26条）。 （6）选民或者代表，10人以上联名，也可以推荐代表候选人（《选举法》第30条）。
20人	设区的市和自治州的人民代表大会代表20人以上书面联名，可以提出本级人民代表大会常务委员会组成人员，人民政府领导人员，监察委员会主任，人民法院院长，人民检察院检察长的候选人（《地方组织法》第26条）。
30人	（1）1个代表团或者30名以上的代表联名，可以向全国人民代表大会提出属于全国人民代表大会职权范围内的议案（《全国人大组织法》第17条）。 （2）全国人民代表大会会议期间，1个代表团或者30名以上的代表联名，可以书面提出对国务院以及国务院各部门、国家监察委员会、最高人民法院、最高人民检察院的质询案（《全国人大组织法》第21条）。 （3）省、自治区、直辖市的人民代表大会代表30人以上书面联名，可以提出本级人民代表大会常务委员会组成人员，人民政府领导人员，监察委员会主任，人民法院院长，人民检察院检察长的候选人（《地方组织法》第26条）。 （4）对于乡级的人民代表大会代表，原选区选民30人以上联名，可以向县级的人民代表大会常务委员会书面提出罢免要求（《选举法》第50条）。
50人	对于县级的人民代表大会代表，原选区选民50人以上联名，可以向县级的人民代表大会常务委员会书面提出罢免要求（《选举法》第50条）。

第四章　中国法律史

复习记忆指导

中国法律史无论是直接考查知识点还是放在案例里考查，都比较简单，只要看过相关知识点就基本不会丢分。本部分考题一般不会偏、怪，比较容易拿分，花少量的时间就可以很好地应对考试，和法理学、经济法、行政法相比，是很值得投入复习时间的。但近年来，中国法律史的命题逐渐呈现出细化和综合化的特征，命题方式也趋于灵活，复习中尤其应注意知识点掌握的准确性。

一、各个朝代法律制度

（一）西周至秦汉、魏晋时期

1. 西周

西周	法律思想	以德配天、明德慎罚、德主刑辅	
		礼治，亲亲，尊尊，礼不下庶人、刑不上大夫	
	法律形式	重点掌握"礼"即可	
	刑法制度	奴隶制五刑：墨、劓、剕、宫、大辟	
	民事法律制度	契约关系	质剂（买卖契约）、傅别（借贷契约）租赁契约
		婚姻制度	同姓不婚、六礼、父母之命、媒妁之言、七出三不去
		继承	嫡长子继承制
	司法制度	主要司法机关	周王、大小司寇
		主要诉讼制度	狱讼有别、五听、三刺、五过、圜土（监狱）

2. 春秋、战国、秦、汉

春秋末期公布法律、成文法产生		郑国	子产"铸刑书" 邓析"竹刑"
		晋国	赵鞅、荀寅"铸刑鼎"
战国成文法运动		魏国	法经(第一部较系统的封建成文法典,包括"盗、贼、网、捕、杂、具"六篇)
		秦国	商鞅变法、秦律(改法为律)
秦	刑事法律	罪名	危害皇权、财产、人身、渎职、社会管理、婚姻家庭
		刑罚	生命刑、身体刑、劳役刑、财产刑、身份刑、耻辱刑、流放刑
		刑法原则	区分故意过失等
	司法制度	司法机关	秦皇、廷尉
		诉讼制度	公室告、非公室告
		检察制度开创性	中央(御史台,长官为御史大夫、御史中丞)、地方(监御史)
汉	法律指导思想		德主刑辅、礼刑并用 春秋经义:亲属相隐、尊敬尊长、原心定罪
	刑事法律	刑罚改革	文帝、景帝刑罚改革
		法律原则	矜老恤幼、亲属相隐、贵族官僚有罪先请
	司法制度	司法机关	重点掌握汉武帝时期设置的廷尉、司隶校尉、刺史
		司法制度	春秋决狱、秋冬行刑

3. 三国两晋南北朝

朝代	立法	诉讼	说明
三国之魏国	新律: 改"具律"为"刑名",置于律首 八议入律(源于西周"八辟")	律博士	
西晋	泰始律: 将"刑名"分为刑名、法例两篇 礼律并重、确立五服制 泰始律及律学家张斐、杜预共同为之作的注释为一体,统称为"张杜律"	登闻鼓	

续表

北魏	北魏律		北魏南陈官当入律 北魏明确死刑报请制度
西魏			西魏、北齐废除宫刑
北齐	北齐律 名例 重罪十条	廷尉改为大理寺	
北周			确立流刑五等之制 刑罚制度完善

（二）隋唐宋至明清时期
1. 隋、唐、宋

隋	立法	新律、开皇律：确立封建五刑、创设十恶制度	
唐	立法	武德律（高祖）	
		贞观律（太宗）	
		永徽律疏（高宗，也称唐律疏议）主要内容：五刑、十恶、六杀、六赃、保辜	
	司法制度	司法机关	大理寺、刑部、御史台
		诉讼制度	唐六典肯定了法官的回避制度 证据与拷讯制度 死刑三复奏、五复奏制度 三司推事、小三司推事
宋	立法	宋刑统、编敕	
	刑事法律	刑罚：折杖法、配役刑、凌迟（西辽出现、南宋正式确立）	
	民事制度	债法与契约制度、婚姻继承制度	
	司法制度	司法机关	大理寺、刑部、御史台、提刑按察司、审刑院（太宗时设，神宗时撤）
		诉讼制度	翻异别勘

2. 明、清

明	立法	大明律、明大诰、大明会典	
	刑事法律	奸党、廷杖制度化、充军 刑事原则：从新从重，轻其所轻、重其所重	
	司法制度 （诸多创新）	司法机构	刑部、大理寺、都察院 厂卫特务司法机构
		会审制度	九卿圆审、会官制度、朝审、大审
清	立法	大清律例（律例关系）、大清会典	
	司法制度	会审制度	九卿会审、秋审、朝审、热审

（三）清末、民国时期

清末变法修律（特点、影响略）	预备立宪	1908年《资政院章程》《谘议局章程》《钦定宪法大纲》（第一个宪法性文件）。 1909年各省设立谘议局，地方咨询机关。 1910年中央设资政院，中央咨询机关。 1911年11月《十九信条》，宪法性文件，未能挽回败局，宣告预备立宪破产。
	法律修订	刑律： 1910年颁行过渡性的《大清现行刑律》。 1911年公布（未实行）《大清新刑律》，中国第一部近代意义上的专门刑法典。
		民商： 《钦定大清商律》（清朝颁行的第一部商律）、《大清商律草案》（未正式颁行）、诸多商事单行法、《大清民律草案》（未正式颁行）
		诉讼、法院编制： 民刑诉讼草案（未及颁行）、《大理院编制法》、《各级审判厅试办章程》、《法院编制法》
清末司法	司法机构：法部（原为刑部，主管司法行政）、大理院（原为大理寺，全国最高审判机关）、审检合署。	
	司法制度：四级三审等近代诉讼制度。	
	外国司法特权：领事裁判权、观审制度、会审公廨。	

续表

民国时期宪法	南京临时政府：《中华民国临时约法》（中国历史上最初的资产阶级宪法性文件）。
	中华民国北京政府： 《中华民国宪法（草案）》（天坛宪草，袁世凯） 《中华民国约法》（袁记约法，袁世凯） 《中华民国宪法》（1923）（贿选宪法，曹锟）（中国近代史上首部正式颁行的宪法）
	南京国民政府：《中华民国宪法》（1947）（蒋介石）

（四）新民主主义革命时期

新民主主义革命时期民主政权法制	《中华苏维埃共和国宪法大纲》 《陕甘宁边区施政纲领》 《陕甘宁边区宪法原则》 《华北人民政府施政方针》

二、首次事件列表

事件	具体内容
第一次公布成文法	公元前536年，郑国执政子产将郑国的法律条文铸在象征诸侯权位的金属鼎上，向全社会公布，史称"铸刑书"。
第二次公布成文法	公元前513年，晋国赵鞅把前任执政范宣子所编刑书正式铸于鼎上，公之于众。
第一部系统的封建成文法典	战国时期魏国李悝在总结春秋以来各国公布成文法经验的基础上制定的《法经》。
第一次改法为律	公元前359年，法家著名代表人物商鞅在秦国实施变法改革，此次变法在中国法律发展史上写下重要的一笔，史称"商鞅变法"。
第一次废除肉刑	西汉时，文帝开始刑罚改革直接起因于"缇萦上书"，她请求将自己没官为奴，替父赎罪，并指出肉刑制度断绝犯人自新之路的严重问题。文帝为之所动，下令废除肉刑。

续表

第一次"八议"入律	魏明帝在制定《魏律》时,以《周礼》"八辟"为依据,正式规定了"八议"制度。"八议"制度是对封建特权人物犯罪实行减免处罚的法律规定。
第一次"官当"入律	"官当"是封建社会允许官吏以官职爵位折抵徒罪的特权制度。它正式出现在《北魏律》与《陈律》中。
第一次规定"重罪十条"	《北齐律》中首次规定"重罪十条",是对危害统治阶级根本利益的十种重罪的总称。把"重罪十条"置于律首,作为严厉打击的对象,增加了法律的威慑力量。
第一次废除宫刑	南北朝时期,刑罚制度改革内容如下:一是规定绞、斩等死刑制度;二是规定流刑;三是规定鞭刑与杖刑;四是废除宫刑制度。
第一次规定"准五服以治罪"	《晋律》与《北齐律》中相继确立"准五服制罪"的制度。服制是中国封建社会以丧服为标志,区分亲属的范围和等级的制度。
第一次死刑复奏	北魏太武帝时正式确立死刑复奏制度,为唐代的死刑三复奏打下了基础,这一制度的建立既加强了皇帝对司法审判的控制,又体现了皇帝对民众的体恤。
第一次设立大理寺	北齐时期正式设置大理寺。大理寺的建立增强了中央司法机关的审判职能,也为后世王朝健全这一机构奠定了重要基础。
第一次规定"十恶"	《开皇律》。
第一部刊印颁行的法典	宋太祖建隆四年修订宋朝新的法典《宋建隆详定刑统》是历史上第一部刊印颁行的法典,简称《宋刑统》。《宋刑统》是一部具有概括性和综合性的法典。
第一次以六部体例定律	明太祖朱元璋在建国初年开始编修并颁行天下的《大明律》一改传统刑律体例,形成名例、吏、户、礼、兵、刑、工七篇格局,其律文简于唐律,精神严于宋律,终明之世通行不改。
最后一部封建成文法典	《大清律例》是中国历史上最后一部封建成文法典,中国传统封建法典的集大成者。汉唐以来确立的封建法律的基本精神、主要制度在此都得到充分体现。
中国近代史上第一个宪法性文件	《钦定宪法大纲》,清廷宪政编查馆编订,以法律的形式确认君主的绝对权力,维护专制统治。

第一部近代意义上的刑法典	《大清新刑律》抛弃了旧律诸法合体的编纂形式，以罪名和刑罚等专属刑法范畴的条文作为法典的唯一内容，在体例上抛弃了旧律的结构形式，将法典分为总则和分则；确立了新刑罚制度，规定刑罚分主刑、从刑；采用了一些近代西方资产阶级的刑法原则和刑法制度，如罪刑法定原则和缓刑制度等。该法并未真正施行。
第一部商律	《钦定大清商律》，1904年1月颁行。
第一部资产阶级宪法性文件	《中华民国临时约法》是民国南京临时政府公布的一部重要的宪法文件。它的制定和公布施行，是南京临时政府法律建设的重要成就，也是中国宪法史上的一件大事。
第一部北洋政府宪法草案	"天坛宪草"即《中华民国宪法（草案）》，北洋政府时期的第一部宪法草案。采用资产阶级三权分立的宪法原则，确认民主共和制度。
第一部近代史上正式公布的宪法	"贿选宪法"，即北洋政府公布的《中华民国宪法》，是中国近代史上首部正式颁行的宪法。特点：企图掩盖军阀专制的本质；为平均大小各派军阀的关系，巩固中央大权，对国权和地方制度作了专门规定。

三、重要法典

主要法典演变历程	战国魏国《法经》（封建社会第一部系统成文法典，6篇）——汉初《九章律》（9篇）——三国魏国《曹魏律》（八议入律）——西晋《泰始律》（《晋律》，五服制入律）——北朝《北齐律》（"重罪十条"入律，12篇）——隋《开皇律》（封建法律定型化，五刑十恶八议，12篇）——《唐律疏议》（一准乎礼，12篇）——《宋刑统》（律后附敕令格式，12篇）——《大明律》（强化行政控制，模仿周礼；改变以罪名为纲编撰法典模式，采用以中央行政机关职能为纲编撰法典，7篇）——《大清律例》（7篇）
《法经》	共六篇：《盗法》《贼法》《网法》《捕法》《杂法》《具法》。其中《盗法》《贼法》是关于惩罚危害国家安全、危害他人及侵犯财产的法律规定。《网法》是关于囚禁和审判罪犯的法律规定。《捕法》是关于追捕盗贼及其他犯罪者的法律规定；《网法》与《捕法》多属于诉讼法的范围。《杂法》是关于盗贼以外的其他犯罪与刑罚的规定。《具法》是关于定罪量刑中从轻从重法律原则的规定，相当于近代刑法中的总则部分。
《北齐律》	将刑名与法例律合为名例律，在中国封建法律史上起着承先启后的作用。

续表

《永徽律疏》	元代后又称为《唐律疏议》，是迄今保存下来的最完整、最早、最具有社会影响的古代成文法典。 唐律中"十恶"制度所规定的犯罪大致可以分为两类：一类是侵犯皇权与特权的犯罪，另一类是违反伦理纲常的犯罪。这些犯罪集中规定在名例律之首，并在分则各篇中对这些犯罪规定了最严厉的刑罚，而且，凡犯十恶者，不适用八议等规定，且为常赦所不原。
《唐六典》	中国历史上第一部较为系统的行政法典。
《明大诰》	具有与《大明律》相同的法律效力。《明大诰》集中体现了朱元璋"重典治世"的思想。大诰是明初的一种特别刑事法规，滥用法外之刑，"重典治吏"。大诰也是中国法律史上空前普及的法规。明太祖朱元璋死后，大诰不再具有法律效力。
《宪法重大信条十九条》	是清政府于辛亥革命武昌起义爆发后抛出的又一个宪法性文件。形式上被迫缩小了皇帝的权力，相对扩大了议会和总理的权力，但仍强调皇权至上，且对人民权利只字未提。更暴露其虚伪性，也未能挽回清王朝的败局。

四、重要数字列表

相关数字	具体内容
西周婚姻三大原则	（1）一夫一妻多妾制；（2）同姓不婚；（3）父母之命、媒妁之言。
西周"三刺"制度	西周时凡遇重大疑难案件：（1）应先交群臣讨论；（2）群臣不能决断的，再交官吏们讨论；（3）官吏还不能决断的，交给所有国人商讨决定。
唐代"三司推事"与明清"三司会审"	（1）唐代的中央或地方发生重大案件时，由刑部侍郎、御史中丞、大理寺卿组成临时最高法庭审理，称为"三司推事"；（2）明清时期的中央司法机构为刑部、大理寺、都察院，中央上述三大司法机关统称"三法司"，对重大疑难案件由三法司共同会审，称"三司会审"。
元初"四等人"	元初依据不同民族将民众的社会地位由高到低依次划分为四等：（1）蒙古人；（2）色目人；（3）汉人；（4）南人。法律上明文规定蒙古人犯罪与汉人同罪异罚。
"五听"	"五听"制度指判案时通过：（1）辞听（当事人的言语表达）；（2）色听（面部表情）；（3）气听（呼吸）；（4）耳听（听觉）；（5）目听（眼睛与视觉）这五种方式来确定其陈述真假。

续表

西周"五过"	"五过"是西周有关法官责任的法律规定，具体内容是：（1）惟官，畏权势而枉法；（2）惟反，报私怨而枉法；（3）惟内，为亲属裙带而徇私；（4）惟货，贪赃受贿而枉法；（5）惟来，受私人请托而枉法。凡以此五者出入人罪，皆以其罪罪之。
西周"五礼"	西周具体的礼仪形式：（1）吉礼，祭祀之礼；（2）凶礼，丧葬之礼；（3）军礼，行兵仗之礼；（4）宾礼，迎宾待客之礼；（5）嘉礼，冠婚之礼。
西周婚姻"六礼"	（1）纳采，男家请媒人向女方提亲；（2）问名，女方答应议婚后男方请媒人问女子姓名、生辰等并卜于祖庙以定吉凶；（3）纳吉，卜得吉兆后即与女家订婚；（4）纳征，男方送聘礼至女家，又称纳币；（5）请期，男方携礼至女家商定婚期；（6）亲迎，婚期之日男方迎娶女子至家。
西周婚姻"七出""三不去"	西周婚姻关系的解除与限制： "七出"：（1）不顺父母（"逆德"）；（2）无子（绝嗣不孝）；（3）淫（乱家）；（4）妒（乱族）；（5）恶疾（不能共祭祖先）；（6）多言（离间亲属）；（7）盗窃（反义）。 "三不去"：（1）有所娶而无所归，不去；（2）与更三年丧，不去；（3）前贫贱后富贵，不去。
《唐律》"六杀"	《唐律》贼盗、斗讼篇中，依犯罪人主观意图区分了"六杀"：（1）"谋杀"指预谋杀人；（2）"故杀"指事先虽无预谋，但情急杀人时已有杀人的意念；（3）"斗杀"指在斗殴中出于激愤失手将人杀死；（4）"误杀"指由于种种原因错置了杀人对象；（5）"过失杀"指"耳目所不及，思虑所不至"，即出于过失杀人；（6）"戏杀"指"以力共戏"而导致杀人。基于上述区别，唐律规定了不同的处罚。
《唐律》"六赃"	六赃具体包括以下罪名：（1）"受财枉法"指官吏收受财物，导致枉法裁判的行为；（2）"受财不枉法"指官吏收受财物，但是未枉法裁判的行为；（3）"受所监临"指官吏利用职权非法收受所辖范围内百姓或下属财物的行为；（4）"强盗"指暴力获取公私财物的行为；（5）"窃盗"指以隐蔽的手段将公私财物据为已有的行为；（6）"坐赃"指官吏或常人非因职权之便非法收受财物的行为。

续表

"重罪十条"与"十恶"	隋唐以后历代法律中规定"十恶"渊源于北齐律的"重罪十条",具体内容：(1) 谋反,指谋害皇帝危害国家的行为；(2) 谋大逆,指图谋破坏国家宗庙、皇帝陵寝以及宫殿的行为；(3) 谋叛,指背叛本朝、投奔敌国的行为；(4) 恶逆,指殴打或谋杀祖父母、父母等尊亲属的行为；(5) 不道,指杀一家非死罪三人及肢解人的行为；(6) 大不敬,指盗窃皇帝祭祀物品或皇帝御用物、伪造或盗窃皇帝印玺以及指斥皇帝、无人臣之礼等损害皇帝尊严的行为；(7) 不孝,指控告祖父母、父母,未经祖父母、父母同意私立门户、分异财产,对祖父母、父母供养缺,为父母尊长服丧不如礼等不孝行为；(8) 不睦,指谋杀或出卖五服以内亲属,殴打或者控告丈夫、大功以上尊长等行为；(9) 不义,指杀本府长官与授业老师的行为；(10) 内乱,指奸小功以上亲属等乱伦行为。

五、刑罚演变

奴隶制五刑	北魏	封建制五刑	清末
墨刑（又称黥刑）	鞭	笞	罚金
劓刑	杖	杖	拘役
剕刑（又称刖刑）	徒	徒	有期徒刑
宫刑	流	流	无期徒刑
大辟	死	死	死刑

六、各朝司法机关

夏	中央最高司法官叫"大理",专门司法官吏称为"士"和"理"。
商	国王之下的最高司法官改称"大司寇"或称"司寇",和其他五个中央机关并称为"公卿",下设"正""吏"等属官。
西周	中央最高司法官仍称"大司寇",大司寇之下设"小司寇"。

续表

朝代		内容
秦朝	中央	皇帝掌握最高司法审判权，中央司法机关长官为"廷尉"，监察官吏为御史。
	地方	"郡守"为地方行政长官兼任司法长官，"县令"与郡守相似，兼理本县司法。
汉朝	中央	皇帝，中央司法长官为"廷尉"，一方面审理皇帝交办的刑事案件——"诏狱"，另一方面审判各地上报的重大疑难案件——"疑狱"。武帝在京师设置"司隶校尉"。
	地方	"郡守"，"县令"，武帝设"刺史"。
北齐		正式设置"大理寺"，以"大理寺卿"和"少卿"为正副长官。
隋唐	中央	"大理寺"，执掌中央司法审判权。 "刑部"，中央司法行政机关，执掌案件复核权。 "御史台"，中央监察机构，唐代御史台下设"台院""殿院"和"察院"。
	地方	唐代州设"法曹参军"或者"司法参军"等。
宋朝	中央	大理寺、刑部、御史台（另立"审刑院"，加强对中央司法机关的控制，使"大理寺"降为慎刑机关。太宗时设，神宗时撤。）
	地方	太宗时期开始，州县之上设立"提点刑狱司"，作为中央在地方各路的司法派出机构。
元朝		"刑部"取代"大理寺"，主持审判。"大宗正府"专理蒙古贵族王公案件。
明朝	中央	改"御史台"为"都察院"，都察院负责法律监督，"刑部"主审判，"大理寺"负责复核。
	地方	省、府、县三级，省设"提刑按察司"，有权判处徒刑以下案件，各州县及乡设立"申明亭"。
清朝	中央	刑部、大理寺、都察院。
清末	中央	改"刑部"为"法部"，掌管全国司法行政事务，改"按察使司"为"提法使司"，负责地方司法行政工作及司法监督。改"大理寺"为"大理院"，作为全国最高审判机关。

注：开创性的有秦朝、北齐、隋唐、明；隋唐宋基本相同；明清基本相同。

第五章 国际法

第一节 国际公法

复习记忆指导

相对于国际私法和国际经济法来说，国际公法是复习的难点。其难处主要表现在两个方面：第一，重点不突出，知识点在各章的分布比较平均；第二，知识点需要记忆的比较多，而需要理解的不多。但是，不建议考生放弃此部分。复习的策略是抓住各章的核心内容，进行细致的复习。另外，对于记忆性强的知识点，一定要多复习几遍。考前一定要再将国际公法浏览一遍。

当然，从近年的考题来看，题目日渐复杂，以案例形式出现的题目日益增多，综合性考查的题目比重增大，因此考生对该部分也不能掉以轻心，不能单纯依靠机械记忆，要学会把握知识的内在联系，做到融会贯通。

一、国际法主体

（一）国家

1. 国家主权豁免

主权豁免的表现	（1）一国不对他国的国家行为和财产进行管辖； （2）一国法院非经外国同意，不受理以外国国家为被告或国家行为作为诉由的诉讼； （3）一国法院非经外国同意，不对外国国家代表或国家财产采取司法执行措施。

续表

主权豁免的放弃	要求	(1) 自愿； (2) 特定； (3) 明确。
	形式	(1) 明示放弃：通过条约等明白的语言文字表示放弃。 (2) 默示放弃：①作为原告在外国法院起诉；②正式出庭应诉；③提起反诉；④作为诉讼利害关系人介入诉讼。
	不构成放弃的情形	(1) 国家在外国从事商业行为； (2) 国家或其代表为重申其豁免权，对外国法院作出反应； (3) 国家对管辖豁免的放弃，不意味着对执行豁免的放弃。执行豁免的放弃必须另行明示作出。

2. 国际法上的承认

承认的主体	\multicolumn{2}{l	}{现存国家、现存的政府间国际组织。}
承认的形式	明示形式：以明白的语言文字直接表达。	
	默认形式	包括：(1) 建立外交关系；(2) 缔结政治性条约；(3) 正式接受领事；(4) 正式投票支持参加政府间国际组织。
		不包括：(1) 共同参加多边国际会议或国际条约；(2) 建立非官方或非完全外交性质的机构；(3) 某些级别和范围的官员接触。

续表

承认的对象	对新国家的承认	产生原因：独立、合并、分离和分立。
		法律效果： （1）为建立正式外交及领事关系奠定基础； （2）双方可以缔结各方面条约或协定； （3）承认尊重新国家作为国际法主体的一切权利。
	对新政府的承认	产生原因：社会革命或者政变。
		法律效果： （1）对旧政府承认的撤销； （2）尊重新政府拥有的作为国家代表的一切资格和权利。

3. 国际法上的继承

条约的继承	（1）继承：非人身性条约 　　　（有关领土边界、河流交通、水利灌溉等条约）
	（2）不继承：人身性条约、政治性条约 　　　（如和平友好、同盟互助、共同防御等条约）
财产的继承	（1）不动产：随领土移转而移转
	（2）动产：所涉领土的实际生存原则 　　　（凡与所涉领土生存或活动有关的国家动产，不论其地理位置，都应转属继承国）
债务的继承	（1）继承：国家债务、地方化债务
	（2）不继承： 　地方债务 　国家对外国法人、自然人所负之债 　恶债：如征服债务、战争债务

(二) 国际组织

联合国大会	性质	审议和建议机关，而非立法机关。	
	表决：重要问题2/3多数通过	（1）与维持国际和平与安全相关的建议；	
		（2）选举安理会、经社理事会和托管理事会理事国；	
		（3）新会员国的接纳；	
		（4）会员国权利的中止或开除会籍；	
		（5）实施托管问题；	
		（6）联合国预算及会员国会费的分摊。	
	效力	（1）有拘束力：对于联合国组织内部事务通过的决议；	
		（2）不具有拘束力：对于其他一般事项作出的决议，只有建议性质。	
安理会	性质	联合国唯一有权采取行动的机关，可以采取必要的武力行动。	
	理事国	5个常任理事国：中、法、俄、美、英。	
		10个非常任理事国：按地域分配名额，任期2年，不得连任。	
	表决	程序性事项：9个同意票即可通过。	
		非程序性事项：大国一致原则	（1）包括全体常任理事国在内的9个同意票；
			（2）弃权或缺席不视为否决。
		对是否为程序性事项发生争议	同样按照"大国一致原则"表决。
		适用非程序性事项表决的	（1）向大会推荐接纳新会员国；
			（2）向大会推荐秘书长人选；
			（3）向大会建议中止会员国权利；
			（4）向大会建议开除会员国。

二、国际法上的空间划分

（一）领土
1. 领土的构成

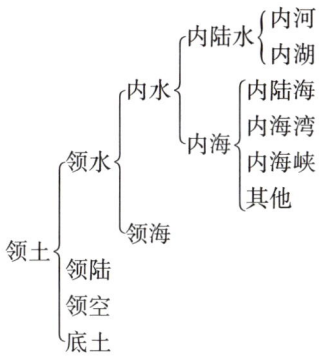

2. 领土主权的限制

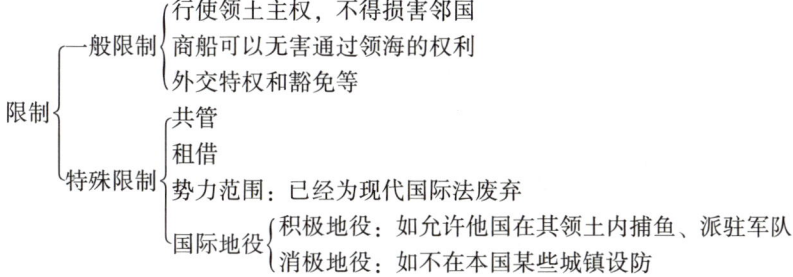

（二）海洋法
1. 内海、领海、毗连区、专属经济区

	内海	领海	毗连区	专属经济区
范围	领海基线以内	领海基线以外，从基线起≤12海里	领海以外，从基线起≤24海里	领海以外，从基线起≤200海里
性质	完全主权	完全主权	不享有主权；可以是专属经济区或者公海	有某些主权权利；需经过宣布建立，并说明宽度

47

续表

外国权利义务	（1）一切外国船舶，不经同意，不得进入；如获准进入，须驶进指定的开放港口。 （2）进出港口，须办理手续、提交报告。 （3）进港及港内航行须接受强制引航；船上武器弹药抵港后交由港监封存；不准在港口内射击、游泳、钓鱼、鸣放鞭炮；白天应悬挂船旗。	（1）普通外国船舶，享有无害通过权。 （2）外国军用船舶通过中国领海，必须经过中国政府批准。	同专属经济区或者公海。	（1）航行和飞越； （2）铺设海底电缆和管道。
沿海国权利	刑事管辖，只有在下列情形才予以管辖： （1）扰乱港口安宁； （2）受害者为沿海国或其国民； （3）案情重大； （4）应船长或船旗国领事请求。	对无害通过期间所犯行为行使管辖： （1）罪行后果及于沿海国； （2）扰乱当地安宁； （3）应船长、船旗国外交代表或领事请求；如经船长请求，在采取步骤前，应通知船旗国外交代表或领事； （4）取缔违法贩运麻醉品或精神调理物质所必需。 不得对驶入领海前所犯罪行进行调查。	（1）对特定事项（海关、财政、移民、卫生等）行使管制权。 （2）管制权，不包括上空。	对该区域内开发自然资源，拥有排他性的主权权利和相关的管辖权： （1）勘探、开发、利用、养护、管理自然资源； （2）对建造使用人工岛屿和设施、海洋科研、海洋环境保护方面拥有管辖权； （3）相应的立法权和执法权，如登临、检查、逮捕等。

2. 群岛水域、大陆架

	群岛水域	大陆架
范围	群岛基线所包围的内水以外的水域。	领海以外，陆地自然延伸的海床和底土 （1）从领海基线起，不足200海里，扩展至200海里； （2）超过200海里，则不超过350海里或2500米等深线100海里。
性质	对群岛水域包括其上空和底土拥有主权。	享有某些排他性主权；不必占领或公告。
外国权利义务	无害通过或群岛海道通过。	铺设海底电缆和管道，但其线路的划定须经沿海国同意，并顾及现有电缆和管道。
沿海国权利	群岛水域的划定，不妨碍群岛国划定内水，及在基线外划定领海、毗连区、专属经济区和大陆架。	享有某些专属权： （1）勘探、开发大陆架；任何人未经沿海国明示同意，不得从事此活动； （2）在大陆架上建造、使用人工岛屿和设施； （3）对这些人工设施进行专属管辖。 限制： （1）对大陆架的权利，不影响其上覆水域或水域上空法律地位； （2）开发200海里以外大陆架上资源，应向国际海底管理局交纳一定费用或实物。

3. 公海制度

范围	内海、领海、专属经济区、群岛水域外的全部海域。
公海自由	（1）航行自由； （2）飞越自由； （3）铺设海底电缆和管道自由； （4）捕鱼自由； （5）建造人工岛屿和设施自由； （6）科学研究自由。

续表

公海上的管辖	船旗国管辖	船舶内部事务，一般应遵行船旗国国内法。	
		涉及两国以上的航行事故	(1) 涉及船长或船员的责任时，对其的刑事诉讼或纪律程序，只可向船旗国或人员国籍国提出。
			(2) 船长证书或驾驶执照，只有其颁发国家有权撤销，而不论持有人的国籍。
			(3) 船旗国外的任何当局，即使作为调查措施，也不得逮捕或扣押船舶。
	普遍管辖	(1) 海盗； (2) 非法广播； (3) 贩卖奴隶、贩卖毒品。	
管辖措施	登临权	(1) 主体：军舰、军用飞机或其他得到正式授权、有清楚标志可识别的政府船舶和飞机。	
		(2) 对象：公海上的外国船舶；军舰等享有豁免权的除外。	
		(3) 适用情形： ①海盗、非法广播、贩奴贩毒； ②船舶无国籍； ③虽然悬挂外国旗或拒不展示船旗，但事实上与该登临军舰属同一国籍。	
	紧追权	(1) 主体：同登临权。	
		(2) 对象：违反本国法规，从本国管辖海域向公海行驶的外国船舶。	
		(3) 限制： ①始于：本国内水、领海、毗连区或专属经济区； ②先警告，再紧追； ③可追入公海，但必须连续不断地进行； ④止于：他国领海。	

4. 国际海底区域

范围	领土、专属经济区、大陆架以外的海床和底土。	
性质	人类共同所有，由国际海底管理局加以管理。	
开发	平行开发制	保留区：由海底管理局企业部进行开发。 合同区：由缔约国有效控制的自然人或法人，与管理局合作开发。

注：

（1）如果一个国家有专属经济区，则毗连区首先是专属经济区的一部分，但因为毗连区有管制权，又不同于专属经济区的其他部分。此时，专属经济区之外才是公海。

（2）如果一个国家没有专属经济区，则毗连区是公海的一部分。所以不能说：在公海上不存在任何国家的任何权利。

（3）大陆架上方，可能是公海，也可能是专属经济区，或者是毗连区。

5. 国际航行海峡

概念	两端都是公海或者专属经济区，又用于国际航行的海峡。
分类	内海峡、领海峡、非领海峡。
通过制度	（1）过境通行制度； （2）公海自由航行制度； （3）无害通过制度； （4）特别协定制度。

6. 无害通过制度

含义	（1）不得损害沿海国和平安宁和正常秩序； （2）无须事先通知或征得沿海国许可； （3）船舶必须连续不停地迅速通过，不得停船或下锚，除非不可抗力、遇难和救助；潜水艇或其他潜水器通过时，须浮出水面并展示其船旗； （4）沿海国可规定海道，实行分道航行制；为国家安全可在特定水域暂停实行无害通过。
有害通过	（1）在船上起落或接载任何飞机； （2）上下任何商品、货币或人员； （3）任何故意和严重的污染行为； （4）任何捕鱼活动； （5）进行研究或测量活动。

（三）外层空间法

登记制度	（1）发射国发射空间物体，应向联合国秘书长报告；两国联合发射的，由其中一国登记。 （2）所登记物体已不复存在，也应尽快通知联合国秘书长。	
营救制度	（1）通知：各国在获悉或发现航天器上的人员发生意外、遇难或紧急降落时，应立即通知其发射国及联合国秘书长； （2）营救：对获悉或发现在一国领土内的宇航员，领土国应立即采取一切可能的措施，营救宇航员并给予必要帮助； （3）归还：对于发现的宇航员，应立即安全地交还发射国；对于发生意外的空间物体应送还其发射国。	
责任制度	责任原则	国家责任：不论外空活动是其政府还是非政府从事，都由国家担责。 （1）绝对责任：空间物体对地球表面或飞行中的飞机造成的损害； （2）过错责任：空间物体对地球表面以外的其他空间物体，或所载人员财产造成的损害。
	不适用《责任公约》	对下面人员造成的损害，不适用此公约： （1）该国的国民； （2）从发射到降落，参加操作的外国公民； （3）应要求而留在紧接预定发射区或回收区的外国公民。

三、国际法上的个人

（一）国籍的取得和丧失

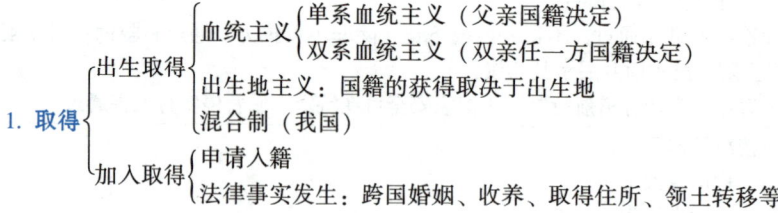

2. 丧失 { 自愿丧失：自愿退籍、选择放弃
非自愿丧失： { 法律事实发生：婚姻、收养、入籍等
被剥夺国籍

3. **中国的规定**

取得	出生取得	(1) 父母双方或一方为中国公民，本人出生在中国，具有中国国籍。 (2) 父母双方或一方为中国公民，本人出生在外国，具有中国国籍；但父母双方或一方为中国公民并定居在外国，本人出生时即具有外国国籍的，不具有中国国籍。 (3) 父母无国籍或国籍不明，定居在中国，本人出生在中国，具有中国国籍。
	加入取得	有下列条件之一的，可以经申请批准加入中国国籍： (1) 中国人的近亲属； (2) 定居在中国的； (3) 有其他正当理由。
丧失	自动丧失	定居外国的中国公民，自愿加入或取得外国国籍的，即自动丧失中国国籍。
	申请退出	中国公民有下列条件之一的，可以经申请批准退出中国国籍： (1) 外国人的近亲属； (2) 定居在外国的； (3) 有其他正当理由。
	不得退出	国家工作人员和现役军人，不得退出中国国籍。

（二）引渡

1. 条件 { (1) 双重犯罪原则：请求国和被请求国法律都认定为犯罪的行为
(2) 政治犯罪不引渡
(3) 罪名特定原则：请求国只能就其请求引渡的特定犯罪，进行审判或处罚

2. **中国的规定**

向外国请求引渡	对被请求国附加条件的承诺	对于限制追诉的承诺，由最高人民检察院决定。	由外交部代表中华人民共和国政府向被请求国作出承诺。
		对于量刑的承诺，由最高人民法院决定。	

第二节 国际私法

复习记忆指导

相对于国际公法和国际经济法来说，国际私法是比较容易得分的部分。其重点突出，试题主要集中在中国的法律冲突适用规范上，主要是法条的记忆。此外，对于冲突规范的几大制度，应当着重理解，不可死记硬背。

《涉外民事关系法律适用法》及最高人民法院的司法解释对我国的涉外民事关系法律适用进行了详细规定，考生应予重点掌握。

一、冲突规范

（一）冲突规范的结构

冲突规范 = 范围 + 关联语 + 系属（包含连接点）

⇩　　　⇩　　　⇩

，依　合同缔结地法

连接点：合同缔结地

（二）冲突规范（中国）

一般适用规则	当事人依照法律规定可以明示选择涉外民事关系适用的法律。法律对涉外民事关系有强制性规定的，直接适用该强制性规定。外国法律的适用将损害中华人民共和国社会公共利益的，适用中华人民共和国法律。我国法律对涉外民事关系法律适用没有规定的，适用与该涉外民事关系有最密切联系的法律。
	涉外民事关系适用外国法律，该国不同区域实施不同法律的，适用与该涉外民事关系有最密切联系区域的法律。

续表

		民事关系具有下列情形之一的，人民法院可以认定为涉外民事关系：(1) 当事人一方或双方是外国公民、外国法人或者其他组织、无国籍人；(2) 当事人一方或双方的经常居所地在中华人民共和国领域外；(3) 标的物在中华人民共和国领域外；(4) 产生、变更或者消灭民事关系的法律事实发生在中华人民共和国领域外。
		当事人在一审法庭辩论终结前可以协议选择或者变更选择适用的法律。
		案件涉及两个或者两个以上的涉外民事关系时，应当分别确定应当适用的法律。
		涉外民事关系适用的外国法律，不包括该国的法律适用法。
诉讼时效		适用相关涉外民事关系应当适用的法律。
涉外民事关系的定性		适用法院地法律。
外国法的查明	查明途径	涉外民事关系适用的外国法律，由人民法院、仲裁机构或者行政机关查明。 当事人选择适用外国法律的，应当提供该国法律。
	不能查明的认定	当事人应当提供外国法律，但其在人民法院指定的合理期限内无正当理由未提供该外国法律的，可以认定为不能查明外国法律。 人民法院通过由当事人提供、已对我国生效的国际条约规定的途径、中外法律专家提供等合理途径仍不能获得外国法律的，可以认定为不能查明外国法律。
	不能查明的处理	不能查明外国法律或者该国法律没有规定的，适用中华人民共和国法律。
自然人	国籍	应适用国籍国法律，自然人具有两个以上国籍的，适用有经常居所的国籍国法律；在所有国籍国均无经常居所的，适用与其有最密切联系的国籍国法律。自然人无国籍或者国籍不明的，适用其经常居所地法律。
	经常居所	应适用经常居所地法律，自然人经常居所地不明的，适用其现在居所地法律。
	权利能力和行为能力	自然人的民事权利能力和民事行为能力，适用经常居所地法律。自然人从事民事活动，依照经常居所地法律为无民事行为能力，依照行为地法律为有民事行为能力的，适用行为地法律，但涉及婚姻家庭、继承的除外。

续表

	宣告失踪和宣告死亡	适用自然人经常居所地法律。
	法人	法人及其分支机构的民事权利能力、民事行为能力、组织机构、股东权利义务等事项，适用登记地法律。法人的主营业地与登记地不一致的，可以适用主营业地法律。法人的经常居所地，为其主营业地。法人的设立登记地为其登记地。
	代理	代理适用代理行为地法律，但被代理人与代理人的民事关系，适用代理关系发生地法律。当事人可协议选择委托代理适用的法律。
物权	不动产物权	适用不动产所在地法律。
	动产物权	(1) 当事人可以协议选择动产物权适用的法律。当事人没有选择的，适用法律事实发生时动产所在地法律。 (2) 当事人可以协议选择运输中动产物权发生变更适用的法律。当事人没有选择的，适用运输目的地法律。
	特定物权	(1) 有价证券，适用有价证券权利实现地法律或者其他与该有价证券有最密切联系的法律。 (2) 权利质权，适用质权设立地法律。
债权	合同之债 一般规定	当事人可以协议选择合同适用的法律。当事人没有选择的，适用履行义务最能体现该合同特征的一方当事人经常居所地法律或者其他与该合同有最密切联系的法律。
	消费者合同	适用消费者经常居所地法律；消费者选择适用商品、服务提供地法律或者经营者在消费者经常居所地没有从事相关经营活动的，适用商品、服务提供地法律。
	劳动合同	适用劳动者工作地法律；难以确定劳动者工作地的，适用用人单位主营业地法律。劳务派遣，可以适用劳务派出地法律。
	一般规定	适用侵权行为地法律，但当事人有共同经常居所地的，适用共同经常居所地法律。侵权行为发生后，当事人协议选择适用法律的，按照其协议。

续表

	侵权之债	产品责任	适用被侵权人经常居所地法律；被侵权人选择适用侵权人主营业地法律、损害发生地法律的，或者侵权人在被侵权人经常居所地没有从事相关经营活动的，适用侵权人主营业地法律或者损害发生地法律。
		侵犯人格权	通过网络或者采用其他方式侵害姓名权、肖像权、名誉权、隐私权等人格权的，适用被侵权人经常居所地法律。
	不当得利、无因管理		适用当事人协议选择适用的法律。当事人没有选择的，适用当事人共同经常居所地法律；没有共同经常居所地的，适用不当得利、无因管理发生地法律。
	知识产权		(1) 知识产权的归属和内容，适用被请求保护地法律。 (2) 当事人可以协议选择知识产权转让和许可使用适用的法律。当事人没有选择的，适用合同的有关规定。 (3) 知识产权的侵权责任，适用被请求保护地法律，当事人也可以在侵权行为发生后协议选择适用法院地法律。
商事	票据		(1) 票据当事人能力的法律适用：票据债务人的民事行为能力，适用其本国法律； (2) 票据行为方式的法律适用：汇票、本票出票时的记载事项，适用出票地法律，支票出票时的记载事项，适用出票地法律，经当事人协议，也可以适用付款地法律； (3) 票据追索权行使期限的法律适用：票据追索权行使期限，适用出票地法； (4) 持票人责任的法律适用：票据的提示期限、有关拒绝证明的方式、出具拒绝证明的期限，适用付款地法； (5) 票据丧失时权利保全程序的法律适用：票据丧失时，失票人请求保全票据权利的程序，适用付款地法律。 总结：与出票有关适用出票地法，与付款有关适用付款地法。
	代理		代理适用代理行为地法律，但被代理人与代理人的民事关系，适用代理关系发生地法律。 当事人可以协议选择委托代理适用的法律。
	信托		当事人可以协议选择信托适用的法律。当事人没有选择的，适用信托财产所在地法律或者信托关系发生地法律。

续表

婚姻家庭	结婚	（1）结婚条件，适用当事人共同经常居所地法律；没有共同经常居所地的，适用共同国籍国法律；没有共同国籍，在一方当事人经常居所地或者国籍国缔结婚姻的，适用婚姻缔结地法律。 （2）结婚手续，符合婚姻缔结地法律、一方当事人经常居所地法律或者国籍国法律的，均为有效。
	离婚	（1）协议离婚，当事人可以协议选择适用一方当事人经常居所地法律或者国籍国法律。当事人没有选择的，适用共同经常居所地法律；没有共同经常居所地的，适用共同国籍国法律；没有共同国籍的，适用办理离婚手续机构所在地法律。 （2）诉讼离婚，适用法院地法律。
	人身、财产关系	（1）夫妻人身关系，适用共同经常居所地法律；没有共同经常居所地的，适用共同国籍国法律。 （2）夫妻财产关系，当事人可以协议选择适用一方当事人经常居所地法律、国籍国法律或者主要财产所在地法律。当事人没有选择的，适用共同经常居所地法律；没有共同经常居所地的，适用共同国籍国法律。 （3）父母子女人身、财产关系，适用共同经常居所地法律；没有共同经常居所地的，适用一方当事人经常居所地法律或者国籍国法律中有利于保护弱者权益的法律。
	收养	（1）收养的条件和手续，适用收养人和被收养人经常居所地法律。 （2）收养的效力，适用收养时收养人经常居所地法律。 （3）收养关系的解除，适用收养时被收养人经常居所地法律或者法院地法律。
	扶养	适用一方当事人经常居所地法律、国籍国法律或者主要财产所在地法律中有利于保护被扶养人权益的法律。
	监护	适用一方当事人经常居所地法律或者国籍国法律中有利于保护被监护人权益的法律。

续表

继承	法定继承	适用被继承人死亡时经常居所地法律，但不动产法定继承，适用不动产所在地法律。
	遗嘱继承	(1) 遗嘱方式，符合遗嘱人立遗嘱时或者死亡时经常居所地法律、国籍国法律或者遗嘱行为地法律的，遗嘱均为成立。 (2) 遗嘱效力，适用遗嘱人立遗嘱时或者死亡时经常居所地法律或国籍国法律。
	遗产管理	遗产管理等事项，适用遗产所在地法律。
	无人继承	无人继承遗产的归属，适用被继承人死亡时遗产所在地法律。

二、冲突规范的制度

(一) 识别

	含义	举例
识别	(1) 分析有关事实或问题，将其归入一定的法律范畴。	案件属于合同问题，还是侵权问题。
	(2) 对冲突规范本身的识别。	什么是动产，什么是不动产。

(二) 反致

	直接反致	转致	间接反致	包含直接反致的转致
适用结果	A国法院最终适用了自己的实体法	A国或A地区的法院最终适用了C国或C地区的法律	A国或A地区的法院最终适用了自己的实体法	A国或A地区法院最终适用了B国或B地区的法律
图示	A⌒B	A→B→C	A⌒B→C	A⌒B→C

★《涉外民事关系法律适用法》第8条规定："涉外民事关系的定性，适用法院地法律。"第9条规定："涉外民事关系适用的外国法律，不包括该国的法律适用法。"依此规定我国不采用反致制度。

三、区际司法协助

（一）区际委托送达司法文书

	涉港	涉澳	涉台
机构	内地高级法院→香港高等法院 内地最高法院→香港高等法院	内地高级法院→澳门终审法院 内地最高法院→澳门终审法院 内地中级、基层法院（最高法院授权）→澳门终审法院	大陆高级法院→台湾地区有关法院
期限	2个月	2个月	2个月
文本	以中文文本提出，没有的应当附具中文译本	以中文文本提出，没有的应当附具中文译本	
费用	免费，特殊方式须付费	免费，特殊方式须付费	
程序	原则根据被请求方的程序，符合条件可以依据请求方要求的方式	原则根据被请求方的程序，符合条件可以依据请求方要求的方式	

（二）区际法院判决的承认与执行

	涉港	涉澳	涉台
法律依据	2024年双边安排	2006年双边安排	2015年规定（单向）
认可与执行的对象	（1）民商事案件生效判决； （2）刑事案件中有关民事赔偿的生效判决。	（1）民商事判决； （2）内地的劳动仲裁裁决，澳门的劳动民事判决； （3）刑事案件中有关民事损害赔偿的判决，不包括行政案件。	（1）民事判决，包括民事判决、裁定、和解笔录、调解笔录、支付命令等； （2）刑事案件中作出的有关民事损害赔偿的生效判决、裁定、和解笔录； （3）乡镇市调解委员会等出具并经台湾地区法院核定，与生效民事判决具有同等效力的调解文书（参照适用）。

机构	内地：申请人住所地或者被申请人住所地、财产所在地的中级人民法院 香港：高等法院	内地：被申请人住所地、经常居住地和财产所在地中级法院 澳门：中级人民法院认可，初级人民法院执行	大陆：由申请人住所地、经常居住地或者被申请人住所地、经常居住地、财产所在地中级人民法院或者专门人民法院受理
期限	依据被请求方法律的规定	依执行地法律规定	申请执行的期间为2年。申请执行时效的中止、中断，适用法律有关诉讼时效中止、中断的规定
是否能同时向两地法院提出认可申请	能（分别执行的总额不能超过判决数额）	不能（但可以向一地法院申请认可的同时，向另一地法院请求财产保全）	没有相关规定

注意三者的相同之处：
（1）澳门不得同时向内地多个有管辖权的法院提出申请；香港、台湾可以同时申请，但只能由最先立案的人民法院进行管辖；
（2）均需交费；
（3）均可以专属管辖和公共秩序为由拒绝。

（三）区际仲裁裁决的承认与执行

	香港	澳门	台湾
法律依据	2000年双边安排	2008年双边安排	2015年规定（单向）
适用对象	只说了仲裁裁决，没有特别说明	没有特别说明	专门说明了包括临时仲裁裁决
机构	内地：被申请人住所地或财产所在地中级法院 香港：高等法院	内地：被申请人住所地、经常居住地或财产所在地中级法院 澳门：中级法院认可，初级法院执行	大陆：由申请人住所地、经常居住地或者被申请人住所地、经常居住地、财产所在地中级人民法院或者专门人民法院受理

续表

期限	依执行地法律规定	依执行地法律规定	申请执行的期间为2年。申请执行时效的中止、中断，适用法律有关诉讼时效中止、中断的规定
是否能同时向两地法院提出认可申请	能（两地法院执行财产的总额，不得超过仲裁确定的数额）	能（仲裁地法院先执行清偿）	没有相关规定

相同点：
（1）香港、澳门均不得同时向内地多个有管辖权的法院提出申请；
（2）均需交纳费用；
（3）均要求中文译本。

第三节　国际经济法

复习记忆指导

国际经济法重点比较突出，主要集中在国际贸易法部分，而在国际贸易法部分中，《联合国国际货物销售合同公约》《国际贸易术语解释通则》和 2007 年 7 月 1 日生效的《ICC 跟单信用证统一惯例（UCP600）》又是该部分的重点。其中还需特别注意，2020 年《国际贸易术语解释通则》（以下简称《2020 年通则》）对 2010 年《国际贸易术语解释通则》的修改和变化，2020 年《最高人民法院关于审理独立保函纠纷案件若干问题的规定》。因此，复习国际经济法，要学会抓重点，复习强度要有所差别。

国际经济法的考查，着重于理解，特别是几个贸易支付方式，一定要深刻体会其流程，将书本上的知识点变为自己的语言或者图表。另外，比较方法在国际经济法的复习中，也发挥着极大的作用，几大公约的发展脉络、细微变化，一定要弄清楚。

一、国际货物买卖

（一）国际贸易术语

1. 《2020 年通则》的主要修改

装船批注提单和 FCA 术语条款的修改	《2020 年通则》的 FCA 术语提供了一个额外的选择，即虽然买方负责运输，但买方和卖方可以同意买方指定的承运人在装货开始后向卖方签发已装船提单，然后再由卖方向买方作出交单。然而，即使采用了这种可选机制，卖方对买方也不承担运输合同条款的义务。
CIF 和 CIP 术语下对投保险别的规定	《2020 年通则》的 CIF 术语下的保险级别仍为类似平安险的最低险；而 CIP 对卖方有义务取得保险的要求有所提高，相当于我国的"一切险"。不过双方当事人可以自由商定较低的保险险别。
对 FCA、DAP、DPU、DDP 术语的修改	当采用 FCA、DAP、DPU 和 DDP 术语进行贸易时，买卖双方可以根据运输义务使用自有运输工具。

续表

将 DAT 改为 DPU	DPU 术语的货物交付地点仍旧是目的地，但这个目的地不再限于"运输的终端"，目的地可以是任何地方，但是如果该地点不在"运输终端"，卖方应确保其准备交付货物的地点是能够卸货的地点。同时，DPU 还明确规定了卖方不负责卸货。
在运输义务和费用中加入与安全有关的要求	与安全相关的义务的明确分配现已添加到每个规则的 A4 和 A7 项下。而这些要求所产生的费用也被更明确地标明，放在每条规则的 A9 和 B9 项下。

2.《2020 年通则》的主要内容

（1）适用于任何运输方式或多种运输方式的术语

术语	含义	风险转移	卖方义务	买方义务
EXW	工厂交货	交货时	履行交货义务。	办理出口及进口清关手续；为了自身利益，应办理保险。
FCA	货交承运人	交货时	提供符合销售合同的货物和单据；办理出口手续；在指定的地点和约定的时间将货物交付给买方指定的承运人或其他人。	支付货款；办理进口手续；订立运输合同并承担运费；为了自身利益，应办理保险。
CIP	运费和保险费付至（指定目的地）	交货时	提供符合销售合同的货物和单据；办理出口清关手续；办理运输的手续和承担运费；办理投保手续和承担保险费。	支付货物价款；办理进口手续。
CPT	运费付至（指定目的地）	交货时	提供符合销售合同的货物和单据；办理出口清关手续；办理运输的手续和承担运费；向买方提供取得保险所需信息。	支付货物价款；办理进口手续；为了自身利益，应办理保险。
DPU	目的地卸货后交货（指定目的地）	交货时	提供符合销售合同的货物和单据；在约定日期或期限内，在指定目的地的约定地点（如有），以将货物从抵达的运输工具上卸下并交由买方处置，或以取得已经如此交付的货物的方式交货；办理出口清关手续；为了自身利益，应办理保险。	支付货物价款；办理进口手续；向卖方提供取得保险所需信息。

续表

术语	含义	风险转移	卖方义务	买方义务
DAP	目的地交货（指定目的地）	交货时	负责到目的地的运输，不用卸载货物；负责出口清关手续；为了自身利益，应办理保险。	支付货物价款；办理进口手续；向卖方提供取得保险所需信息。
DDP	完税后交货（指定目的地）	交货时	承担把货物交至目的地所需的全部费用和风险；负责办理出口和进口清关；为了自身利益，应办理保险。	支付货物价款；向卖方提供取得保险所需信息。

（2）适用于海运和内河水运的术语

术语	含义	风险转移	卖方义务	买方义务
FAS	船边交货（指定装运港）	货物交到船边时	履行交货义务；办理出口清关手续；向买方提交与货物有关的单证或相等的电子单证。	支付货物价款；办理货物的运输并为自己的利益投保；办理货物的进口手续。
FOB	船上交货（指定装运港）	装港货物置于船上时	提供符合合同约定的货物及单证；办理出口手续；在装运港将货物装上买方指定的船舶并通知买方。	支付货款并接受卖方提供的单证；办理进口手续；租船或订舱并将船名和装货地点及时间给予卖方充分通知；为了自身利益，应办理保险。
CIF	成本、保险费加运费（指定目的港）	装港货物置于船上时	提供符合合同约定的货物和单证；办理出口手续；订立运输合同，支付运费；办理货物的保险（最低险种即可）并缴纳保险费。	支付货款并接受卖方提供的单证；办理进口手续；承担除运费和保险费以外的费用；向卖方提供其投保所需信息。
CFR	成本加运费（指定目的港）	装港货物置于船上时	提供符合合同约定的货物和单证；办理出口手续；订立运输合同，支付运费；装船后应给买方以充分的通知。	支付货款并接受卖方提供的单证；办理进口手续；承担除运费和保险费以外的费用；为了自身利益，应办理保险。

(二)《联合国国际货物销售合同公约》
1. 适用的范围

公约适用的一般规则	(1) 公约只适用于国际货物买卖合同,即营业地在不同国家的双方当事人之间所订立的货物买卖合同,不考虑当事人的国籍和住所。 (2) 公约有两种具体适用方式: ①直接适用,只要满足了上述营业地条件,且当事人没有明确排除即可适用; ②间接适用,通过国际私法规则的适用。如双方或一方的营业地不在缔约国,而依国际私法规则应适用缔约国法律的,此时公约也适用于他们之间订立的货物销售合同(我国对此提出了保留)。
不适用的贸易类型	公约不适用于技术贸易和服务贸易
不适用的货物类型	(1) 购供私人、家人或家庭使用的货物的销售,除非卖方在订立合同前任何时候或订立合同时不知道而且没有理由知道这些货物是购供任何这种使用; (2) 经由拍卖的销售; (3) 根据法律执行令状或其他令状的销售; (4) 公债、股票、投资证券、流通票据或货币的销售; (5) 船舶、船只、气垫船或飞机的销售; (6) 电力的销售。
不解决的法律问题	(1) 合同的效力,或其任何条款的效力,或任何惯例的效力; (2) 合同对所售货物所有权可能产生的影响; (3) 卖方对于货物对任何人所造成的死亡或伤害的责任。
公约适用的任意性	(1) 当事人可以通过选择其他法律排除公约的适用; (2) 当事人可以在合同中对公约的内容进行更改。 注意:公约可以和其他的惯例一同适用。在当事人所选择的国际惯例规范的事项中,优先适用国际惯例的规定,在国际惯例规定事项之外的事项,则适用公约的规定。
我国的保留	(1) 国际私法规则导致公约适用的保留; (2) 合同形式的保留。 注意:我国已经撤回关于合同形式的保留,这意味着我国当事人在缔结国际货物买卖合同时不必须采取书面形式。

2. 双方的义务

卖方的权利担保义务	所有权担保	卖方保证对其售出的货物享有完全的所有权。
	知识产权担保	第三人提出的知识产权的请求，必须依据下列法律提出： (1) 销售目的地国的法律：即货物使用地或者转售地； (2) 卖方营业地国的法律。
		下列情况，卖方免责： (1) 买方知道：即买方在订立合同时，已经知道或者不可能不知道此项知识产权的存在； (2) 买方提供：即卖方遵照了买方提供的技术图样、图案、款式或者其他规格，因而发生了此项权利或者要求。
		买方的及时通知义务： 即买方要在合理时间内，将第三方的知识产权要求通知卖方，否则就丧失要求卖方承担辩驳第三方的权利。
买方的接收货物义务	(1) 正常情况：买方应按时间按地点提取货物； (2) 卖方违约：先接收，再采取补救措施；要注意，接收不等于接受。	

二、国际海上货物运输

三大提单公约的比较

1. 共同点

承运人的最低义务 ｛ 适航义务（开航前和开航时）
　　　　　　　　　管货义务（适当谨慎地进行装载、运输、卸载等）

承运人的免责事项 ｛ 天灾、意外事故；
　　　　　　　　　战争行为、公敌行为；
　　　　　　　　　罢工、暴乱；
　　　　　　　　　救助或企图救助海上人命或财产；
　　　　　　　　　货方过错：货物的固有缺陷造成的损失、包装不当等。

2. 发展变化

	《海牙规则》	《维斯比规则》	《汉堡规则》
责任期间	钩至钩 （岸吊时，以船舷为责任的起止点）		收到交 （承运人掌管下的全部期间：从收到货物至交付货物）
承运人的免责	（1）航行过失免责 （船长、船员、引航员或承运人的雇佣人，在驾驶船舶或管理船舶上的行为、疏忽或过失引起的货物损坏或灭失） （2）火灾免责 （但由于承运人实际过失或私谋所引起的除外） ⇩ 不完全的过失责任		取消 { 航行过失免责 火灾免责 } ⇩ 完全的过失责任
延迟交货的责任	未规定		（1）最高不超过：迟交货物应付运费×2.5 （2）且不应超过：所有货物应付运费的总额
诉讼时效	1年	（1）1年；双方协商可以延长； （2）对第三者的追偿诉讼，还有3个月的宽限期。	2年
货物的适用范围	无舱面货、活牲畜		有舱面货、活牲畜
保函的效力	不承认		一定范围内承认： （1）善意保函； （2）只在托运人和承运人间有效，不能对抗第三人。

补充：中国《海商法》的规定

(1) 承运人的责任期间 $\begin{cases} 集装箱运输：收到交 \\ 非集装箱运输：钩到钩 \end{cases}$

(2) 承运人的免责，包括 $\begin{cases} 航行过失免责 \\ 火灾免责 \end{cases}$

三、国际海运保险

(一) 损失

海损 $\begin{cases} 全损 \begin{cases} 实际全损 \\ 推定全损（可发生委付） \end{cases} \\ 海损 \begin{cases} 共同海损 \begin{cases} 货物及船舶面临共同的危险 \\ 有意采取措施导致损失 \\ 损失由受益各方平摊 \end{cases} \\ 单独海损 \begin{cases} 危险只涉及货物或船舶中一方利益 \\ 损失由意外造成无人为因素 \\ 损失由单方承担 \end{cases} \end{cases} \end{cases}$

(二) 保险的类别

主险	平安险（单纯自然灾害造成的部分损失不赔）	(1) 自然灾害造成的整批货物的全部损失或推定全损； (2) 搁浅、触礁、沉没、互撞、失火、爆炸等意外事故造成货物的全部或部分损失； (3) 在运输工具已经发生意外事故的情况下，货物在此前后又在海上自然灾害所造成的部分损失（赔）； (4) 在装卸或转运时由于一件或数件整件货物落海造成的全部或部分损失； (5) 被保险人对遭受承保责任内危险的货物采取抢救、防止或减少货损的措施而支付的合理费用，但以不超过该批被救货物的保险金额为限； (6) 运输工具遭遇海难后，在避难港由于卸货所引起的损失以及在中途港、避难港由于卸货、存仓以及运送货物所产生的特别费用； (7) 共同海损的牺牲、分摊和救助费用（赔）； (8) 运输合同中订有"船舶互撞责任"条款，根据该条款规定应由货方偿还船方的损失。 风险来自：船外+海上。
	水渍险	平安险+自然灾害造成的部分损失。
	一切险	水渍险+一般附加险。

附加险	一般附加险	偷窃、提货不着险、淡水雨淋险、短量险、混杂玷污险、渗漏险、碰损破碎险、串味险、受潮受热险、钩损险、包装破裂险、锈损险等11种险别。 提货不着+船内管货风险
	特别附加险	特别附加险包括交货不到险、进口关税险、舱面险、拒收险、黄曲霉素险、出口到港澳存仓火险等六种。
	特殊附加险	战争险和罢工险两种。

四、国际贸易支付

（一）托收

1. 托收的流程

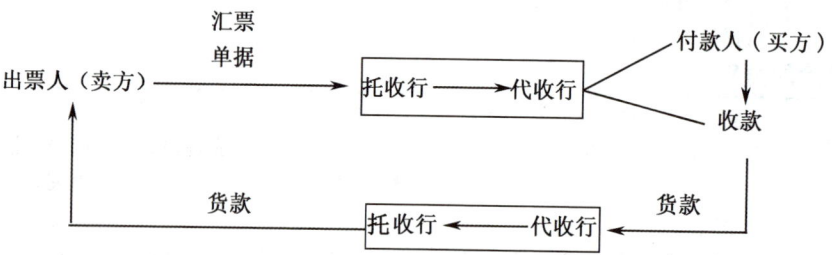

2. 种类

{光票托收：不附货运单据

跟单托收 {付款交单：付清货款后，才交付货运单据（D/P）
承兑交单：付款前承兑后，即可交付单据（D/A）

(二) 信用证

1. 流程①

```
                    受益人   寄交信用证            开立信用证         申请信用证   开证申请人
准备工作：                  ←―――――  通知行  ←―――――  开证行  ←―――――
                    卖方                                                          （买方）
                     ⇩
                  卖方：开出汇票  ┌ 付款人：开证行
正式工作：                       ┤                                         通知
                  （附单据）      └ 收款：（卖方）――→议付行――→开证行――→买方
                                              ↑                          │
                                              └──────────────────────────┘
                                                        付款赎单
```

2. 托收与信用证的区别

（1）托收：资金转移的过程，是从买方支付货款开始的，之后再由银行转交给卖方；

（2）信用证：资金转移的过程，是分段实现的，卖方先从银行处获得了货款，之后再由银行向买方索款；

（3）总结：托收，可以说是以汇票来主导整个支付过程的，而在信用证这种支付方式中，则多了一个信用证的传递过程，也正是信用证的存在，使得此方式带上了银行信用的特点，可以说信用证主导了此种支付方式，虽然汇票也在其中出现，但是相对于信用证来说，其地位是附从的。

3. UCP600号较UCP500号的主要修改

结构上的变化	（1）集中归纳了概念和一些词语在本惯例下的特定解释，使原本散落在各个条款中的解释定义归集在一起使全文变得清晰。 （2）按照业务环节对条款进行了归结。把通知、修改、审单、偿付、拒付等环节涉及的条款在原来的基础上分别集中，使得对某一问题的规定更加明确和系统化。
删除了某些条款	（1）"可撤销信用证"； （2）"运输行单据"； （3）"风帆动力批注"，等等。
新增了某些条款	（1）"兑付"（HONOUR）：这一词概括了开证行、保兑行、指定行在信用证下除议付以外的一切与支付相关的行为。 （2）"相符的交单"（COMPLYING PRESENTATION）：强调要与信用证条款、适用的惯例条款以及国际银行标准实务相符合。这一对"相符"的界定，可能会减少实务中对于单据不符点的争议。

---

① 在跟单信用证中，有时规定卖方可不必开立汇票，银行可只凭单据付款。

续表

进行了某些内容的修改	（1）关于议付，新的定义明确了议付是对票据及单据的一种买入行为，并且明确是对受益人的融资，即预付或承诺预付。定义上的改变承认了有一定争议的远期议付信用证的存在，同时也将议付行对受益人的融资纳入了受惯例保护的范围。 （2）关于单据处理的天数，在 UCP500 中规定为"合理时间，不超过收单翌日起第 7 个工作日"，而在 UCP600 中改为了"最多为收单翌日起第 5 个工作日"。 （3）关于拒付后对单据的处理，在 UCP600 的条款中，细化了拒付电中对单据处理的几种选择，其中包括一直以来极具争议的条款："拒付后，如果开证行收到申请人放弃不符点的通知，则可以释放单据。" UCP600 把这种条款纳入合理的范围内，符合了现实业务的发展，减少了因此产生纠纷的可能，并且有望缩短不符点单据处理的周期。 （4）关于转让信用证，UCP600 中明确了第二受益人的交单必须经过转让行。此条款主要是为了避免第二受益人绕过第一受益人直接交单给开证行，损害第一受益人的利益；同时，这条规定也与其他关于转让行操作的规定相匹配。
UCP600 号共有 39 个条款，比 UCP500 号减少 10 条，但却比 UCP500 更准确、清晰；更易读、易掌握、易操作。	

4. 最高人民法院关于审理信用证纠纷案件若干问题的规定

适用对象	（1）适用于在信用证开立、通知、修改、撤销、保兑、议付、偿付等环节产生的纠纷； （2）还适用于开证申请人与开证行之间因申请开立信用证而产生的欠款纠纷、委托人和受托人之间因委托开立信用证产生的纠纷、担保人为申请开立信用证或者委托开立信用证提供担保而产生的纠纷以及信用证项下融资产生的纠纷。
法律适用	（1）信用证纠纷案件，当事人约定适用相关国际惯例或者其他规定的，从其约定；当事人没有约定的，适用国际商会《跟单信用证统一惯例》或者其他相关国际惯例。 **注意**：这是司法解释中为数不多的规定在没有选择的情况下适用国际惯例的情形 （2）申请开立信用证而产生的欠款纠纷、委托开立信用证纠纷和因此产生的担保纠纷以及信用证项下融资产生的纠纷应当适用中华人民共和国相关法律。涉外合同当事人对法律适用另有约定的除外。

第五章 国际法

续表

信用证的独立性和单据审查标准	(1) 开证行有独立审查单据的权利和义务，开证申请人决定是否接受不符点，并不影响开证行最终决定是否接受不符点；开证行和开证申请人另有约定的除外； (2) 当事人以开证申请人与受益人之间的基础交易提出抗辩的，人民法院不予支持； (3) 单据与信用证条款、单据与单据之间在表面上相符即可； (4) 信用证项下单据与信用证条款之间、单据与单据之间在表面上不完全一致，但并不导致相互之间产生歧义的，不应认定为不符点。
信用证欺诈的情形	(1) 受益人伪造单据或者提交记载内容虚假的单据； (2) 受益人恶意不交付货物或者交付的货物无价值； (3) 受益人和开证申请人或者其他第三方串通提交假单据，而没有真实的基础交易； (4) 其他进行信用证欺诈的情形。 注意：倒签提单和预借提单一般会被认定为构成信用证欺诈。
申请法院止付的条件	开证申请人、开证行或者其他利害关系人可以申请法院判令中止支付信用证项下的款项 (1) 受理申请的人民法院对该信用证纠纷案件享有管辖权； (2) 申请人提供证据证明存在上述信用证欺诈的情形； (3) 如不采取中止支付信用证项下款项的措施，将会使申请人的合法权益受到难以弥补的损害； (4) 申请人提供了可靠、充分的担保； (5) 不存在下述不应判令止付的情形。 法院受理申请后，应该在48小时之内作出裁定，裁定中止的，立即执行。
法院不应判令止付的情形（善意付）	(1) 开证行的指定人、授权人已按照开证行的指令善意地进行了付款； (2) 开证行或者其指定人、授权人已对信用证项下票据善意地作出了承兑； (3) 保兑行善意地履行了付款义务； (4) 议付行善意地进行了议付。
并案审理	(1) 人民法院在审理信用证欺诈案件过程中，必要时可以将信用证纠纷与基础交易纠纷一并审理； (2) 当事人以基础交易欺诈为由起诉的，可以将与案件有关的开证行、议付行或者其他信用证法律关系的利害关系人列为第三人；第三人可以申请参加诉讼，人民法院也可以通知第三人参加诉讼。

73

续表

| 裁定异议 | （1）当事人对人民法院作出中止支付信用证项下款项的裁定有异议的，可以在裁定书送达之日起 10 日内向上一级人民法院申请复议。上一级人民法院应当自收到复议申请之日起 10 日内作出裁定。
（2）复议期间，不停止原裁定的执行。 |

五、WTO 相关规则

WTO 法律体系构成	《建立世界贸易组织协议》《关于货物贸易的多边协议》《服务贸易协议》《与贸易有关的知识产权协议》《关于争端解决规则和程序的谅解》《贸易政策评审机制》以及四个诸边协议。
WTO 基本原则	最惠国待遇原则、国民待遇原则、取消数量限制原则、其他原则（如：透明度原则、自由贸易与公平竞争原则、对发展中国家优惠原则）。
WTO 争端解决机制	违反性申诉→废除或修改；非违反性申诉→补偿即可。 磋商程序→斡旋、调解与调停程序（非必经程序）→专家组程序→上诉审程序→裁决的执行与监督。

六、MIGA 多边投资担保机构

目的	对向发展中国家的私人直接投资进行保险。
承保险种	货币汇兑险、征收和类似措施险、政府违约险、战争和内乱险、其他特定的政治风险。
承保条件	合格的投资者、合格的东道国、合格的投资，投保政治风险需得到东道国的同意。
程序	书面形式提交 ICSID→排除司法救济→ICSID 进行调解和仲裁。

七、独立保函

独立保函的概述		独立保函，是指银行或非银行金融机构作为开立人，以书面形式向受益人出具的，同意在受益人请求付款并提交符合保函要求的单据时，向其支付特定款项或在保函最高金额内付款的承诺。 上述单据是指独立保函载明的受益人应提交的付款请求书、违约声明、第三方签发的文件、法院判决、仲裁裁决、汇票、发票等表明发生付款到期事件的书面文件。 为正确审理独立保函纠纷案件，切实维护当事人的合法权益，服务和保障"一带一路"建设，促进对外开放，最高人民法院根据《民法典》《涉外民事关系法律适用法》《民事诉讼法》等法律，结合审判实际，制定了《关于审理独立保函纠纷案件若干问题的规定》。
规定的适用范围		国际、国内交易均能适用。 当事人约定在国内交易中适用独立保函，一方当事人以独立保函不具有涉外因素为由，主张保函独立性的约定无效的，人民法院不予支持。
独立保函的开立	开立主体	银行或非银行金融机构。
	开立方式	可以依保函申请人的申请而开立，也可以依另一金融机构的指示而开立。开立人依指示开立独立保函的，可以要求指示人向其开立用以保障追偿权的独立保函。
	开立时间	开立人发出独立保函的时间。
	开立与生效	独立保函一经开立即生效，但独立保函载明生效日期或事件的除外。
	开立与撤销	未载明可撤销，当事人主张独立保函开立后不可撤销的，人民法院应予支持。
独立保函的认定	应予认定的情形	（1）保函载明见索即付； （2）保函载明适用国际商会《见索即付保函统一规则》等独立保函交易示范规则； （3）根据保函文本内容，开立人的付款义务独立于基础交易关系及保函申请法律关系，其仅承担相符交单的付款责任。
	除外情形	保函未载明据以付款的单据和最高金额。
	独立保函与一般或连带保证	当事人以独立保函记载了对应的基础交易为由，主张该保函性质为一般保证或连带保证的，人民法院不予支持。独立保函不适用《民法典》关于一般保证和连带保证的规定。

续表

独立保函的单据审查	独立审查	开立人有独立审查单据的权利与义务，有权自行决定单据与独立保函条款之间、单据与单据之间是否表面相符，并自行决定接受或拒绝接受不符点。 开立人拒绝接受不符点，受益人以保函申请人已接受不符点为由请求开立人承担付款责任的，人民法院不予支持。
	审查标准	单据与独立保函条款之间、单据与单据之间表面相符。
	无因性	开立人以基础交易关系或独立保函申请关系对付款义务提出抗辩的，人民法院不予支持，构成独立保函欺诈的除外。
	审查依据	应当根据独立保函载明的审单标准进行审查；独立保函未载明的，可以参照适用国际商会确定的相关审单标准。
	例外情形	单据与独立保函条款之间、单据与单据之间表面上不完全一致，但并不导致相互之间产生歧义的，人民法院应当认定构成表面相符。
开立人追偿		开立人依据独立保函付款后向保函申请人追偿的，人民法院应予支持，但受益人提交的单据存在不符点的除外。
转让		有约定，从约定。无约定时，独立保函未同时载明可转让和据以确定新受益人的单据，开立人主张受益人付款请求权的转让对其不发生效力的，人民法院应予支持。
独立保函权利义务的终止	终止条件	（1）独立保函载明的到期日或到期事件届至，受益人未提交符合独立保函要求的单据； （2）独立保函项下的应付款项已经全部支付； （3）独立保函的金额已减额至零； （4）开立人收到受益人出具的免除独立保函项下付款义务的文件； （5）法律规定或者当事人约定终止的其他情形。
	法律后果	独立保函具有上述权利义务终止的情形，受益人以其持有独立保函文本为由主张享有付款请求权的，人民法院不予支持。

第五章 国际法

独立保函欺诈的认定条件		（1）受益人与保函申请人或其他人串通，虚构基础交易的； （2）受益人提交的第三方单据系伪造或内容虚假的； （3）法院判决或仲裁裁决认定基础交易债务人没有付款或赔偿责任的； （4）受益人确认基础交易债务已得到完全履行或者确认独立保函载明的付款到期事件并未发生的； （5）受益人明知其没有付款请求权仍滥用该权利的其他情形。 注意：之所以上述第（3）（4）项会被认定为欺诈是因为独立保函本质上是一种担保，主债务不存在还问担保人要钱当然不行。
申请中止支付	主体	独立保函的申请人、开立人或指示人。
	时间	（1）提起诉讼或申请仲裁前；（2）在诉讼或仲裁过程中提出申请。
	条件（同时）	（1）止付申请人提交的证据材料证明本规定第12条情形的存在具有高度可能性； （2）情况紧急，不立即采取止付措施，将给止付申请人的合法权益造成难以弥补的损害； （3）止付申请人提供了足以弥补被申请人因止付可能遭受损失的担保。
	赔偿	因止付申请错误造成损失，当事人请求止付申请人赔偿的，人民法院应予支持。
	程序	（1）管辖法院：开立人住所地或其他对独立保函欺诈纠纷案件具有管辖权的人民法院。 （2）时间：人民法院受理止付申请后，应当在48小时内作出书面裁定。 （3）内容：应当列明申请人、被申请人和第三人、初步查明的事实和是否准许的理由。 （4）执行：裁定中止支付的，应当立即执行。 （5）解除：止付申请人在止付裁定作出后30日内未依法提起独立保函欺诈纠纷诉讼或申请仲裁的，人民法院应当解除止付裁定。
	救济	可以在裁定书送达之日起10日内向作出裁定的人民法院申请复议。复议期间不停止裁定的执行。人民法院应当在收到复议申请后10日内审查，并询问当事人。

77

续表

不应作出中止支付裁定的情形	（1）止付申请人以受益人在基础交易中违约为由请求止付的，人民法院不予支持。 （2）开立人在依指示开立的独立保函项下已经善意付款的，对保障该开立人追偿权的独立保函，人民法院不得裁定止付。
终止支付	人民法院经审理独立保函欺诈纠纷案件，能够排除合理怀疑的应认定构成独立保函欺诈，且不存在按指示开立保函的开立人已经善意付款的情形，应当判决开立人终止支付独立保函项下被请求的款项。
管辖法院	（1）受益人和开立人之间的纠纷案件，由开立人住所地或被告住所地人民法院管辖，独立保函载明由其他法院管辖或提交仲裁的除外。当事人主张根据基础交易合同争议解决条款确定管辖法院或提交仲裁的，人民法院不予支持。 （2）独立保函欺诈纠纷案件由被请求止付的独立保函的开立人住所地或被告住所地人民法院管辖，当事人书面协议由其他法院管辖或提交仲裁的除外。当事人主张根据基础交易合同或独立保函的争议解决条款确定管辖法院或提交仲裁的，人民法院不予支持。（之所以欺诈案件中连独立保函中的争端解决条款都不行了，是因为欺诈的存在使得整个独立保函都不靠谱） **注意**：所有的独立保函案件中都可以选择法院，但条件不同，没有涉外性的要求。

法律适用	交易示范规则	独立保函载明适用《见索即付保函统一规则》等独立保函交易示范规则，或开立人和受益人在一审法庭辩论终结前一致援引的，人民法院应当认定交易示范规则的内容构成独立保函条款的组成部分。 不具有前款情形，当事人主张独立保函适用相关交易示范规则的，人民法院不予支持。
	法律	（1）涉外独立保函纠纷，开立人和受益人之间可以选择所适用的法律；没有选择的，因涉外独立保函而产生的纠纷适用开立人经常居所地法律；独立保函由金融机构依法登记设立的分支机构开立的，适用分支机构登记地法律。 （2）涉外独立保函欺诈纠纷，当事人就适用法律不能达成一致的，适用被请求止付的独立保函的开立人经常居所地法律；独立保函由金融机构依法登记设立的分支机构开立的，适用分支机构登记地法律；当事人有共同经常居所地的，适用共同经常居所地法律。 **注意**：只有涉外案件中才能对法律进行选择。
		涉外独立保函止付保全程序，适用中华人民共和国法律。

续表

保全措施	（1）对于按照特户管理并移交开立人占有的独立保函开立保证金，人民法院可以采取冻结措施，但不得扣划。保证金账户内的款项丧失开立保证金的功能时，人民法院可以依法采取扣划措施。 （2）开立人已履行对外支付义务的，根据该开立人的申请，人民法院应当解除对开立保证金相应部分的冻结措施。
溯及力	规定施行后尚未终审的案件，适用本规定；本规定施行前已经终审的案件，当事人申请再审或者人民法院按照审判监督程序再审的，不适用本规定。

第六章　司法制度和法律职业道德

复习记忆指导

本章所列的知识点是考试中的重要考点。考生复习时，需要重点理解审判、检察、律师等制度以及法官、检察官、律师的职业道德。同时注意结合刑事诉讼法等有关知识理解，并能结合案例具体分析。

第一节　司法制度

一、概述

司法功能	司法的直接功能——解决纠纷。	
	司法的间接功能	(1) 人权保障。司法权力是维护人权的坚强后盾，司法程序是人们依法、理性维权的基本途径，司法机关是保障人权的责任主体，保障人权是司法机关的重要职责。 (2) 调整社会关系。司法制度的调整社会关系功能是通过司法机关和司法组织的各项司法活动发挥出来的。 (3) 解释、补充法律。法律相对于它所调整的社会关系具有滞后性，法官、检察官在司法过程中不应当机械地适用法律，而应根据社会生活的变化，对法律进行正确完整的阐释。 (4) 形成公共政策。在我国转型期社会，由于社会的发展呈现日益多元化、动态化的趋势，新的问题层出不穷而且越来越复杂，因此，对于法律由于真空或滞后而带来的社会问题，人民法院如果裁判得当，人民检察院如果监督到位，符合社会发展趋势、立法精神和社会公众的价值标准，获得公认，会促进相关机关或部门都以此作为制定该类政策的参考或依据，以调整或形成公共政策，而社会公众则依此形成自己的行为模式。

续表

司法制度	（1）司法规范体系。司法规范体系包括建构中国特色社会主义司法制度、司法组织以及规范司法活动的各种法律规范。 （2）司法组织体系。司法组织体系主要是指审判组织体系和检察组织体系。 （3）司法制度体系。司法制度体系主要包括侦查制度、检察制度、审判制度、监狱制度、律师制度、法律援助制度和公证制度。还有人民调解制度、人民陪审员制度、人民监督员制度、死刑复核制度、审判监督制度、司法解释制度以及案例指导制度等，都是独具中国特色的司法制度。 （4）司法人员管理体系。我国的司法人员是指有侦查、检察、审判、监管职责的工作人员及辅助人员。
司法公正	（1）司法活动的合法性。合法性是指司法机关审理案件要严格按照法律的规定办事。不仅要按实体法办事，而且要按程序法办事。 （2）司法人员的中立性。中立是对司法人员最基本的要求，即司法人员同争议的事实和利益没有关联性，不得对任何一方当事人存有歧视或偏爱。 （3）司法活动的公开性。司法程序的每一个阶段和步骤都应当以当事人和社会公众看得见的方式进行。 （4）当事人地位的平等性。一般认为这包括两层含义：一是当事人享有平等的司法权利；二是平等地保护当事人司法权利的行使。 （5）司法程序的参与性。要求作为争议主体的当事人能够有充分的机会参与司法程序，提出自己的主张和有利于自己的证据，并反驳对方的证据、进行交叉询问和辩论，以此来促使司法机关尽可能作出有利于自身的结果。 （6）司法结果的正确性。正确性首先是指适用法律时，事实要调查清楚，证据要确凿可靠；其次是对案件的定性要准确；最后是处理要适当，要按照法律规定，宽严轻重要适度，做到合法合情合理。 （7）司法人员的廉洁性。恪守司法廉洁，是司法公正与司法公信的基石和防线。只有筑牢司法人员拒腐防变思想道德防线，才能促进司法人员反腐倡廉建设，才能确保公正、廉洁和高效司法，才能维护法律的权威性和统一性，才能保障维护社会公平正义的司法权威，才能使司法人员真正成为法治国家建设的主力军。
依法独立行使审判权和检察权	（1）国家的审判权和检察权只能分别由人民法院和人民检察院依法统一行使，其他机关、团体或个人无权行使这项权力。 （2）司法机关依照法律独立行使职权，不受行政机关、社会团体和个人的干涉。行政机关等不得使用任何权力干涉司法程序。 （3）司法机关在司法活动中必须依照法律规定，正确地适用法律。

续表

法律职业道德的基本原则	我国法律职业道德的基本原则主要包括下列六项： （1）忠于党、忠于国家、忠于人民、忠于法律； （2）以事实为根据，以法律为准绳； （3）严明纪律，保守秘密； （4）互相尊重，相互配合； （5）恪尽职守，勤勉尽责； （6）清正廉洁，遵纪守法。

二、审判制度

审判制度的基本原则和主要审判制度	我国审判原则包括司法公正原则、独立行使审判权原则、不告不理原则、直接言辞原则、及时审判原则等。
	我国的主要审判制度有两审终审制度、审判公开制度、人民陪审员制度和审判监督制度等。
人民陪审员制度	（1）公民担任人民陪审员，应当具备下列条件：①拥护中国宪法；②年满28周岁；③遵纪守法、品行良好、公道正派；④具有正常履行职责的身体条件。 （2）担任人民陪审员，一般应当具有高中以上文化程度。 （3）下列人员不能担任人民陪审员：①人民代表大会常务委员会的组成人员，监察委员会、人民法院、人民检察院、公安机关、国家安全机关、司法行政机关的工作人员；②律师、公证员、仲裁员、基层法律服务工作者；③其他因职务原因不适宜担任人民陪审员的人员。 （4）有下列情形之一的，不得担任人民陪审员：①受过刑事处罚的；②被开除公职的；③被吊销律师、公证员执业证书的；④被纳入失信被执行人名单的；⑤因受惩戒被免除人民陪审员职务的；⑥其他有严重违法违纪行为，可能影响司法公信的。 （5）人民陪审员有下列情形之一，经所在基层人民法院会同司法行政机关查证属实的，由院长提请同级人民代表大会常务委员会免除其人民陪审员职务：①本人因正当理由申请辞去人民陪审员职务的；②属于不能担任人民陪审员的人员或者具有不得担任人民陪审员的情形之一的；③无正当理由，拒绝参加审判活动，影响审判工作正常进行的；④违反与审判工作有关的法律及相关规定，徇私舞弊，造成错误裁判或者其他严重后果的。 （6）人民陪审员的任期为5年，一般不得连任。

续表

审判机关	人民法院的设置	人民法院分为： (1) 最高人民法院，最高人民法院可以审理按照全国人大常委会的规定提起的上诉、抗诉案件； (2) 地方各级人民法院，分为高级人民法院、中级人民法院和基层人民法院； (3) 专门人民法院，包括军事法院和海事法院、知识产权法院、金融法院等。
	最高法院巡回法庭	巡回法庭审理或者办理巡回区内应当由最高人民法院受理的以下案件： (1) 全国范围内重大、复杂的第一审行政案件； (2) 在全国有重大影响的第一审民商事案件； (3) 不服高级人民法院作出的第一审行政或者民商事判决、裁定提起上诉的案件； (4) 对高级人民法院作出的已经发生法律效力的行政或者民商事判决、裁定、调解书申请再审的案件； (5) 刑事申诉案件； (6) 依法定职权提起再审的案件； (7) 不服高级人民法院作出的罚款、拘留决定申请复议的案件； (8) 高级人民法院因管辖权问题报请最高人民法院裁定或者决定的案件； (9) 高级人民法院报请批准延长审限的案件； (10) 涉港澳台民商事案件和司法协助案件； (11) 最高人民法院认为应当由巡回法庭审理或者办理的其他案件。 巡回法庭依法办理巡回区内向最高人民法院提出的来信来访事项。
	审判组织 合议庭	合议庭由法官组成，或者由法官和人民陪审员组成，成员为3人以上单数。 合议庭评议案件应当按照多数人的意见作出决定，少数人的意见应当记入笔录。评议案件笔录由合议庭全体组成人员签名。
	赔偿委员会	中级以上人民法院设赔偿委员会，依法审理国家赔偿案件。赔偿委员会由3名以上法官组成，成员应当为单数，按照多数人的意见作出决定。
	审判委员会	审判委员会履行下列职能： (1) 总结审判工作经验； (2) 讨论决定重大、疑难、复杂案件的法律适用； (3) 讨论决定本院已经发生法律效力的判决、裁定、调解书是否应当再审； (4) 讨论决定其他有关审判工作的重大问题。最高人民法院对属于审判工作中具体应用法律的问题进行解释，应当由审判委员会全体会议讨论通过；发布指导性案例，可以由审判委员会专业委员会会议讨论通过。 合议庭认为案件需要提交审判委员会讨论决定的，由审判长提出申请，院长批准。审判委员会讨论案件，合议庭对其汇报的事实负责，审判委员会委员对本人发表的意见和表决负责。审判委员会的决定，合议庭应当执行。

续表

法官	法官任职回避	(1) 双方均为法官的任职回避 法官之间有夫妻关系、直系血亲关系、三代以内旁系血亲以及近姻亲关系的，不得同时担任下列职务：①同一人民法院的院长、副院长、审判委员会委员、庭长、副庭长；②同一人民法院的院长、副院长和审判员；③同一审判庭的庭长、副庭长、审判员；④上下相邻两级人民法院的院长、副院长。 (2) 一方为法官的任职回避 法官的配偶、父母、子女在其任职法院辖区内从事律师职业，有下列行为之一的，应当实行任职回避：①担任该法官所任职人民法院辖区内律师事务所的合伙人或者设立人的；②在该法官所任职人民法院辖区内以律师身份担任诉讼代理人、辩护人，或者为诉讼案件当事人提供其他有偿法律服务的。
	法官离任回避	(1) 法官从人民法院离任后 2 年内，不得以律师身份担任诉讼代理人或者辩护人。 (2) 法官从人民法院离任后，不得担任原任职法院办理案件的诉讼代理人或者辩护人，但作为当事人的监护人、近亲属进行代理、辩护的除外。 (3) 法官的配偶、子女不得担任该法官所任职法院办理案件的诉讼代理人或者辩护人，但作为当事人的监护人、近亲属进行代理、辩护的除外。 (4) 法官被开除后，不得担任诉讼代理人或者辩护人，但是作为当事人的监护人或者近亲属代理诉讼或者进行辩护的除外。

三、检察制度

检察制度的基本原则与主要检察制度	我国检察原则包括检察院依法设置原则、公益原则、独立行使检察权原则、司法公正原则等。 我国的主要检察制度有刑事检察制度、民事检察制度、行政检察制度、公益诉讼检察制度等。
人民检察院的设置	人民检察院分为最高人民检察院，地方各级人民检察院，军事检察院等专门人民检察院。地方各级人民检察院分为： (1) 省级人民检察院，包括省、自治区、直辖市人民检察院； (2) 设区的市级人民检察院，包括省、自治区辖市人民检察院，自治州人民检察院，省、自治区、直辖市人民检察院分院； (3) 基层人民检察院，包括县、自治县、不设区的市、市辖区人民检察院。

四、律师制度

律师执业许可条件	肯定条件	一般条件	（1）拥护宪法； （2）通过国家统一法律职业资格考试取得法律职业资格； （3）在律师事务所实习满1年； （4）品行良好。
		特许条件	（1）具有高等院校本科以上学历； （2）在法律服务人员紧缺领域从事专业工作满15年； （3）具有高级职称或者同等专业水平并具有相应的专业法律知识的人员； （4）申请专职律师执业； （5）经司法部考核合格。
	否定条件		（1）无民事行为能力或限制民事行为能力； （2）受过刑事处罚，但过失犯罪的除外； （3）被开除公职或被吊销律师、公证员执业证书。
律师的执业权利			（1）知情权。辩护律师可以依法向办案机关了解犯罪嫌疑人、被告人涉嫌或者被指控的罪名及当时已查明的该罪的主要事实，犯罪嫌疑人、被告人被采取、变更、解除强制措施的情况，侦查机关延长侦查羁押期限等情况，办案机关应当依法及时告知辩护律师。 （2）会见权。辩护律师会见犯罪嫌疑人、被告人时不被监听，办案机关不得派员在场。 （3）通信权。 （4）查阅案卷权。受委托的律师自案件审查起诉之日起，有权查阅、摘抄和复制与案件有关的诉讼文书及案卷材料。受委托的律师自案件被人民法院受理之日起，有权查阅、摘抄和复制与案件有关的所有材料。 （5）调查取证权。受委托的律师根据案情的需要，可以申请人民检察院、人民法院收集、调取证据或者申请人民法院通知证人出庭作证。 （6）辩论辩护权。 （7）依法执业受保障权。律师在参与诉讼活动中因涉嫌犯罪被依法拘留、逮捕的，拘留、逮捕机关应当在拘留、逮捕实施后的24小时内通知该律师的家属、所在的律师事务所以及所属的律师协会。
律师的执业义务			（1）禁办利益冲突业务。 ①律师承办业务，应当服从律师事务所对受理业务进行的利益冲突审查及其决定。 ②律师不得在同一案件中为双方当事人担任代理人，或者代理与本人及其近亲属有利益冲突的

续表

	法律事务。律师接受犯罪嫌疑人、被告人委托后，不得接受同一案件或者未同案处理但实施的犯罪存在关联的其他犯罪嫌疑人、被告人的委托担任辩护人。 ③律师不得担任所在律师事务所其他律师担任仲裁员的案件的代理人。曾经或者仍在担任仲裁员的律师，不得承办与本人担任仲裁员办理过的案件有利益冲突的法律事务。 (2) 与办案人员合法交往。律师与法官、检察官、仲裁员以及其他有关工作人员接触交往，应当遵守法律及相关规定，不得违反规定会见法官、检察官、仲裁员以及其他有关工作人员，向其行贿、许诺提供利益、介绍贿赂，指使、诱导当事人行贿，或者向法官、检察官、仲裁员以及其他工作人员打探办案机关内部对案件的办理意见、承办其介绍的案件，利用与法官、检察官、仲裁员以及其他有关工作人员的特殊关系，影响依法办理案件。

五、法律援助制度

法律援助的范围	刑事案件	刑事案件的犯罪嫌疑人、被告人因经济困难或者其他原因没有委托辩护人的，本人及其近亲属可以向法律援助机构申请法律援助。 刑事案件的犯罪嫌疑人、被告人属于下列人员之一，没有委托辩护人的，人民法院、人民检察院、公安机关应当通知法律援助机构指派律师担任辩护人： (1) 未成年人； (2) 视力、听力、言语残疾人； (3) 不能完全辨认自己行为的成年人； (4) 可能被判处无期徒刑、死刑的人； (5) 申请法律援助的死刑复核案件被告人； (6) 缺席审判案件的被告人； (7) 法律法规规定的其他人员。 其他适用普通程序审理的刑事案件，被告人没有委托辩护人的，人民法院可以通知法律援助机构指派律师担任辩护人。 对可能被判处无期徒刑、死刑的人，以及死刑复核案件的被告人，法律援助机构收到人民法院、人民检察院、公安机关通知后，应当指派具有3年以上相关执业经历的律师担任辩护人。
	民事、行政案件	下列事项的当事人，因经济困难没有委托代理人的，可以向法律援助机构申请法律援助： (1) 依法请求国家赔偿； (2) 请求给予社会保险待遇或者社会救助； (3) 请求发给抚恤金；

续表

		(4) 请求给付赡养费、抚养费、扶养费； (5) 请求确认劳动关系或者支付劳动报酬； (6) 请求认定公民无民事行为能力或者限制民事行为能力； (7) 请求工伤事故、交通事故、食品药品安全事故、医疗事故人身损害赔偿； (8) 请求环境污染、生态破坏损害赔偿； (9) 法律、法规、规章规定的其他情形。 有下列情形之一，当事人申请法律援助的，不受经济困难条件的限制： (1) 英雄烈士近亲属为维护英雄烈士的人格权益； (2) 因见义勇为行为主张相关民事权益； (3) 再审改判无罪请求国家赔偿； (4) 遭受虐待、遗弃或者家庭暴力的受害人主张相关权益； (5) 法律、法规、规章规定的其他情形。
法律援助的程序	法律援助的申请	(1) 对诉讼事项的法律援助，由申请人向办案机关所在地的法律援助机构提出申请；对非诉讼事项的法律援助，由申请人向争议处理机关所在地或者事由发生地的法律援助机构提出申请。 (2) 被羁押的犯罪嫌疑人、被告人、服刑人员，以及强制隔离戒毒人员等提出法律援助申请的，办案机关、监管场所应当在24小时内将申请转交法律援助机构。 (3) 犯罪嫌疑人、被告人通过值班律师提出代理、刑事辩护等法律援助申请的，值班律师应当在24小时内将申请转交法律援助机构。 (4) 无民事行为能力人或者限制民事行为能力人需要法律援助的，可以由其法定代理人代为提出申请。法定代理人侵犯无民事行为能力人、限制民事行为能力人合法权益的，其他法定代理人或者近亲属可以代为提出法律援助申请。
	免予核查经济困难状况的人员	法律援助申请人有材料证明属于下列人员之一的，免予核查经济困难状况： (1) 无固定生活来源的未成年人、老年人、残疾人等特定群体； (2) 社会救助、司法救助或者优抚对象； (3) 申请支付劳动报酬或者请求工伤事故人身损害赔偿的进城务工人员； (4) 法律、法规、规章规定的其他人员。
	审查和处理	(1) 法律援助机构应当自收到法律援助申请之日起7日内进行审查，作出是否给予法律援助的决定。决定给予法律援助的，应当自作出决定之日起3日内指派法律援助人员为受援人提供法律援助；决定不给予法律援助的，应当书面告知申请人，并说明理由。 (2) 申请人提交的申请材料不齐全的，法律援助机构应当一次性告知申请人需要补充的材料或者要求申请人作出说明。申请人未按要求补充材料或者作出说明的，视为撤回申请。

续表

法律援助的实施	先行提供法律援助的情形	法律援助机构收到法律援助申请后,发现有下列情形之一的,可以决定先行提供法律援助: (1) 距法定时效或者期限届满不足 7 日,需要及时提起诉讼或者申请仲裁、行政复议; (2) 需要立即申请财产保全、证据保全或者先予执行; (3) 法律、法规、规章规定的其他情形。 法律援助机构先行提供法律援助的,受援人应当及时补办有关手续,补充有关材料。
	法律援助人员的法律援助义务	法律援助人员接受指派后,无正当理由不得拒绝、拖延或者终止提供法律援助服务。 法律援助人员应当按照规定向受援人通报法律援助事项办理情况,不得损害受援人合法权益。
	终止法律援助的情形	有下列情形之一的,法律援助机构应当作出终止法律援助的决定: (1) 受援人以欺骗或者其他不正当手段获得法律援助; (2) 受援人故意隐瞒与案件有关的重要事实或者提供虚假证据; (3) 受援人利用法律援助从事违法活动; (4) 受援人的经济状况发生变化,不再符合法律援助条件; (5) 案件终止审理或者已经被撤销; (6) 受援人自行委托律师或者其他代理人; (7) 受援人有正当理由要求终止法律援助; (8) 法律法规规定的其他情形。 法律援助人员发现有上述情形的,应当及时向法律援助机构报告。

第二节 法律职业道德

一、法官职业道德

法官职业道德的核心是公正、廉洁、为民;基本要求是忠诚司法事业、保证司法公正、确保司法廉洁、坚持司法为民、维护司法形象。

忠诚司法事业	（1）牢固树立社会主义法治理念，忠于党、忠于国家、忠于人民、忠于法律，做中国特色社会主义事业建设者和捍卫者。 （2）坚持和维护中国特色社会主义司法制度，认真贯彻落实依法治国基本方略，尊崇和信仰法律，模范遵守法律，严格执行法律，自觉维护法律的权威和尊严。
保证司法公正	（1）坚持和维护人民法院依法独立行使审判权的原则，客观公正审理案件，在审判活动中独立思考、自主判断，敢于坚持原则，不受任何行政机关、社会团体和个人的干涉，不受权势、人情等因素的影响。 （2）坚持以事实为根据，以法律为准绳，努力查明案件事实，准确把握法律精神，正确适用法律，合理行使裁量权，避免主观臆断、超越职权、滥用职权，确保案件裁判结果公平公正。
确保司法廉洁	（1）严格遵守廉洁司法规定，不接受案件当事人及相关人员的请客送礼，不利用职务便利或者法官身份谋取不正当利益，不违反规定与当事人或者其他诉讼参与人进行不正当交往，不在执法办案中徇私舞弊。 （2）不从事或者参与营利性的经营活动，不在企业及其他营利性组织中兼任法律顾问等职务，不就未决案件或者再审案件给当事人及其他诉讼参与人提供咨询意见。
坚持司法为民	（1）牢固树立以人为本、司法为民的理念，强化群众观念，重视群众诉求，关注群众感受，自觉维护人民群众的合法权益。 （2）注重发挥司法的能动作用，积极寻求有利于案结事了的纠纷解决办法，努力实现法律效果与社会效果的统一。
维护司法形象	（1）坚持学习，精研业务，忠于职守，秉公办案，惩恶扬善，弘扬正义，保持昂扬的精神状态和良好的职业操守。 （2）加强自身修养，培育高尚道德操守和健康生活情趣，杜绝与法官职业形象不相称、与法官职业道德相违背的不良嗜好和行为，遵守社会公德和家庭美德，维护良好的个人声誉。

二、检察官职业道德

检察官职业道德的基本要求是忠诚、为民、担当、公正、廉洁。具体阐释如下：
（1）坚持忠诚品格，永葆政治本色；
（2）坚持为民宗旨，保障人民权益；
（3）坚持担当精神，强化法律监督；

(4) 坚持公正理念，维护法制统一；
(5) 坚持廉洁操守，自觉接受监督。

三、律师职业道德

律师职业道德的基本行为规范包括忠诚、为民、法治、正义、诚信、敬业。

律师与委托人或当事人的关系规范	利益冲突审查	绝对禁止情形	(1) 律师在同一案件中为双方当事人担任代理人，或代理与本人或者其近亲属有利益冲突的法律事务的； (2) 律师办理诉讼或者非诉讼业务，其近亲属是对方当事人的法定代表人或者代理人的； (3) 曾经亲自处理或者审理过某一事项或者案件的行政机关工作人员、审判人员、检察人员、仲裁员，成为律师后又办理该事项或者案件的； (4) 同一律师事务所的不同律师同时担任同一刑事案件的被害人的代理人和犯罪嫌疑人、被告人的辩护人，但在该县区域内只有一家律师事务所且事先征得当事人同意的除外； (5) 在民事诉讼、行政诉讼、仲裁案件中，同一律师事务所的不同律师同时担任争议双方当事人的代理人，或者本所或其工作人员为一方当事人，本所其他律师担任对方当事人的代理人的； (6) 在非诉讼业务中，除各方当事人共同委托外，同一律师事务所的律师同时担任彼此有利害关系的各方当事人的代理人的； (7) 在委托关系终止后，同一律师事务所或同一律师在同一案件后续审理或者处理中又接受对方当事人委托的。
		相对禁止情形	(1) 接受民事诉讼、仲裁案件一方当事人的委托，而同所的其他律师是该案件中对方当事人的近亲属的； (2) 担任刑事案件犯罪嫌疑人、被告人的辩护人，而同所的其他律师是该案件被害人的近亲属的； (3) 同一律师事务所接受正在代理的诉讼案件或者非诉讼业务当事人的对方当事人所委托的其他法律业务的； (4) 律师事务所与委托人存在法律服务关系，在某一诉讼或仲裁案件中该委托人未要求该律师事务所律师担任其代理人，而该律师事务所律师担任该委托人对方当事人的代理人的； (5) 在委托关系终止后1年内，律师又就同一法律事务接受与原委托人有利害关系的对方当事人的委托的。

续表

	禁止虚假承诺	所谓虚假承诺，是指违背事实和法律规定作出的承诺。下列情形不属于虚假承诺：律师根据委托人提供的事实和证据，依据法律规定进行分析，向委托人提出分析性意见；律师的辩护、代理意见未被采纳。
	禁止非法牟取委托人权益	非法牟取委托人权益，是指利用提供法律服务的便利牟取当事人争议的权益，包括：不得违法与委托人就争议的权益产生经济上的联系；不得与委托人约定将争议标的物出售给自己；不得委托他人为自己或为自己的近亲属收购、租赁委托人与他人发生争议的标的物。
律师业务推广行为规范	律师业务推广广告	（1）律师发布广告应当具有可识别性，应当能够使社会公众辨明是律师广告。 （2）律师广告可以以律师个人名义发布，也可以以律师事务所名义发布。以律师个人名义发布的律师广告应当注明律师个人所任职的执业机构名称，应当载明律师执业证号。 （3）具有下列情况之一的，律师和律师事务所不得发布律师广告：①未参加年度考核或没有通过年度考核的；②处于停止执业或停业整顿处罚期间，以及前述期间届满后未满1年的；③受到通报批评、公开谴责未满1年的。
	律师宣传	（1）律师和律师事务所可以宣传所从事的某一专业法律服务领域，但不得自我声明或者暗示其被公认或者证明为某一专业领域的权威或专家。 （2）律师和律师事务所不得进行律师之间或者律师事务所之间的比较宣传。

第七章 刑　　法

复习记忆指导

刑法出题，主要是通过案例的形式，因此在复习的时候，要着重掌握理解。对于概念要字斟句酌，仔细品味。比如，在区别盗窃罪和诈骗罪时，就应当抓住"秘密"和"隐瞒""虚构"这几个字眼。在复习分则部分时，要注意此罪与彼罪的区别，以及各种不同犯罪的特殊要件。以往考试的刑法命题呈现出两个特征："重者恒重"和"加强理论考查"。因此，考生的复习不能平均分配时间精力，而应该抓住重点，下苦功吃深吃透。

刑法的复习，一定要结合案例练习题来复习，将概念定义放在具体的情境中去理解；要注意多总结、多思考。

第一节　刑法总论

一、犯罪构成

（一）犯罪主体
1. 特殊身份——国家工作人员

国家工作人员	
公务	判断标准： （1）事务具有公共管理性； （2）事务具有行政职责性。如：公立大学财务会计属于国家工作人员，大学教授属于非国家工作人员。 （3）国家机关、国有公司、企业、事业单位等国有性质单位委派到非国有单位从事公务的人员； （4）其他依照法律从事公务的人员。

	村民委员会等村基层组织人员协助人民政府从事下列行政管理工作，属于其他依照法律从事公务的人员： (1) 救灾、抢险、防汛、优抚、扶贫、移民、救济款物的管理； (2) 社会捐助公益事业款物的管理； (3) 国有土地的经营和管理； (4) 土地征收、征用补偿费用的管理； (5) 代征、代缴税款； (6) 有关计划生育、户籍、征兵工作； (7) 协助人民政府从事的其他行政管理工作。
种类	(1) 在国家机关中从事公务的人员（国家机关工作人员）； (2) 在国有公司、企业、事业单位、人民团体中从事公务的人员；

2. 刑事责任能力

完全责任能力	应当负刑事责任。
限定责任能力	《刑法》第18条第3款规定："尚未完全丧失辨认或者控制自己行为能力的精神病人犯罪，应当负刑事责任，但是可以从轻或者减轻处罚。"
完全无责任能力	不负刑事责任。
注意	(1) 间歇性精神病人在精神正常时，属于完全有刑事责任能力，应当负刑事责任； (2) 生理性醉酒，即日常生活醉酒，属于完全有刑事责任能力，应当负刑事责任； (3) 病理性醉酒，即因酒精中毒导致幻觉、妄想等精神病症状，属于精神病的一种，这属于完全无刑事责任能力，不负刑事责任； (4) 又聋又哑的人和盲人有刑事责任能力，但可以从轻、减轻或免除处罚； (5) 吸毒后若第一次产生幻觉，在幻觉中实施犯罪，则可认定为过失犯罪；若明知自己吸毒后会产生幻觉，利用这种特点实施犯罪，应认定为故意犯罪。

3. 刑事责任年龄

年龄		责任	备注
<12 周岁		不负刑事责任	生日第二天才算满 1 周岁
12~14 周岁		犯故意杀人、故意伤害罪，致人死亡或者以特别残忍手段致人重伤造成严重残疾，情节恶劣，经最高人民检察院核准追诉的，应当负刑事责任	（1）应当从轻或减轻处罚； （2）不适用死刑（包括死缓）。
14~16 周岁		对八种犯罪行为，应负刑事责任①	
≥16 周岁	16~18 周岁	应负刑事责任	
	≥18 周岁	应负刑事责任	
≥75 周岁		应负刑事责任	故意犯罪：可以从轻或减轻。 过失犯罪：应当从轻或减轻。

（二）犯罪客体

	犯罪对象	犯罪客体
概念	为犯罪所侵犯的社会关系的主体或者物质表现。	为犯罪所侵犯而为刑法所保护的社会关系。
性质	表现行为的外部特征，一般不决定犯罪的性质。	表现行为的内在本质，决定犯罪的性质。
地位	某些犯罪的构成要件。如拐骗儿童罪，犯罪对象必须是儿童。	一切犯罪的共同构成要件。
可侵害性	并非在任何犯罪中都受到侵害。	在一切犯罪中，都受到侵害。

（三）犯罪主观要件
1. 罪过形式

罪过形式	认识因素	意志因素
直接故意	明知危害结果必然或可能发生。	希望危害结果发生。
间接故意	明知危害结果可能发生。	放任危害结果发生。

---

① 八种：故意杀人、故意伤害致人重伤或死亡、强奸、抢劫、贩卖毒品、放火、爆炸、投放危险物质。这里指具体犯罪行为，而非具体罪名。

疏忽大意的过失	应当认识到，但没有认识到危害结果可能发生。	危害结果的最终发生违背其意志。
过于自信的过失	认识到危害结果可能发生，但轻信能够避免。	危害结果的最终发生违背其意志。
不可抗力	认识到危害结果可能发生，但不可能排除或防止结果的发生。	危害结果的最终发生违背其意志。
意外事件	没有认识到，也不能够、不应当认识到危害结果的发生。	危害结果的最终发生违背其意志。

2. **事实认识错误**①

	类型		处理	举例
具体的事实认识错误	对象错误	主观上发生认识错误，误将甲当作乙加以侵害，而甲和乙体现相同的法益。	不影响定罪	黑夜中，误将甲当作乙杀害。
	打击错误（方法错误）	主观上没有发生错误，但在行为时，发生误差，致使受侵害对象产生错误。	不影响定罪	射击甲，但瞄不准而射中乙。
	因果关系错误	虽然结果一样，但因果关系的进程与行为人的预见不一样。	不影响定罪	甲以为已经将乙杀死，遂抛尸井中，导致未死的乙溺死。
抽象的事实认识错误	只存在对象错误和打击错误	欲犯重罪，客观上犯轻罪。	按照主客观相统一的原则，具体认定。	甲以为手提包里装的是钱财，盗回来后才发现是枪支，以盗窃罪既遂论处。
		欲犯轻罪，客观上犯重罪。		

---

① （1）法律认识错误：①误以为自己的行为是违法犯罪，实际上合法。结论：不构成犯罪。②误以为自己的行为合法，实际上是违法犯罪。结论：一般情况下不影响犯罪的成立，但如果连知法的可能性都没有，则可以免责。

（2）期待可能性：指从行为时的情况看，可以期待行为人作出合法行为。不具有期待可能性，无罪。

（四）犯罪客观要件
1. 危害行为

特征	（1）有体性。行为是人的身体活动，包括积极举动和消极静止。 （2）有意性。行为是基于人的意志实施的。 （3）有害性。行为具有法益侵害性。
判断标准	对法益创设了法律不允许的危险。

2. 不作为犯

真正不作为犯	如丢失枪支不报罪、不报安全事故罪、遗弃罪、拒不支付劳动报酬罪以及拒不执行判决、裁定罪。
不真正不作为犯	成立条件：（1）负有作为义务（应为）；（2）具有履行能力（能为）；（3）不履行（不为）；（4）等价性（程度）；（5）主观上具有故意或过失。

3. 因果关系

概念	指危害行为与危害结果之间的引起与被引起的关系。具有客观性。
假定的因果关系	前条件尚未发生作用，后条件介入并直接导致结果发生。前条件与结果没有因果关系。
重叠的因果关系	两个条件单独都不能导致结果发生，但都对结果的发生起重要作用，相互没有意思联络，结合在一起导致了结果发生。两个条件与结果都有因果关系。
二重的因果关系	两个条件单独都能导致结果发生，相互没有意思联络，各自同时发生作用竞合在一起导致了结果发生。两个条件与结果都有因果关系。
注意	有因果关系不等于有刑事责任。

二、犯罪排除事由

（一）正当防卫

概念	为了使国家、公共利益、本人或者他人的人身、财产和其他权利免受正在进行的不法侵害，而采取的制止不法侵害的行为，对不法侵害人造成损害的，属于正当防卫，不负刑事责任。	
条件	防卫起因	不法侵害。该不法侵害必须具备社会危害性和侵害紧迫性。
	防卫对象	不法侵害人本人。 防卫第三人：(1) 符合紧急避险条件的，应以紧急避险论，不负刑事责任； (2) 出于侵害之故意的，以故意犯罪论； (3) 出于对事实的认识错误，但主观上具有过失的，以过失犯罪论。
	防卫意图	认识因素（认识到危险的存在）和意志因素（决意制止正在进行的不法侵害）。防卫挑拨和互相斗殴不能视为正当防卫。
	防卫时间	不法侵害正在进行，即侵害处于实行阶段（已经发生并且尚未结束）。
	防卫限度	没有超过必要限度。
防卫过当	正当防卫明显超过必要限度造成重大损害的，应当负刑事责任，但是应当减轻或者免除处罚。	
特殊正当防卫	对正在进行行凶、杀人、抢劫、强奸、绑架以及其他严重危及人身安全的暴力犯罪，采取防卫行为，造成不法侵害人伤亡的，不属于防卫过当，不负刑事责任。	

（二）紧急避险

概念	为了使国家、公共利益、本人或者他人的人身、财产和其他权利免受正在发生的危险，不得已采取的紧急避险行为，造成损害的，不负刑事责任。	
条件	避险起因	存在现实危险。包括人的行为、自然界的力量和动物的袭击。
	避险对象	第三人。
	避险意图	行为人实行紧急避险的目的在于使国家、公共利益、本人或者他人的人身、财产和其他权利免受正在发生的危险。
	避险时间	危险迫在眉睫。
	避险可行性	在不得已的情况下实施。
	避险限度	没有超过必要限度，造成不应有的损害。
避险过当	紧急避险超过必要限度造成不应有的损害的，应当负刑事责任，但是应当减轻或者免除处罚。	

（三）其他犯罪排除事由

法令行为	是指基于成文法律、法令、法规的规定，作为行使权利或者承担义务所实施的行为。
正当业务行为	是指虽然没有法律、法令、法规的直接规定，但在社会生活中被认为是正当业务上的行为。
被害人承诺	（1）承诺者对被侵害的法益具有处分权限； （2）承诺者必须对所承诺的事项的意义、范围有理解能力； （3）承诺必须出于被害人的真实意志； （4）必须存在现实的承诺（现实上没有被害人的承诺，但如果被害人知道事实真相后当然会承诺，在这种情况下，推定被害人的意志所实施的行为，就是基于推定的承诺的行为）； （5）承诺至迟必须存在于结果发生时，被害人在结果发生前变更承诺的，则原来的承诺无效； （6）经承诺所实施的行为不得超出承诺的范围。
自救行为	（1）行为人是先前受到损害的直接被害人，其试图恢复的权利具有正当性； （2）恢复权利的手段具有社会相当性； （3）存在恢复权利的现实必要性和紧迫性，等待公权力救济难以有效实现自己的权利； （4）相对方（被害人）不会因为自救行为受到额外的损害。

三、犯罪未完成形态

犯罪预备	（1）为了犯罪准备工具，制造条件，但由于行为人意志以外的原因而未能着手实行犯罪的情形； （2）对于预备犯，可以比照既遂犯从轻、减轻或者免除处罚。
犯罪未遂	（1）已经着手实行犯罪，由于行为人意志以外的原因而未得逞； （2）对于未遂犯，可以比照既遂犯从轻或者减轻处罚。
犯罪中止	（1）在犯罪过程中自动放弃犯罪或者自动有效地防止犯罪结果发生； （2）没有造成损害的，应当免除处罚；造成损害的，应当减轻处罚。

四、共同犯罪

(一) 共同犯罪的成立条件和形式

成立条件	解析	形式
两人以上	可以是自然人，也可以是单位或者自然人和单位的结合。	(1) 任意共同犯罪：可以由一人实施，也可以由两人以上实施的犯罪； (2) 必要共同犯罪：只能由两人以上实施的犯罪。 (1) 一般共同犯罪：没有组织，包括聚众共同犯罪； (2) 特殊共同犯罪：三人以上有组织地实施犯罪。
共同故意	(1) 行为人都明知共同行为的犯罪性质和危害结果，并且希望或放任结果的发生； (2) 行为人之间有意思联络。	(1) 事前通谋的共同犯罪； (2) 事前无通谋的共同犯罪。
共同行为	(1) 可以是共同作为、共同不作为，也可以是作为和不作为的结合； (2) 犯罪行为可以分为四类：实行行为、组织行为、教唆行为、帮助行为。	(1) 简单共同犯罪：行为人都是实行犯，按照"部分实行、全部责任"的原则承担刑责； (2) 复杂共同犯罪：行为存在实行、组织、教唆、帮助等分工。

(二) 共犯人的分类及其刑事责任

分类		刑事责任
主犯[①]	犯罪集团的首要分子	按照集团所犯的全部罪行处罚。
	其他起主要作用的犯罪分子	按照其组织、指挥的全部罪行或者参与的罪行处罚。
从犯	起次要作用的犯罪分子	应当从轻、减轻或免除处罚。
	起辅助作用的犯罪分子	
胁从犯	被胁迫参加犯罪的人	应当减轻或者免除处罚。

---

① 主犯与首要分子的关系：除了犯罪集团的首要分子一定是主犯外，其他情形下的首要分子和主犯都没有必然的一一对应关系。

续表

教唆犯	教唆他人犯罪	按照所教唆的罪定罪处罚。
	教唆未成年人犯罪	应当从重处罚。
	被教唆人没有犯被教唆的罪	可以从轻或者减轻处罚。

五、单位犯罪

成立条件	(1) 主体：分支机构或内设机构、部门可以成立单位犯罪；但不具备法人资格的私营企业不能成立。
	(2) 主观：要求具有单位的整体意志。可以是故意，也可以是过失，如工程重大安全事故罪。
	(3) 要求为单位谋取非法利益。
不以单位犯罪论处的情形	(1) 个人为进行违法犯罪活动而设立的公司、企业、事业单位实施犯罪的。
	(2) 公司、企业、事业单位设立后，以实施犯罪为主要活动的。
	(3) 盗用单位名义实施犯罪，违法所得由实施犯罪的个人私分的。
处罚规则	(1) 双罚制：处罚单位和直接责任人员。对单位只能判处罚金。
	(2) 单罚制：只处罚直接责任人员，不处罚单位。
	(3) 注意：涉嫌犯罪单位被其主管部门、上级机构等吊销营业执照、宣告破产的，直接追究直接责任人员的刑事责任，对单位不再追究。

六、罪　　数

罪数：判断行为是一个罪还是数个罪；以"犯罪构成"为标准，行为符合一个犯罪构成的就是一罪，符合数个犯罪构成的就是数罪。

（一）实质的一罪

1. 继续犯

概念	继续犯也称持续犯，是指犯罪行为与不法状态在一定时间内一直处于继续状态的犯罪。如非法拘禁罪、窝藏罪。
特征	（1）继续犯只有一个行为； （2）犯罪行为和不法状态同时持续； （3）时间的持续性。
处理办法	只定一罪。
追诉期限	（1）追诉期限从犯罪行为终了之日起计算； （2）持续时间跨越新旧刑法的，适用新法，依然成立一罪。

2. 想象竞合犯

概念	实施了一个行为，侵犯了数个法益，触犯数个罪名。
特征	客观上只有一个行为，触犯了数个罪名。
处理办法	择一重罪论处。**例外**：《刑法》第204条第2款规定："纳税人缴纳税款后，采取前款规定的欺骗方法，骗取所缴纳的税款的，依照本法第二百零一条的规定定罪处罚；骗取税款超过所缴纳的税款部分，依照前款的规定处罚。"这实际上是一个行为触犯两个罪名，属于想象竞合犯，但却数罪并罚。

3. 结果加重犯

概念	刑法规定一个犯罪行为（基本犯罪），由于发生了严重结果而加重其法定刑的情况。
成立条件	（1）行为人实施基本犯罪行为，造成了加重结果； （2）行为人对基本犯罪具有故意或者过失，对加重结果至少有过失； （3）刑法就发生的加重结果规定了加重的法定刑。
注意	侮辱罪、诽谤罪、遗弃罪、强制猥亵、侮辱罪等没有结果加重犯。

(二) 法定的一罪
1. 结合犯

概念	结合犯是指数个原本独立的犯罪，根据刑法分则明文规定结合成一个犯罪。
处理原则	根据法律规定，以所结合的犯罪一罪论处，而不能以数罪论处。

2. 集合犯

概念	刑法将数个同种行为类型化后明文规定为一罪。
类型	（1）职业犯：指将犯罪作为职业或业务反复实施，并被刑法规定为一罪。如非法行医罪。 （2）营业犯：指以营利为目的反复实施某种行为，并被刑法规定为一罪。如赌博罪。
处理原则	根据法律规定按一罪论处，不实行数罪并罚。

（三）处断的一罪
1. 连续犯

概念	基于同一或概括的犯意，连续实施性质相同的数个行为，触犯同一罪名，只定一罪。
特征	（1）基于同一或概括的故意； （2）实施数个相同行为； （3）数个行为具有连续性； （4）触犯同一罪名。
处理	（1）将多次行为作为成立犯罪的条件，也即成为一个犯罪类型。如多次盗窃、多次抢夺、多次敲诈勒索。 （2）将多次行为作为法定刑升格条件。如多次抢劫。 （3）多次行为本应独立定罪处理，但只定一罪，数额累计计算。

2. 吸收犯

概念	事实上有数个行为，一行为吸收了其他行为，仅成立吸收行为的罪名。
特征	（1）数行为相互独立； （2）数行为触犯不同罪名； （3）数行为具有吸收关系，也即一个行为可以吸收评价或包括评价另一个行为。
情形	重行为吸收轻行为；实行行为吸收预备行为。

3. 牵连犯

概念	犯罪的手段行为与目的行为触犯不同罪名，原因行为与结果行为触犯不同罪名。
处理原则	在刑法没有特别规定的情况下，对牵连犯应从一重处罚或者从一重从重处罚。

（四）不可罚的事后行为

概念	这是指某个犯罪已经既遂，又实施了另一个犯罪行为，但是不处罚事后行为。 不处罚的根据是：第二个行为没有侵犯新的法益或者不具有期待可能性。

（五）法条竞合

概念	一个行为同时符合数个法条规定的犯罪构成，但从数个法条之间的逻辑关系来看只能适用其中一个法条，排除适用其他法条的情况。
适用原则	通常：特别法优于一般法；例外：重法优于轻法。

（六）常考数罪并罚

1. 组织、领导、参加恐怖组织或者黑社会性质组织，又实施杀人、爆炸、绑架等行为。
2. 组织、运送他人偷越国（边）境，又对被组织者、运送者有杀害、伤害、强奸、拐卖等行为。
3. 收买被拐卖的妇女，又非法拘禁、伤害、侮辱、强奸的。
4. 用放火、杀人方法制造保险事故，骗取了保险金的。
5. 出售、运输假币又使用的。
6. 犯某罪时又犯妨害公务罪，原则上，应数罪并罚，例外：组织、运送他人偷越国（边）境/走私、贩卖、运输、制造毒品罪+妨害公务罪=组织、运送他人偷越国（边）境/走私、贩卖、运输、制造毒品罪。

七、刑罚种类

（一）主刑（不含死刑）

主刑	刑期	刑期起算	刑罚的裁量			刑罚的执行					
^	^	^	数罪并罚	缓刑		减刑		假释		
^	^	^	^	适用对象	考验期	刑期条件	起算	刑期条件	限制条件	考验期
管制①	3个月~2年	从判决执行之日起算	≤3年			实际执行的刑期≥原刑期的1/2	刑期从判决执行之日起算			
拘役	1个月~6个月	^	≤1年	可以适用，但需符合相应条件②	原判刑期~1年，且≥2个月	同上	^			
有期徒刑	6个月~15年	^	总和刑期不满35年，数罪并罚≤20年；总和刑期超过35年，数罪并罚≤25年	≤3年；非累犯、非犯罪集团的首要分子；符合相应条件③	原判刑期~5年，且≥1年	同上	^	实际执行的刑期≥原刑期的1/2④	（1）累犯不得假释；（2）因暴力性犯罪⑥被判处10年以上有期徒刑、无期徒刑的，不得假释	未执行完毕的刑期
无期徒刑						实际执行的刑期≥13年	减为有期的，刑期从裁定减刑之日起算	实际执行的刑期≥13年⑤	^	10年

① 管制实行社区矫正。判处管制，可以根据犯罪情况，同时禁止犯罪分子在执行期间从事特定活动、进入特定区域、场所、接触特定人。违反此禁令的，由公安机关根据《治安管理处罚法》处罚。

② 相应条件是指：（1）犯罪情节较轻；（2）有悔罪表现；（3）没有再犯罪的危险；（4）宣告缓刑对所居住社区没有重大不良影响。

③ 相应条件是指：（1）犯罪情节较轻；（2）有悔罪表现；（3）没有再犯罪的危险；（4）宣告缓刑对所居住社区没有重大不良影响。

④ 具有特殊情况的，也可以不受该最低实际执行期限的限制，但必须报最高人民法院核准。

⑤ 具有特殊情况的，也可以不受该最低实际执行期限的限制，但必须报最高人民法院核准。

⑥ 根据《刑法》第81条第2款，指的是故意杀人、强奸、抢劫、绑架、放火、爆炸、投放危险物质或者有组织的暴力性犯罪。

（二）刑法关于死刑的规定

种类	罪名	规定
应处死刑	劫持航空器罪	致人重伤、死亡或者使航空器遭受严重破坏的，处死刑。
	绑架罪	杀害被绑架人，或者故意伤害被绑架人，致人重伤、死亡的，处无期徒刑或者死刑，并处没收财产。
	拐卖妇女、儿童罪	情节特别严重的，处死刑，处没收财产。
	暴动越狱罪	情节特别严重的，处死刑。
	聚众持械劫狱罪	情节特别严重的，处死刑。
	贪污罪	贪污数额特别巨大，并使国家和人民利益遭受特别重大损失的，处无期徒刑或死刑，并处没收财产。
可处死刑	危害国家安全罪	除煽动分裂国家罪、颠覆国家政权罪、煽动颠覆国家政权罪、资助危害国家安全犯罪活动罪、叛逃罪外，对国家和人民危害特别严重、情节特别恶劣的，可以判处死刑。
不处死刑		犯罪时<18周岁的人、审判时怀孕的妇女。
		审判时≥75周岁，但以特别残忍手段致人死亡的除外。

（三）刑法关于死缓的规定

死缓期间没有故意犯罪	两年期满以后，减为无期徒刑。
死缓期间确有重大立功表现	两年期满以后，减为25年有期徒刑。
有故意犯罪，情节恶劣	报请最高人民法院核准后执行死刑。
有故意犯罪，但未执行死刑	死刑缓期执行的期间重新计算，并报最高人民法院备案。
被判处死缓的累犯以及因故意杀人、强奸、抢劫、绑架、放火、爆炸、投放危险物质或者有组织的暴力性犯罪被判死缓	法院可视情况对其限制减刑。

（四）剥夺政治权利

剥夺政治权利	适用对象		期限	起算点
	管制	（1）危害国家安全的，应当附加；（2）故意杀人、强奸、放火、爆炸、投放危险物质等严重破坏社会秩序的，可以附加。	与管制期限相同	与管制同时起算
	拘役		1~5年	从主刑执行完毕之日；有期徒刑假释的，从假释之日。
	有期徒刑		1~5年	
	死缓、无期减为有期	应当附加	3~10年	
	无期徒刑	应当附加	终身	从主刑执行之日；假释的，从假释之日。
	死刑	应当附加	终身	从主刑执行之日。
	独立适用	明文规定	1~5年	从判决执行之日。

（五）职业禁止

1. 适用条件：（1）利用职业便利实施犯罪，或者实施违背职业要求的特定义务的犯罪被判处刑罚；（2）在刑罚执行完毕或者假释后，仍有预防其再犯罪的必要。

2. 期限：3年至5年，自刑罚执行完毕或者假释之日起计算。其他法律、行政法规另有规定的，依照规定。

八、刑罚的裁量

（一）累犯

种类	成立条件	处罚	备注
一般累犯	（1）前罪：故意犯罪，有期徒刑以上刑罚；（2）间隔：刑罚执行完毕或者赦免后5年内；（3）后罪：故意犯罪，有期徒刑以上刑罚；（4）过失犯罪和不满18周岁人犯罪除外。	（1）应当从重处罚；（2）不得适用缓刑；（3）不得适用假释；（4）不排除适用减刑。	（1）被判处缓刑后，不管是在缓刑期内还是期满后再犯的，都不可能成立累犯。（2）假释考验期内再犯新罪的，不成立累犯。（3）"刑罚执行完毕"，是指刑罚执行到期应予释放之日。认定累犯，确定刑罚执行完毕以后"五年以内"的起始日期，应当从刑满释放之日起计算。
特殊累犯	（1）前罪后罪都是危害国家安全的犯罪、恐怖活动犯罪或黑社会性质的组织犯罪。（2）间隔：前罪刑罚执行完毕或者赦免后再犯。		

(二) 自首

概念	指犯罪以后自动投案，如实供述自己罪行，或者被采取强制措施的犯罪嫌疑人、被告人和正在服刑的罪犯，如实供述司法机关还未掌握的本人其他罪行的行为。自首分为一般自首和特别自首两种。
一般自首	(1) 自动投案：指犯罪分子犯罪后，被动归案之前，自行投于有关机关或个人，承认自己实施了犯罪，并自愿接受司法机关的审理和裁判的行为； (2) 如实供述自己的罪行。 注意：犯罪嫌疑人自动投案并如实供述自己的罪行后又翻供的，不能认定为自首，但在一审判决前又能如实供述的，应当认定为自首。
特别自首	(1) 主体必须是被采取强制措施的犯罪嫌疑人、被告人和正在服刑的罪犯； (2) 必须如实供述司法机关还未掌握的本人其他罪行。
处罚	可以从轻或者减轻处罚。其中，犯罪较轻的，可以免除处罚。

(三) 立功

概念	指犯罪分子揭发他人的犯罪行为，查证属实的，或者提供重要线索，从而得以侦破其他案件等的行为。有一般立功和重大立功两类。
一般立功	阻止他人实施犯罪活动的；协助司法机关抓捕其他犯罪嫌疑人的；等等。
重大立功	阻止他人实施重大犯罪活动的；检举监狱内外重大犯罪活动，经查证属实的；等等。
处罚	一般立功，可以从轻或减轻处罚；重大立功，可以减轻或者免除处罚。

(四) 坦白

概念	坦白是指犯罪分子被动归案之后，如实供述自己罪行的行为。
处罚	对有坦白情节的犯罪分子，可以从轻处罚；因其如实供述自己罪行，避免特别严重后果发生的，可以减轻处罚。

（五）数罪并罚

情形	原则	解析	举例
判决宣告前一人犯数罪	直接并罚	（1）死刑和无期徒刑，采取吸收原则； （2）其他主刑，采取限制加重原则，即在总和刑期以下，数刑中最高刑期以上决定刑期；并且符合各刑种数罪并罚不能超过的刑期； （3）有期徒刑和拘役，执行有期徒刑； （4）有期徒刑和管制，或者拘役和管制，有期徒刑、拘役执行完毕后，管制仍需执行； （5）附加刑种类相同的，合并执行，种类不同的，分别执行。	三罪分别被判处5年附加剥夺政治权利3年、7年、10年，则总和刑期为22年，最高刑期为10年，数罪并罚不能超过20年，则应该在10~20年之间决定刑期，并且剥夺政治权利3年。
刑罚执行完毕以前发现漏罪	先并后减	先按照直接并罚的原则，对以前的判决和新罪进行计算，之后再从刑期中减去已经执行的刑期，剩余的就是需要执行的刑期。	判决时只发现甲罪和乙罪，甲罪判7年，乙罪判6年，决定执行10年，执行3年后，发现判决宣告前还有漏罪丙罪，应判8年。则先以10年和8年计算刑期，假设决定执行13年，然后13年减去3年，则还需执行10年。
刑罚执行完毕以前又犯新罪	先减后并	前罪还剩余的刑期和新罪的刑期，按照直接处罚原则来计算。	犯甲罪判10年，已执行7年，后犯乙罪，应判8年，则应该在剩余刑期3年和8年中，计算刑期，决定执行10年，即还需执行10年。

刑罚执行完毕以前又犯新罪，并且有漏罪	先并后减 + 直接并罚	将原判决的罪与漏罪，先并后减，决定刑期；然后将此刑期（即还未执行的刑期）与新罪，直接并罚。	判决时只发现甲罪和乙罪，甲罪判 7 年，乙罪判 6 年，决定执行 10 年，执行 3 年后，又犯乙罪，应判 5 年，且发现判决宣告前还有漏罪丙罪，应判 8 年。则先并后减：10 年和 8 年计算刑期，假设决定执行 13 年，13 年减去 3 年，则还需执行 10 年；然后直接并罚：10 年和 5 年，决定再执行 13 年。
主刑已执行完毕，在执行剥夺政治权利期间又犯罪		新罪的刑罚执行完毕后，继续执行没有执行完毕的剥夺政治权利。	犯罪人被判处有期徒刑 10 年，附加剥夺政治权利 3 年，如果在有期徒刑执行完毕剥夺政治权利 2 年后，又犯罪被判 3 年，则在 3 年的有期徒刑执行完后，还需执行剥夺政治权利 1 年。

（六）缓刑

条件	（1）被判处拘役、3 年以下有期徒刑的犯罪人； （2）犯罪情节较轻； （3）有悔罪表现； （4）无再犯可能性； （5）宣告缓刑对所居住社区没有重大不良影响。
考验期限	拘役：原判刑期以上 1 年以下，但不能少于 2 个月。 有期徒刑：原判刑期以上 5 年以下，但不能少于 1 年。 从判决确定之日起计算。
积极后果	依法实行社区矫正。没有《刑法》第 77 条规定的情形，考验期满，原判刑罚就不再执行。
撤销	（1）在缓刑考验期限内犯新罪，或者发现判决宣告前还有其他罪没有判决的； （2）违反法律、行政法规或者国务院有关部门关于缓刑的监督管理规定，或者违反人民法院判决中的禁止令，情节严重。
注意：（1）不满 18 周岁的人、怀孕的妇女和已满 75 周岁的人，符合缓刑条件的，应当宣告缓刑；（2）不能适用缓刑的情况：累犯、犯罪集团的首要分子。		

九、刑罚的执行和消灭

（一）减刑

对象条件	被判处管制、拘役、有期徒刑、无期徒刑的犯罪分子。
实质条件	（1）可以减刑：刑罚执行期间，认真遵守监规，接受教育改造，确有悔改表现，或者有立功表现； （2）应当减刑：刑罚执行期间有重大立功表现。
实际执行	（1）管制、拘役、有期徒刑：不少于原判刑期的1/2； （2）无期徒刑：不少于13年； （3）死缓减为无期：不少于25年； （4）死缓减为25年有期徒刑：不少于20年。
程序	由执行机关向中级以上人民法院提出减刑建议书。人民法院应当组成合议庭进行审理，对确有悔改表现或者立功事实的，裁定予以减刑。非经法定程序不得减刑。

注意：根据《刑法》第383条第4款、第386条的规定，犯贪污罪、受贿罪的犯罪分子被判处死刑缓期执行，且人民法院根据犯罪情节等情况同时决定在其死刑缓期执行2年期满依法减为无期徒刑后，终身监禁的，不得减刑。

（二）假释

适用条件	（1）有期徒刑执行原判刑期1/2以上，无期徒刑实际执行13年以上； （2）认真遵守监规，接受教育改造，确有悔改表现，没有再犯罪危险。 如果有特殊情况，经最高人民法院核准，可以不受上述执行刑期的限制。
程序	由执行机关向中级以上人民法院提出假释建议书。人民法院应当组成合议庭进行审理，对符合假释条件的，裁定予以假释。非经法定程序不得假释。
撤销	（1）在假释考验期限内犯新罪的； （2）在假释考验期限内，发现被假释的犯罪人在判决宣告前还有其他罪没有判决的； （3）在假释考验期限内违反法律、行政法规或者国务院有关部门关于假释的监督管理规定，尚未构成新罪的。
考验期限	（1）有期徒刑：没有执行完毕的刑期； （2）无期徒刑：10年； （3）从假释之日起计算。

续表

> **注意：**（1）对累犯以及因故意杀人、强奸、抢劫、绑架、放火、爆炸、投放危险物质或者有组织的暴力性犯罪被判处 10 年以上有期徒刑、无期徒刑的犯罪分子，不得假释。（2）根据《刑法》第 383 条第 4 款、第 386 条的规定，犯贪污罪、受贿罪的犯罪分子被判处死刑缓期执行，且人民法院根据犯罪情节等情况同时决定在其死刑缓期执行 2 年期满依法减为无期徒刑后，终身监禁的，不得假释。

（三）刑罚的消灭

1. 追诉时效的期限

法定最高刑	期限
不满 5 年	5 年
5 年以上不满 10 年	10 年
10 年以上	15 年
无期徒刑、死刑	20 年；最高人民检察院核准的，不受限制。

2. 追诉时效的起算、延长和中断

	情 形	
追诉时效的起算	（1）从犯罪之日起计算。	以危害结果为要件的犯罪，危害结果发生之日，即犯罪之日。
		不以危害结果为要件的犯罪，实施行为之日，即犯罪之日。
	（2）犯罪行为有连续或者继续状态的，从犯罪行为终了之日起计算。	
追诉时效的延长	（1）案件已经立案或者受理后，逃避侦查或者审判的，不受追诉期限的限制。	
	（2）被害人在追诉期限内提出控告，人民法院、人民检察院、公安机关应当立案而不予立案的，不受追诉期限的限制。	
追诉时效的中断	在追诉期限以内又犯罪的，前罪追诉的期限从犯后罪之日起计算。	

3. 赦免

概念	指国家对犯罪分子宣告免予追诉或者免除执行行罚的全部或部分的法律制度。包括大赦和特赦。
注意	新中国成立后，我国共实行过 9 次特赦。

第二节　刑法分则

一、危害公共安全罪

（一）交通肇事罪
1. 成立要件

行为主体	不限于驾驶交通工具的人，行人也可以成为本罪的主体。
交通工具	不限于机动车辆，非机动车辆在公共交通领域内违章，危害公共安全，造成重大事故的，也构成本罪。
事故发生领域	公共交通领域。
主观	过失。

2. **本罪的认定**
（1）成立交通肇事罪基本犯的情形

	损失	责任程度	情节
一般违章行为造成以下损失、应负下列责任的，构成本罪的基本犯	1死或3重伤以上	全部、主要	一般违章，如闯红灯
	3死以上	同等	
	赔偿损失，无力赔偿30万元以上	全部、主要	
一般违章行为造成以下损失、应负下列责任，同时有下列六种特定恶劣情节，构成本罪的基本犯	1重伤以上	全部、主要	酒后、吸毒；无照；明知安全装置故障；明知无牌或报废；严重超载；逃逸

（2）法定刑升格条件

交通运输肇事后逃逸的	指行为人在发生了构成交通肇事罪的交通事故后，为逃避法律追究而逃跑。
因逃逸致人死亡	指行为人在交通肇事后故意不救助被害人，致使被害人因得不到救助而死亡。

(3) 司法解释的规定

交通肇事后为逃避法律追究，将被害人带离事故现场后隐藏或遗弃，致使被害人无法得到救助而死亡或者严重残疾的，应当分别以故意伤害罪或故意杀人罪论处。
单位主管人员、机动车辆所有人或者机动车辆承包人，指使、强令他人违章驾驶造成重大交通事故的，以交通肇事罪论处。
交通肇事后，单位主管人员、机动车辆所有人、承包人或者乘车人指使肇事人逃逸，致使被害人因得不到救助而死亡的，以交通肇事罪的共犯论处。

（二）危险驾驶罪

客观	（1）追逐竞驶，情节恶劣的； （2）醉酒驾驶机动车的； （3）从事校车业务或者旅客运输，严重超过额定乘员载客，或者严重超过规定时速行驶的； （4）违反危险化学品安全管理规定运输危险化学品，危及公共安全的。
主体	自然人。
处罚	处拘役，并处罚金。同时构成其他犯罪的，依照处罚较重的规定定罪处罚。

（三）妨害安全驾驶罪

概念	本罪是指对行驶中的公共交通工具的驾驶人员使用暴力或者抢控驾驶操纵装置，干扰公共交通工具正常行驶，危及公共安全，或者驾驶人员在行驶的公共交通工具上擅离职守，与他人互殴或者殴打他人，危及公共安全的行为。
行为方式	（1）驾驶人员以外的其他人员（主要是乘客）对行驶中的公共交通工具的驾驶人员使用暴力或者抢控驾驶操纵装置，干扰公共交通工具正常行驶。 （2）驾驶人员，其在行驶的公共交通工具上擅离职守，与他人互殴或者殴打他人。
注意	本罪是抽象危险犯，但妨害安全驾驶行为完全可能具有危害公共安全的紧迫危险，此时妨害安全驾驶行为构成诸如以危险方法危害公共安全罪等其他犯罪。对此，《刑法》第133条之二第3款规定：同时构成其他犯罪的，依照处罚较重的规定定罪处罚。

（四）危险作业罪

概念	本罪是指在生产、作业中违反有关安全管理的规定，实施了特定的具有发生重大伤亡事故或者其他严重后果的现实危险的生产作业活动或者相关行为。

续表

行为方式	（1）关闭、破坏直接关系生产安全的监控、报警、防护、救生设备、设施或者篡改、隐瞒、销毁其相关数据、信息。 （2）因存在重大事故隐患被依法责令停产停业、停止施工、停止使用有关设备、设施、场所或者立即采取排除危险的整改措施而拒不执行。 （3）涉及安全生产的事项未经依法批准或者许可，擅自从事矿山开采、金属冶炼、建筑施工以及危险物品生产、经营、储存等高度危险的生产作业活动。
注意	本罪虽是故意犯，但属于抽象危险犯，所以处罚相对较轻，如果危险作业行为导致发生重大伤亡事故或者其他严重后果，应以重大责任事故罪等犯罪论处。犯本罪的，根据《刑法》第134条之一的规定处罚。

（五）帮助恐怖活动罪、准备实施恐怖活动罪

帮助恐怖活动罪	准备实施恐怖活动罪
本罪是指故意资助恐怖活动组织、实施恐怖活动的个人，或者资助恐怖活动培训，以及为恐怖活动组织、实施恐怖活动或者恐怖活动培训招募、运送人员的行为。	本罪的客观方面包括下列行为： （1）为实施恐怖活动准备凶器、危险物品或者其他工具的； （2）组织恐怖活动培训或者积极参加恐怖活动培训的； （3）为实施恐怖活动与境外恐怖活动组织或者人员联络的； （4）为实施恐怖活动进行策划或者其他准备的。 有上述行为，同时构成其他犯罪的，依照处罚较重的规定定罪处罚。

（六）破坏电力设备罪

概念	本罪是指故意破坏电力设备，危害公共安全的行为。
行为对象	电力设备，包括发电设备、变电设备与电力线路设备等。电力设备必须是处于运行、应急等使用中的电力设备，包括已经通电使用，只是由于枯水季节或电力不足等原因暂停使用的电力设备，以及已经交付使用但尚未通电的电力设备；但不包括尚未安装完毕，或者已经安装完毕但尚未交付使用的电力设备。
行为方式	既可以是作为，也可以是不作为；既可以是物理性破坏，也可以是功能性破坏。
主观方面	故意。
注意	（1）采用放火、爆炸等方法破坏电力设备危害公共安全，同时构成破坏电力设备罪与放火罪、爆炸罪等犯罪的，依照处罚较重的规定定罪处罚。 （2）破坏电力设备，没有危害公共安全的，如破坏已经安装完毕但尚未交付使用的电力设备的，不构成本罪，已达故意毁坏财物罪的追诉标准的，应以故意毁坏财物罪论处。 （3）盗窃电力设备，危害公共安全，但不构成盗窃罪的，以破坏电力设备罪定罪处罚；同时构成盗窃罪和破坏电力设备罪的，依照处罚较重的规定定罪处罚。

二、破坏社会主义市场经济秩序罪

（一）生产、销售伪劣商品罪

	罪名	要件标准	备注
	生产、销售伪劣产品罪	销售金额在5万元以上	（1）生产、销售伪劣商品罪，主体可以是个人，也可以是单位（实行双罚制）； （2）生产、销售具体产品，不构成具体的产品犯罪，但是销售金额在5万元以上，构成生产、销售伪劣产品罪； （3）生产、销售具体产品，构成具体的产品犯罪，同时销售金额又在5万元以上，构成生产、销售伪劣产品罪的，依照处罚较重的规定定罪处罚； （4）生产、销售不符合食品安全标准的食品，有毒、有害食品，符合《刑法》第143条、第144条规定的，以生产、销售不符合安全标准的食品罪或者生产、销售有毒、有害食品罪定罪处罚。同时构成其他犯罪的，依照处罚较重的规定定罪处罚； （5）生产、销售不符合食品安全标准的食品，无证据证明足以造成严重食物中毒事故或者其他严重食源性疾病，不构成生产、销售不符合安全标准的食品罪，但是构成生产、销售伪劣产品罪等其他犯罪的，依照该其他犯罪定罪处罚。
危险犯	生产、销售不符合安全标准的食品罪	不以危害结果为要件，足以造成严重食物中毒事故或者其他严重食源性疾病即可	
	生产、销售不符合标准的医用器材罪	不以危害结果为要件，足以严重危害人体健康即可	
	妨害药品管理罪①	不以危害结果为要件，足以严重危害人体健康即可	
实害犯	生产、销售不符合卫生标准的化妆品罪	以造成严重后果为要件	
	生产、销售不符合安全标准的产品罪	以造成严重后果为要件	
	生产、销售伪劣农药、兽药、化肥、种子罪	以使生产遭受较大损失为要件	
	生产、销售、提供劣药罪	以对人体健康造成严重危害为要件	
行为犯	生产、销售、提供假药罪	只要有生产、销售假药行为即可	
	生产、销售有毒、有害食品罪	有生产、销售有毒、有害食品行为即可	

---

① 妨害药品管理罪是指违反药品管理法规，实施下列行为之一，足以严重危害人体健康：(1) 生产、销售国务院药品监督管理部门禁止使用的药品的；(2) 未取得药品相关批准证明文件生产、进口药品或者明知是上述药品而销售的；(3) 药品申请注册中提供虚假的证明、数据、资料、样品或者采取其他欺骗手段的；(4) 编造生产、检验记录的。有妨害药品管理行为，同时构成其他犯罪的，依照处罚较重的规定定罪处罚。

(二) 走私罪

罪名	注意
走私武器、弹药罪	(1) 走私能够使用的弹头、弹壳,定走私弹药罪; (2) 走私报废或者无法组装使用的弹头、弹壳,但不属于废物的,定走私普通货物、物品罪; (3) 走私被鉴定为废物的弹头、弹壳,定走私废物罪。
走私假币罪	(1) 假币指正在流通的货币(人民币、境外货币); (2) 走私假币进境后又出售的,构成走私假币罪和出售假币罪,数罪并罚。
走私淫秽物品罪	要求具有牟利或传播目的。

(三) 妨害对公司、企业的管理秩序罪

罪名	备注
非国家工作人员受贿罪	(1) 主体为公司、企业或其他单位的工作人员; (2) 不管是索取财物,还是收受财物,都必须为他人谋取利益。包括正当利益和不正当利益。
对非国家工作人员行贿罪	行贿人在被追诉前主动交待行贿行为的,可以减轻或免除处罚。
非法经营同类营业罪	(1) 本罪是指国有公司、企业的董事、监事、高级管理人员,利用职务便利,自己经营或者为他人经营与其所任职公司、企业同类的营业,获取非法利益,数额巨大,或者其他公司、企业的董事、监事、高级管理人员违反法律、行政法规规定,利用职务便利,自己经营或者为他人经营与其所任职公司、企业同类的营业,致使公司、企业利益遭受重大损失的行为。 (2) 本罪客观上要求行为人利用职务便利,自己经营或者为他人经营与其所任职公司、企业同类的营业。"利用职务便利"是指行为人利用自己在所任职公司、企业担任董事、监事、高级管理人员所获得的权限、地位以及掌握的人脉、信息等便利条件。"经营与其所任职公司、企业同类的营业"是指行为人从事与其所任职公司、企业相同或者近似的业务。无论是自己经营还是为他人经营与其所任职公司、企业同类的营业,都能构成本罪。

续表

罪名	
为亲友非法牟利罪	（1）本罪是指国有公司、企业、事业单位的工作人员，利用职务便利，为亲友非法牟利，致使国家利益遭受重大损失，或者其他公司、企业的工作人员违反法律、行政法规规定，利用职务便利，为亲友非法牟利，致使公司、企业利益遭受重大损失的行为。 （2）本罪的成立要求行为人利用职务便利，即利用自己主管、管理、经营、经手公司、企业业务的便利，实施下列行为之一：①将本单位的盈利业务交由自己的亲友进行经营；②以明显高于市场的价格从自己的亲友经营管理的单位采购商品、接受服务或者以明显低于市场的价格向自己的亲友经营管理的单位销售商品、提供服务；③从自己的亲友经营管理的单位采购、接受不合格商品、服务。对于这里的"亲友"应以与行为人是否存在利益关系进行实质把握。
徇私舞弊低价折股、出售公司、企业资产罪	（1）本罪是指国有公司、企业或者其上级主管部门直接负责的主管人员，徇私舞弊，将国有资产低价折股或者低价出售，致使国家利益遭受重大损失，或者其他公司、企业直接负责的主管人员，徇私舞弊，将公司、企业资产低价折股或者低价出售，致使公司、企业利益遭受重大损失的行为。 （2）本罪的成立要求行为人徇私舞弊，将公司、企业资产低价折股或者低价出售。这意味着本罪为故意犯罪，过失不构成本罪。如在公司、企业资产重组、收购过程中，行为人由于经验不足、决策失误或者市场行情变化，致使公司、企业资产在折股、出售过程中价格偏低的，不构成本罪。国有公司、企业或者其上级主管部门直接负责的主管人员，与他人串通，私自将国有资产低价折股或者低价出售给他人，同时触犯本罪与贪污罪的，对行为人应以贪污罪论处。

（四）破坏金融管理秩序罪

罪名	概念	备注
伪造货币罪	制造外观上足以使一般人误认为是真货币的假币的行为。	必须为正在流通中的中国货币或外国货币。
出售、购买、运输假币罪	明知是伪造的货币而出售、购买、运输，数额较大的行为。	行为人出售、运输自己伪造的假币的，以伪造货币罪从重处罚。
持有、使用假币罪	明知是伪造的货币而持有、使用，数额较大的行为。	兑换行为、存入行为属于使用行为，使用是将货币直接置于流通之中。

续表

变造货币罪	没有货币发行、制作权的人对真正的货币进行加工，改变其面值、图案、真实形状等，数额较大的行为。	加工导致货币丧失与真币的同一性——伪造货币 变造伪造的货币——伪造货币 使用伪造的货币——使用假币罪 使用变造的货币——诈骗罪
高利转贷罪	以转贷牟利为目的，套取金融机构信贷资金再高利转贷给他人，违法所得数额较大（数额在50万元以上）的行为。	若以非法占有为目的实施前述行为，则成立贷款诈骗罪。
洗钱罪	掩饰、隐瞒、协助转移上游犯罪所得或犯罪收益的行为。（包括"自洗"）	（1）上游七类犯罪：毒品犯罪、黑社会性质的组织犯罪、恐怖活动犯罪、走私犯罪、贪污贿赂犯罪、破坏金融管理秩序犯罪、金融诈骗犯罪。 （2）具体行为方式：①提供资金账户；②将财产转换为现金、金融票据、有价证券；③通过转账或者其他支付结算方式转移资金；④跨境转移资产；⑤以其他方法掩饰、隐瞒犯罪所得及其收益的来源和性质。
非法吸收公众存款罪	非法吸收公众存款或者变相吸收公众存款，扰乱金融秩序的行为。	（1）行为方式：满足下列四项条件，属于非法吸收公众存款： ①未经有关部门依法批准或者借用合法经营的形式吸收资金。 ②通过媒体、推介会、传单、手机短信等途径向社会公开宣传。 ③承诺在一定期限内以货币、实物、股权等方式还本付息或者给付回报。 ④向社会公众即社会不特定对象吸收资金。 （2）行为对象：公众存款，这是指吸收多数人或者不特定人（包括单位）的存款。 （3）从宽处罚：犯非法吸收公众存款罪，在提起公诉前积极退赃退赔，减少损害结果发生的，可以从轻或减轻处罚

（五）金融诈骗罪

罪名	概念	备注
集资诈骗罪	使用诈骗方法向公众募集资金数额较大的行为。	有以下情况，可以认定为"以非法占有为目的"： （1）集资后不用于生产经营或用于生产经营与筹集资金规模明显不成比例，致使集资款不能返还的； （2）肆意挥霍集资款，致使集资款不能返还的； （3）携带集资款逃匿的； （4）将集资款用于违法犯罪活动的； （5）抽逃、转移资金、隐匿财产、逃避返还资金的； （6）隐匿、销毁账目，或搞假破产、假倒闭，逃避返还资金的； （7）拒不交代资金去向，逃避返还资金的。
贷款诈骗罪	使用欺骗方法骗取银行、其他金融机构贷款数额较大的行为。	（1）金融机构工作人员利用职务之便，使用欺诈方法骗取本机构贷款归个人所有的，宜认定为贪污罪或职务侵占罪。 （2）本罪主体只能是自然人。
票据诈骗罪	进行金融票据诈骗活动，数额较大的行为	行为方式：使用伪造、变造票据；使用作废票据；冒用他人票据；签发空头支票或与其预留印鉴不符的支票；签发无资金保证的票据、出票时作虚假记载。
信用证诈骗罪	采用各种方法进行信用证诈骗活动的行为。	行为方式：使用伪造、变造的信用证及其附随单据；使用作废的信用证；骗取信用证；其他。

续表

罪名		备注
信用卡诈骗罪	进行信用卡诈骗活动，数额较大的行为。	（1）行为方式：使用伪造的信用卡；使用以虚假身份证明骗取的信用卡；使用作废的信用卡；冒用他人的信用卡；恶意透支。 （2）盗窃并使用信用卡的，定盗窃罪。 （3）经发卡银行两次有效催收，3个月内仍不归还欠款，数额达到50000元的，为恶意透支。恶意透支的数额，是指公安机关刑事立案时尚未归还的实际透支的本金数额，不包括利息、复利、滞纳金、手续费等发卡银行收取的费用。归还或者支付的数额，应当认定为归还实际透支的本金。 （4）主体只能是自然人。
有价证券诈骗罪	使用伪造、变造的国库券或其他国家发行的有价证券进行诈骗活动，数额较大的行为。	主体只能是自然人。
保险诈骗罪	采取虚构保险标的、编造保险事故、制造保险事故等方法骗取保险金，数额较大（数额在5万元以上）的行为。	主体为：投保人、被保险人、受益人。 保险事故的鉴定人、证明人、财产评估人故意提供虚假证明文件，为他人诈骗提供条件的，以共犯论。 保险公司职员利用职务之便从事诈骗行为的，定职务侵占罪或贪污罪。 若有《刑法》第198条第1款第4、5项规定的行为，同时构成其他独立犯罪的，数罪并罚。

（六）危害税收征管罪

罪名	备注
逃税罪	（1）主体为纳税人和扣缴义务人； （2）有逃税行为，经税务机关依法下达追缴通知后，补缴应纳税款，缴纳滞纳金，已受行政处罚的，不予追究刑事责任；但是5年内因逃避缴纳税款受过刑事处罚或被税务机关给予二次以上行政处罚的除外。
骗取出口退税罪	如果骗取的税款超过所缴纳的税款，超过部分构成骗取出口退税罪，与逃税罪并罚。

（七）侵犯知识产权罪

罪名	备注
侵犯商业秘密罪	有下列侵犯商业秘密行为之一，情节严重的，以侵犯商业秘密罪定罪处罚： （1）以盗窃、贿赂、欺诈、胁迫、电子侵入或者其他不正当手段获取权利人的商业秘密的； （2）披露、使用或者允许他人使用以前项手段获取的权利人的商业秘密的； （3）违反保密义务或者违反权利人有关保守商业秘密的要求，披露、使用或者允许他人使用其所掌握的商业秘密的。 明知上述所列行为，获取、披露、使用或者允许他人使用该商业秘密的，以侵犯商业秘密论。
为境外窃取、刺探、收买、非法提供商业秘密罪	本罪是指为境外的机构、组织、人员窃取、刺探、收买、非法提供商业秘密的行为。行为人采取窃取、刺探、收买方式获取商业秘密的，本罪与侵犯商业秘密罪存在竞合。

三、侵犯公民人身权利、民主权利罪

（一）故意杀人罪

与故意伤害罪的区别	故意伤害致死与过失致人死亡的区别	自杀行为及其相关问题
两者故意内容不同：前者有剥夺他人生命之故意，而后者仅有损害他人健康之目的。能证明行为人有杀人故意的，不论被害人是否死亡都定故意杀人罪；能证明行为人有伤害故意的，不论被害人是否死亡都定故意伤害罪。如果是突发性案件，无法证明是杀人故意或伤害故意的，在行为人主观上有不计后果之前提下，以结果论，人死为杀人，未死则为伤害。	两者结果相同，都是致人死亡。区别在于导致死亡之行为是否有伤害的性质。有伤害性质的是故意伤害致死，否则是过失致人死亡。	（1）帮助自杀的行为，构成故意杀人罪，如安乐死； （2）教唆自杀的行为，构成故意杀人罪； （3）逼迫自杀的行为，构成故意杀人罪； （4）组织、策划、煽动、教唆、帮助邪教组织人员自杀、自残的，以故意杀人罪或故意伤害罪定罪处罚。

(二) 组织出卖人体器官罪

罪名	概念	备注
组织出卖人体器官罪	组织他人出卖人体器官的行为。	(1) 未经本人同意摘取其器官，或者摘取不满18周岁的人的器官，或者强迫、欺骗他人捐献器官的，构成故意伤害罪或者过失致人死亡罪； (2) 违背本人生前意愿摘取其尸体器官，或者本人生前未表示同意，违反国家规定，违背其近亲属意愿摘取其尸体器官的，构成盗窃、侮辱尸体罪。

(三) 强奸罪

普通强奸	(1) 客体：妇女的性自主权； (2) 客观方面：违背妇女意志，采用暴力、胁迫或者其他手段，强行与妇女发生性交； (3) 主体：已满14周岁，具有辨认和控制能力的自然人，通常是男子，女子可以成为强奸罪的教唆犯、帮助犯； (4) 主观方面：故意。
奸淫幼女	(1) 客观方面：与不满14周岁的幼女发生性关系的行为； (2) 主体：已满14周岁，具有辨认和控制能力的自然人； (3) 主观方面：故意，即明知奸淫对象是不满14周岁的幼女。 **注意**：(1) 支付钱款后，与卖淫幼女性交即嫖宿幼女的，构成强奸罪。 (2) 根据司法解释的规定，知道或者应当知道对方是不满14周岁的幼女，而实施奸淫等性侵害行为的，应当认定为行为人"明知"对方是幼女；对于不满12周岁的被害人实施奸淫等性侵害行为的，应当认定为行为人"明知"对方是幼女；对于已满12周岁不满14周岁的被害人，从其身体发育状况、言谈举止、衣着特征、生活作息规律等观察可能是幼女，而实施奸淫等性侵害行为的，应当认定行为人"明知"对方是幼女。
数罪并罚	出于报复、灭口等动机，在实施强奸的过程中或者强奸后，杀死或者伤害被害人的，应当分别认定为强奸罪、故意杀人罪或故意伤害罪，数罪并罚。

续表

加重情节	(1) 强奸妇女、奸淫幼女情节恶劣的； (2) 强奸妇女、奸淫幼女多人的； (3) 在公共场所当众强奸妇女、奸淫幼女的； (4) 二人以上轮奸的； (5) 奸淫不满10周岁的幼女或者造成幼女伤害的； (6) 致使被害人重伤、死亡或者造成其他严重后果的。

（四）负有照护职责人员性侵罪

概念	本罪是指对已满14周岁不满16周岁的未成年女性负有监护、收养、看护、教育、医疗等特殊职责的人员，与该未成年女性发生性关系的行为。
行为方式	本罪客观要件为与已满14周岁不满16周岁的未成年女性发生性关系。"发生性关系"是指性交，与已满14周岁不满16周岁的未成年女性进行性交之外的其他性行为的，不构成本罪。对发生性关系该未成年女性表示同意，不影响本罪的成立。
与强奸罪的区别	一般认为，本罪与强奸罪的区别在于与已满14周岁不满16周岁的未成年女性发生性关系，并未违背该未成年女性的意志的，成立本罪；如果行为人采用暴力、胁迫或者其他方法，违背该未成年女性的意志与其发生性关系的，成立强奸罪。

（五）强制猥亵、侮辱罪

概念	本罪是指以暴力、胁迫或者其他方法强制猥亵他人或者侮辱妇女的行为。
客体	他人的性自主权和人格尊严。
客观方面	(1) 行为对象：猥亵的对象是他人（包括妇女和成年男子），侮辱的对象是妇女； (2) 必须实施了猥亵他人或者侮辱妇女的行为； (3) 必须以暴力、胁迫或者其他使被害人不能反抗、不敢反抗、不知反抗的方法强制猥亵他人或者侮辱妇女。
主体	已满16周岁，具有辨认控制能力的自然人。
主观方面	故意。

续表

> **注意：**（1）行为人故意杀害他人后，再针对尸体实施猥亵、侮辱行为的，不构成强制猥亵、侮辱罪，而应认定为故意杀人罪与侮辱尸体罪，实行数罪并罚。
> （2）猥亵儿童的，构成猥亵儿童罪。加重处罚情形：①猥亵儿童多人或者多次的；②聚众猥亵儿童的，或者在公共场所当众猥亵儿童，情节恶劣的；③造成儿童伤害或者其他严重后果的；④猥亵手段恶劣或者有其他恶劣情节的。

（六）拐卖妇女、儿童罪

目的犯	以出卖为目的。
客观行为	拐骗、绑架、收买、贩卖、接送、中转妇女、儿童的行为，包括偷盗婴儿，以牟利贩卖为目的"收养"子女。
加重情节	拐卖妇女、儿童集团的首要分子；拐卖妇女、儿童3人以上的；奸淫被拐卖妇女的；诱骗、强迫被拐卖妇女卖淫或将之卖与他人迫使其卖淫的；以出卖为目的，使用暴力、胁迫、麻醉等方法绑架妇女、儿童的；以出卖为目的偷盗婴幼儿的；造成被拐卖妇女、儿童或其亲属重伤、死亡或其他严重后果的；将妇女、儿童卖往境外的。

（七）绑架罪与非法拘禁罪比较

	绑架罪	非法拘禁罪
犯罪客体	复杂客体	单一客体
行为方式	只能以作为方式实施。	既可以以作为方式，也可以以不作为方式实施。
行为目的	为了威胁被绑架人以达到非法占有财物或者其他不法利益的目的。	为了使被害人遭受拘禁之苦，或者是为了索要债务而拘禁他人。
相同点	都剥夺了被害人的人身自由。	

★ 1. 杀害被绑架人，或者故意伤害被绑架人，致人重伤、死亡的，以绑架罪一罪论处。但是绑架他人后，故意实施强奸等行为的，应实行数罪并罚。

2. 行为人为索取高利贷、赌债等法律不予保护的债务，非法扣押、拘禁他人的，以非法拘禁罪定罪处罚。如果行为人为了索取法律不予保护的债务或者单方面主张的债务，以实力支配、控制被害人后，以杀害、伤害被害人相威胁的，宜认定为绑架罪。

（八）侮辱罪与诽谤罪比较

	侮辱罪	诽谤罪
客体方面	他人人格权、名誉权	他人人格权、名誉权
主体方面	一般主体	一般主体
客观方面	以暴力或其他方法公然贬低他人人格、破坏他人名誉的行为，其他方法指以语言文字、图画等形式进行辱骂、嘲笑来侮辱他人，且情节严重。	实施了捏造并散布某种虚构的事实，足以损害他人人格、名誉，情节严重的，必须捏造与散布同时具有，并且散布的事实是虚构的。
实施方式	不论贬低他人人格、名誉事实是否为捏造，只要公然侮辱即可。	须用于损害他人人格、名誉，事实为捏造并公然散布。
侵犯场合	往往当着被害人面。	可以当众或当第三人面散布，也可以当着被害人面。

（九）侵犯公民个人信息罪

主观方面	故意。
客观方面	（1）违反国家有关规定，向他人出售或者提供公民个人信息； （2）违反国家有关规定，将在履行职责或者提供服务过程中获得的公民个人信息，出售或者提供给他人； （3）窃取或者以其他方法非法获取公民个人信息。 以上行为都要求情节严重。公民个人信息是指以电子或者其他方式记录的能够单独或者与其他信息结合识别特定自然人身份或者反映特定自然人活动情况的各种信息，包括姓名、身份证件号码、通信通讯联系方式、住址、账号密码、财产状况、行踪轨迹等。

（十）虐待被监护、看护人罪

主体	指对未成年人、老年人、患病的人、残疾人等负有监护、看护职责的人，包括自然人和单位。
主观方面	故意。
客观方面	（1）行为对象：未成年人、老年人、患病的人、残疾人等被监护、看护的人； （2）虐待行为既包括以积极的方式给被害人造成肉体上或者精神上痛苦的一切行为，也包括以消极的方式不满足被害人生活需要的行为。

续表

> **注意：** 当行为人不仅对未成年人、老年人、患病的人、残疾人等负有监护、看护职责，而且与被监护、看护的人属于家庭成员时，行为同时触犯了本罪与虐待罪，成立想象竞合犯；由于虐待被监护、看护人罪的法定刑高于虐待罪，故应当以虐待被监护、看护人罪定罪处罚。

四、侵犯财产罪

（一）盗窃罪、诈骗罪、故意毁坏财物罪

盗窃罪	（1）盗窃公私财物数额较大； （2）多次盗窃：2 年内盗窃 3 次以上的，应当认定为"多次盗窃"； （3）入户盗窃：非法进入供他人家庭生活，与外界相对隔离的住所盗窃的，应当认定为"入户盗窃"； （4）携带凶器盗窃：携带枪支、爆炸物、管制刀具等国家禁止个人携带的器械盗窃，或者为了实施违法犯罪携带其他足以危害他人人身安全的器械盗窃的，应当认定为"携带凶器盗窃"； （5）扒窃：在公共场所或者公共交通工具上盗窃他人随身携带的财物的，应当认定为"扒窃"。
	以牟利为目的，盗接他人通信线路、复制他人电信码号或者明知是盗接、复制的电信设备、设施而使用的，构成盗窃罪。
	既遂的标准，不看犯罪人是否最终达到了非法占有并任意处置该财产的目的，而是要看合法占有人是否失去对财物的控制，即失控说。如将财物盗走后，暂时藏于某地，即使被寻回，仍构成既遂。 盗窃未遂，具有下列情形之一的，应当依法追究刑事责任： （1）以数额巨大的财物为盗窃目标的； （2）以珍贵文物为盗窃目标的； （3）其他情节严重的情形。 盗窃既有既遂，又有未遂，分别达到不同量刑幅度的，依照处罚较重的规定处罚；达到同一量刑幅度的，以盗窃罪既遂处罚。

续表

	盗窃公私财物数额较大，行为人认罪、悔罪、退赃、退赔，且具有下列情形之一，情节轻微的，可以不起诉或者免予刑事处罚；必要时，由有关部门予以行政处罚： （1）具有法定从宽处罚情节的； （2）没有参与分赃或者获赃较少且不是主犯的； （3）被害人谅解的； （4）其他情节轻微、危害不大的。 偷拿家庭成员或者近亲属的财物，获得谅解的，一般可不认为是犯罪；追究刑事责任的，应当酌情从宽。
诈骗罪	诈骗罪构成的基本流程：行为人实施欺骗行为──→对方（受骗者）产生（或继续维持）错误认识──→对方基于错误认识处分财产──→行为人或者第三者取得财产──→被害人遭受财产损害。
故意毁坏财物罪	必须是故意；没有过失毁坏财物罪。 盗窃公私财物并造成财物损毁的，按照下列规定处理： （1）采用破坏性手段盗窃公私财物，造成其他财物损毁的，以盗窃罪从重处罚；同时构成盗窃罪和其他犯罪的，择一重罪从重处罚； （2）实施盗窃犯罪后，为掩盖罪行或者报复等，故意毁坏其他财物构成犯罪的，以盗窃罪和构成的其他犯罪数罪并罚； （3）盗窃行为未构成犯罪，但损毁财物构成其他犯罪的，以其他犯罪定罪处罚。

（二）抢劫罪

转化型抢劫	构成转化型抢劫罪必须具备以下三个条件： （1）行为人首先实施了盗窃、诈骗、抢夺的犯罪行为； （2）行为人必须是当场使用暴力或者以暴力相威胁。所谓"当场"，是指实施盗窃、诈骗、抢夺行为的现场。如果在盗窃、诈骗、抢夺实施以后，在其他时间、地点抗拒抓捕、窝藏赃物、毁灭罪证而实施暴力或以暴力相威胁的，不属于"当场"；暴力程度比较高，足以压制被害人的反抗；程度极其轻微的暴力，不构成转化。 （3）行为人实施暴力或以暴力相威胁的目的是企图窝藏赃物、抗拒抓捕或者毁灭罪证。 **注意：** （1）已满14周岁不满16周岁的人在此过程中，故意伤害致人重伤或者死亡，或者故意杀人的，应当分别以故意伤害罪或者故意杀人罪定罪处罚； （2）已满16周岁不满18周岁的人有此行为的，应当依照抢劫罪定罪处罚；情节轻微的，可以不以抢劫罪定罪处罚。

续表

携带凶器抢夺	(1)"携带凶器抢夺"，包括两种情形： ①随身携带枪支、爆炸物、管制刀具等国家禁止个人携带的器械进行抢夺； ②为了实施犯罪而携带其他器械进行抢夺。 (2)行为人随身携带国家禁止个人携带的器械以外的其他器械抢夺，但有证据证明该器械确实不是为了实施犯罪准备的，不以抢劫罪定罪；行为人将随身携带凶器有意加以显示、能为被害人察觉到的，以抢劫罪定罪处罚。
抢劫结果加重犯以及与故意杀人罪的区别	"抢劫致人重伤、死亡的"，简称为抢劫的结果加重犯，只需要以抢劫罪一罪定罪处罚。包括：行为人为劫取财物而预谋故意杀人的；在劫取财物过程中，为制服被害人反抗而故意杀人的。但是，下列情形应当认定构成故意杀人罪或构成数罪： (1)行为人实施抢劫后，为灭口而故意杀人的，以抢劫罪和故意杀人罪定罪，实行数罪并罚。 (2)行为人具有故意杀人的目的（而不是抢劫的故意），在杀害被害人之后，"见财起意"顺手牵羊，拿走被害人身上财物的，或为了掩盖、销毁罪迹，而拿走被害人财物的，一般认定为故意杀人罪。拿走被害人财物的行为，如果数额较大的，可以认定为盗窃罪。 (3)"谋财害命"，但不是当场从被害人控制下取得财物的情形。这种情形通常属于基于贪财动机而实施的故意杀人行为。行为人不是当场从被害人控制下取得财物，而是将来获取财物或财产性利益。
抢劫罪与敲诈勒索罪①的区别	(1)从暴力程度上看，抢劫罪中的暴力手段必须达到足以抑制对方反抗的程度，但不要求事实上抑制了对方的反抗。因此，以不足以抑制对方反抗的轻微暴力取得他人财物的，应认定为敲诈勒索罪。 (2)从威胁的内容方面看，后者的威胁内容广泛，可以是以暴力相威胁，也可以是以揭发隐私、毁坏财物、阻止正当权利的行使，不让对方实现某种正当要求等相威胁，前者威胁的内容只限暴力。 (3)从威胁的方式看，后者可以是面对被害人也可以是不面对被害人实施，即以口头或书面方式进行威胁，而前者只能是由犯罪分子当场当面向被害人直接口头实施，少数情况下以行动实施。 (4)从非法取得财物的时间上看，后者可以是当场取得，也可以是限定在若干时日以内取得，前者只能是当场当时取得。 (5)从要求取得的内容看，后者主要是财物，也可包括一些财产性利益（如提供劳务等），前者只能是财物，且只能是动产。

---

① 敲诈勒索罪行为方式可以是：(1)敲诈勒索公私财物，数额较大；(2)多次敲诈勒索（没有数额限制）。

抢劫罪与抢夺罪的区别	抢劫罪中的暴力必须针对人实施,而不包括对物暴力。这是抢劫罪与抢夺罪的关键区别。若抢夺过程中当场使用暴力的,以抢劫论,如抢夺时,拿不走,又踢又打;携带凶器抢夺的以抢劫罪论(要求犯罪人的凶器有用于犯罪的意图,处于随时使用的状态,包在包袱中的不算)。携带凶器也是一种主客观统一的行为。即要求行为人具有准备使用的意图。
抢劫罪与绑架罪的区别	绑架罪中的索取财物,只能是向被绑架人以外的第三者索要财物,否则就谈不上将被绑架人作为"人质"了。如果行为人控制、劫持被害人,直接从被害人控制、支配下强取财物的,仍然是抢劫罪。
注意	(1)对于强拿硬要少量物品,情节显著轻微、危害不大的行为,可不认为构成抢劫罪。对于当事人之间因为存在民事、婚姻、邻里之类的纠纷,而发生的强拿、扣留对方财物的行为,通常不认为是抢劫罪。当然,如果使用这种不当手段超过法律容忍限度的,可以构成其他罪。如非法侵入住宅罪、侮辱罪、故意伤害罪等。 (2)抢劫的"着手",通常是开始暴力、胁迫行为。在此之前为了抢劫财物而跟踪尾随被害人、守候被害人、接近被害人伺机开始暴力、胁迫的抢劫行为的,都属于预备行为。抢劫罪作为一种侵犯财产的犯罪,一般以抢取财物为既遂,未抢到财物为未遂,但造成加重后果的(如致人重伤、死亡),则不存在未遂,属结果加重犯,也不数罪并罚。 (3)聚众打砸抢,当场抢走或毁坏财物的,首要分子定抢劫罪。这种情形下不论是抢走而非法占有财物,还是毁坏而根本没占有财物都定抢劫罪,而不定故意毁坏公私财物罪,这也是立法上的一个例外性规定。

(三) 盗窃罪与相关罪名的比较

1. 盗窃罪与诈骗罪

	盗窃罪	诈骗罪
行为方式	趁被害人不注意;当事人无处分财物的意图。	用欺骗手段使被害人产生错误认识,"自愿"处分财物。
从被害人角度	对财物的丧失违背被害人的意志。	基于被害人的意思而丧失占有。
举例	(1)最常考的方式就是调包; (2)骗店主离开店铺,然后进入其内拿走财物。	声称手机号码中大奖礼品,但需要先交纳邮寄费用。

续表

特殊情形	盗窃公私财物数额较大，行为人认罪、悔罪、退赃、退赔，且具有下列情形之一，情节轻微的，可以不起诉或者免予刑事处罚；必要时，由有关部门予以行政处罚： （1）具有法定从宽处罚情节的； （2）没有参与分赃或者获赃较少且不是主犯的； （3）被害人谅解的； （4）其他情节轻微、危害不大的。 偷拿家庭成员或者近亲属的财物，获得谅解的，一般可不认为是犯罪；追究刑事责任的，应当酌情从宽。	（1）诈骗近亲属的财物、近亲属谅解的，一般可不按犯罪处理； （2）冒充国家机关工作人员进行诈骗，同时构成诈骗罪和招摇撞骗罪的，依照处罚较重的规定定罪处罚。

2. 盗窃罪与职务侵占罪（或贪污罪）

	盗窃罪	职务侵占罪（或贪污罪）
犯罪对象	公私财物	行为人控制之下的财物（主管、保管、经营与经手）
条件	没有职务条件	利用职务便利

3. 盗窃罪与侵占罪

		盗窃罪	侵占罪
犯罪对象	描述	处于他人控制之下的财物（即使他人没有现实地握有或者监视，只要是在他人的事实支配领域内，也属于他人控制）。	他人暂时丧失控制的财物。
	举例	（1）他人掉在自己办公桌下的存折。因为办公室是一个特定的场所，因此对存折的控制并未丧失。 （2）他人放在门外的自行车。	（1）保管物； （2）埋藏物； （3）遗忘物：他人遗忘在出租车上的手提包。
行为方式		秘密窃取。	公然占有，拒不归还。

(四) 挪用资金罪与挪用公款罪

	挪用资金罪	挪用公款罪
主体	公司、企业或者其他单位的工作人员。	国家机关工作人员。
客观方面	(1) 挪用单位资金归个人使用或者借贷给他人，数额较大，超过3个月未还的；	(1) 挪用公款归个人使用，数额较大、超过3个月未还的；
	(2) 挪用单位资金进行营利活动，数额较大的；	(2) 挪用公款，数额较大，归个人进行营利活动的；
	(3) 挪用单位资金进行非法活动。	(3) 挪用公款归个人使用，进行非法活动的。
主观方面	主观内容为非法占用，而不是非法占有。	挪用，而非占有。
挪用对象	单位资金；不包括特定款物。	公款；包括挪用特定款物归个人使用（按此罪从重处罚）。

注意： 挪用资金罪具有从宽处罚情节，即在提起公诉前将挪用的资金退还的，可以从轻或者减轻处罚。其中，犯罪较轻的，可以减轻或者免除处罚。

(五) 破坏生产经营罪

概念	本罪是指由于泄愤报复或者其他个人目的，毁坏机器设备、残害耕畜或者以其他方法破坏生产经营的行为。
客观方面	本罪客观方面表现为毁坏机器设备、残害耕畜或者以其他方法破坏生产经营。"生产经营"，包括一切经济形式的生产经营。破坏生产经营的方法包括毁坏机器设备、残害耕畜或者其他方法。"其他方法"是指与毁坏机器设备、残害耕畜具有相当性的方法，即能够导致生产经营的某个环节难以正常进行的破坏性方法。破坏的对象是进行正常生产经营活动所需的物质条件。破坏不属于正常生产经营所需的物质条件，如破坏已经报废的机器设备的，不构成本罪。
主观方面	具有泄愤报复或者其他个人目的。只要破坏生产经营行为无正当理由，就可以认定行为人存在"其他个人目的"。

续表

注意	(1) 对本罪客观要件的把握应与网络时代的社会现实相适应。例如，行为人通过在网络交易平台恶意大量购买他人商品或服务，导致商家被网络交易平台认定为虚假交易进而被采取商品搜索降权的管控措施，造成商家损失严重的，该行为属于以其他方法破坏生产经营，构成本罪。 (2) 以放火、爆炸等方法破坏厂矿、企业的机器设备、生产设施和耕畜、农具以及其他生产资料等，足以危害公共安全的，成立放火罪、爆炸罪等犯罪与破坏生产经营罪的想象竞合犯，从一重罪处断，对行为人应以放火罪、爆炸罪等犯罪论处。

五、妨害社会管理秩序罪

（一）扰乱公共秩序罪

1. 招摇撞骗罪与诈骗罪

	招摇撞骗罪	诈骗罪
侵害客体	招摇撞骗罪侵犯的客体主要是国家机关的管理活动及其威信。	包括财产在内的各种利益；如果骗取的财物数额特别巨大的，应以诈骗罪定罪。
行为方式	招摇撞骗罪必须用冒充国家机关工作人员的方式进行： (1) 仅限于冒充国家工作人员的方式； (2) 冒充人民警察的，从重处罚； (3) 冒充军人的，构成冒充军人招摇撞骗罪。	诈骗罪所采用的手段则可以是多种多样的。

★招摇撞骗罪和诈骗罪虽然具有上述区别，但二者有时会出现重合的情形。比如，当冒充国家机关工作人员的身份骗取财物时，就和诈骗罪重合了。遇到这种情况，不能一律定招摇撞骗罪。如果冒充国家机关工作人员主要是为了骗取财物，而且数额巨大，或者特别巨大，则其侵犯的客体已主要不是国家机关的威信，而是财产权利了，应依照《刑法》第266条规定的诈骗罪论处。

2. 聚众斗殴罪与寻衅滋事罪

聚众斗殴罪	（1）指聚集多人进行斗殴的行为； （2）法律拟制规定：聚众斗殴致人重伤、死亡的，以故意伤害罪、故意杀人罪定罪处罚； （3）聚众斗殴造成他人财产损失，同时触犯故意毁坏财物罪的，属于想象竞合犯，从一重罪处罚； （4）本罪处罚首要分子和其他积极参加者。
寻衅滋事罪	本罪指无事生非，起哄闹事，肆意挑衅，随意骚扰，破坏社会秩序的行为。具体包括： （1）随意殴打他人，情节恶劣的； （2）追逐、拦截、辱骂、恐吓他人，情节恶劣的； （3）强拿硬要或者任意损毁、占用公私财物，情节严重的； （4）在公共场所起哄闹事，造成公共场所秩序严重混乱的。 实施寻衅滋事行为，同时触犯故意伤害罪、抢劫罪、敲诈勒索罪、故意毁坏财物罪的，应从一重罪处罚。

3. 袭警罪

概念	本罪是指暴力袭击正在依法执行职务的人民警察的行为。
客观方面	本罪在客观方面表现为暴力袭击正在依法执行职务的人民警察。首先，要求存在暴力袭击行为。其次，暴力袭击的对象为人民警察，包括公安机关、国家安全机关、监狱管理机关的人民警察和人民法院、人民检察院的司法警察。最后，要求暴力袭击的是正在依法执行职务的人民警察。 **注意**：人民警察在非工作时间，依照《人民警察法》等法律履行职责的，应当视为正在依法执行职务，在人民警察非执行职务期间，因其职务行为对其实施暴力袭击行为的，不构成本罪，如符合故意伤害罪、故意杀人罪的犯罪构成的应按相应犯罪定罪处罚。
主观方面	本罪在主观方面表现为故意，要求行为人明知暴力袭击的对象是人民警察。行为人认识到对方正在依法执行职务，但由于人民警察身穿便装等原因，行为人确实没有认识到对方是人民警察的，不成立本罪，应以妨害公务罪追究刑事责任。

4. 冒名顶替罪

概念	本罪是指盗用、冒用他人身份，顶替他人取得的高等学历教育入学资格、公务员录用资格、就业安置待遇的行为。
注意	如果行为人顶替他人取得前述三种资格、待遇之外的其他资格、待遇的，如盗用、冒用他人身份，顶替他人取得重点中学的入学资格、私营企业的录用资格、荣誉称号待遇的，不构成本罪。被顶替人同意行为人使用其身份，顶替其取得的高等学历教育入学资格、公务员录用资格、就业安置待遇的，属于违法行为，但不构成本罪。

5. 高空抛物罪

概念	本罪是指从建筑物或者其他高空抛掷物品，情节严重的行为。
客观方面	本罪在客观方面表现为从建筑物或者其他高空抛掷物品，情节严重的行为。"高空"，是指高于基准面，能够利用自由落体运动危及人身、财产安全的空间。"抛掷物品"，是指有意使物品从空中落下，无论是直接从空中丢下物品，还是将物品抛到空中使其落下，均属于抛掷物品。
主观方面	本罪主观方面为故意，如因过失导致物品从高空坠落，致人死亡、重伤的，不成立本罪，应按过失致人死亡罪、过失致人重伤罪定罪处罚。在生产、作业中违反有关安全管理规定，过失从高空坠落物品，发生重大伤亡事故或者造成其他严重后果的，应以重大责任事故罪定罪处罚。

6. 考试类犯罪

组织考试作弊罪	本罪是指在法律规定的国家考试中组织作弊以及为组织作弊提供作弊器材或者其他帮助的行为。 "法律规定的国家考试"仅限于全国人民代表大会及其常务委员会制定的法律所规定的考试。下列考试属于"法律规定的国家考试"：（1）普通高等学校招生考试、研究生招生考试、高等教育自学考试、成人高等学校招生考试等国家教育考试；（2）中央和地方公务员录用考试；（3）国家统一法律职业资格考试、国家教师资格考试、注册会计师全国统一考试、会计专业技术资格考试、资产评估师资格考试、医师资格考试、执业药师职业资格考试、注册建筑师考试、建造师执业资格考试等专业技术资格考试；（4）其他依照法律由中央或者地方主管部门以及行业组织的国家考试。上述考试涉及的特殊类型招生、特殊技能测试、面试等考试属于"法律规定的国家考试"。

续表

非法出售、提供试题、答案罪	本罪是指为实施考试作弊行为向他人非法出售或者提供法律规定的国家考试的试题、答案的行为。
	（1）成立本罪要求行为人所提供的试题、答案是真实的而不是虚假的，但只要求部分真实所以存在部分虚假时不影响本罪的成立。 （2）本罪还要求出售、提供试题、答案的行为应在考试前或者考试过程中，考试结束后出售、提供试题、答案的不成立本罪。
代替考试罪	本罪是指代替他人或者让他人代替自己参加法律规定的国家考试的行为。
	代替他人考试的人（替考人）与让他人代替自己参加考试的人（应考人）会形成共犯关系（可谓对向性的共同正犯），但也不尽然。

（二）妨害司法罪
1. 常考罪名关键点提示

罪名	主体	客观方面
破坏监管秩序罪	主体：被关押的罪犯。 和"主体"对应： （1）被关押但未定罪的未决犯； （2）未被关押的已决犯。	（1）殴打监管人员的； （2）组织其他被监管人破坏监管秩序的； （3）聚众闹事，扰乱正常监管秩序的； （4）殴打、体罚或者指使他人殴打、体罚其他被监管人。
脱逃罪	被关押的罪犯、被告人、犯罪嫌疑人。	从羁押、刑罚执行场所或押解途中逃走。
组织越狱罪	被关押的罪犯、被告人、犯罪嫌疑人。	有组织地以非暴动方式越狱（包括押解途中）。
暴动越狱罪	被关押的罪犯、被告人、犯罪嫌疑人。	以有组织或者聚众的形式集体使用暴力越狱。
劫夺被押解人员罪	一般主体。	劫夺押解途中的罪犯、被告人、犯罪嫌疑人；不包括监狱等关押场所中的罪犯、被告人、犯罪嫌疑人。
聚众持械劫狱罪	狱外的人。	聚众持械劫夺关押在狱中的罪犯、被告人、犯罪嫌疑人。

2. 窝藏、包庇罪

与知情不举的界限	知情不举是指明知是犯罪分子而不检举告发的行为，与窝藏、包庇罪的区别在于主观上没有使犯罪分子逃避法律制裁的目的，客观上没有实施窝藏、包庇的行为。
与伪证罪的界限	作假证明包庇的行为与伪证行为相似，区别在于：犯罪主体不同，包庇罪是一般主体，伪证罪是特殊主体；犯罪的时间不同，包庇罪可以在刑事诉讼过程中实施，也可以在此之前实施，而伪证罪只能在刑事诉讼过程中实施。因此，特定的主体在刑事诉讼中作伪证以包庇犯罪分子的，是伪证罪，其他人在刑事诉讼之前或之中提供假证明包庇犯罪分子的，是包庇罪。
与帮助毁灭、伪造证据罪的界限	区别在于发生的场合和行为对象不同，包庇罪的作假证明限于在刑事诉讼中为犯罪分子作假证明；而帮助毁灭、伪造证据罪的伪造证据，可以是在任何诉讼案件中伪造任何证据（包括伪造证明）。作假证明实际上是伪造证据的情况之一。帮助当事人毁灭罪证、毁灭罪迹的行为，应属于帮助毁灭、伪造证据罪的行为之一，对这种行为应以帮助毁灭、伪造证据罪论处，不再以包庇罪论处。
与是否构成共同犯罪的界限	（1）事先未与被窝藏、包庇的犯罪分子通谋，而在事后予以窝藏、包庇的，是窝藏、包庇罪； （2）如果事先通谋，即窝藏、包庇犯与被窝藏、包庇的犯罪分子，在犯罪活动之前就谋划或合谋，答应犯罪分子作案后给予窝藏、包庇的，应以共同犯罪论处。
包庇罪的特别规定	旅馆业、文化娱乐业、出租汽车业等单位的人员，在公安机关查处卖淫嫖娼活动时，为违法犯罪分子通风报信，情节严重的，依照刑法第310条的规定即包庇罪定罪处罚。

3. 虚假诉讼罪

\multicolumn{2}{l}{本罪指以捏造的事实提起民事诉讼，妨害司法秩序或者严重侵害他人合法权益的行为。}
主体	自然人和单位。
以捏造的事实提起民事诉讼	采取伪造证据、虚假陈述等手段，实施下列行为之一，捏造民事法律关系，虚构民事纠纷，向人民法院提起民事诉讼的，应当认定为"以捏造的事实提起民事诉讼"： （1）与夫妻一方恶意串通，捏造夫妻共同债务的； （2）与他人恶意串通，捏造债权债务关系和以物抵债协议的； （3）与公司、企业的法定代表人、董事、监事、经理或者其他管理人员恶意串通，捏造公司、企业债务或者担保义务的； （4）捏造知识产权侵权关系或者不正当竞争关系的；

	(5) 在破产案件审理过程中申报捏造的债权的； (6) 与被执行人恶意串通，捏造债权或者对查封、扣押、冻结财产的优先权、担保物权的； (7) 单方或者与他人恶意串通，捏造身份、合同、侵权、继承等民事法律关系的其他行为。
注意	(1) 本罪发生在民事诉讼过程中； (2) 行为人以捏造的事实提起民事诉讼，非法占有他人财产或者逃避合法债务，又构成其他犯罪的，依照处罚较重的规定定罪从重处罚。

（三）走私、贩卖、运输、制造毒品罪

罪名	备注
走私、贩卖、运输、制造毒品罪	(1) 没有毒品数量的要求； (2) 将假毒品误认为真毒品的，构成本罪的未遂； (3) 故意贩卖假毒品骗取财物的，以诈骗罪论； (4) 介绍买卖毒品的，无论是否获利，以贩卖毒品罪的共犯论处。
非法提供麻醉药品、精神药品罪	(1) 主体是依法从事生产、运输、管理、使用国家管制的麻醉药品、精神药品的人员和单位； (2) 向走私、贩卖毒品的犯罪分子提供的，以走私、贩卖毒品罪论处； (3) 以牟利为目的，向吸毒者提供的，以贩卖毒品罪论处。
非法持有毒品罪	(1) 能定其他毒品罪的，应当定其他罪；只有行为人非法持有数量较大的毒品，但又没有足够证据证明他犯有其他毒品犯罪时，才以本罪定罪； (2) 吸毒不是犯罪，但是持有毒品数量较大的，构成本罪。

注意：
(1) 盗窃他人毒品的，也可以构成盗窃罪；
(2) 走私毒品又有其他物品的，数罪并罚；
(3) 在生产销售的食品中掺入微量毒品的，应认定为生产、销售有毒、有害食品罪，不宜认定为贩卖毒品罪；
(4) 行为人以暴力抗拒检查、拘留、逮捕的，作为本罪的法定加重情节而不另成立妨害公务罪；
(5) "运输毒品仅限于在境内运输毒品，而不包括从境外运往境内和从境内运往境外"，这是对"运输"行为的理解，所谓运输毒品应当是指在境内将毒品从某地向另地运送，如果将毒品自境内非法运送至境外或者从境外非法运入境内，则属于走私毒品而非运输毒品。

（四）其他重要罪名

罪名	备注
医疗事故罪	医务人员由于重大过失造成就诊人死亡或者严重损害就诊人身体健康。
非法行医罪	未取得医生执业资格的人非法行医。
组织卖淫罪、强迫卖淫罪	组织、强迫卖淫，并有杀害、伤害、强奸、绑架等犯罪行为的，数罪并罚。
引诱、容留、介绍卖淫罪	既引诱，又容留、介绍幼女卖淫的，应以引诱幼女卖淫罪与容留、介绍卖淫罪并罚。

六、贪污贿赂罪

（一）贪污罪

1. 贪污罪与盗窃罪、诈骗罪的界限

这三种犯罪都是以非法占有财物为目的的犯罪，犯罪手段也有相同之处。它们的主要区别在于：

	贪污罪	盗窃罪	诈骗罪
主体方面	特殊主体	一般主体	一般主体
客体方面	公共财物	公私财物	公私财物
客观方面	窃取、骗取公共财物的行为是利用职务上的便利实施的。	没有这个要求	没有这个要求

2. 贪污罪与职务侵占罪的界限

这两种犯罪都有利用职务上的便利非法占有财物的特点，犯罪手段都是采用侵吞、窃取、骗取等方式。它们的主要区别在于：

	贪污罪	职务侵占罪
主体方面	国家工作人员	公司、企业或者其他单位的人员
客体方面	公共财物所有权	单位财物的所有权
犯罪对象	公共财物	本单位的公私财物
发生时间	执行公共事务过程中	执行职务的过程中

3. 贪污罪与职务侵占罪的共同犯罪

种类	情形	定罪
利用一个人的职务便利	（1）行为人与国家工作人员勾结，利用国家工作人员的职务便利，共同非法占有公共财物。	贪污罪
	（2）行为人与公司、企业或者其他单位的人员勾结，利用公司、企业或者其他单位的人员的职务便利，非法占有该单位财物，数额较大。	职务侵占罪
分别利用职务便利	（1）国家工作人员与非国家工作人员，分别利用职务便利，共同非法占有公共财物。	按照主犯的犯罪性质定罪
	（2）国家工作人员与非国家工作人员，分别利用职务便利，共同非法占有公共财物，但各共同犯罪人在共同犯罪中的地位、作用相当，难以区分主从犯的。	贪污罪

（二）受贿罪与利用影响力受贿罪

	受贿罪	利用影响力受贿罪	
主体	国家工作人员	国家工作人员的近亲属或者关系密切的人	离职的国家工作人员或者其近亲属以及关系密切的人
行为	（1）利用职务便利，索取财物；（2）利用职务便利，收受财物，为他人谋取利益。	通过该国家工作人员职务上的行为，或者利用该国家工作人员职权或者地位形成的便利条件，通过其他国家工作人员职务上的行为，为请托人谋取不正当利益，索取请托人财物或者收受请托人财物。数额较大或者有其他较重情节的。	利用该离职的国家工作人员原职权或者地位形成的便利条件实施的左边所述行为。

★ 说明：对象限定为财物，不包括非财产性利益。性贿赂不能认定为受贿罪。

如果没有事先约定，在职时利用职务便利为请托人谋取利益，而在退休后收受原请托人财物，不是受贿罪。

与国家工作人员没有财产共有关系的人和其相互勾结，促使行贿人向其行贿，但没有与其共同占有贿赂财物的，不能以受贿罪共犯认定。

(三) 挪用公款罪
1. 挪用公款罪与贪污罪的界限

	挪用公款罪	贪污罪
行为目的	挪用公款罪以暂时非法占用公款为目的。	贪污罪是以永久非法占有公共财物为目的。
行为方式	挪用公款罪表现为擅自私用公款。	贪污罪一般表现为侵吞、窃取、骗取的手段。
侵害对象	挪用公款罪的结果是使公款的占有权、使用权、收益权受到暂时损害,所有人并不丧失公款的所有权。	贪污罪的结果是使公共财产所有权的全部权能受到彻底损害,给公共财产造成无法弥补的损失。

2. 挪用公款罪与挪用特定款物罪、挪用资金罪的界限
如果挪用特定款物归个人使用,就不再属于挪用特定款物罪,而是构成挪用公款罪。

	挪用公款罪	挪用特定款物罪	挪用资金罪
目的用途	以归个人使用为目的,即挪作私用。	以用于其他公用为目的,即挪作他用(如果挪用特定款物归个人使用,构成挪用公款罪)。	以归个人使用为目的。
主体	国家工作人员及以国家工作人员论的人员。	国家工作人员及以国家工作人员论的人员。	公司、企业或其他单位的工作人员。
犯罪对象	公款。	特定款物。	挪用本单位的资金。

(四) 单位受贿罪

概念	本罪是指国家机关、国有公司、企业、事业单位、人民团体,索取、非法收受他人财物,为他人谋取利益,情节严重的行为。
客观方面	本罪在客观方面表现为索取、非法收受他人财物,为他人谋取利益,情节严重。国家机关、国有公司、企业、事业单位、人民团体,在经济往来中,在账外暗中收受各种名义的回扣、手续费的,以受贿论,以本罪论处。
主体	国家机关、国有公司、企业、事业单位与人民团体。

（五）行贿罪

概念	为谋取不正当利益，给予国家工作人员以财物的行为。
成立要件	（1）主体：自然人。如果是单位，构成单位行贿罪； （2）行为：为谋取不正当利益，给予国家工作人员以财物； （3）主观：故意，要求"为了谋取不正当利益"。不正当利益不限于非法利益，获取不公平的竞争优势也属于不正当利益。
认定问题	（1）因被勒索给予国家工作人员以财物，没有获得不正当利益的，不是行贿； （2）行贿数额在3万元以上，追究刑事责任； （3）行贿人在被追诉前主动交待行贿行为的，可以从轻或者减轻处罚。犯罪较轻的，对侦破重大案件起关键作用的，或者有重大立功表现的，可以减轻或免除处罚。

七、渎职罪

（一）滥用职权罪

指国家机关工作人员滥用职权，致使公共财产、国家和人民利益遭受重大损失的行为。

行为方式	（1）擅权：故意不正确履行职责； （2）弃权：故意不履行应当履行的职责； （3）越权：超越职权处理事项。
主观	故意。
加重处罚情节	徇私舞弊。
注意	国家机关工作人员，是指在国家机关中从事公务的人员，包括在各级国家权力机关、行政机关、监察机关、司法机关和军事机关中从事公务的人员。在依照法律、法规规定行使国家行政管理职权的组织中从事公务的人员，或者在受国家机关委托代表国家行使职权的组织中从事公务的人员，或者虽未列入国家机关人员编制但在国家机关中从事公务的人员，在代表国家机关行使职权时，视为国家机关工作人员。在乡（镇）以上中国共产党机关、人民政协机关中从事公务的人员，视为国家机关工作人员。非国家机关工作人员滥用职权，致使公共财产、国家和人民利益遭受重大损失的，依性质与情节可能构成其他犯罪，不成立本罪。

141

（二）玩忽职守罪

指国家机关工作人员玩忽职守，致使公共财产、国家和人民利益遭受重大损失的行为。

行为方式	不履行职责或不正确履行职责。
与滥用职权罪的区别	滥用职权罪是故意犯罪，玩忽职守罪是过失犯罪。

（三）徇私枉法罪

指司法工作人员徇私枉法、徇情枉法，对明知是无罪的人而使他受追诉、对明知是有罪的人而故意包庇不使他受追诉，或者在刑事审判活动中故意违背事实和法律作枉法裁判的行为。

主观	故意，要求有动机。
注意	《刑法》第399条第4款规定："司法工作人员收受贿赂，有前三款行为的，同时又构成本法第三百八十五条规定之罪的，依照处罚较重的规定定罪处罚。"除此之外，国家工作人员犯其他罪同时受贿的，数罪并罚。

（四）徇私舞弊不移交刑事案件罪

概念	本罪是指行政执法人员徇私舞弊，对依法应当移交司法机关追究刑事责任的不移交，情节严重的行为。	
	对依法应当移交司法机关追究刑事责任的不移交	是指行政执法人员在查处违法案件的过程中，发现行为构成犯罪应当进行刑事追诉，但不将案件移送司法机关处理。至于行为人是将案件作为一般违法行为处理，还是不作任何处理，一般不影响本罪的成立。
	徇私舞弊	是指为徇私利私情而舞弊。本罪中的"舞弊"是对"依法应当移交司法机关追究刑事责任的不移交"的同位语，只要"对依法应当移交司法机关追究刑事责任的不移交"就属于"舞弊"，除此之外不再需要其他客观行为（如积极弄虚作假）。

主体	必须是行政执法人员，即依法具有执行行政法职权的行政机关工作人员。
	本罪与徇私枉法罪中"明知是有罪的人而故意包庇不使他受追诉"的行为有相似之处，两罪的明显区别在于行为主体不同：本罪主体是行政执法人员，而徇私枉法罪的主体是司法工作人员。需要注意的是公安机关工作人员的性质，若其为对犯罪负有侦查职责的人员，则是司法工作人员；若其为负责行政法实施的人员，则是行政执法人员。如公安人员在治安执法过程中，明知他人的赌博行为已构成犯罪，应当移交公安机关的侦查部门进行侦查，但徇私舞弊不移交，仅给予治安处罚的，就构成本罪；反之，刑事犯罪的侦查人员遇到犯罪嫌疑人是自己的亲友，而故意包庇不使其受追诉，擅自不作为刑事案件处理的，成立徇私枉法罪。
主观方面	故意，行为人必须明知案件应当移交司法机关追究刑事责任而故意不移交。因法律水平不高、事实掌握不全而过失不移交的，不构成本罪。
提示	行政执法人员索取、收受贿赂，不移交刑事案件，分别构成受贿罪和本罪的，应当实行数罪并罚。犯本罪的，根据《刑法》第402条的规定处罚。

第八章　刑事诉讼法

复习记忆指导

随着修订后的《刑事诉讼法》《关于适用〈中华人民共和国刑事诉讼法〉的解释》（以下简称《刑诉解释》）《人民检察院刑事诉讼规则》《公安机关办理刑事案件程序规定》等的公布与实施，这些修订后的内容的考查已经成为法考的"重头戏"，务必引起考生的高度重视。同时，这也是法考中的难点，因为它涉及大量琐碎的知识点。刑事诉讼法考查的特点是：理论深度相对较浅，直接考查法律条文的内容相对较多。因此，在复习过程中，要高度重视法条，尤其是最高人民法院的司法解释的识记；并且要强调记忆的高度精确性，否则将无法面对考查越来越细致的趋势。对待诉讼法，我们的态度应当是拿下几乎全部的分数，和实体法相比，诉讼法是十分容易拿分的，因此很值得投入大量的时间，应予以重点掌握。

在复习过程中，应当注意前后知识点的融会贯通，将整个程序理顺；同时，对容易混淆的知识点，应当进行比较总结。另外，应当注意与民事诉讼法、行政诉讼法的区别。

一、数字记忆

（一）侦查阶段的期限规定以及相关数字

1. 公安司法机关应当遵守的期限

（1）对不服驳回回避申请的决定进行复议，应当在 5 日内作出复议决定。

（2）律师提出会见犯罪嫌疑人的，看守所应当及时安排会见，至迟不得超过 48 小时；对于部分重大案件（危害国家安全犯罪、恐怖活动犯罪），在侦查期间辩护律师会见在押的犯罪嫌疑人，应当经侦查机关许可。

（3）强制措施的期限：一次拘传持续的时间不得超过 12 小时；监视居住最长不得超过 6 个月；取保候审最长不得超过 12 个月。

（4）提请批捕的期限：

①公安机关应当在拘留后的 3 日内提请批准，特殊情况下可以延长 1~4 日；对于流窜作案、多次作案、结伙作案的重大嫌疑分子，可以延长至 30 日。

②检察院应当在接到公安机关提请批准逮捕书的 7 日内，作出决定。

③检察院直接受理的案件对被拘留的人认为需要逮捕的,应当在14日内作出决定。特殊情况下可以延长1~3日。

记忆技巧:

公:3+7　　　　　　　　　　　检:14
或3+(1~4)+7　　　　　　　　或14+(1~3)
或30+7

④对于未被拘留的犯罪嫌疑人,公安机关提请批准逮捕的,检察院应当在15日内作出决定,重大、复杂的案件,不得超过20日。

(5)公安机关不同意不批准逮捕决定的:

检察院不批准逮捕决定→(5日)公安机关向同级人民检察院要求复议→(7日)作出复议决定→(5日)公安机关向上一级人民检察院提请复核→(15日)作出复核决定。

(6)执行逮捕后的处理:

应当在24小时内向有关人员通知逮捕的原因和羁押的处所;并且必须在24小时内对被逮捕人进行讯问。

(7)侦查羁押的期限:

	时限	情形	批准机关
基本规定	2个月		
延长	延长1个月	复杂、期限届满不能终结	上一级人民检察院
延长	延长2个月	"四类案件": ①交通十分不便的边远地区的重大复杂案件; ②重大的犯罪集团案件; ③流窜作案的重大复杂案件; ④犯罪涉及面广,取证困难的重大复杂案件。	省、自治区、直辖市人民检察院
延长	延长2个月	犯罪嫌疑人可能判处10年有期徒刑以上刑罚,依照上述规定延长期限届满,仍不能侦查终结。	省、自治区、直辖市人民检察院
特殊情形		在较长时间内不宜交付审判的特别重大复杂的案件。	最高人民检察院报请全国人民代表大会常务委员会批准延期审理

(简化:2个月→3个月→5个月→7个月)

145

2. 诉讼参与人应当遵守的期限

对驳回回避申请的决定不服的，可在收到决定书后 5 日内向原决定机关申请复议一次。

（二）审查起诉阶段的期限规定以及相关数字

1. 办案机关应当遵守的期限

（1）补充侦查：公安机关应当在 1 个月内补充侦查完毕；补充侦查以 2 次为限。

（2）补充调查：对于监察机关移送起诉的案件，人民检察院经审查认为需要补充核实的，应当退回监察机关补充调查，必要时可以自行补充调查。补充调查应当在 1 个月内补充调查完毕；补充调查以 2 次为限。

（3）检察院应在收到移送起诉案卷材料之日起 3 日内告知犯罪嫌疑人有权委托辩护人。

（4）审查起诉期限：应当在 1 个月内作出决定，重大、复杂的案件，1 个月以内不能作出决定的，可以延长 15 日。

犯罪嫌疑人认罪认罚，符合速裁程序适用条件的，应当在 10 日以内作出决定，对可能判处的有期徒刑超过 1 年的，可以延长至 15 日。

即 1 个月→1.5 个月；速裁程序：10 日→15 日

（5）检察院应当在收到公安机关对不起诉决定的复议申请后 30 日内作出复议决定。

上一级检察院应当在收到报请复核意见后的 30 日内作出决定。

2. 诉讼参与人应当遵守的期限

（1）被害人可以自收到不起诉决定书后 7 日内向上一级检察院申诉。

（2）被不起诉人对酌定不起诉决定如果不服，可以自收到决定书后 7 日内向检察院申诉。

（三）一审程序、二审程序、再审程序中的期限规定以及相关数字

1. 法院自受理案件之日起 3 日内，应当告知被告人可以委托辩护人。

2. 法院自受理自诉案件之日起 3 日内，应告知自诉人及其法定代理人、附带民事诉讼的当事人及其法定代理人有权委托诉讼代理人。

3. 不服判决的上诉、抗诉的期限为 10 日；不服裁定的上诉和抗诉的期限为 5 日，自接到判决书、裁定书的第 2 日起算。

（民事诉讼：不服判决书的上诉期限 15 日，不服裁定书的上诉期为 10 日。）

4. 被害人及其法定代理人，不服一审判决的，有权自收到判决书 5 日内，请求检察院提出抗诉，检察院应当在收到请求后 5 日内，作出是否抗诉的决定并答复请求人。

5. 简易程序、速裁程序与自诉案件的审限

	简易程序	速裁程序	自诉案件
审限	受理后 20 日内审结，对可能判处的有期徒刑超过 3 年的，可以延长至 1 个半月。	受理后 10 日以内审结；对可能判处的有期徒刑超过 1 年的，可延长至 15 日。	（1）15 日内作出是否立案的决定。 （2）被告人被羁押的，在受理后 2 个月内宣判，至迟不得超过 3 个月。对于可能判处死刑的案件或者附带民事诉讼的案件，以及有《刑事诉讼法》第 158 条规定情形之一的，经上一级法院批准，可以延长 3 个月。因特殊情况还需要延长的，报请最高人民法院批准。（即 2 个月→3 个月→6 个月） （3）被告人未被羁押的，在受理后 6 个月内宣判。

6. 一审程序与二审程序的审限

	一审	二审
一般规定	公诉案件，应当在受理后 2 个月内宣判，至迟不得超过 3 个月。	上诉、抗诉案件，应当在 2 个月内审结。
延长	可能判处死刑的案件或者附带民事诉讼案件，以及《刑事诉讼法》第 158 条规定的**"四类案件"**，经上一级人民法院批准，可以再延长 3 个月；因特殊情况还需要延长的，报请最高人民法院批准。	对可能判处死刑的案件或者附带民事诉讼的案件，以及《刑事诉讼法》第 158 条规定的**"四类案件"**，经省、自治区、直辖市高级人民法院批准或者决定，可以延长 2 个月；因特殊情况还需要延长的，报请最高人民法院批准。最高人民法院受理的上诉、抗诉案件的审理期限，由最高人民法院决定。

简化：一审：2 个月→3 个月→6 个月

二审：2 个月→4 个月

特别提示：开庭审理第二审公诉案件，应当在决定开庭审理后及时通知人民检察院查阅案卷。人民检察院查阅案卷的时间不计入审理期限。

四类案件：（1）侦查羁押的期限，可以延长；

（2）一审、二审的审限，可以延长。

7. 再审的审限

（1）再审的案件，应当在作出提审、再审决定之日起 3 个月内审结，需要延长期限的，不得超过 6 个月。

（2）接受抗诉的人民法院按照审判监督程序审判抗诉的案件，审限适用前述规定。

（3）人民法院需要指令下级法院再审的，应当自接受抗诉之日起 1 个月内作出决定，下级法院的审限适用前述规定。

8. 期间的恢复

当事人由于不能抗拒的原因或者其他正当理由而耽误期限的，在障碍消除后 **5 日内**，可以申请顺延期限。
特别提示：民诉规定的期限为 10 日。

二、图表记忆

（一）管辖
1. 立案管辖

机关	立案管辖范围
监察机关	监察机关管辖的职务犯罪案件。
检察院	人民检察院直接立案侦查的案件： （1）司法工作人员利用职权实施的非法拘禁、刑讯逼供、非法搜查等侵犯公民权利、损害司法公正的犯罪。 （2）公安机关管辖的国家机关工作人员利用职权实施的重大犯罪案件，需要由人民检察院直接受理的，经省级以上人民检察院决定（应当层报省级人民检察院决定）。
国家安全机关	对危害国家安全的刑事案件，行使与公安机关相同的职权。
监狱	对罪犯在监狱内的犯罪进行侦查。
军队保卫部门	对军人违反职责的犯罪和军队内部发生的刑事案件行使侦查权。
海警部门	中国海警局履行海上维权执法职责，对海上发生的刑事案件行使侦查权。海警部门管辖海（岛屿）岸线以外我国管辖海域内发生的刑事案件。（对于发生在沿海港岙口、滩涂、台轮停泊点等区域的，由公安机关管辖。）
法院	人民法院直接受理的自诉案件包括： （1）告诉才处理的案件：**侮辱、诽谤案**；暴力干涉婚姻自由案；虐待案（但被害人没有能力告诉或者因受到强制、威吓无法告诉的除外）；侵占案。 （2）人民检察院没有提起公诉，被害人有证据证明的轻微刑事案件：故意伤害案；非法侵入他人住宅案；侵犯通信自由案；重婚案；遗弃案；**生产、销售伪劣商品案**；**侵犯知识产权案**（标黑体的案件如属于严重危害社会秩序和国家利益，则应公诉）；属于刑法分则第 4 章、第 5 章规定的，可能判处 3 年有期徒刑以下刑罚的案件。 **特别提示**：对上列八项案件，被害人直接向人民法院起诉的，人民法院应当依法受理。对其中证据不足，可由公安机关受理的，或者认为对被告人可能判处 3 年有期徒刑以上刑罚的，应当移送公安机关立案侦查。

第八章 刑事诉讼法

	（3）被害人有证据证明对被告人侵犯自己人身、财产权利的行为应当依法追究刑事责任，而公安机关或者人民检察院已经作出不予追究的书面决定的案件。
公安机关	除上述各项所列明的犯罪外，其余案件均由公安机关立案侦查。

★对于交叉管辖问题，要分清主罪和次罪（刑罚较重的为重罪）后再确定管辖。原则上是各自管辖、重罪为主。

2. 级别管辖

	管辖范围
基层法院	基层人民法院管辖第一审普通刑事案件，但依刑事诉讼法由上级人民法院管辖的除外。
中级法院	（1）危害国家安全、恐怖活动案件； （2）可能判处无期徒刑、死刑的案件。
高级法院	全省（自治区、直辖市）性重大刑事案件。
最高法院	全国性重大刑事案件。

★级别管辖主要存在以下特殊情形，应当区分掌握：
（1）一人犯数罪、共同犯罪和其他需要并案审理的案件，只要其中一人或者一罪属于上级人民法院管辖的，全案由上级人民法院管辖。
（2）有管辖权的人民法院因案件涉及本院院长需要回避或者其他原因，不宜行使管辖权的，可以请求移送上一级人民法院管辖。上一级人民法院可以管辖，也可以指定与提出请求的人民法院同级的其他人民法院管辖。
★在刑事诉讼中，上级法院不得将应由自己管辖的案件交给下级人民法院审理，而在民事诉讼中却可以。
（3）检察院认为可能判处无期徒刑、死刑而向中级法院提起公诉的案件，中院受理后，认为不需要判处无期徒刑、死刑的，应当依法受理，不再交基层法院审理。
（4）外国人犯罪的案件和针对外国人的犯罪不一定由中级人民法院管辖。

3. 指定管辖

指定管辖	对于下列案件，上级人民检察院可以指定管辖： （1）管辖有争议的案件； （2）需要改变管辖的案件； （3）需要集中管辖的特定类型的案件； （4）其他需要指定管辖的案件。 管辖不明的案件，上级人民法院可以指定下级人民法院审判。有关案件，由犯罪地、被告人居住地以外的人民法院审判更为适宜的，上级人民法院可以指定下级人民法院管辖。

续表

协商一致	对前述案件的审查起诉指定管辖的，人民检察院应当与相应的人民法院协商一致。对前述第（3）项案件的审查逮捕指定管辖的，人民检察院应当与相应的公安机关协商一致。

4. **几种特殊刑事案件的管辖**

外国人在境外对中国国家或公民的犯罪	外国人登陆地、入境地、入境后居住地或者被害中国公民离境前居住地或者现居住地人民法院管辖。
我国依国际公约行使普遍管辖权的案件	犯罪人被抓获地、登陆地或者入境地的人民法院管辖。
域外中国船舶内的犯罪	该船舶最初停泊的中国口岸所在地或者被告人登陆地、入境地的法院管辖。
域外中国航空器内的犯罪	该航空器在中国最初降落地的法院管辖。
国际列车上的犯罪	根据我国与相关国家签订的协定确定管辖；没有协定的，由该列车始发或者前方停靠的中国车站所在地负责审判铁路运输刑事案件的法院管辖。
中国公民在驻外使领馆中的犯罪	该公民所属主管单位所在地或者其原户籍地法院管辖。
中国公民在境外的犯罪	该公民登陆地、入境地、离境前居住地或者现居住地法院管辖；被害人是中国公民的，也可由被害人离境前居住地或者现居住地法院管辖。
正在服刑的罪犯	发现其之前所犯漏罪——原审地法院管辖；由服刑地或者犯罪地法院审判更适宜的，可以由服刑地法院或者犯罪地法院管辖。
	在服刑期间犯新罪——服刑地法院管辖。
	在脱逃期间犯新罪，由服刑地法院管辖，但是在犯罪地被抓获并发现该新罪，由犯罪地法院管辖。
在中华人民共和国内水、领海发生的刑事案件	由犯罪地或者被告人登陆地的人民法院管辖；由被告人居住地的人民法院审判更为适宜的，可以由被告人居住地的人民法院管辖。

续表

在列车上的犯罪	（1）被告人在列车运行途中被抓获的，由前方停靠站所在地负责审判铁路运输刑事案件的人民法院管辖。必要时，也可以由始发站或者终点站所在地负责审判铁路运输刑事案件的人民法院管辖。 （2）被告人不是在列车运行途中被抓获的，由负责该列车乘务的铁路公安机关对应的审判铁路运输刑事案件的人民法院管辖；被告人在列车运行途经车站被抓获的，也可以由该车站所在地负责审判铁路运输刑事案件的人民法院管辖。

5. 并案审理

主要情形	（1）人民法院发现被告人还有其他犯罪被起诉的，可以并案审理；涉及同种犯罪的，一般应当并案审理。 （2）人民法院发现被告人还有其他犯罪被审查起诉、立案侦查、立案调查的，可以参照前述规定协商人民检察院、公安机关、监察机关并案处理，但可能造成审判过分迟延的除外。 （3）第二审人民法院在审理过程中，发现被告人还有其他犯罪没有判决的，参照前述规定处理。第二审人民法院决定并案审理的，应当发回第一审人民法院，由第一审人民法院作出处理。
管辖	由最初受理地的人民法院审判；必要时，可以由主要犯罪地的人民法院审判。

（二）强制措施

1. 拘传

决定机关	人民法院、人民检察院、公安机关。
执行机关	人民法院、人民检察院、公安机关。
适用条件	（1）已经传唤（但在特殊情况下，可以不经传唤，径行拘传）； （2）犯罪嫌疑人、被告人无正当理由拒不到案。
时限	（1）不得超过12小时；案情特别重大、复杂，需要采取逮捕措施的，不得超过24小时； （2）不得以连续拘传的方式变相拘禁犯罪嫌疑人、被告人； （3）应当保证被拘传人的饮食和必要的休息时间。
变更	应当经人民检察院检察长或检察委员会决定，或经人民法院院长决定。

2. 监视居住与取保候审主要内容之比较

	取保候审	监视居住
决定机关	人民法院、人民检察院、公安机关。	
执行机关	公安机关。	
适用条件	（1）可能判处管制、拘役或者独立适用附加刑的； （2）可能判处有期徒刑以上刑罚，采取取保候审不致发生社会危险性的； （3）患有严重疾病、生活不能自理，怀孕或者正在哺乳自己婴儿的妇女，采取取保候审不致发生社会危险性的； （4）羁押期限届满，案件尚未办结，需要采取取保候审的。	（1）患有严重疾病、生活不能自理的； （2）怀孕或者正在哺乳自己婴儿的妇女； （3）系生活不能自理的人的唯一扶养人； （4）因为案件的特殊情况或者办理案件的需要，采取监视居住措施更为适宜的； （5）羁押期限届满，案件尚未办结，需要采取监视居住措施的。 此外，对符合取保候审条件，但犯罪嫌疑人、被告人不能提出保证人，也不交纳保证金的，可以监视居住。
时限	最长不得超过 12 个月。	最长不得超过 6 个月。
遵守规定	（1）未经执行机关批准不得离开所居住的市、县； （2）住址、工作单位和联系方式发生变动的，在 24 小时以内向执行机关报告； （3）在传讯的时候及时到案； （4）不得以任何形式干扰证人作证； （5）不得毁灭、伪造证据或者串供。 此外，公检法可以责令被取保候审人遵守以下一项或者多项规定： （1）不得进入特定的场所； （2）不得与特定的人员会见或者通信； （3）不得从事特定的活动； （4）将护照等出入境证件、驾驶证件交执行机关保存。	（1）未经执行机关批准不得离开执行监视居住的处所； （2）未经执行机关批准不得会见他人或者通信； （3）在传讯的时候及时到案； （4）不得以任何形式干扰证人作证； （5）不得毁灭、伪造证据或者串供； （6）将护照等出入境证件、身份证件、驾驶证件交执行机关保存。

续表

特别规定	（1）保证人的条件： ①与本案无牵连； ②有能力履行保证义务； ③享有政治权利，人身自由未受到限制； ④有固定的住处和收入。 （2）保证人应当履行以下义务： ①监督被保证人遵守《刑事诉讼法》第71条的规定； ②发现被保证人可能发生或者已经发生违反《刑事诉讼法》第71条规定的行为的，应当及时向执行机关报告。 被保证人有违反《刑事诉讼法》第71条规定的行为，保证人未履行保证义务的，对保证人处以罚款，构成犯罪的，依法追究刑事责任。	监视居住应当在犯罪嫌疑人、被告人的住处执行；无固定住处的，可以在指定的居所执行。对于涉嫌危害国家安全犯罪、恐怖活动犯罪，在住处执行可能有碍侦查的，经上一级人民检察院或者公安机关批准，也可以在指定的居所执行。但是，不得在羁押场所、专门的办案场所执行。 指定居所监视居住的期限应当折抵刑期。被判处管制的，监视居住1日折抵刑期1日；被判处拘役、有期徒刑的，监视居住2日折抵刑期1日。 执行机关对被监视居住的犯罪嫌疑人、被告人，可以采取电子监控、不定期检查等监视方法对其遵守监视居住规定的情况进行监督；在侦查期间，可以对被监视居住的犯罪嫌疑人的通信进行监控。

3. 拘留

决定机关	拘留权属于公安机关。 人民检察院直接受理的案件，具有下面2种情形之一的，由人民检察院作出拘留决定，由公安机关立即执行：犯罪后企图自杀、逃跑或者在逃的；有毁灭、伪造证据或串供可能的。
执行机关	拘留由公安机关执行。 注意国家安全机关执行的情形。
变更	公安机关对被拘留的人应当在拘留后的24小时以内进行讯问，发现不应当拘留的，必须立即释放。 公安机关对被拘留的人，认为需要逮捕的，应当提请人民检察院审查批准。人民检察院不批准逮捕的，公安机关应当在接到通知后立即释放，并且将执行情况及时通知人民检察院。对于需要继续侦查，并且符合取保候审、监视居住条件的，依法取保候审或者监视居住。
拘留后的通知	拘留后，应当立即将被拘留人送看守所羁押，至迟不得超过24小时。除无法通知或者涉嫌危害国家安全犯罪、恐怖活动犯罪通知可能有碍侦查的情形以外，应当在拘留后24小时以内，通知被拘留人的家属。有碍侦查的情形消失以后，应当立即通知被拘留人的家属。

4. 逮捕

决定机关	逮捕的批准权属于检察院；决定权属于法院。
执行机关	逮捕的执行权属于公安机关。
执行程序	（1）执行逮捕时，应持有经县以上公安机关负责人签发的逮捕证，并向被逮捕的人出示。 （2）逮捕后，应当立即将被逮捕人送看守所羁押。除无法通知的以外，应当在逮捕后 24 小时以内通知被逮捕人的家属。 （3）人民法院、人民检察院对于各自决定逮捕的人，公安机关对于经人民检察院批准逮捕的人，依法执行逮捕后，必须在 24 小时以内对被逮捕人进行讯问。
变更	（1）需要变更的情形请参见《刑诉解释》第 169、170 条。 （2）变更的程序为： ①犯罪嫌疑人被逮捕后，人民检察院经审查认为不需要继续羁押，建议予以释放或者变更强制措施的，公安机关应当予以调查核实。认为不需要继续羁押的，应当予以释放或者变更强制措施；认为需要继续羁押的，应当说明理由。公安机关应当在 10 日以内将处理情况通知人民检察院。 ②对人民法院决定逮捕的被告人，人民检察院建议释放或者变更强制措施的，人民法院应当在收到建议后 10 日以内将处理情况通知人民检察院。

（三）判处死刑立即执行案件复核后的处理

最高人民法院复核死刑案件，应当作出核准的裁定、判决，或者作出不予核准的裁定	作出核准的裁定、判决	（1）原判认定事实和适用法律正确、量刑适当、诉讼程序合法的，应当裁定核准；
		（2）原判判处被告人死刑并无不当，但认定的某一具体事实或者引用的法律条款等不完全准确、规范的，可以在纠正后作出核准死刑的判决、裁定。
	作出不予核准的裁定，并撤销原判，发回重新审判	（1）原判认定事实不清、证据不足的；
		（2）原判认定事实正确、证据充分，但依法不应当判处死刑的（根据案件情况，必要时，也可以依法改判）；
		（3）原审违反法定诉讼程序，可能影响公正审判的。

续表

最高人民法院裁定不予核准死刑的，根据案件具体情形可以发回第二审人民法院或者第一审人民法院重新审判 高级人民法院依照复核程序审理后报请最高人民法院核准死刑的案件，最高人民法院裁定不予核准，发回高级人民法院重新审判的，高级人民法院可以依照第二审程序提审或者发回重新审判	二审法院	（1）发回第二审人民法院重新审判的案件，第二审人民法院可以直接改判；
		（2）必须通过开庭审理查清事实、核实证据或者纠正原审程序违法的，应当开庭审理；
		（3）对最高人民法院发回第二审人民法院重新审判的案件，第二审人民法院一般不得发回第一审人民法院重新审判。
	一审法院	第一审人民法院应当开庭审理。

注意：最高人民法院裁定不予核准死刑，发回重新审判的案件，原审人民法院应当另行组成合议庭审理，但复核期间出现新的影响定罪量刑的事实、证据，以及原判认定事实正确、证据充分，但依法不应当判处死刑的案件除外。
最高人民法院依照规定核准或者不予核准死刑的，裁判文书应当引用相关法律和司法解释条文，并说明理由。

（四）辩护律师在刑事诉讼程序各阶段的权利

刑事诉讼程序的阶段	辩护律师的权利
侦查阶段	接受委托、担任辩护人，提供法律帮助、代理申诉、控告的权利；申请变更强制措施、向侦查机关了解涉嫌罪名和案情的权利。 会见的权利——犯罪嫌疑人被侦查机关第一次讯问或者采取强制措施之日起，受委托的律师凭律师执业证书、律师事务所证明和委托书或者法律援助公函，有权会见犯罪嫌疑人，并不被监听。看守所应当及时安排，至迟不得超过48小时。 危害国家安全犯罪、恐怖活动犯罪，在侦查期间辩护律师会见在押的犯罪嫌疑人，应当经侦查机关许可。上述案件，侦查机关应当事先通知看守所。 拒绝委托的权利——若委托事项违法，或者委托人利用律师提供的服务从事违法活动，委托人故意隐瞒与案件有关的重要事实，提供法律帮助的律师可以拒绝委托。

审查起诉阶段	阅卷权——受委托的律师自案件审查起诉之日起，有权查阅、摘抄和复制本案案卷材料。 会见通信权——辩护律师会见在押的犯罪嫌疑人，可以了解案件有关情况，提供法律咨询等；自案件移送审查起诉之日起，可以向犯罪嫌疑人核实有关证据。 申请取保候审和解除超期强制措施的权利。 调查取证权——受委托的律师根据案情的需要，可以申请人民检察院、人民法院收集、调取证据。律师也可以凭律师执业证书和律师事务所的证明，自行调查取证。
审判阶段	阅卷权——辩护律师有权查阅、摘抄和复制本案案卷材料。 会见通信权——辩护律师会见在押的被告人，并可以向其核实有关证据。 申请取保候审和解除超期强制措施的权利。 调查取证权——受委托的律师根据案情的需要，可以申请人民法院通知证人出庭作证。 质证权和辩论权。 经被告人同意可以行使上诉权。

（五）值班律师

值班律师	派驻方式	法律援助机构可以在人民法院、看守所等场所派驻值班律师。
	效果	犯罪嫌疑人、被告人没有委托辩护人，法律援助机构没有指派律师为其提供辩护的，由值班律师为犯罪嫌疑人、被告人提供法律咨询、程序选择建议、申请变更强制措施、对案件处理提出意见等法律帮助。
	权利告知	人民法院、人民检察院、看守所应当告知犯罪嫌疑人、被告人有权约见值班律师，并为犯罪嫌疑人、被告人约见值班律师提供便利。

（六）死刑案件证据的审查判断

证明标准	对被告人犯罪事实的认定必须达到证据确实、充分。 （1）定罪量刑的事实都有证据证明； （2）每一个定案的证据均已经法定程序查证属实； （3）证据与证据之间、证据与案件事实之间不存在矛盾或者矛盾得以合理排除； （4）共同犯罪案件中，被告人的地位、作用均已查清； （5）根据证据认定案件事实的过程符合逻辑和经验规则，由证据得出的结论为唯一结论。

续表

证明对象	以下事实的证明必须达到证据确实、充分： （1）被指控的犯罪事实的发生； （2）被告人实施了犯罪行为与被告人实施犯罪行为的时间、地点、手段、后果以及其他情节； （3）影响被告人定罪的身份情况； （4）被告人有刑事责任能力； （5）被告人的罪过； （6）是否共同犯罪及被告人在共同犯罪中的地位、作用； （7）对被告人从重处罚的事实。

（七）量刑程序

量刑辩论顺序	（1）公诉人、自诉人及其诉讼代理人发表量刑建议或意见； （2）被害人（或者附带民事诉讼原告人）及其诉讼代理人发表量刑意见； （3）被告人及其辩护人进行答辩并发表量刑意见。
量刑理由	（1）已经查明的量刑事实及其对量刑的作用； （2）是否采纳公诉人、当事人和辩护人、诉讼代理人发表的量刑建议、意见的理由； （3）人民法院量刑的理由和法律依据。

（八）非法证据排除规则
1. 非法证据排除的范围和阶段

排除的范围	犯罪嫌疑人、被告人供述	采用刑讯逼供等非法手段收集的犯罪嫌疑人、被告人供述。
	证人证言、被害人陈述	采用暴力、威胁及非法限制人身自由等非法方法收集的证人证言、被害人陈述。
	物证、书证	收集物证、书证不符合法定程序，可能严重影响司法公正审理，且不能给予补正或作出合理解释的。
排除的阶段	侦查、审查批准逮捕、审查起诉和审判阶段。	
非法证人证言、被害人陈述的证明	提出主体	检察人员、被告人及其辩护人。
	证明主体	检察院应当对证据收集的合法性予以证明。

2. **非法证据排除的范围和阶段**

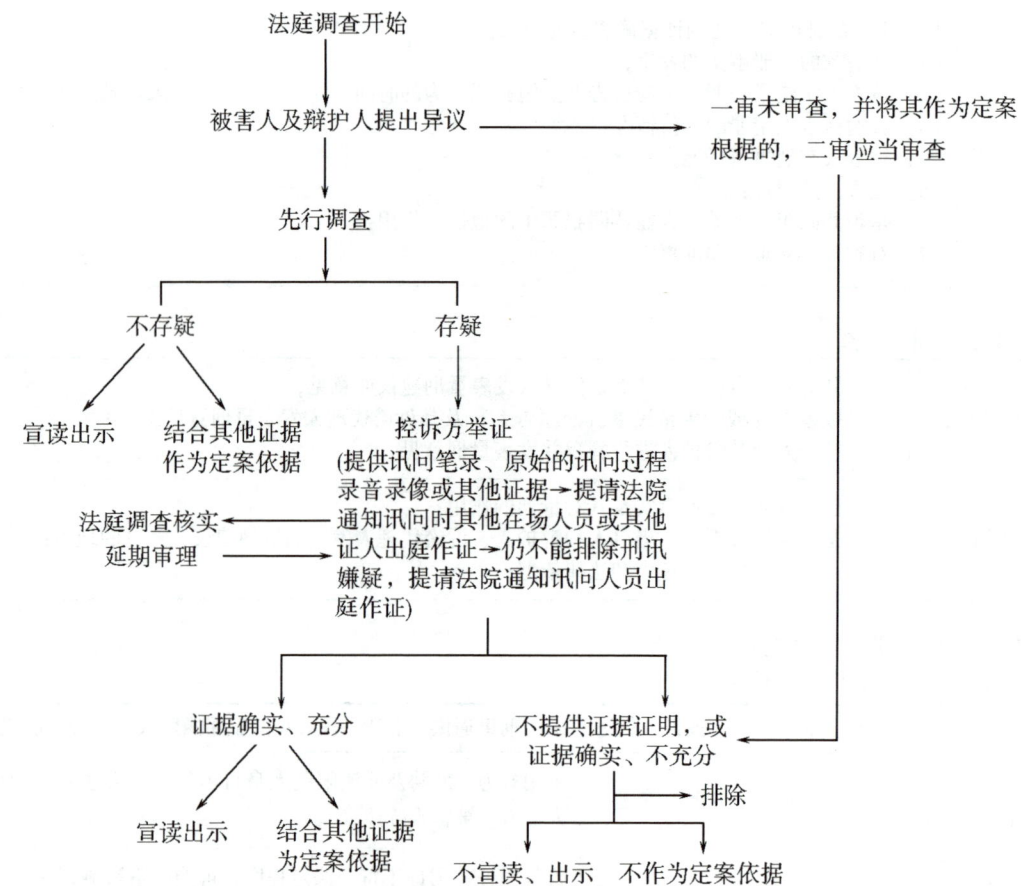

（九）检察院立案监督问题的规定

对公安机关管辖案件的立案监督	检察院受理应当立案侦查而不立案侦查线索的来源	（1）被害人及法定代理人、近亲属或行政执法机关对公安机关应当立案侦查而不立案侦查； （2）当事人认为公安机关不应当立案而立案，向人民检察院提出的； （3）检察院在办理案件或审查公安机关刑事案件信息过程中发现线索。
	线索审查后的处理	（1）没有犯罪事实，或者犯罪情节轻微不需追究刑事责任的，或有其他不追究刑事责任的情形，及时答复投诉人或行政执法机关； （2）不属于被投诉公安机关管辖的，应将有管辖权的机关告知投诉人或者行政执法机关，并建议控告或移送； （3）公安机关尚未作出不予立案决定的，移送公安机关处理； （4）有犯罪事实需要追究刑事责任的，属于公安机关管辖，且公安机关作出不立案决定的，经检察长批准，应当要求公安机关书面说明不立案的原因。
	检察院对不应当立案而立案的监督	要求公安机关书面说明立案理由。
	立案程序的监督	（1）检察院要求公安机关说明理由时，公安机关应在7日内说明，检察院认为理由不成立的，应当通知公安机关在15日内决定立案； （2）检察院调查核实，可以询问办案人员和有关当事人，查阅、复印公安机关的相应法律文书及案卷。
	对不应当立案而立案的监督的复议、复核程序	（1）公安机关认为检察院撤销案件通知有错误，要求同级检察院复议的，检察院应当重新审查。在收到要求复议意见书和案卷材料后7日以内作出是否变更的决定，并通知公安机关。 （2）公安机关不接受检察院复议决定，提请上一级检察院复核的，上级检察院应当在收到提请复核意见书和案卷材料后15日以内作出是否变更的决定，通知下级检察院和公安机关执行。 （3）上级检察院复核认为撤销案件通知有错误的，下级检察院应当立即纠正；上级检察院复核认为撤销案件通知正确的，应当作出复核决定并送达下级公安机关。
	检察院对立案监督案件的跟踪监督	公安机关立案后3个月未侦查终结的，检察院可以发出《立案监督案件催办函》，公安机关应当及时向检察院反馈侦查进展情况。
对检察机关自侦案件的立法监督		人民检察院负责捕诉的部门发现本院负责侦查的部门对应当立案侦查的案件不立案侦查或者对不应当立案侦查的案件立案侦查的，应当建议负责侦查的部门立案侦查或者撤销案件。建议不被采纳的，应当报请检察长决定。

（十）批准或决定逮捕阶段讯问犯罪嫌疑人的规定

批准或决定逮捕时应当讯问犯罪嫌疑人的情况	（1）犯罪嫌疑人是否有犯罪事实、是否有逮捕必要等关键问题有疑点的； （2）案情重大疑难复杂的； （3）犯罪嫌疑人系未成年人的； （4）有线索或者证据表明侦查活动可能存在刑讯逼供、暴力取证等违法犯罪行为。
对被拘留人的讯问	对被拘留的犯罪嫌疑人不予讯问的，应当送达听取犯罪嫌疑人意见书；犯罪嫌疑人要求讯问的，一般应当讯问。
对未被拘留人的讯问	讯问未被拘留的犯罪嫌疑人，讯问前应当听取公安机关的意见。
制作讯问笔录	检察人员讯问犯罪嫌疑人应当制作讯问笔录，不得以自行书写的供述代替讯问笔录。
未成年犯罪嫌疑人	检察人员讯问未成年犯罪嫌疑人，应当通知其法定代理人到场。

（十一）规范量刑程序

量刑程序的相对独立性		人民法院审理刑事案件，应当将量刑纳入法庭审理程序。在法庭调查、法庭辩论等阶段，应当保障量刑活动的相对独立性。
量刑建议		（1）检察院可以提出量刑建议； （2）检察院提量刑建议可以制作量刑建议书，也可以在起诉书中写明量刑建议； （3）量刑建议书中应当写明检察院建议对被告人处以的主刑、附加刑、是否适用缓刑等及其理由和依据； （4）检察院以量刑建议书方式提出量刑建议的，法院在送达起诉书副本时应当将量刑建议一并送达被告人。
量刑程序	速裁程序	确认被告人认罪认罚的自愿性和认罪认罚具结书内容的真实性、合法性后，一般不再进行法庭调查、法庭辩论，但在判决宣告前应当听取辩护人的意见和被告人的最后陈述意见。适用速裁程序审理的案件，应当当庭宣判。
	简易程序	被告人对犯罪事实和罪名没有争议，自愿认罪且知悉认罪的法律后果后，可以直接围绕量刑问题进行审理，不再区分法庭调查、法庭辩论，但在判决宣告前应当听取被告人的最后陈述意见。适用简易程序审理的案件，一般应当当庭宣判。

续表

	普通程序	被告人了解起诉书指控的犯罪事实和罪名，自愿认罪且知悉认罪的法律后果后，法庭审理主要围绕量刑和其他有争议的问题进行。
	被告人不认罪或辩护人作无罪辩护	法庭调查和法庭辩论分别进行，法庭调查时查明有关量刑事实，法庭辩论阶段先辩论定罪，再辩论量刑。
	认罪认罚案件	有下列情形之一，被告人当庭认罪，愿意接受处罚的，人民法院应当根据审理查明的事实，就定罪和量刑听取控辩双方意见，依法作出裁判： (1) 被告人在侦查、审查起诉阶段认罪认罚，但人民检察院没有提出量刑建议的； (2) 被告人在侦查、审查起诉阶段没有认罪认罚的； (3) 被告人在第一审程序中没有认罪认罚，在第二审程序中认罪认罚的； (4) 被告人在庭审过程中不同意量刑建议的。
量刑		人民法院应当在刑事裁判文书中说明量刑理由。 量刑说理主要包括： (1) 已经查明的量刑事实及其对量刑的影响； (2) 是否采纳公诉人、自诉人、被告人及其辩护人、被害人及其诉讼代理人发表的量刑建议、意见及理由； (3) 人民法院判处刑罚的理由和法律依据。 对于适用速裁程序审理的案件，可以简化量刑说理。

（十二）死缓限制减刑程序

	对象	判处死缓的累犯和因故意杀人、强奸、抢劫、绑架、放火、爆炸、投放危险物质或者有组织的暴力性犯罪被判处死缓的犯罪分子。
	作出时间	法院根据犯罪情节等情况，可以同时决定对其限制减刑。
死缓的限制减刑程序	死缓条件	(1) 高院审理或复核死缓并限制减刑的案件，认为限制减刑不当，应当改判，撤销限制减刑。 (2) 高院审理死缓没有限制减刑的上诉案件，认为应当限制减刑的，不得直接改判，也不得发回重审；确有必要限制减刑的，可在二审裁判生效后按照审判监督程序重新审判。 (3) 高院复核死缓没有限制减刑的案件，认为应当限制减刑的，不得以提高审级等方式对被告人限制减刑。

161

（十三）上下级法院审判
1. 基层报中级法院审理的第一审案件范围
（1）重大、复杂案件；
（2）新类型的疑难案件；
（3）在法律适用上具有普遍指导意义的案件；
（4）有管辖权的法院不宜行使审判权的案件。
2. 发回重审
（1）一审法院已经查清事实的案件，第二审法院原则上不得以事实不清、证据不足发回重审；
（2）第二审法院作出重审裁定的，应当在裁定书中详细阐明发回重审的理由及法律依据；
（3）第二审法院因原审判决事实不清、证据不足将案件发回重审，原则上只能重审1次。
3. 监督指导方式

最高院	（1）审理案件，制定司法解释、规范性文件，发布指导性案例，召开审判业务会议，组织法院培训。 （2）发现高院的审判业务文件与现行法律、司法解释抵触，应当责令其纠正。
高院	审理案件、制定审判业务文件、发布参考性案例、召开审判业务会议、组织法官培训。
中院	审理案件、总结审判经验、组织法官培训。

（十四）涉外刑事诉讼程序与司法协助制度
1. 刑事司法协助的程序

人民法院请求外国提供司法协助的	应当层报最高人民法院，经最高人民法院审核同意后交由有关对外联系机关及时向外国提出请求。
	人民法院请求外国提供司法协助的请求书，应当依照刑事司法协助条约的规定提出；没有条约或者条约没有规定的，应当载明法律规定的相关信息并附相关材料。请求书及其所附材料应当以中文制作，并附有被请求国官方文字译本。
外国法院请求我国提供司法协助	有关对外联系机关认为属于人民法院职权范围的，经最高人民法院审核同意后转有关人民法院办理。
	外国请求我国法院提供司法协助的请求书，应当依照刑事司法协助条约的规定提出；没有条约或者条约没有规定的，应当载明我国法律规定的相关信息并附有相关材料。请求书及所附材料应当附有中文译本。
人民法院通过外交途径向在中华人民共和国领域外居住的受送达人送达刑事诉讼文书	所送达的文书应当经高级人民法院审查后报最高人民法院审查。最高人民法院认为可以发出的，由最高人民法院交外交部主管部门转递。

续表

外国法院通过外交途径请求人民法院送达刑事诉讼文书	由该国驻华使馆将法律文书交我国外交部主管部门转最高人民法院。最高人民法院审核后认为属于人民法院职权范围，且可以代为送达的，应当转有关人民法院办理。

2. 刑事司法协助的方式

人民法院向在中华人民共和国领域外居住的当事人送达刑事诉讼文书的方式	（1）根据受送达人所在国与中华人民共和国缔结或者共同参加的国际条约规定的方式送达。
	（2）通过外交途径送达。
	（3）对中国籍当事人，所在国法律允许或者经所在国的使领馆代为送达。
	（4）当事人是自诉案件的自诉人或者附带民事诉讼原告人的，可以向有权代其接受送达的诉讼代理人送达。
	（5）当事人是外国单位的，可以向其在中华人民共和国领域内设立的代表机构或者有权接受送达的分支机构、业务代办人送达。
	（6）受送达人所在国法律允许的，可以邮寄送达；自邮寄之日起满3个月，送达回证未退回，但根据各种情况足以认定已经送达的，视为送达。
	（7）受送达人所在国法律允许的，可以采用传真、电子邮件等能够确认受送达人收悉的方式送达。

三、比较记忆

（一）刑诉、民诉以及行诉中回避决定权之比较

	决定机关
刑诉	（1）审判人员、检察人员、侦查人员的回避，应分别由院长、检察长、公安机关负责人决定； （2）人民法院院长——审判委员会； （3）人民检察院检察长、公安机关负责人——同级人民检察院检察委员会（需报上一级人民检察院备案）； （4）法官助理、书记员、翻译人员和鉴定人适用审判人员回避的有关规定，其回避问题由院长决定。

163

续表

民诉	（1）院长担任审判长或者独任审判员时的回避，由审判委员会决定； （2）审判人员（审判长、审判员、人民陪审员）的回避，由院长决定； （3）其他人员的回避，由审判长或者独任审判员决定。
行诉	（1）院长担任审判长时的回避，由审判委员会决定； （2）审判人员（审判长、审判员、人民陪审员）的回避，由院长决定； （3）其他人员的回避，由审判长决定。

（二）委托辩护人与诉讼代理人之比较

1. 公诉案件

	侦查	起诉	审判
被害人		人民检察院自收到移送起诉案卷材料之日起3日内，应当告知被害人及其法定代理人或者其近亲属有权委托诉讼代理人。	
犯罪嫌疑人、被告人	被第一次讯问或采取强制措施之日起有权委托辩护人。（在侦查期间，只能委托律师作为辩护人。）	人民检察院应在收到移送审查起诉的案卷材料之日起3日内告知犯罪嫌疑人有权委托辩护人。	人民法院应在受理案件之日起3日内告知被告人可以委托辩护人。

2. 自诉案件

自诉案件的自诉人及其法定代理人有权随时委托诉讼代理人。人民法院自受理自诉案件之日起3日以内，应当告知自诉人及其法定代理人有权委托诉讼代理人。

3. 附带民事诉讼

（1）公诉案件中，人民检察院自收到移送起诉案卷材料之日起3日内，应当告知附带民事诉讼的当事人及其法定代理人有权委托诉讼代理人。

（2）自诉案件中，附带民事诉讼的当事人及其法定代理人有权随时委托诉讼代理人；法院自受理自诉案件之日起3日内，还应当告知被告人有权委托辩护人。

第九章 行政法与行政诉讼法

复习记忆指导

行政法部分是法律职业资格考试中比较难拿分的部分，因为没有感性接触的考生，很难把握繁杂的行政关系，即使行政法专业的考生得分也很低。所以，面对这一部分，比较务实的做法是把基本的知识点熟练掌握，争取基本分都拿到，比较难的题目，建议通过多做题来提高，加强感性认识。

2018年2月6日最高人民法院公布了《关于适用〈中华人民共和国行政诉讼法〉的解释》。考生应着重掌握修改后的《行政诉讼法》及司法解释的相关内容。

2018年12月《公务员法》、2019年4月《政府信息公开条例》、2019年11月最高人民法院《关于审理行政协议案件若干问题的规定》、2021年《行政处罚法》、2022年最高人民法院《关于审理行政赔偿案件若干问题规定》、2023年《行政复议法》等也是应重点关注的内容。

第一节 行政法

一、比较记忆

（一）行政主体与行政机关

	行政主体	行政机关
定义	行政主体是指享有行政权，能以自己的名义行使国家行政职权，作出影响行政相对人权利义务的行政行为，并能由其本身对外承担行政法律责任的组织。	行政机关是指依宪法或行政组织法规定而设置的行使国家行政职权、对国家各项行政事务进行组织和管理的国家机关。
范围	行政机关和法律、法规、规章授权的组织	中央行政机关和地方行政机关
关系	（1）并非所有的行政机关都能成为行政主体。 （2）行政机关只有在行政法律关系中行使行政管理职能时才能成为行政主体。 （3）在行政法上，能够成为行政主体的并不限于行政机关。	

（二）内设机构与派出机构、派出机关

	内设机构	派出机构	派出机关
含义	根据组织法或行政需要设立的内部机构。	一般是行政部门派出的分支机构，如派出所等。	一般是一级政府的分支机构，如区公所、行署、街道等。
性质	非行政主体，但法律法规授权的除外。	对于法律授权的事项来说是行政主体；超出授权范围，则不具有承担责任的主体资格。	一般无需特别授权就可以成为行政主体。

（三）抽象行政行为与具体行政行为

	抽象行政行为	具体行政行为
概念	国家行政机关制定和发布具有普遍约束力的规范性文件的行为。	行政主体将具有普遍约束力的规范性文件适用于特定的时间或特定人而作出的特定处理，是单方行政行为。

续表

区别	对象	调整不特定的多数人和事。	针对特定的人和事。
	适用	反复适用。	仅仅对本次事项的处理有效。
	效力	间接影响相对人的权利义务。	直接影响相对人的权利义务。
	程序	接近于立法程序，强调征求意见程序以及公布程序。	强调调查程序以及听证程序。
	救济	规章以下的抽象行政行为可以在申请行政复议或提起行政诉讼时附带审查。	(1) 可以直接对其提起行政诉讼。 (2) 可以直接对其申请行政复议。
种类		行政立法：行政法规、部门规章、地方政府规章 非行政立法：国务院和地方各级人民政府发布的有普遍约束力的决定、命令	主要类型有：(1) 行政处罚；(2) 行政许可；(3) 部分行政确认；(4) 行政征收；(5) 行政征用；(6) 行政给付；(7) 行政裁决；(8) 行政强制；(9) 行政公开等。

（四）行政复议与行政诉讼的关系类型

选择型	大多数既可以复议，也可以直接起诉。
复议前置型	(1) 纳税争议。 (2) 对当场作出的行政处罚决定不服。 (3) 对行政机关作出的侵犯其已经依法取得的自然资源的所有权或者使用权的决定不服。 (4) 认为行政机关存在《行政复议法》第11条规定的未履行法定职责情形。 (5) 申请政府信息公开，行政机关不予公开。 (6) 法律、行政法规规定应当先向行政复议机关申请行政复议的其他情形。
复议终局型	(1) 根据国务院或者省、自治区、直辖市人民政府对行政区划的勘定、调整或者征用土地的决定，省、自治区、直辖市人民政府确认土地等自然资源的所有权或者使用权的行政复议决定为最终裁决。 (2) 外国人对依照《出境入境管理法》对其实施的限制人身自由措施不服，复议机关作出的复议决定。
选择复议但终局型	国务院的裁决。

（五）行政复议的申请人与行政诉讼的原告

	行政复议的申请人	行政诉讼的原告
条件	（1）申请人/起诉人须是自己的合法权益受到侵害的或认为自身合法权益受到侵害的人或者组织，包括直接侵害和间接侵害。 （2）申请人/起诉人与行政行为之间具备法律上的利害关系。	
具体情况下的资格确定	（1）合伙企业：以核准登记的企业为申请人，由执行合伙事务的合伙人代表该企业参加行政复议；其他合伙组织申请行政复议的，由合伙人共同申请行政复议。 （2）合伙企业以外的不具备法人资格的其他组织：由该组织的主要负责人代表该组织参加行政复议；没有主要负责人的，由共同推选的其他成员代表该组织参加行政复议。 （3）股份制企业：股东会、股东代表大会、董事会可以以企业的名义申请行政复议。	（1）经复议案件：复议的申请人、第三人、利害关系人均可做原告； （2）有受害人的案件：加害人与受害人同时起诉的均是原告，但不是共同原告； （3）信赖保护案件：加害人与受害人同时起诉的均是原告，但不是共同原告； （4）合伙人案件：合伙企业以字号为原告，其他合伙以合伙人为共同原告； （5）个体工商户：以营业执照上登记的字号为原告；无字号的，以经营者为原告； （6）业主委员会：涉及业主共同利益的行政行为，业主委员会可以自己名义起诉；不起诉的，占总面积过半数或总户数过半数的业主可起诉； （7）投资人案件：联营、合资、合作企业的投资人均可以自己的名义起诉； （8）农地承包案件：土地使用权人可以自己的名义起诉； （9）股份制企业案件：股东大会、股东代表大会、董事会等可以企业的名义起诉； （10）非国有企业案件：被行政机关注销、撤销、合并、强令兼并等，企业或其法定代表人可以起诉。

（六）行政复议的被申请人和行政诉讼的被告

行政行为的作出者	行政复议被申请人	行政诉讼被告
单一行政机关	作出该行政行为的行政机关	
两个以上的行政机关以共同名义作出的	共同作出行政行为的行政机关	
法律法规规章授权的组织作出的	作出行政行为的由法律法规规章授权的组织	

续表

行政机关委托的组织作出的	作出委托决定的行政机关	
作出行政行为的行政机关被撤销或者职权变更的	继续行使其职权的行政机关	
派出机关作出的	派出机关	
派出机构作出的	(1) 无授权：所属机关为被申请人。 (2) 有授权： ①幅度越权，派出机关为被申请人； ②种类越权，所属机关为被申请人。	(1) 无授权：所属机关为被告。 (2) 有授权： ①以自己的名义，派出机关为被告； ②以所属机关的名义，所属机关为被告。
复议机关作出的复议行为		(1) 经复议的案件，复议机关决定维持原行政行为的，作出原行政行为的行政机关和复议机关是共同被告；复议机关改变原行政行为的，复议机关是被告。 (2) 复议机关在法定期间内不作复议决定，当事人对原行政行为不服提起诉讼的，应当以作出原行政行为的行政机关为被告；当事人对复议机关不作为不服提起诉讼的，应当以复议机关为被告。

（七）行政复议的复议机关与行政诉讼的管辖法院

1. 行政复议的复议机关

被申请人	复议机关	注意
省部级单位	原机关	对复议不服可起诉或申请国务院裁决，但一旦经国务院裁决即成终局。
省级以下政府	上一级政府	对行政公署管理的县级人民政府的行为不服的，应当以行政公署为复议机关。

续表

县级以上政府工作部门	同级政府	
垂直领导的机关	上一级主管部门	海关、金融、外汇管理向上一级主管部门申请行政复议。税务视同国家垂直领导机关。
政府派出机关	设立该派出机关的政府	包括行政公署、区公所、街道办事处。
派出机构	县级以上地方政府工作部门设立的，以派出机构的名义作出行政行为的，由本级政府管辖；直辖市、设区的市政府工作部门按照行政区划设立的，也可以由其所在地的政府管辖。	垂直领导部门的派出机构，仅为其主管部门。

2. 行政诉讼的管辖法院

级别	最高法院	全国范围内重大、复杂案件。
	高级法院	本辖区内重大、复杂的案件。
	中级法院	（1）被告为国务院部门的案件； （2）被告为县级以上政府的案件； （3）海关处理的案件； （4）社会影响重大的共同诉讼案件； （5）涉外案件； （6）涉港澳台案件； （7）其他重大、复杂案件。
	专门法院	一律不受理行政诉讼案件。

地域	只由作出行政行为的行政机关所在地法院管辖	（1）一般案件；（2）不作复议决定时起诉原行政行为的案件。
	原告所在地也可管辖	限制人身自由的案件，原告所在地包括户籍地、经常居住地、被限制人身自由地。
	复议机关所在地也可管辖	经复议的案件。
	不动产所在地法院专属管辖	不动产纠纷案件。
	跨地域管辖	最高院批准，高级法院确定若干人民法院跨区域管辖。

★基层法院处理了绝大部分行政案件。

二、归类记忆

（一）行政处罚程序

	简易程序	普通程序
适用条件	（1）违法事实确凿并有法定依据；（2）对公民处以200元以下、对法人或者其他组织处以3000元以下罚款或者警告。	适用简易程序以外的情形。
行政机关职权	（1）报所属机关备案；（2）由执法人员签名或者盖章。	（1）调查检查至少2人执法；（2）行政机关负责人（集体）作出决定。
相对人权利义务	不服可复议或起诉。	处罚时不告知事实理由依据，或拒绝听取陈述申辩的，可主张处罚不成立。
重要时限	处罚决定书须当场交付。	（1）经批准可保存证据，并在7日内处理；（2）当事人不在场，应在7日内送达处罚决定。

（二）行政许可程序

申请	（1）如要提供格式文本的，由行政机关提供，不能收费； （2）申请人对其申请材料实质内容的真实性负责； （3）行政机关不得要求申请人提交与其申请的行政许可无关的材料。
审查受理的条件	（1）依法应当给予许可； （2）许可必须由这个行政机关给予； （3）提出申请的材料符合法定形式且完整，如发现不完整，5日内一次性告知其补充完整。
审查	（1）形式审查：材料是否齐全、是否符合法定形式； （2）实质审查：指派两名以上工作人员对申请材料的实质内容进行核实。
决定	符合条件，作出准予行政许可的书面决定（需要颁发行政许可证件的，应当向申请人颁发加盖本行政机关印章的行政许可证件）； 行政机关作出不予许可的书面决定的，应当说明理由，并告知申请人有申请复议或提起诉讼的权利。
期限	（1）审查受理期限：5日。 （2）决定期限：①自受理行政许可申请日起20日，经行政机关负责人同意，可延长10天，并将理由告知申请人；②联合办理、集中办理、统一办理，45日内办结，经同级人民政府批准可延长15天；③依法应当先经下级机关审查后报上级行政机关决定的行政许可，下级行政机关应当自受理行政许可申请之日起20日内审查完毕，但法律法规另有规定的除外。

（三）听证程序

	行政处罚中的听证程序	行政许可中的听证程序
适用	（1）适用情形：较大数额罚款；没收较大数额违法所得、没收较大价值非法财物；降低资质等级、吊销许可证件；责令停产停业、责令关闭、限制从业；其他较重的行政处罚；法律、法规、规章规定的其他情形。 （2）依当事人申请听证。	（1）依职权听证：法律法规规章规定应当听证的事项，行政机关认为需要听证的事项； （2）依利害关系人申请听证。
期限	（1）权利人在被告知后5日内可以要求听证； （2）行政机关应在听证7日前通知听证时间与地点。	（1）权利人应在被告知听证权利之日起5日内申请，听证行政机关应当在20日内组织听证； （2）行政机关应于举行听证7日前告知听证时间与地点，必要时予以公告。

续表

重要规定	(1) 当事人有权申请听证主持人回避； (2) 直接涉及申请人与他人间重大利益的，应告知听证权； (3) 听证由行政机关指定的非本案调查人员主持； (4) 行政许可应当根据听证笔录作出决定，行政处罚听证笔录仅供参考； (5) 除涉及国家秘密、商业秘密或者个人隐私依法予以保密外，听证公开举行； (6) 笔录应当交当事人或者其代理人核对无误后签字或者盖章。

★注意：行政机关应当根据行政许可听证笔录作出决定，而在行政处罚中没有这样的规定。

（四）治安管理处罚的程序

调查	传唤	使用传唤证传唤。
		人民警察经出示工作证件，可以口头传唤，但应当在询问笔录中注明。
		对无正当理由不接受传唤或者逃避传唤的人，可以强制传唤。
	询问查证	询问查证的时间不得超过 8 小时；情况复杂，可能适用行政拘留处罚的，询问查证的时间不得超过 24 小时。
		询问不满 16 周岁的违反治安管理行为人，应当通知其父母或者其他监护人到场。
	检查	人民警察不得少于 2 人，并应当出示工作证件和县级以上人民政府公安机关开具的检查证明文件。
		对确有必要的，人民警察经出示工作证件，可以当场检查，但检查公民住所应当出示县级以上人民政府公安机关开具的检查证明文件。
		检查妇女的身体，应当由女性工作人员进行。
	扣押	对与案件有关的需要作为证据的物品，可以扣押；对被侵害人或者善意第三人合法占有的财产，不得扣押，应当予以登记。对与案件无关的物品，不得扣押。
	鉴定	对于案件中有争议的专门性问题，应当指派或者聘请具有专门知识的人员进行鉴定。

续表

决定	主体	治安管理处罚由县级以上人民政府公安机关决定；其中警告、500元以下的罚款可以由公安派出所决定。
	证据条件	对没有本人陈述，但其他证据能够证明案件事实的，可以作出治安管理处罚决定。但是，只有本人陈述，没有其他证据证明的，不能作出治安管理处罚决定。
	当事人权利	违反治安管理行为人有权陈述和申辩。公安机关不得因违反治安管理行为人的陈述、申辩而加重其处罚。
		公安机关作出吊销许可证以及处2000元以上罚款的治安管理处罚决定前，应当告知违反治安管理行为人有权要求举行听证；违反治安管理行为人要求听证的，公安机关应当及时依法举行听证。
	送达	公安机关应当向被处罚人宣告治安管理处罚决定书，并当场交付被处罚人；无法当场向被处罚人宣告的，应当在2日内送达被处罚人。
		决定给予行政拘留处罚的，应当及时通知被处罚人的家属。
		有被侵害人的，公安机关应当将决定书副本抄送被侵害人。
	简易程序	违反治安管理行为事实清楚，证据确凿，处警告或者200元以下罚款的，可以当场作出治安管理处罚决定。
	权利救济	被处罚人对治安管理处罚决定不服的，可以依法申请行政复议或者提起行政诉讼。
执行	罚款	一般程序：受到罚款处罚的人应当自收到处罚决定书之日起15日内，到指定的银行缴纳罚款。
		特别程序：有下列情形的，人民警察可以当场收缴罚款：（1）被处50元以下罚款，被处罚人对罚款无异议的；（2）在边远、水上、交通不便地区，公安机关及其人民警察依法作出罚款决定后，被处罚人向指定的银行缴纳罚款确有困难，经被处罚人提出的；（3）被处罚人在当地没有固定住所，不当场收缴事后难以执行的。

行政拘留	对决定给予行政拘留处罚的人，在处罚前已经采取强制措施限制人身自由的时间，应当折抵。限制人身自由1日，折抵行政拘留1日。	
	被处罚人不服行政拘留处罚决定，申请行政复议、提起行政诉讼的，可以向公安机关提出暂缓执行行政拘留的申请。公安机关认为暂缓执行行政拘留不致发生社会危险的，由被处罚人或者其近亲属提出担保人，或者按每日行政拘留200元的标准交纳保证金，行政拘留的处罚决定暂缓执行。	
	担保人的条件：（1）与本案无牵连；（2）享有政治权利，人身自由未受到限制；（3）在当地有常住户口和固定住所；（4）有能力履行担保义务。	

（五）行政复议程序

申请	形式要件：申请人申请行政复议，可以书面申请；书面申请有困难的，也可以口头申请。口头申请的，行政复议机关应当当场记录申请人的基本情况、行政复议请求、申请行政复议的主要事实、理由和时间。	
	时间要件：（1）一般时效。行政复议申请的一般时效为60日。 （2）特殊时效。特殊时效只有在法律规定超过60日时才有效。	
	其他要件：（1）有明确的申请人和符合《行政复议法》规定的被申请人； （2）申请人与被申请行政复议的行政行为有利害关系； （3）有具体的行政复议请求和理由； （4）在法定申请期限内提出； （5）属于《行政复议法》规定的行政复议范围； （6）属于本机关的管辖范围； （7）行政复议机关未受理过该申请人就同一行政行为提出的行政复议申请，并且人民法院未受理过该申请人就同一行政行为提起的行政诉讼。	
审查与受理	行政复议机关收到行政复议申请后，应当在5日内进行审查。对不符合前述规定的行政复议申请，行政复议机关应当在审查期限内决定不予受理并说明理由；不属于本机关管辖的，还应当在不予受理决定中告知申请人有管辖权的行政复议机关。 行政复议申请的审查期限届满，行政复议机关未作出不予受理决定的，审查期限届满之日起视为受理。	

三、图表记忆

（一）公务员的条件、权利、义务

公务员的条件	（1）具有中华人民共和国国籍； （2）年满18周岁； （3）拥护中华人民共和国宪法，拥护中国共产党领导和社会主义制度； （4）具有良好的政治素质和道德品行； （5）具有正常履行职责的身体条件和心理素质； （6）具有符合职位要求的文化程度和工作能力； （7）法律规定的其他条件。
公务员的权利	（1）获得履行职责应当具有的工作条件； （2）非因法定事由、非经法定程序，不被免职、降职、辞退或者处分； （3）获得工资报酬，享受福利、保险待遇； （4）参加培训； （5）对机关工作和领导人员提出批评和建议； （6）提出申诉和控告； （7）申请辞职； （8）法律规定的其他权利。
公务员的义务	（1）忠于宪法，模范遵守、自觉维护宪法和法律，自觉接受中国共产党领导； （2）忠于国家，维护国家的安全、荣誉和利益； （3）忠于人民，全心全意为人民服务，接受人民监督； （4）忠于职守，勤勉尽责，服从和执行上级依法作出的决定和命令，按照规定的权限和程序履行职责，努力提高工作质量和效率； （5）保守国家秘密和工作秘密； （6）带头践行社会主义核心价值观，坚守法治，遵守纪律，恪守职业道德，模范遵守社会公德、家庭美德； （7）清正廉洁，公道正派； （8）法律规定的其他义务。

(二) 公务员的"进、管、出"

"进"	（1）录用担任一级主任科员以下及其他相当职级层次的公务员，采取公开考试、严格考察、平等竞争、择优录取的办法。 （2）新录用的公务员试用期为1年。试用期满合格的，予以任职；不合格的，取消录用。 （3）公务员领导职务实行选任制、委任制和聘任制。公务员职级实行委任制和聘任制。 （4）厅局级正职以下领导职务出现空缺且本机关没有合适人选的，可以通过适当方式面向社会选拔任职人选。
"管"	（1）公务员的考核应当按照管理权限，全面考核公务员的德、能、勤、绩、廉，重点考核政治素质和工作实绩。公务员的考核分为平时考核、专项考核和定期考核等方式。定期考核以平时考核、专项考核为基础。 （2）公务员领导职务应当逐级晋升。特别优秀的或者工作特殊需要的，可以按照规定破格或者越级晋升。公务员的职务、职级实行能上能下。对不适宜或者不胜任现任职务、职级的，应当进行调整。公务员在年度考核中被确定为不称职的，按照规定程序降低一个职务或者职级层次任职。 （3）对工作表现突出，有显著成绩和贡献，或者有其他突出事迹的公务员或者公务员集体，给予奖励。奖励坚持定期奖励与及时奖励相结合，精神奖励与物质奖励相结合、以精神奖励为主的原则。奖励分为：嘉奖、记三等功、记二等功、记一等功、授予称号。 （4）机关应当对公务员的思想政治、履行职责、作风表现、遵纪守法等情况进行监督，开展勤政廉政教育，建立日常管理监督制度。对公务员监督发现问题的，应当区分不同情况，予以谈话提醒、批评教育、责令检查、诫勉、组织调整、处分。对公务员涉嫌职务违法和职务犯罪的，应当依法移送监察机关处理。处分分为：警告、记过、记大过、降级、撤职、开除。 （5）机关根据公务员工作职责的要求和提高公务员素质的需要，对公务员进行分类分级培训。 （6）国家实行公务员交流制度、回避制度。公务员交流方式包括调任和转任，挂职不属于交流方式。

续表

"出"	辞职	公务员辞去公职，应当向任免机关提出书面申请。任免机关应当自接到申请之日起30日内予以审批，其中对领导成员辞去公职的申请，应当自接到申请之日起90日内予以审批。公务员有下列情形之一的，不得辞去公职： (1) 未满国家规定的最低服务年限的； (2) 在涉及国家秘密等特殊职位任职或者离开上述职位不满国家规定的脱密期限的； (3) 重要公务尚未处理完毕，且须由本人继续处理的； (4) 正在接受审计、纪律审查、监察调查，或者涉嫌犯罪，司法程序尚未终结的； (5) 法律、行政法规规定的其他不得辞去公职的情形。
	辞退	(1) 公务员有下列情形之一的，予以辞退： ①在年度考核中，连续两年被确定为不称职的； ②不胜任现职工作，又不接受其他安排的； ③因所在机关调整、撤销、合并或者缩减编制员额需要调整工作，本人拒绝合理安排的； ④不履行公务员义务，不遵守法律和公务员纪律，经教育仍无转变，不适合继续在机关工作，又不宜给予开除处分的； ⑤旷工或者因公外出、请假期满无正当理由逾期不归连续超过15天，或者一年内累计超过30天的。 (2) 对有下列情形之一的公务员，不得辞退： ①因公致残，被确认丧失或者部分丧失工作能力的； ②患病或者负伤，在规定的医疗期内的； ③女性公务员在孕期、产假、哺乳期内的； ④法律、行政法规规定的其他不得辞退的情形。
	退休	公务员符合下列条件之一的，本人自愿提出申请，经任免机关批准，可以提前退休： (1) 工作年限满30年的； (2) 距国家规定的退休年龄不足5年，且工作年限满20年的； (3) 符合国家规定的可以提前退休的其他情形的。

（三）公务员的保障

物质保障	（1）公务员实行国家统一规定的工资制度。公务员工资包括基本工资、津贴、补贴和奖金。 （2）公务员按照国家规定享受福利待遇。国家根据经济社会发展水平提高公务员的福利待遇。公务员执行国家规定的工时制度，按照国家规定享受休假。公务员在法定工作日之外加班的，应当给予相应的补休，不能补休的按照国家规定给予补助。 （3）公务员依法参加社会保险，按照国家规定享受保险待遇。公务员因公牺牲或者病故的，其亲属享受国家规定的抚恤和优待。 （4）任何机关不得违反国家规定自行更改公务员工资、福利、保险政策，擅自提高或者降低公务员的工资、福利、保险待遇。任何机关不得扣减或者拖欠公务员的工资。
权益保障	申诉	公务员对涉及本人的下列人事处理不服的，可以自知道该人事处理之日起30日内向原处理机关申请复核；对复核结果不服的，可以自接到复核决定之日起15日内，按照规定向同级公务员主管部门或者作出该人事处理的机关的上一级机关提出申诉；也可以不经复核，自知道该人事处理之日起30日内直接提出申诉： （1）处分； （2）辞退或者取消录用； （3）降职； （4）定期考核定为不称职； （5）免职； （6）申请辞职、提前退休未予批准； （7）不按照规定确定或者扣减工资、福利、保险待遇； （8）法律、法规规定可以申诉的其他情形。
	控告	公务员认为机关及其领导人员侵犯其合法权益的，可以依法向上级机关或者监察机关提出控告。受理控告的机关应当按照规定及时处理。 公务员提出申诉、控告，应当尊重事实，不得捏造事实，诬告、陷害他人。对捏造事实，诬告、陷害他人的，依法追究法律责任。

（四）行政许可的设定机关和法律渊源

全国人大及其常委会	法律可以设定行政许可。	
国务院	尚未制定法律的，行政法规可以设定行政许可。	
	国务院可以采用发布决定的方式设定行政许可。实施后，除临时性行政许可事项外，国务院应当及时提请制定法律，或者自行制定行政法规。	
省级、设区的市人大及其常委会	尚未制定法律、行政法规的，地方性法规可以设定行政许可。	（1）不得设定应当由国家统一确定的公民、法人或者其他组织的资格、资质的行政许可；（2）不得设定企业或者其他组织的设立登记及其前置性行政许可；（3）其设定的行政许可，不得限制其他地区的个人或者企业到本地区从事生产经营和提供服务；（4）其设定的行政许可，不得限制其他地区的商品进入本地区市场。
省级人民政府规章	尚未制定法律、行政法规和地方性法规的，因行政管理的需要，确需立即实施行政许可的，省、自治区、直辖市人民政府规章可以设定临时性的行政许可。	
	临时性的行政许可实施满一年需要继续实施的，应当提请本级人民代表大会及其常务委员会制定地方性法规。	

（五）行政处罚的设定

	可创设	可规定	特别注意
法律	各种处罚	各种处罚	限制人身自由的处罚只能由法律设定
行政法规	限制人身自由之外的行政处罚	在上位法规定给予处罚的行为、种类和幅度范围内对已有处罚作出具体规定	可设定吊销营业执照的处罚
地方性法规	限制人身自由、吊销营业执照之外的行政处罚		可设定暂扣营业执照的处罚
部门规章	警告、通报批评、罚款	对上位法未规定处罚的行为，可设定处罚。拟设定时，应广泛听取意见，并作书面说明。备案时，应说明设定情况	（1）罚款限额由国务院规定（2）直属机构规定行政处罚须经国务院授权
地方性规章	警告、通报批评、罚款		罚款限额由省级人大常委会规定

（六）行政处罚的适用

应予处罚	（1）已经实施了违法行为； （2）违法行为属于违反行政法规范，尚不够追究刑事责任； （3）实施违法行为的人是具有完全责任能力的行政相对人； （4）间歇性精神病人在精神正常时有违法行为的； （5）依法应当受到处罚。
应当从轻或者减轻处罚	（1）已满14周岁不满18周岁的人有违法行为的； （2）主动消除或者减轻违法行为危害后果的； （3）受他人胁迫或者诱骗实施违法行为的； （4）主动供述行政机关尚未掌握的违法行为的； （5）配合行政机关查处违法行为有立功表现的； （6）法律、法规、规章规定的其他依法应当从轻或者减轻行政处罚的。
可以从轻或者减轻处罚	尚未完全丧失辨认或者控制自己行为能力的精神病人、智力残疾人有违法行为的。
可以不予处罚	初次违法且危害后果轻微并及时改正的。
不予处罚	（1）违法行为轻微并及时改正，没有造成危害后果的； （2）不满14周岁的人有违法行为的，责令监护人加以管教； （3）精神病人、智力残疾人在不能辨认或者不能控制自己行为时有违法行为的，责令监护人严加看管和治疗； （4）当事人有证据足以证明没有主观过错的，法律、行政法规另有规定的从其规定； （5）超过追罚时效的。处罚的追究时效为2年，如果法律有特别规定的，则依法律规定，如违反治安管理行为的追罚时效是6个月，涉及公民生命健康安全、金融安全且有危害后果的，期限延长至5年。

（七）行政处罚的执行

罚缴分离（原则）	（1）罚缴机关分离、罚缴人员分离； （2）当事人应自收到处罚决定书15日内到指定的银行或者通过电子支付系统缴纳罚款。
当场收缴（例外）	（1）适用简易程序当场依法给予100元以下罚款的或者适用简易程序不当场收缴事后难以执行的，执法人员可以当场收缴罚款； （2）执法人员当场收缴的罚款应当自收缴罚款之日起2日内交至行政机关；

续表

	（3）边远、水上或交通不便地区，当事人向银行通过电子支付系统缴款确有困难的，经当事人提出可当场收缴； （4）水上当场收缴的罚款应自抵岸起 2 日内交至行政机关，行政机关应在 2 日内交至指定银行。
强制执行	（1）每日按罚款数额的 3%加处罚款，加处罚款的数额不得超出罚款的数额（**注意**：区别于税收滞纳金 5‰）； （2）根据法律规定，将查封、扣押的财物拍卖、依法处理或者将冻结的存款、汇款划拨抵缴罚款； （3）根据法律规定，采取其他行政强制执行方式； （4）依照我国《行政强制法》的规定，申请人民法院强制执行。

（八）治安管理处罚的种类和适用

种类		（1）警告；（2）罚款；（3）行政拘留；（4）吊销公安机关发放的许可证；（5）对违反治安管理的外国人，可以附加适用限期出境或者驱逐出境。
主体	一般主体	年满 14 周岁。
	特殊主体	已满 14 周岁不满 18 周岁的人违反治安管理的，从轻或者减轻处罚。
		精神病人在不能辨认或者不能控制自己行为的时候违反治安管理的，不予处罚，但是应当责令其监护人严加看管和治疗。间歇性的精神病人在精神正常的时候违反治安管理的，应当给予处罚。
		盲人或者又聋又哑（单纯聋或哑都不行）的人违反治安管理的，可以从轻、减轻或者不予处罚。
		醉酒的人违反治安管理的，应当给予处罚。
不予处罚		（1）情节特别轻微的；（2）主动消除或者减轻违法后果，并取得被侵害人谅解的；（3）出于他人胁迫或者诱骗的；（4）主动投案，向公安机关如实陈述自己的违法行为的；（5）有立功表现的。
从重处罚		（1）有较严重后果的；（2）教唆、胁迫、诱骗他人违反治安管理的；（3）对报案人、控告人、举报人、证人打击报复的；（4）6 个月内曾受过治安管理处罚的。

不执行行政拘留处罚	(1) 已满 14 周岁不满 16 周岁的；(2) 已满 16 周岁不满 18 周岁，初次违反治安管理的；(3) 70 周岁以上的；(4) 怀孕或者哺乳自己不满 1 周岁婴儿的。
时效	违反治安管理行为在 6 个月内没有被公安机关发现的，不再处罚。前述规定的期限，从违反治安管理行为发生之日起计算；违反治安管理行为有连续或者继续状态的，从行为终了之日起计算。

（九）行政复议的处理

决定类型	主要内容	适用条件
维持决定	维持原具体行政行为。	事实清楚，证据确凿，依据正确，程序合法，内容适当。
履行决定	责令其在一定期限内履行。	被申请人不履行法定职责的。
撤销决定	可以全部撤销、部分撤销，并可责令重作。	主要事实不清、证据不足；违反法定程序；适用的依据不合法；超越职权或者滥用职权。
变更决定	改变原具体行政行为。	事实清楚，证据确凿，适用依据正确，程序合法，但是内容不适当；事实清楚，证据确凿，程序合法，但是未正确适用依据；事实不清、证据不足，经行政复议机关查清事实和证据。
确认决定	确认原行为违法但不撤销。	依法应予撤销，但是撤销会给国家利益、社会公共利益造成重大损害；程序轻微违法，但是对申请人权利不产生实际影响。
赔偿决定	不符合《国家赔偿法》的，在作出行政复议决定时，应当决定驳回请求；对符合《国家赔偿法》的，在决定撤销或者部分撤销、变更行政行为或者确认行政行为违法、无效时，应当同时决定被申请人依法给予赔偿；确认行政行为违法的，还可以同时责令被申请人采取补救措施。	(1) 依申请作出：如申请人提出，必须决定赔偿与否；(2) 依职权作出：撤销或变更直接针对财物作出的行为。

续表

附带审查决定	审查作为具体行政行为依据的规章以下规范性文件，并进行处理。	（1）依申请审查：30日内处理，无权处理的应在7日内转送，行政机关应在60日内处理，处理期间中止审查具体行政行为； （2）依职权审查：30日内处理，无权处理的应在7日内转送，国家机关应在60日内处理，处理期间中止审查具体行政行为。

四、重要数字归纳记忆法

数字	具体内容
3	赔偿案件应当在3个月内作出是否赔偿的决定。因案件情况复杂，3个月内不能作出决定的，经本院院长批准，可以延长1个月；仍不能作出决定需要再延长审理期限的，应当报请上级人民法院批准，再延长的时间最多不得超过3个月。
15	（1）当事人应当自收到行政处罚决定书之日起15日内，到指定的银行或者通过电子支付系统缴纳罚款。银行应当收受罚款，并将罚款直接上缴国库。 （2）法律、行政法规规定应当先向行政复议机关申请行政复议、对行政复议决定不服再向人民法院提起行政诉讼的，行政复议机关决定不予受理、驳回申请或者受理后超过行政复议期限不作答复的，公民、法人或者其他组织可以自收到决定书之日起或者行政复议期限届满之日起15日内，依法向人民法院提起行政诉讼。
30	（1）行政法规应当自公布之日起30日后施行。但是涉及国家安全、外汇汇率、货币政策的确定以及公布后不立即施行将有碍行政法规施行的，可以自公布之日起施行。 （2）规章自公布之日起30日内，由法律机构依照立法法和《法规规章备案条例》的规定向有关机关备案。 （3）部门规章应当在公布后的30日内报国务院备案。 （4）申请人依照《行政复议法》第13条的规定提出对有关规范性文件的附带审查申请，行政复议机关有权处理的，应当在30日内依法处理；无权处理的，应当在7日内转送有权处理的行政机关依法处理。行政复议机关在对被申请人作出的行政行为进行审查时，认为其依据不合法，本机关有权处理的，应当在30日内依法处理；无权处理的，应当在7日内转送有权处理的国家机关依法处理。

续表

	（5）复议机关受理案件后必须在 60 日的审结期限内做出复议决定，情况复杂，不能在规定期限内作出复议决定的，经行政复议机关的负责人批准，可以适当延长，并告知申请人和被申请人，但是延长期限最多不得超过 30 日。 （6）适用简易程序审理的行政复议案件，行政复议机关应当自受理申请之日起 30 日内作出行政复议决定。 （7）人民法院受理行政机关的强制执行申请后，应当在 30 日内审查完毕并作出是否准予强制执行的裁定。
60	（1）行政复议申请的一般时效为 60 日。 （2）其他法律、法规规定的适用于特定案件的复议申请时效。特殊时效只有在法律规定超过 60 日的才有效。否则，一概适用一般时效（即 60 日）。 （3）依照《行政复议法》第 56 条、第 57 条的规定接受转送的行政机关、国家机关应当自收到转送之日起 60 日内，将处理意见回复转送的行政复议机关。 （4）复议机关受理案件后必须在 60 日的审结期限内做出复议决定；法律规定的行政复议期限少于 60 日的除外。 （5）有关机关应当自收到行政复议意见书之日起 60 日内，将纠正相关违法或者不当行政行为的情况报送行政复议机关。

第二节　行政诉讼法

一、数字记忆

数字	具体内容
"3 日"	(1) 正式开庭 3 日前，人民法院应当通知当事人及其他参加人开庭的时间、地点。 (2) 当事人提出的回避申请，人民法院应在 3 日内以口头或书面形式决定。
"5 日"	(1) 起诉状副本应当在立案后 5 日内送达被告；答辩状副本应 5 日内发送原告。 (2) 原审法院收到上诉状，应当在 5 日内将上诉状副本送达其他当事人。 (3) 原审法院应当在收到答辩状之日起 5 日内将副本送达当事人。 (4) 原审法院收到上诉状、答辩状，应当在 5 日内连同全部案卷和证据，报送第二审法院。
"7 日"	对于符合起诉条件的，应当登记立案，不能当场判定是否符合起诉条件的，应当在 7 日内决定是否立案。
"10 日"	(1) 当事人不服人民法院第一审裁定的，有权在裁定书送达之日起 10 日内向上一级人民法院提起上诉。 (2) 人民法院审理案件，当庭宣判的，应当在 10 日内发送判决书。 (3) 当事人因不可抗力等以外的特殊情况不能行使诉讼权而请求延长时效的，应当在影响消除后 10 日内向法院提出，是否延长由法院决定。
"15 日"	(1) 被告应当在收到起诉状副本之日起 15 日内提交作出行政行为的证据和所依据的规范性文件和答辩状。 (2) 当事人不服人民法院第一审判决的，有权在判决书送达之日起 15 日内向上一级人民法院提起上诉。 (3) 对方当事人应当在收到上诉状副本之日起 15 日内提交答辩状。 (4) 不服复议决定的起诉时效期间一般为 15 日，但法律另有规定的可以少于 15 日。 (5) 复议机关拒绝复议或不予答复的期限届满后 15 日内，可以提起行政诉讼。
"45 日"	适用简易程序审理的行政案件，应当在立案之日起 45 日内审结。

续表

"60日（2个月）内"	（1）公民、法人或者其他组织申请行政机关履行法定职责，行政机关在接到申请之日起2个月内不履行的，公民、法人或者其他组织向人民法院提起诉讼，人民法院应当依法受理。 （2）接收司法建议的行政机关应当在收到司法建议之日起60日内予以书面答复。情况紧急的，人民法院可以建议制定机关或者其上一级行政机关立即停止执行该规范性文件。
"3个月"	（1）法院审理上诉案件，应当在收到上诉状之日起3个月内作出终审判决。 （2）人民法院收到再审检察建议后，应当组成合议庭，在3个月内进行审查，发现原判决、裁定、调解书确有错误，需要再审的，依照《行政诉讼法》第92条规定裁定再审，并通知当事人。 （3）人民法院经审查认为规范性文件不合法的，可以在裁判生效之日起3个月内，向规范性文件制定机关提出修改或者废止该规范性文件的司法建议。 （4）没有强制执行权的行政机关申请人民法院强制执行其行政行为，应当自被执行人的法定起诉期限届满之日起3个月内提出。逾期申请的，除有正当理由外，人民法院不予受理。
"6个月"	（1）一审案件的一般审限为立案后6个月。 （2）当事人直接起诉的，时效为知道行政行为后6个月内，法律有短于此期间的特别规定的从其规定。 （3）当事人申请再审，应当在判决、裁定发生法律效力后6个月内提出。
"2年"	申请执行的期限为2年。
"5年"	其他行政行为从作出之日起超过5年提起诉讼的，人民法院不予受理。
"20年"	对涉及不动产的行政行为从作出之日起超过20年提起诉讼的，人民法院不予受理。

二、图表记忆

（一）证据提供
1. 原告、被告的举证责任

	举证责任	提供证据的时间
原告（第三人）	（1）公民、法人或者其他组织向人民法院起诉时，应当提供其符合起诉条件的相应的证据材料。 （2）在行政赔偿、补偿案件中，原告应当对被诉行政行为造成损害的事实提供证据。因被告原因导致原告无法举证的，由被告承担举证责任。 （3）原告可以提供证明行政行为违法的证据。但该证据不成立不免除被告的举证责任。 （4）在起诉被告不作为的案件中，原告应当提供其在行政程序中曾经提出申请的证据材料，但被告应当依职权主动履行法定职责、原告因正当理由不能提供证据的除外。	（1）应当在开庭审理前或者人民法院指定的交换证据之日提供证据。 （2）因正当事由申请延期提供证据的，经人民法院准许，可以在法。 （3）庭调查中提供。原告或者第三人在第一审程序中无正当事由未提供而在第二审程序中提供的证据，人民法院不予采纳。
被告	（1）被告对作出的行政行为负有举证责任。 （2）被告认为原告起诉超过法定期限的，由被告承担举证责任。 （3）国家赔偿案件中，被告应对被羁押人死亡或丧失行为能力与被告的行为之间是否存在因果关系承担举证责任。 （4）在诉讼过程中，被告及其诉讼代理人不得自行向原告、第三人和证人收集证据。 （5）被告在作出行政行为时已收集但因不可抗力不能提供的，经人民法院允许可以补充证据。	（1）收到起诉状副本之日起15日内，提供证据和所依据的规范性文件。 （2）原告或者第三人提出其在行政程序中没有提出的反驳理由或者证据的，经人民法院准许，被告可以在第一审程序中补充相应的证据。 （3）被告因不可抗力或者客观上不能控制的其他正当事由不能提供证据，应当在收到起诉状副本之日起10日内向人民法院提出延期提供证据的书面申请。

2. 法院调取证据

调取证据的情形	（1）依职权调取的情形：①涉及国家利益、公共利益或者他人合法权益的事实认定的；②程序性事项的。 （2）依原告或第三人申请的情形：①由国家机关保存而须由人民法院调取的证据材料；②涉及国家秘密、商业秘密、个人隐私的证据材料；③确因客观原因不能自行收集的其他证据材料。 （3）人民法院不得为证明被诉行政行为的合法性，调取被告在作出行政行为时未收集的证据。
相关程序	（1）人民法院对不符合调取证据条件的申请，应当向当事人或者其诉讼代理人送达通知书，说明不准许调取的理由。 （2）当事人及其诉讼代理人可以在收到不予调取通知书之日起 3 日内向受理申请的人民法院书面申请复议一次。人民法院应当在收到复议申请之日起 5 日内作出答复。 （3）人民法院需要调取的证据在异地的，可以书面委托证据所在地人民法院调取。 （4）当事人申请人民法院调取的证据，由申请调取证据的当事人在庭审中出示，并由当事人质证。 （5）人民法院依职权调取的证据，由法庭出示，并可就调取该证据的情况进行说明，听取当事人意见。

（二）证据认定

可以直接认定的事实	（1）众所周知的事实；（2）自然规律及定理；（3）按照法律规定推定的事实；（4）已经依法证明的事实；（5）根据日常生活经验法则推定的事实。 （1）、（3）、（4）、（5）项，当事人有相反证据足以推翻的除外。 生效的人民法院裁判文书或者仲裁机构裁决文书确认的事实，可以作为定案依据。但是如果发现裁判文书或者裁决文书认定的事实有重大问题的，应当中止诉讼，通过法定程序予以纠正后恢复诉讼。
不能作为定案依据的材料	（1）严重违反法定程序收集的证据材料； （2）以利诱、欺诈、胁迫、暴力等不正当手段获取的证据材料； （3）当事人无正当理由超出举证期限提供的证据材料； （4）在中华人民共和国领域以外或者在中华人民共和国香港特别行政区、澳门特别行政区和台湾地区形成的未办理法定证明手续的证据材料； （5）当事人无正当理由拒不提供原件、原物，又无其他证据印证，且对方当事人不予认可的证据的复制件或者复制品； （6）被当事人或者他人进行技术处理而无法辨明真伪的证据材料； （7）不能正确表达意志的证人提供的证言； （8）不具备合法性和真实性的其他证据材料；

续表

	（9）以违反法律禁止性规定或者侵犯他人合法权益的方法偷拍、偷录等取得的证据材料，不能作为认定案件事实的依据； （10）被告在行政程序中依照法定程序要求原告提供证据，原告依法应当提供而拒不提供，却在诉讼程序中提供的证据，人民法院一般不予采纳； （11）被告及其诉讼代理人在作出行政行为后或者在诉讼程序中自行收集的证据； （12）被告在行政程序中非法剥夺公民、法人或者其他组织依法享有的陈述、申辩或者听证权利所采用的证据； （13）原告或者第三人在诉讼程序中提供的、被告在行政程序中未作为行政行为依据的证据； （14）复议机关在复议程序中收集和补充的证据，或者作出原行政行为的行政机关在复议程序中未向复议机关提交的证据，不能作为人民法院认定原行政行为合法的依据。
	具有下列情形的鉴定意见人民法院不予采纳：（1）鉴定人不具备鉴定资格；（2）鉴定程序严重违法；（3）鉴定意见错误、不明确或者内容不完整。
不能单独作为定案依据	（1）未成年人所作的与其年龄和智力状况不相适应的证言； （2）与一方当事人有亲属关系或者其他密切关系的证人所作的对该当事人有利的证言，或者与一方当事人有不利关系的证人所作的对该当事人不利的证言； （3）应当出庭作证而无正当理由不出庭作证的证人证言； （4）难以识别是否经过修改的视听资料； （5）无法与原件、原物核对的复制件或者复制品； （6）一方当事人或者他人改动，对方当事人不予认可的证据材料； （7）其他不能单独作为定案依据的证据材料。
证明效力	（1）国家机关以及其他职能部门依职权制作的公文文书优于其他书证； （2）鉴定意见、现场笔录、勘验笔录、档案材料以及经过公证或者登记的书证优于其他书证、视听资料和证人证言； （3）原件、原物优于复制件、复制品； （4）法定鉴定部门的鉴定意见优于其他鉴定部门的鉴定意见； （5）法庭主持勘验所制作的勘验笔录优于其他部门主持勘验所制作的勘验笔录； （6）原始证据优于传来证据； （7）其他证人证言优于与当事人有亲属关系或者其他密切关系的证人提供的对该当事人有利的证言； （8）出庭作证的证人证言优于未出庭作证的证人证言； （9）数个种类不同、内容一致的证据优于一个孤立的证据；

续表

	（10）以有形载体固定或者显示的电子数据交换、电子邮件以及其他数据资料，其制作情况和真实性经对方当事人确认，或者以公证等其他有效方式予以证明的，与原件具有同等的证明效力。
当事人认可	庭审中一方当事人或者其代理人在代理权限范围内对另一方当事人陈述的案件事实明确表示认可的，人民法院可以对该事实予以认定，但有相反证据足以推翻的除外。
	在行政赔偿诉讼中，人民法院主持调解时当事人为达成调解协议而对案件事实的认可，不得在其后的诉讼中作为对其不利的证据。
	在不受外力影响的情况下，一方当事人提供的证据，对方当事人明确表示认可的，可以认定该证据的证明效力；对方当事人予以否认，但不能提供充分的证据进行反驳的，可以综合全案情况审查认定该证据的证明效力。

（三）行政诉讼一审程序的判决

适用条件	裁判内容
行政行为有下列情形之一的：（1）主要证据不足的；（2）适用法律、法规错误的；（3）违反法定程序的；（4）超越职权的；（5）滥用职权的；（6）明显不当的。	判决撤销或者部分撤销，并可以判决被告重新作出行政行为。
被告不履行法定职责的。	判决其在一定期限内履行。
被告依法负有给付义务的。	判决被告履行给付义务。
有下列情形之一的：（1）起诉被告不作为，理由不能成立的；（2）被诉行政行为合法但存在合理性问题的；（3）被诉行政行为合法，但因法律、政策变化需要变更或者废止的；（4）行政行为证据确凿，适用法律、法规正确，符合法定程序的；（5）原告申请被告履行法定职责或给付义务理由不成立的；（6）其他应当判决驳回诉讼请求的情形。	应当判决驳回原告的诉讼请求。
有下列情形之一的：（1）行政行为依法应当撤销，但撤销会给国家利益、社会公共利益造成重大损害的；（2）行政行为程序轻微违法，但对原告权利不产生实际影响的。	应当作出确认被诉行政行为违法的判决，但不撤销行政行为。

有下列情形之一，不需要撤销或者判决履行的：（1）行政行为违法，但不具有可撤销内容的；（2）被告改变原违法行政行为，原告仍要求确认原行政行为违法的；（3）被告不履行或者拖延履行法定职责，判决履行没有意义的。	应当作出确认被诉行政行为违法的判决，并责令被诉行政机关采取相应的补救措施；造成损害的，依法判决承担赔偿责任。
行政行为有实施主体不具有行政主体资格或者没有依据等重大且明显违法情形，原告申请确认行政行为无效的。	应当作出确认无效的判决，可以判令补救和赔偿。
行政处罚明显不当，或其他行政行为涉及对数额的确定、认定确有错误的。	可以判决变更。变更判决不得加重原告义务或减损原告权益。但利害关系人同为原告且诉讼请求相反的除外。

（四）行政诉讼简易程序

适用条件	特殊规定
（1）被诉行政行为是依法当场作出； （2）涉案款额 2000 元以下； （3）政府信息公开案件； （4）当事人同意适用简易程序。	（1）发回重审、再审案件不适用； （2）独任审理，45 日审结； （3）可转为普通程序。

（五）行政诉讼二审程序的处理

情形	裁判内容
原判决、裁定认定事实清楚，适用法律、法规正确。	判决或裁定驳回上诉，维持原判决、裁定。
原判决、裁定认定事实错误或者适用法律、法规错误。	依法改判、撤销或变更。
原判决认定基本事实不清、证据不足。	发回原审人民法院重审，也可以查清事实后改判。当事人对重审案件的判决、裁定，可以上诉。
二审法院经审理认为原审法院不予受理或者驳回起诉的裁定确有错误，且起诉符合法定条件。	应当裁定撤销原审法院的裁定，指令原审法院依法立案受理或者继续审理。

续表

二审法院审理上诉案件，需要改变原审判决的。	应当同时对被诉行政行为作出判决。
原审判决遗漏了必须参加诉讼的当事人或者诉讼请求的。	二审法院应当裁定撤销原审判决，发回重审。
原审判决遗漏行政赔偿请求，二审法院经审查认为依法不应当予以赔偿的。	应当判决驳回行政赔偿请求。
原审判决遗漏行政赔偿请求，二审法院认为应当赔偿的。	应当确认被诉行政行为违法，可以对赔偿进行调解；调解不成，就赔偿部分发回重审。

（六）行政合同（行政协议）诉讼

受案范围	公民、法人或者其他组织就下列行政协议提起行政诉讼的，人民法院应当依法受理：（1）政府特许经营协议；（2）土地、房屋等征收征用补偿协议；（3）矿业权等国有自然资源使用权出让协议；（4）政府投资的保障性住房的租赁、买卖等协议；（5）符合规定的政府与社会资本合作协议；（6）其他行政协议。
	因行政机关订立的下列协议提起诉讼的，不属于人民法院行政诉讼的受案范围：（1）行政机关之间因公务协助等事由而订立的协议；（2）行政机关与其工作人员订立的劳动人事协议。
当事人	原告：与行政协议有利害关系的公民、法人或者其他组织提起行政诉讼的，具有原告资格。
	被告：行政机关不能以原告身份起诉公民、法人或者其他组织，只能作为行政合同诉讼的被告。因行政机关委托的组织订立的行政协议发生纠纷的，委托的行政机关是被告。
管辖	当事人书面协议约定选择被告所在地、原告所在地、协议履行地、协议订立地、标的物所在地等与争议有实际联系地点的人民法院管辖的，人民法院从其约定，但违反级别管辖和专属管辖的除外。
起诉期限	公民、法人或者其他组织对行政机关不依法履行、未按照约定履行行政协议提起诉讼的，诉讼时效参照民事法律规范确定；对行政机关变更、解除行政协议等行政行为提起诉讼的，起诉期限依照行政诉讼法及其司法解释确定。 2015年5月1日后订立的行政协议发生纠纷的，适用行政诉讼法及《关于审理行政协议案件若干问题的规定》。2015年5月1日前订立的行政协议发生纠纷的，适用当时的法律、行政法规及司法解释。

续表

审理	举证责任	被告对于自己具有法定职权、履行法定程序、履行相应法定职责以及订立、履行、变更、解除行政协议等行为的合法性承担举证责任。 原告主张撤销、解除行政协议的，对撤销、解除行政协议的事由承担举证责任。 对行政协议是否履行发生争议的，由负有履行义务的当事人承担举证责任。
	合法性审查	人民法院审理行政协议案件，应当对被告订立、履行、变更、解除行政协议的行为是否具有法定职权、是否滥用职权、适用法律法规是否正确、是否遵守法定程序、是否明显不当、是否履行相应法定职责进行合法性审查。 原告认为被告未依法或者未按照约定履行行政协议的，人民法院应当针对其诉讼请求，对被告是否具有相应义务或者履行相应义务等进行审查。
	调解	人民法院审理行政协议案件，可以依法进行调解，但不得损害国家利益、社会公共利益和他人合法权益。
	法律适用	人民法院审理行政协议案件，应当适用《行政诉讼法》的规定；《行政诉讼法》没有规定的，参照适用《民事诉讼法》的规定。
裁判		（1）确认协议无效或有效。 （2）确认协议未生效及补救。 （3）判决撤销协议。 （4）判决撤销变更、解除协议的行政行为。 （5）判决被告继续履行协议、采取补救措施。 （6）判决解除协议。 （7）确认变更、解除协议的行政行为合法及补救措施。 （8）判决赔偿、补偿或采取补救措施。

第三节　国家赔偿法

归责原则	行政赔偿：违法归责。 刑事赔偿：违法归责和结果归责。	
国家不承担赔偿责任的情形	行政赔偿	（1）行政机关工作人员与行使职权无关的个人行为； （2）因公民、法人和其他组织自己的行为致使损害发生的； （3）"不可抗力"和"第三人过错"。
	刑事赔偿	（1）因公民自己故意作虚伪供述，或者伪造其他有罪证据被羁押或者被判处刑罚的（必须是公民自愿虚伪供述或伪造证据）； （2）依照刑法第17条（未达到刑事责任年龄）、第18条（精神病）规定不负刑事责任的人被羁押的（判决前羁押不赔、错判之后羁押要赔）； （3）依照刑事诉讼法第16条（①情节显著轻微、危害不大，不认为是犯罪的；②犯罪已过追诉时效期限的；③经特赦令免除刑罚的；④依照刑法告诉才处理的犯罪，没有告诉或者撤回告诉的；⑤犯罪嫌疑人、被告人死亡的；⑥其他法律规定免予追究刑事责任的）、第177条第2款（犯罪情节轻微，依照刑法规定不需要判处刑罚或者免除刑罚，人民检察院因此作出不起诉决定的）、第284条第2款（被附条件不起诉的未成年犯罪嫌疑人，在考验期满后人民检察院作出不起诉决定的）、第290条（在当事人和解的公诉案件中，犯罪嫌疑人、被告人犯罪情节轻微，不需要判处刑罚，人民检察院作出不起诉决定的）规定不追究刑事责任的人被羁押的； （4）行使侦查、检察、审判职权的机关以及看守所、监狱管理机关的工作人员与行使职权无关的个人行为； （5）因公民自伤、自残等故意行为致使损害发生的； （6）法律规定的其他情形（不可抗力、正当防卫、第三人过错）。
追偿条件	行政赔偿：有故意或重大过失。 刑事赔偿：（1）刑讯逼供或者以殴打、虐待等行为或者唆使、放纵他人以殴打、虐待等行为造成公民身体伤害或者死亡；（2）违法使用武器、警械造成公民身体伤害或者死亡；（3）在处理案件中有贪污受贿，徇私舞弊，枉法裁判行为。	

续表

国家赔偿的计算	侵犯人身自由	每日赔偿金按照国家上年度（这里的上年度，指赔偿义务机关、复议机关或者人民法院赔偿委员会作出赔偿决定且赔偿决定最终没有改变时的上年度；复议机关或者人民法院赔偿委员会决定维持原赔偿决定的，按作出原赔偿决定时的上年度）职工日平均工资计算。
	侵犯生命健康	(1) 身体伤害：医疗费、护理费，以及赔偿因误工减少的收入。减少的收入每日的赔偿金按照国家上年度职工日平均工资计算，最高额为国家上年度职工年平均工资的 5 倍。 (2) 丧失劳动能力：医疗费、护理费、残疾生活辅助具费、康复费等因残疾而增加的必要支出和继续治疗所必需的费用，以及残疾赔偿金。残疾赔偿金根据丧失劳动能力的程度，按照国家规定的伤残等级确定，最高不超过国家上年度职工年平均工资的 20 倍。 (3) 死亡：死亡赔偿金、丧葬费，总额为国家上年度职工年平均工资的 20 倍。 ★ 造成全部丧失劳动能力以及死亡的，对被害人扶养的无劳动能力的人，还应当支付生活费；生活费的发放标准，参照当地最低生活保障标准执行。被扶养的人是未成年人的，生活费给付至 18 周岁止；其他无劳动能力的人，生活费给付至死亡时止。

第十章 民　　法

复习记忆指导

民法属于绝对重点，需要全力复习。针对这部分，目标是基本分一分不丢，同时针对疑难和争议问题，做好放弃的心理准备。考生需重点关注《民法典》及其配套司法解释的规定，务必要熟悉法条，掌握新增重难点内容，并注意训练自己的分析能力，把这部分分数尽力拿下。

一、总　　则

（一）民事权利的分类

人身权与财产权	根据民法调整对象的不同，可将民事权利划分为人身权与财产权。 重点掌握姓名权、肖像权、名誉权、隐私权的侵权认定。
绝对权与相对权	依据权利的效力及义务主体范围，可将权利分为绝对权与相对权。 义务人为除权利人之外的不特定人的权利为绝对权，义务人为特定主体的权利为相对权。
支配权、请求权、抗辩权与形成权	依据权利行使方式的不同，可将权利分为支配权、请求权、抗辩权、形成权： （1）支配权：权利主体直接支配权利客体并享有其利益的排他性权利。 （2）请求权：特定的权利人请求特定他人为或不为一定行为的权利。 （3）抗辩权：针对有效的请求权而提出，以阻止请求权效力的权利。 （4）形成权：依权利人单方意思表示，就能使民事法律关系发生、变更、消灭的权利。
主权利与从权利	依据权利依存关系，可将权利分为主权利与从权利： （1）主权利：不依赖其他权利而能够独立存在的权利。 （2）从权利：以主权利的存在为前提而存在的权利。

（二）代理

无权代理与越权代理	行为人没有代理权、超越代理权或者代理权终止后，仍然实施代理行为，未经被代理人追认的，对被代理人不发生效力。
	相对人可以催告被代理人自收到通知之日起30日内予以追认。被代理人未作表示的，视为拒绝追认。行为人实施的行为被追认前，善意相对人有撤销的权利。撤销应当以通知的方式作出。
	行为人实施的行为未被追认的，善意相对人有权请求行为人履行债务或者就其受到的损害请求行为人赔偿。但是，赔偿的范围不得超过被代理人追认时相对人所能获得的利益。
	相对人知道或者应当知道行为人无权代理的，相对人和行为人按照各自的过错承担责任。
表见代理	行为人没有代理权、超越代理权或者代理权终止后，仍然实施代理行为，相对人有理由相信行为人有代理权的，代理行为有效。
委托代理的转代理	代理人需要转委托第三人代理的，应当取得被代理人的同意或者追认。
	转委托代理经被代理人同意或者追认的，被代理人可以就代理事务直接指示转委托的第三人，代理人仅就第三人的选任以及对第三人的指示承担责任。
	转委托代理未经被代理人同意或者追认的，代理人应当对转委托的第三人的行为承担责任；但是，在紧急情况下代理人为了维护被代理人的利益需要转委托第三人代理的除外。
违背职责	代理人不履行或者不完全履行职责，造成被代理人损害的，应当承担民事责任。
	代理人和相对人恶意串通，损害被代理人合法权益的，代理人和相对人应当承担连带责任。
违法代理	代理人知道或者应当知道代理事项违法仍然实施代理行为，或者被代理人知道或者应当知道代理人的代理行为违法未作反对表示的，被代理人和代理人应当承担连带责任。
共同代理	两个以上的受托人共同处理委托事务的，对委托人承担连带责任。

(三) 诉讼时效
1. 诉讼时效与除斥期间比较

	诉讼时效	除斥期间
适用对象	债权请求权。	形成权。
法律效果	诉讼时效经过，法律效果如下： (1) 当事人仍有诉权和实体权利，但对方取得抗辩权。(抗辩权发生主义) (2) 法院不得主动援用诉讼时效，主张诉讼时效为当事人的一项权利。 (3) 经当事人主张，法院查明后，应判决驳回原告的诉讼请求。 (4) 债务人自愿履行仍有效，债权人可以保有该项履行的利益。即超过诉讼时效期间，当事人自愿履行的，不受诉讼时效限制。过了诉讼时效期间，义务人履行义务后，又以超过诉讼时效为由反悔的，不予支持。 **注意**：诉讼时效的期间、计算方法以及中止、中断的事由由法律规定，当事人约定无效。当事人对诉讼时效利益的预先放弃无效。	(1) 期间经过后，原形成权消灭、不存在。 (2) 债务人自愿履行后，债权人不可以保有该项履行利益。
期间	(1) 普通诉讼时效：3年，自知道或应当知道权利受到损害以及义务人之日起计算。 (2) 特殊诉讼时效：4年，国际货物买卖、技术进出口合同。 (3) 最长诉讼时效：20年；有特殊情况，人民法院可以根据权利人的申请决定延长。	(1) 1年，可撤销民事行为。5年内不行使，消灭。 (2) 5年，提存中的领取权。
是否可变	可以中止、中断、延长。	不适用中止、中断、延长。

★ 下列请求权不适用诉讼时效的规定：
(1) 请求停止侵害、排除妨碍、消除危险。
(2) 不动产物权和登记的动产物权的权利人请求返还财产。
(3) 请求支付抚养费、赡养费或者扶养费。
(4) 依法不适用诉讼时效的其他请求权。

2. 诉讼时效的中止与中断

	中止	中断
原因	在诉讼时效期间的最后 6 个月内，因下列障碍，不能行使请求权的，诉讼时效中止： （1）不可抗力。 （2）无民事行为能力人或者限制民事行为能力人没有法定代理人，或者法定代理人死亡、丧失民事行为能力、丧失代理权。 （3）继承开始后未确定继承人或者遗产管理人。 （4）权利人被义务人或者其他人控制。 （5）其他导致权利人不能行使请求权的障碍。	有下列情形之一的，诉讼时效中断，从中断、有关程序终结时起，诉讼时效期间重新计算： （1）权利人向义务人提出履行请求。 （2）义务人同意履行义务。 （3）权利人提起诉讼或者申请仲裁。 （4）与提起诉讼或者申请仲裁具有同等效力的其他情形。
效果	自中止时效的原因消除之日起满 6 个月，诉讼时效期间届满。	从中断、有关程序终结时起，诉讼时效期间重新计算。

二、物　权

（一）物权变动与公示原则
1. 公示的概念、对象和方式

概念	不动产物权的设立、变更、转让和消灭，应当依照法律规定登记。 动产物权的设立和转让，应当依照法律规定交付。
对象	（1）是物权变动，而非债权行为。例如，张三与李四签订房屋买卖合同，合同自意思表示一致且满足生效要件时有效，但是只有办理房屋过户登记时，李四才能取得所有权。 （2）公示的对象并不是所有的物权变动，而是因表意行为发生的物权变动。 **例外**：①因人民法院、仲裁机构的法律文书或者人民政府的征收决定等，导致物权设立、变更、转让或者消灭的，自法律文书或者征收决定等生效时发生效力；②因继承取得物权的，自继承开始时发生效力；③因合法建造、拆除房屋等事实行为设立或者消灭物权的，自事实行为成就时发生效力。**注意**：处分以上物权时，依照法律规定需要办理登记的，未经登记，不发生物权效力。
方式	（1）动产：交付；（2）不动产：登记。

2. 公示的效力

交付	所有的交付，都是动产物权变动的生效要件。	
登记	强制公示主义（登记生效主义）	未经登记，不发生物权变动的效力（如仅签订不动产抵押合同，不办理登记，不能成立抵押权）。
		债权合同+登记=物权变动
	任意公示主义（登记对抗主义）	未经公示，发生物权变动的效力，但是不能对抗善意第三人（动产抵押合同生效，即成立抵押权，但是未办理登记，不得对抗不知情的善意第三人）。
		债权合同（物权未变动的）<善意第三人
		债权合同+登记>善意第三人

3. 动产交付

现实交付	现实交付标的物，权物同时转移。
拟制交付	交付标的物的单证（仓单、提单），所有权自交付单证时转移。
简易交付	买受人已占有标的物，自买卖合同生效时所有权发生移转。
占有改定	出卖人继续占有标的物（从原自主占有变为他主占有），有两个合同，如先卖后借，自第二个合同生效时所有权发生转移。动产质权不得适用占有改定。
指示交付	标的物由第三人占有，将对第三人的返还请求权让与受让人。

4. 不动产登记

权利记载冲突	不动产登记簿与权属证书记载不一致的，除有证据证明不动产登记簿确有错误外，以不动产登记簿为准。
登记信息公开	公民、法人或者其他组织对房屋登记机构的房屋登记行为以及与查询、复制登记资料等事项相关的行政行为或者相应的不作为不服的，可以提起行政诉讼。
更正登记与异议登记	（1）权利人、利害关系人认为不动产登记簿记载的事项错误的，可以申请更正登记。 （2）不动产登记簿记载的权利人书面同意更正或者有证据证明登记确有错误的，登记机构应当予以更正。 （3）不动产登记簿记载的权利人不同意更正的，利害关系人可以申请异议登记。 （4）登记机构予以异议登记，申请人自异议登记之日起15日内不起诉的，异议登记失效。 （5）异议登记不当，造成权利人损害的，权利人可以向申请人请求损害赔偿。

续表

预告登记	(1) 当事人签订买卖房屋的协议或者签订其他不动产物权的协议，为保障将来实现物权，按照约定可以向登记机构申请预告登记。 (2) 预告登记后，未经预告登记的权利人同意，处分该不动产的，不发生物权效力。 (3) 预告登记后，债权消灭或者自能够进行不动产登记之日起 90 日内未申请登记的，预告登记失效。
登记错误赔偿责任	(1) 当事人提供虚假材料申请登记，造成他人损害的，应当承担赔偿责任。房屋登记机构未尽合理审慎职责的，应当根据其过错程度及其在损害发生中所起作用承担相应的赔偿责任。 (2) 因登记错误，造成他人损害的，登记机构应当承担赔偿责任。登记机构赔偿后，可以向造成登记错误的人追偿。 (3) 房屋登记机构工作人员与第三人恶意串通违法登记，侵犯所有权人合法权益的，房屋登记机构与第三人承担连带赔偿责任。

（二） 所有权
1. 取得所有权的特别规定

原始取得与继受取得	原始取得，是指非基于他人的所有权及转让权利的意思表示而取得所有权。
	继受取得，是指由他人的所有权及让与权利的意思表示而取得所有权。
先占	基于取得所有权的意思占有无主物，而取得该无主物的所有权。
善意取得	占有或登记人让与标的物所有权时，纵然让与人无处分权，支付对价的善意受让人或权利人自取得动产占有或不动产登记时，取得物权。
	善意取得仅适用于占有委托物，不适用于占有脱离物，如遗失物、盗赃物。
	遗失物的特别规定：权利人自知道或者应当知道受让人之日起 2 年内向受让人请求返还原物。受让人通过拍卖或者向具有经营资格的经营者购得该遗失物的，权利人请求返还原物时应当支付受让人所付的费用，权利人向受让人支付所付费用后，有权向无处分权人追偿。若权利人自知道或者应当知道受让人之日起 2 年内未请求返还，则受让人取得所有权。

续表

拾得遗失物	（1）拾得人的义务及责任：应当通知权利人领取，或者送交公安等有关部门。在被领取前或送交有关部门前，应当妥善保管。因故意或者重大过失致使遗失物毁损、灭失的，应当承担民事责任。 （2）拾得人的权利：请求支付保管等必要费用；遗失物所有人发布悬赏广告的，拾得人可要求其依此支付，其拒不支付的，拾得人可以留置遗失物。但若拾得人侵占遗失物的，其无权请求保管遗失物等支出的费用，也无权请求权利人按照承诺履行义务。 （3）无人认领遗失物所有权的归属：遗失物自发布招领公告之日起1年内无人认领的，归国家所有。
添附	混合：有约定从约定——按价值成立共有——归属价值较高的物之权利人，由其折价补偿。
	附合：动产与不动产附合：有约定从约定——归属不动产权利人并折价补偿；动产与动产：与混合规则相同。
	加工：原材料主义，一般归原材料所有人——价值主义，若加工的价值高于原材料的价值，归加工人所有。

2. 业主的建筑物区分所有权

主体	权利	例外
建筑物内的住宅、经营性用房等专有部分。	业主享有所有权。	/
建筑物专有部分以外的共有部分。	业主享有共有和共同管理的权利。业主享有权利，承担义务；不得以放弃权利不履行义务。	/
转让建筑物内的住宅、经营性用房。	业主对共有部分享有的共有和共同管理的权利一并转让。	/
建筑区划内的道路。	业主共有。	属于城镇公共道路的除外。
建筑区划内的绿地。	业主共有。	属于城镇公共绿地或者明示属于个人的除外。

续表

建筑区划内的其他公共场所、公用设施和物业服务用房。	业主共有。	/
占用业主共有的道路或者其他场地用于停放汽车的车位。	业主共有。	/
建筑物及其附属设施的维修资金。	业主共有。	/

3. 共有

	按份共有	共同共有
定义	对共有的不动产或者动产按照其份额享有所有权。	对共有的不动产或者动产共同享有所有权。
确定	共有人对共有的不动产或者动产没有约定为按份共有或者共同共有，或者约定不明确的，除共有人具有家庭关系等外，视为按份共有。	
处分	处分共有的不动产或者动产以及对共有的不动产或者动产作重大修缮、变更性质或者用途的，应当经占份额 2/3 以上的按份共有人或者全体共同共有人同意，但共有人之间另有约定的除外。	
管理费	有约定的，按照约定；没有约定或者约定不明确的，按份共有人按照其份额负担。	有约定的，按照约定；没有约定或者约定不明确的，共同共有人共同负担。
分割	共有人约定不得分割共有的不动产或者动产，以维持共有关系的，应当按照约定，但共有人有重大理由需要分割的，可以请求分割。	
	没有约定或者约定不明确的，按份共有人可以随时请求分割。	没有约定或者约定不明确的，共同共有人在共有的基础丧失或者有重大理由需要分割时可以请求分割。
	因分割对其他共有人造成损害的，应当给予赔偿。共有人可以协商确定分割方式。达不成协议，共有的不动产或者动产可以分割且不会因分割减损价值的，应当对实物予以分割；难以分割或者因分割会减损价值的，应当对折价或者拍卖、变卖取得的价款予以分割。共有人分割所得的不动产或者动产有瑕疵的，其他共有人应当分担损失。	

续表

债权债务	在对外关系上，共有人享有连带债权、承担连带债务，但法律另有规定或者第三人知道共有人不具有连带债权债务关系的除外。	
	在共有人内部关系上，除共有人另有约定外，按份共有人按照份额享有债权、承担债务，偿还债务超过自己应当承担份额的按份共有人，有权向其他共有人追偿。	共同共有人共同享有债权、承担债务。
份额确定	没有约定或者约定不明确的，按照出资额确定；不能确定出资额的，视为等额享有。	/

（三）担保物权
1. 抵押权

特点	抵押权的标的物主要是债务人或第三人提供担保的财产。
	抵押权不转移标的物占有。
	抵押权原则上是意定担保物权。
设立	抵押合同必须以书面形式订立。
	流押禁止条款：抵押权人在债务履行期限届满前，与抵押人约定债务人不履行到期债务时抵押财产归债权人所有的，只能依法就抵押财产优先受偿。
	登记： (1) 登记作为生效要件：不动产，但法律另有规定的除外。依法属于国家所有的自然资源，所有权可以不登记。 (2) 登记作为对抗要件：以动产抵押的，抵押权自抵押合同生效时设立；未经登记，不得对抗善意第三人。 (3) 登记具有绝对效力，其内容与抵押合同的约定不一致的，以登记为准。

续表

不得用以抵押的财产	（1）土地所有权。（不可流通）	
	（2）宅基地、自留地、自留山等集体所有土地的使用权，但是法律有特别规定的除外。	**注意**：《土地管理法》第63条第3款规定："通过出让等方式取得的集体经营性建设用地使用权可以转让、互换、出资、赠与或者抵押，但法律、行政法规另有规定或者土地所有权人、土地使用权人签订的书面合同另有约定的除外。"
	（3）学校、幼儿园、医疗机构等为公益目的成立的非营利法人的教育设施、医疗卫生设施和其他公益设施。	**例外**：（1）在购入或者以融资租赁方式承租教育设施、医疗卫生设施、养老服务设施和其他公益设施时，出卖人、出租人为担保价款或者租金实现而在该公益设施上保留所有权。 （2）以教育设施、医疗卫生设施、养老服务设施和其他公益设施以外的不动产、动产或者财产权利设立担保物权。
	（4）所有权、使用权不明或有争议的财产。	
	（5）依法被查封、扣押、监管的财产。	
	（6）法律、行政法规规定不得抵押的其他财产。	
担保的范围	有约定的，依照约定。没有约定的，担保范围包括主债权及其利息、违约金、损害赔偿金、保管担保财产和实现抵押权的费用。	
效力	对标的物的效力： （1）抵押效力及于从物。 （2）对孳息的效力：债务人不履行到期债务或者发生当事人约定的实现抵押权的情形，致使抵押物被人民法院依法扣押的，自扣押之日起，抵押权人有权收取由抵押物分离的天然孳息或者法定孳息，但是抵押权人未通知应当清偿法定孳息义务人的除外。收取的孳息首先充抵收取孳息的费用，其次是主债权的利息，最后是主债权。 （3）对添附物的效力：添附物归第三人时适用物上代位的有关规定。添附物归抵押人所有时抵押权及于整个抵押物。 （4）对共有物的效力：共有时，抵押权及于抵押人的份额。	

续表

	对抵押人的效力——抵押人的权利： （1）占有、使用、收益的权利。 （2）处分权：转让标的物的权利（须经抵押权人同意）；就标的物再次设定抵押权或者质权等担保物权；就抵押物为他人设定用益物权。
	对抵押权人的效力——抵押权人的权利： （1）抵押权的保全。 抵押人的行为足以使抵押财产价值减少的，抵押权人有权请求抵押人停止其行为；抵押财产价值减少的，抵押权人有权请求恢复抵押财产的价值，或者提供与减少的价值相应的担保。抵押人不恢复抵押财产的价值，也不提供担保的，抵押权人有权请求债务人提前清偿债务。 （2）处分抵押物的权利。 在债权到清偿期而未受到清偿时，债权人有权将标的物进行处分以受偿。 （3）优先受偿权。
抵押权的实现	抵押权实现的要件： （1）须抵押权有效存在。 （2）须债务已届清偿期。 （3）须债务人未清偿债务。
	抵押权的实现方式有三种，分别是折价、拍卖、变卖。

2. 质权

特征	具有一切担保物权具有的共同特征——从属性、不可分性和物上代位性。
	质权的标的是动产和可转让的权利，不动产不能设定质权。 质权因此分为动产质权和权利质权。
	质权是移转质物的占有的担保物权，质权以占有标的物为成立要件。
设立	交付是质权的成立要件。
	交付包括现实交付、指示交付和简易交付，但不包括占有改定。
	交付的标的物与合同约定不一致的，以交付的为准。

续表

担保的债权	有约定的依约定，没有约定的，质押担保的范围包括主债权及利息、违约金、损害赔偿金、质物保管费用和实现质权的费用。		
动产质权的效力	对标的物的效力	（1）从物的效力：质权的效力及于从物，但是从物没有交付的，对从物无效。 （2）对孳息：质权人有权收取孳息，以孳息清偿收取孳息的费用、利息和主债权。	
	对质权人的效力	质权人的权利	（1）占有质物，质权人有权在债权受清偿前占有质物。 （2）收取孳息。 （3）转质。 （4）处分质物并就其价金优先受偿。 （5）费用支付请求权。有请求出质人支付保管标的物之费用的权利。 （6）保全质权的权利。因不可归责于质权人的事由可能使质押财产毁损或者价值明显减少，足以危害质权人权利的，质权人有权请求出质人提供相应的担保。出质人不提供的，质权人可以拍卖、变卖质押财产，并与出质人协议将拍卖、变卖所得的价款提前清偿债务或者提存。
		质权人的义务	（1）保管标的物。 （2）返还质物的义务——质权消灭时。
	对出质人的效力	出质人的权利	（1）出质人在质权人因保管不善致使质物毁损、灭失时，有权要求质权人承担民事责任。 （2）质权人的行为可能使质押财产毁损、灭失的，出质人可以请求质权人将质押财产提存，或者请求提前清偿债务并返还质押财产。 （3）质权人在质权存续期间，未经出质人同意转质，造成质押财产毁损、灭失的，应当承担赔偿责任。 （4）债务人履行债务或者出质人提前清偿所担保的债权的，质权人应当返还质押财产。 （5）出质人请求质权人及时行使质权，因质权人怠于行使权利造成出质人损害的，由质权人承担赔偿责任。

续表

权利质权	可以出质的权利类型： （1）汇票、本票、支票、债券、存款单、仓单、提单。 （2）可以转让的基金份额、股权、现有的以及将有的应收账款。 （3）可以转让的注册商标专用权、专利权、著作权等知识产权中的财产权。
	权利质权的成立要件和对抗要件： （1）有权利凭证——交付；无权利凭证——登记 以汇票、本票、支票、债券、存款单、仓单、提单出质的，质权自权利凭证交付质权人时设立；没有权利凭证的，质权自办理出质登记时设立。法律另有规定的，依照其规定。 （2）登记作为成立要件 ①以基金份额、股权出质的，质权自办理出质登记时设立。 ②以注册商标专用权、专利权、著作权等知识产权中的财产权出质的，质权自办理出质登记时设立。 ③以应收账款出质的，质权自办理出质登记时设立。
其他规定	（1）汇票、本票、支票、债券、存款单、仓单、提单的兑现日期或者提货日期先于主债权到期的，质权人可以兑现或者提货，并与出质人协议将兑现的价款或者提取的货物提前清偿债务或者提存。 （2）知识产权中的财产权出质后，出质人不得转让或者许可他人使用，但是出质人与质权人协商同意的除外。出质人转让或者许可他人使用出质的知识产权中的财产权所得的价款，应当向质权人提前清偿债务或者提存。

（四）用益物权

土地经营权	（1）土地承包经营人可以自主决定依法采取出租、入股或者其他方式向他人流转土地经营权。 （2）取得土地经营权，有权在合同约定期限内对农村土地行使占有、使用、收益的权利。 （3）流转期限超过5年的土地经营权，采取登记对抗主义，自流转合同生效时设立，未经登记不得对抗善意第三人。 《农村土地承包法》第9条规定，承包方承包土地后，享有土地承包经营权，可以自己经营，也可以保留土地承包权，流转其承包地的土地经营权，由他人经营。
建设用地使用权	住宅建设用地使用权期限届满的，自动续期。续期费用的缴纳或者减免，依照法律、行政法规的规定办理。

续表

居住权	（1）居住权人有权按照合同约定，对他人的住宅享有占有、使用的用益物权，以满足生活居住的需要。 （2）居住权无偿设立，但是当事人另有约定的除外。设立居住权的，应当向登记机构申请居住权登记。居住权自登记时设立。 （3）居住权不得转让、继承。设立居住权的住宅不得出租，但是当事人另有约定的除外。 （4）设立居住权，当事人应当采用书面形式订立居住权合同。 （5）居住权期限届满或者居住权人死亡的，居住权消灭。居住权消灭的，应当及时办理注销登记。

三、合　同

（一）合同的订立

形式	当事人订立合同，有书面形式、口头形式和其他形式。 书面形式是指合同书、信件和数据电文等可以有形地表现所载内容的形式。
要约	又称"发盘""发价"。要约必须具备两个条件：（1）内容具体确定；（2）表明经受要约人承诺就受该意思拘束。
要约邀请与要约	要约邀请是希望他人向自己发出要约的表示。 典型的要约邀请：寄送的价目表、拍卖公告、招标公告、招股说明书、债券募集办法、基金招募说明书、商业广告和宣传。
	二者的转化： （1）商业广告和宣传的内容符合要约条件的，构成要约。 （2）商品房的销售广告和宣传资料为要约邀请，但是出卖人就商品房开发规划范围内的房屋及相关设施所作的说明和允诺具体确定，并对商品房买卖合同的订立以及房屋价格的确定有重大影响的，构成要约。该说明和允诺即使未载入商品房买卖合同，亦应当为合同内容，当事人违反的，应当承担违约责任。（《商品房买卖合同解释》第3条）
要约与承诺的撤回	二者都可以撤回，撤回的通知应当在要约（承诺）的通知到达受要约人（要约人）之前或者与要约（承诺）同时到达。

续表

要约的撤销	（1）要约可以撤销： 撤销要约的通知必须在受要约人发出承诺通知前到达受要约人。 （2）要约不可撤销： ①要约人以确定承诺期限或者其他形式明示要约不可撤销； ②受要约人有理由认为要约是不可撤销的，并且已经为合同履行做了合理准备工作。(**注意**：必须同时具备"有理由"和"合理准备工作")
要约的失效	（1）要约被拒绝。 （2）要约被依法撤销。 （3）承诺期限届满，受要约人未作出承诺。 （4）受要约人对要约的内容作出实质性变更。
承诺的要件	（1）对要约的同意。 （2）受要约人向要约人作出表示。 （3）不得附有条件；在规定的期限内到达。 （4）承诺应当以通知方式作出，但是根据交易习惯或者要约表明可以通过行为作出承诺的除外。
承诺的效果与合同成立	（1）承诺生效时，合同成立。 （2）当事人采用合同书形式的，自当事人均签名、盖章或者按指印时，合同成立（这里签字、盖章或按指印任一即可）。 （3）法律、行政法规规定或者当事人约定合同应当采用书面形式订立，当事人未采用书面形式但是一方已经履行主要义务，对方接受时，该合同成立。
缔约过失	违反了先合同义务，损害了对方的信赖利益，应当承担赔偿责任： （1）假借订立合同，恶意进行磋商。 （2）故意隐瞒与订立合同有关的重要事实或者提供虚假情况。 （3）有其他违背诚信原则的行为，如泄露或者不正当使用订立合同中知悉的商业秘密或者其他应当保密的信息。

（二）合同的效力

附条件与附期限的合同	二者的区别在于，条件的发生与否具有不确定性，期限是必然到来的。比如人的死亡是期限而不是条件。

效力待定的合同	（1）限制民事行为能力人订立的超越其年龄、智力、精神健康状况的合同，但是纯获利益的合同除外。
	（2）无权代理 追认权（相对人可以在30日内撤销）。 撤销权（善意相对人，在合同被追认之前，应当以通知方式作出）。
	（3）无权处分 在经过权利人追认、事后取得处分权而使合同有效。 **例外**：无权处分订立的买卖合同有效，只是物权变动的效力待定。
	（4）未经债权人同意的债务承担。
可撤销的合同当事人需要向人民法院或者仲裁机构申请	（1）当事人双方都有权请求撤销的：因重大误解订立的。
	（2）受损方有权要求撤销的： ①一方以欺诈手段，使对方在违背真实意思的情况下实施的民事法律行为。 ②第三人实施欺诈行为，使一方在违背真实意思的情况下实施的民事法律行为，对方知道或者应当知道该欺诈行为的。 ③一方或者第三人以胁迫手段，使对方在违背真实意思的情况下实施的民事法律行为。 ④一方利用对方处于危困状态、缺乏判断能力等情形，致使民事法律行为成立时显失公平的。
撤销权的消灭	（1）有下列情形之一的，撤销权消灭： ①当事人自知道或者应当知道撤销事由之日起1年内、重大误解的当事人自知道或者应当知道撤销事由之日起90日内没有行使撤销权。 ②当事人受胁迫，自胁迫行为终止之日起1年内没有行使撤销权。 ③当事人知道撤销事由后明确表示或者以自己的行为表明放弃撤销权。
	（2）当事人自民事法律行为发生之日起5年内没有行使撤销权的，撤销权消灭。
合同无效、被撤销的后果	（1）自始无效。 （2）不影响有关解决争议方法的条款效力。 （3）返还财产、折价赔偿或者损害赔偿。

(三) 合同的履行

合同内容的补正	(1) 协议补充。 (2) 不能达成补充协议的，按照合同相关条款或者交易习惯确定。 (3) 仍然不能达成协议的： ①质量：强制性国家标准→推荐性国家标准→行业标准→通常标准或者合同目的的特定标准。 ②价款或者报酬：订立合同时履行地的市场价格，但是应当执行政府定价或者政府指导价的除外。 ③履行地点不明：货币在接受货币方所在地；不动产在不动产所在地；其他标的在履行义务方所在地履行。 ④履行期限不明：债务人可以随时履行，债权人也可以随时请求履行，但是应当给对方必要的准备时间。 ⑤履行方式不明：按照有利于实现合同目的的方式履行。 ⑥履行费用的负担不明：由履行义务一方负担；因债权人原因增加的履行费用，由债权人负担。
合同的相对性原则	(1) 约定由债务人向第三人履行债务的，债务人未履行或者不符合约定履行，向债权人承担违约责任；约定由第三人代为履行的，如果未履行或者不符合约定履行，由债务人承担违约责任。 (2) 法律规定或者当事人约定第三人可以直接请求债务人向其履行债务，第三人未在合理期限内明确拒绝，债务人未向第三人履行债务或者履行债务不符合约定的，第三人可以请求债务人承担违约责任；债务人对债权人的抗辩，可以向第三人主张。
合同的抗辩权 （一定只存在于双务合同中）	(1) 同时履行抗辩权 构成要件：基于同一双务合同；没有先后履行顺序；一方未履行或者履行不符合约定。
	(2) 不安抗辩权 先履行一方享有的。 构成要件：有确切的证据证明；对方有经营状况严重恶化，转移财产、抽逃资金以逃避债务，丧失商业信誉，有丧失或者可能丧失履行能力的其他情形。 法律效果：应当书面通知对方。 ①对方提供适当担保的，恢复履行。 ②对方在合理期限内未恢复履行能力并且未提供适当担保的，视为以自己的行为表明不履行主要债务，可以解除合同并可以请求对方承担违约责任。
	(3) 先履行抗辩权 后履行一方享有的权利。 在双务合同中先履行一方不履行或者履行不符合约定时行使。

续表

提前或者部分履行	债权人可以拒绝，但是部分履行不损害债权人利益的除外。债务人部分履行债务给债权人增加的费用，由债务人负担。
情势变更原则	（1）合同成立后，合同的基础条件发生了当事人在订立合同时无法预见的、不属于商业风险的"重大变化"，继续履行合同对于当事人一方明显不公平的，受不利影响的当事人可以与对方重新协商。 合同成立后，因政策调整或者市场供求关系异常变动等原因导致价格发生当事人在订立合同时无法预见的、不属于商业风险的涨跌，继续履行合同对于当事人一方明显不公平的，人民法院应当认定合同的基础条件发生了前述所称的"重大变化"。但是，合同涉及市场属性活跃、长期以来价格波动较大的大宗商品以及股票、期货等风险投资型金融产品的除外。 （2）在合理期限内协商不成的，当事人可以请求人民法院或者仲裁机构变更或者解除合同。人民法院或者仲裁机构应当结合案件的实际情况，根据公平原则变更或者解除合同。

（四）合同的变更和转让

不得转让的合同	（1）根据债权性质不得转让（例如基于特殊信赖关系）。 （2）根据当事人的约定不得转让。 （3）根据法律规定不得转让，例如最高额抵押合同。
债权让与	债务让与的条件： （1）协商一致，并且如果法律、行政法规有规定，履行批准程序。 （2）通知债务人；未经通知，对债务人不发生效力。
	债务让与的效果： （1）从权利随之转移，但是专属于转让人自身的除外。 （2）债务人可以向受让人主张对转让人的抗辩。 （3）债务人可以向受让人主张抵销权（①在接到转让通知时，对让与人享有债权且债务人的债权先于转让的债权到期或者同时到期；②债务人的债权与转让的债权是基于同一合同产生）。 让与人将同一债权转让给两个以上受让人，债务人以已经向最先通知的受让人履行为由主张其不再履行债务的，人民法院应予支持。债务人明知接受履行的受让人不是最先通知的受让人，最先通知的受让人请求债务人继续履行债务或者依据债权转让协议请求让与人承担违约责任的，人民法院应予支持；最先通知的受让人请求接受履行的受让人返还其接受的财产的，人民法院不予支持，但是接受履行的受让人明知该债权在其受让前已经转让给其他受让人的除外。

续表

债务承担	债务承担的条件： （1）协商一致，如果法律、行政法规有规定，履行批准程序。 （2）债务人应当经过债权人的同意。债务人或者第三人可以催告债权人在合理期限内予以同意，债权人未作表示的，视为不同意。 （3）并存的债务承担：第三人与债务人约定加入债务并通知债权人，或者第三人向债权人表示愿意加入债务，债权人未在合理期限内明确拒绝的，债权人可以请求第三人在其愿意承担的债务范围内和债务人承担连带债务。 第三人加入债务并与债务人约定了追偿权，其履行债务后可以向债务人追偿；没有约定追偿权，第三人可以依照《民法典》关于不当得利等的规定，在其已经向债权人履行债务的范围内请求债务人向其履行，但是第三人知道或者应当知道加入债务会损害债务人利益的除外。债务人就其对债权人享有的抗辩可以向加入债务的第三人主张。
	债务承担的效果： （1）从债务随之转移，但是专属于债务人自身的除外。 （2）新债务人可以主张原债务人对债权人的抗辩；原债务人对债权人享有债权的，新债务人不得向债权人主张抵销。
权利义务概括移转	（1）当事人一方经另一方同意，可以将自己在合同中的权利义务一并转让。 （2）概括移转适用上述债权让与、债务承担的规定。
合同转让中的第三人；"可以"将已经脱离合同关系的人列为第三人的情形	（1）债权让与：债务人与受让人发生纠纷，债务人对债权人的权利行使抗辩的，可以将债权人列为第三人。 （2）债务承担：受让人就债务人对债权人的权利提出抗辩，可以将债务人列为第三人。 （3）合同权利义务概括移转：对方就合同权利义务提出抗辩的，可以将出让方列为第三人。

（五）合同权利义务的终止

合同的解除	解除的情形： （1）协议解除。 （2）附解除条件。 （3）法定解除： ①因不可抗力不能实现合同目的； ②预期违约：在履行期限届满前，当事人一方明确表示或者以自己的行为表示不履行主要债务；

续表

	③迟延履行：迟延履行主要债务，并且经催告后，在合理的期限内仍未履行； ④根本违约：迟延履行或者其他违约行为致使不能实现合同目的。 (4) 任意解除：《民法典》规定了若干类合同当事人一方或双方可以任意解除合同，如不定期租赁合同的承租人、承揽合同的定作人、委托合同的当事人。
	解除的程序： (1) 法律规定或者当事人约定解除权行使期限，期限届满当事人不行使的，该权利消灭。 (2) 法律没有规定或者当事人没有约定解除权行使期限，自解除权人知道或者应当知道解除事由之日起1年内不行使，或者经对方催告后在合理期限内不行使的，该权利消灭。 (3) 当事人一方依法主张解除合同的，应当通知对方。合同自通知到达对方时解除；通知载明债务人在一定期限内不履行债务则合同自动解除，债务人在该期限内未履行债务的，合同自通知载明的期限届满时解除。对方对解除合同有异议的，任何一方当事人均可以请求人民法院或者仲裁机构确认解除行为的效力。 (4) 当事人一方未通知对方，直接以提起诉讼或者申请仲裁的方式依法主张解除合同，人民法院或者仲裁机构确认该主张的，合同自起诉状副本或者仲裁申请书副本送达对方时解除。
	解除的效果： (1) 尚未履行的，终止履行。 (2) 已经履行的，可以根据履行情况和合同性质，请求恢复原状或者采取其他补救措施，并请求赔偿损失。
债的抵销	分类： (1) 法定抵销：①互负债务都已到期；②债务的标的物的种类、品质相同的；③任意一方都可以主张。 (2) 约定抵销：协商一致即可抵销。 **注意**：因侵害自然人人身权益，或者故意、重大过失侵害他人财产权益产生的损害赔偿债务，侵权人不能主张抵销。
	程序： (1) 通知对方。 (2) 不得附条件或者期限。

续表

提存	条件： （1）债权人无正当理由拒绝受领。 （2）债权人下落不明。 （3）债权人死亡未确定继承人、遗产管理人，或者丧失民事行为能力未确定监护人。
	债务人的权利与义务： （1）标的物提存后，债务人应当及时通知债权人或者债权人的继承人、遗产管理人、监护人、财产代管人。 （2）标的物不适于提存或者提存费用过高，债务人依法可以拍卖或者变卖标的物，提存所得的价款。
	提存的效果： （1）债权人与债务人之间的债终止。 （2）提存后，标的物毁损、灭失的风险由债权人承担；孳息由债权人所有；提存费用由债权人承担。 （3）债权人领取提存物的权利，自提存之日5年内不行使则消灭，该物归国家所有。 （4）债权人未履行对债务人的到期债务，或者债权人向提存部门书面表示放弃领取提存物权利的，债务人负担提存费用后有权取回提存物。

（六）违约责任

违约责任的形式	继续履行： （1）金钱债务。 （2）非金钱债务，以下情形不可以要求继续履行，致使不能实现合同目的的，人民法院或者仲裁机构可以根据当事人的请求终止合同权利义务关系，但是不影响违约责任的承担： ①法律上或者事实上不能履行。 ②债务的标的不适于强制执行或者履行费用过高。 ③债权人在合理的期限内未要求履行。
	采取补救措施： （1）修理、重作、更换。 （2）减少价款或者报酬。 （3）退货。
	赔偿损失： （1）赔偿损失可以和补救措施并存。即在采取补救措施后，对方还有其他损失的，应当赔偿损失。 （2）当事人一方违约后，对方应当采取适当措施防止损失的扩大；没有采取适当措施致使损失扩大的，不得就扩大的损失请求赔偿。

续表

	违约金： （1）违约金与定金不能并存。定金不足以弥补一方违约造成的损失的，对方可以请求赔偿超过定金数额的损失。 （2）约定违约金"低于造成的损失"或"过分高于造成的损失"，当事人可以请求法院或仲裁机构，"予以增加"或"予以适当减少"。 约定的违约金超过造成损失的30%的，人民法院一般可以认定为过分高于造成的损失。恶意违约的当事人一方请求减少违约金的，人民法院一般不予支持。 （3）违约金支付后，还应当履行债务。
违约责任的免责事由	（1）不可抗力。 （2）约定的免责事由。
违约与侵权的竞合	违约行为同时导致对方人身财产损害的，受损害方有权选择要求其承担违约或者侵权责任。（违约责任和侵权责任是选择关系）
因第三方原因违约的责任	当事人一方因第三人的原因造成违约的，应当依法向对方承担违约责任。当事人一方和第三人之间的纠纷，依照法律规定或者按照约定处理。

四、人格权

(一) 生命权、身体权和健康权

生命权	自然人享有生命权。自然人的生命安全和生命尊严受法律保护。任何组织或者个人不得侵害他人的生命权。
身体权	(1) 人身自由权：以非法拘禁等方式剥夺、限制他人的行动自由，或者非法搜查他人身体的，受害人有权依法请求行为人承担民事责任。 (2) 人体器官捐献：完全民事行为能力人有权依法自主决定无偿捐献其人体细胞、人体组织、人体器官、遗体。任何组织或者个人不得强迫、欺骗、利诱其捐献。完全民事行为能力人依据前述规定同意捐献的，应当采用书面形式，也可以订立遗嘱。自然人生前未表示不同意捐献的，该自然人死亡后，其配偶、成年子女、父母可以共同决定捐献，决定捐献应当采用书面形式。 (3) 医疗领域的临床试验：为研制新药、医疗器械或者发展新的预防和治疗方法，需要进行临床试验的，应当依法经相关主管部门批准并经伦理委员会审查同意，向受试者或者受试者的监护人告知试验目的、用途和可能产生的风险等详细情况，并经其书面同意。进行临床试验的，不得向受试者收取试验费用。 (4) 性骚扰：违背他人意愿，以言语、文字、图像、肢体行为等方式对他人实施性骚扰的，受害人有权依法请求行为人承担民事责任。
健康权	从事与人体基因、人体胚胎等有关的医学和科研活动，应当遵守法律、行政法规和国家有关规定，不得危害人体健康，不得违背伦理道德，不得损害公共利益。

注意：自然人的生命权、身体权、健康权受到侵害或者处于其他危难情形的，负有法定救助义务的组织或者个人应当及时施救。

(二) 姓名权和名称权

姓名权	(1) 自然人享有姓名权，有权依法决定、使用、变更或者许可他人使用自己的姓名，但是不得违背公序良俗。 (2) 自然人应当随父姓或者母姓，但是有下列情形之一的，可以在父姓和母姓之外选取姓氏：①选取其他直系长辈血亲的姓氏；②因由法定扶养人以外的人扶养而选取扶养人姓氏；③有不违背公序良俗的其他正当理由。 (3) 少数民族自然人的姓氏可以遵从本民族的文化传统和风俗习惯。

续表

名称权	法人、非法人组织享有名称权，有权依法决定、使用、变更、转让或者许可他人使用自己的名称。
参照适用	具有一定社会知名度，被他人使用足以造成公众混淆的笔名、艺名、网名、译名、字号、姓名和名称的简称等，参照适用姓名权和名称权保护的有关规定。
消极权能	任何组织或者个人不得以干涉、盗用、假冒等方式侵害他人的姓名权或者名称权。

（三）肖像权

权利范围	自然人享有肖像权，有权依法制作、使用、公开或者许可他人使用自己的肖像。
消极权能	（1）任何组织或者个人不得以丑化、污损，或者利用信息技术手段伪造等方式侵害他人的肖像权。未经肖像权人同意，不得制作、使用、公开肖像权人的肖像，但是法律另有规定的除外。 （2）未经肖像权人同意，肖像作品权利人不得以发表、复制、发行、出租、展览等方式使用或者公开肖像权人的肖像。
合理使用	合理实施下列行为的，可以不经肖像权人同意： （1）为个人学习、艺术欣赏、课堂教学或者科学研究，在必要范围内使用肖像权人已经公开的肖像。 （2）为实施新闻报道，不可避免地制作、使用、公开肖像权人的肖像。 （3）为依法履行职责，国家机关在必要范围内制作、使用、公开肖像权人的肖像。 （4）为展示特定公共环境，不可避免地制作、使用、公开肖像权人的肖像。 （5）为维护公共利益或者肖像权人的合法权益，制作、使用、公开肖像权人的肖像的其他行为。
肖像许可使用合同	（1）合同解释规则：当事人对肖像许可使用合同中关于肖像使用条款的理解有争议的，应当作出有利于肖像权人的解释。 （2）合同解除权： ①当事人对肖像许可使用期限没有约定或者约定不明确的，任何一方当事人可以随时解除肖像许可使用合同，但是应当在合理期限之前通知对方。 ②当事人对肖像许可使用期限有明确约定的，肖像权人有正当理由的，可以解除肖像许可使用合同，但是应当在合理期限之前通知对方。因解除合同造成对方损失的，除不可归责于肖像权人的事由外，应当赔偿损失。

(四) 名誉权与荣誉权

名誉权	(1) 名誉权的限制：行为人为公共利益实施新闻报道、舆论监督等行为，影响他人名誉的，不承担民事责任，但是有下列情形之一的除外：①捏造、歪曲事实；②对他人提供的严重失实内容未尽到合理核实义务；③使用侮辱性言辞等贬损他人名誉。
	(2) 作品侵害名誉权：行为人发表的文学、艺术作品以真人真事或者特定人为描述对象，含有侮辱、诽谤内容，侵害他人名誉权的，受害人有权依法请求该行为人承担民事责任。**注意**：行为人发表的文学、艺术作品不以特定人为描述对象，仅其中的情节与该特定人的情况相似的，不承担民事责任。
	(3) 媒体报道内容失实侵害名誉权的补救：民事主体有证据证明报刊、网络等媒体报道的内容失实，侵害其名誉权的，有权请求该媒体及时采取更正或者删除等必要措施。
	(4) 信用评价：民事主体可以依法查询自己的信用评价；发现信用评价不当的，有权提出异议并请求采取更正、删除等必要措施。信用评价人应当及时核查，经核查属实的，应当及时采取必要措施。
荣誉权	(1) 民事主体享有荣誉权。任何组织或者个人不得非法剥夺他人的荣誉称号，不得诋毁、贬损他人的荣誉。 (2) 获得的荣誉称号应当记载而没有记载的，民事主体可以请求记载；获得的荣誉称号记载错误的，民事主体可以请求更正。

(五) 隐私权与个人信息保护

隐私权	(1) 自然人享有隐私权。任何组织或者个人不得以刺探、侵扰、泄露、公开等方式侵害他人的隐私权。隐私是自然人的私人生活安宁和不愿为他人知晓的私密空间、私密活动、私密信息。
	(2) 隐私权侵害行为：除法律另有规定或者权利人明确同意外，任何组织或者个人不得实施下列行为：①以电话、短信、即时通讯工具、电子邮件、传单等方式侵扰他人的私人生活安宁；②进入、拍摄、窥视他人的住宅、宾馆房间等私密空间；③拍摄、窥视、窃听、公开他人的私密活动；④拍摄、窥视他人身体的私密部位；⑤处理他人的私密信息；⑥以其他方式侵害他人的隐私权。

续表

个人信息权	(1) 个人信息处理的原则和条件 处理个人信息的，应当遵循合法、正当、必要原则，不得过度处理，并符合下列条件：①征得该自然人或者其监护人同意，但是法律、行政法规另有规定的除外；②公开处理信息的规则；③明示处理信息的目的、方式和范围；④不违反法律、行政法规的规定和双方的约定。 个人信息的处理包括个人信息的收集、存储、使用、加工、传输、提供、公开等。
	(2) 处理个人信息免责事由 处理个人信息，有下列情形之一的，行为人不承担民事责任：①在该自然人或者其监护人同意的范围内合理实施的行为；②合理处理该自然人自行公开的或者其他已经合法公开的信息，但是该自然人明确拒绝或者处理该信息侵害其重大利益的除外；③为维护公共利益或者该自然人合法权益，合理实施的其他行为。
	(3) 不得非法买卖、提供个人信息 信息处理者不得泄露或者篡改其收集、存储的个人信息；未经自然人同意，不得向他人非法提供其个人信息，但是经过加工无法识别特定个人且不能复原的除外。

（六）人格权的保护

人格权的保护	(1) 人格权受到侵害的，受害人有权依照《民法典》和其他法律的规定请求行为人承担民事责任。受害人的停止侵害、排除妨碍、消除危险、消除影响、恢复名誉、赔礼道歉请求权，不适用诉讼时效的规定。 (2) 因当事人一方的违约行为，损害对方人格权并造成严重精神损害，受损害方选择请求其承担违约责任的，不影响受损害方请求精神损害赔偿。 (3) 民事主体有证据证明行为人正在实施或者即将实施侵害其人格权的违法行为，不及时制止将使其合法权益受到难以弥补的损害的，有权依法向人民法院申请采取责令行为人停止有关行为的措施。 (4) 死者的姓名、肖像、名誉、荣誉、隐私、遗体等受到侵害的，其配偶、子女、父母有权依法请求行为人承担民事责任；死者没有配偶、子女且父母已经死亡的，其他近亲属有权依法请求行为人承担民事责任。

五、婚姻家庭

（一）结婚

有效婚姻	（1）结婚年龄，男不得早于22周岁，女不得早于20周岁。 （2）男女双方应当亲自到婚姻登记机关申请结婚登记。符合《民法典》规定的，予以登记，发给结婚证。完成结婚登记，即确立婚姻关系。
无效婚姻	（1）原因： ①一方或者双方没有达到法定婚龄； ②一方或者双方重婚； ③双方有法律规定的禁止结婚的亲属关系。 （2）无效婚姻的确认： ①无效婚姻必须经法院确认。 ②可以申请婚姻无效的主体，包括：婚姻当事人和利害关系人，其中利害关系人为近亲属、基层组织（仅限于重婚导致无效的情形下）。 ③无效婚姻可以被补正：当事人向人民法院请求确认婚姻无效时，法定的婚姻无效情形在提起诉讼时已经消失的，人民法院不予支持。 （3）无效婚姻的法律后果： ①婚姻自始无效，当事人不具有夫妻的权利义务关系。 ②被宣告无效的婚姻，当事人同居期间所得的财产，由当事人协议处理；协议不成的，由人民法院根据照顾无过错方的原则判决。对重婚导致的无效婚姻的财产处理，不得侵害合法婚姻当事人的财产权益。 ③无效婚姻下所生子女与婚生子女具有同等的权利。 ④婚姻无效的，无过错方有权请求损害赔偿。
可撤销婚姻	（1）原因： ①受胁迫成立的婚姻； ②一方隐瞒重大疾病成立的婚姻。 （2）撤销权的行使： ①受胁迫的一方应当向人民法院请求撤销婚姻，且自胁迫行为终止之日起1年内提出，如果人身自由受到非法限制的，请求撤销婚姻应当自其恢复人身自由之日起1年内提出。 ②因对方隐瞒重大疾病撤销婚姻的，应当自知道或应知道撤销事由之日起1年内提出。 （3）可撤销婚姻的法律后果：适用无效婚姻的法律后果。

（二）夫妻财产关系

法定	个人财产	（1）一方婚前财产及其在婚后所产生的孳息及自然增值。 （2）一方因受到人身损害获得的赔偿或者补偿。 （3）遗嘱或赠与合同中确定只归夫或妻一方的财产。（结婚前父母为双方购置房屋出资的，该出资应当认定为对自己子女的个人赠与，但父母明确表示赠与双方的除外。婚后由一方父母出资为子女购买的不动产，产权登记在出资人子女名下的，视为对子女一方的赠与，为一方的个人财产） （4）一方专用的生活用品。 （5）军人的伤亡保险金、伤残补助金、医药生活补助费。 （6）夫妻一方婚前签订不动产买卖合同，以个人财产支付首付款并在银行贷款，婚后用夫妻双方共同财产还贷，不动产登记于首付款支付方名下的，离婚时该不动产由双方协议处理。双方不能达成协议的，可判决该不动产归登记一方，尚未归还的贷款为不动产登记一方的个人债务。双方婚后共同还贷支付的款项及相应财产增值部分，由不动产登记一方对另一方进行补偿。
	共同财产	夫妻在婚姻关系存续期间所得的下列财产（**注意**：有的是收益，有的是所有权），为夫妻的共同财产，归夫妻共同所有，夫妻对共同所有，有平等的处理权。 （1）工资、奖金、劳务报酬。 （2）生产、经营、投资的收益。 （3）知识产权的收益，是指婚姻关系存续期间，实际取得或者已经明确可以取得的财产性收益。 （4）继承或赠与所得的财产，但遗嘱或赠与合同中确定只归夫或妻一方的财产除外。 （5）当事人结婚前，父母为双方购置房屋出资的，该出资应当认定为对自己子女个人的赠与，但父母明确表示赠与双方的除外。当事人结婚后，父母为双方购置房屋出资的，依照约定处理；没有约定或者约定不明确的，按照继承或者受赠的财产的规定处理。 （6）其他应当归共同所有的财产：一方以个人财产投资取得的收益；男女双方实际取得或者应当取得的住房补贴、住房公积金；男女双方实际取得或者应当取得的养老保险金、破产安置补偿费。 （7）人民法院审理离婚案件，涉及分割发放到军人名下的复员费、自主择业费等一次性费用的，以夫妻婚姻关系存续年限乘以年平均值，所得数额为夫妻共同财产。 （8）夫妻一方个人财产在婚后所取得的除孳息及自然增值外的收益。 （9）由一方婚前承租、婚后用共同财产购买的房屋，登记在一方名下的。
约定		（1）夫妻可以约定婚姻关系存续期间所得的财产以及婚前财产归各自所有、共同所有或部分各自所有、部分共同所有。约定的效力优于法定。 （2）约定应当采用书面形式。没有约定或约定不明确的，适用法定夫妻财产制。 （3）夫妻对婚姻关系存续期间所得的财产约定归各自所有，夫或妻一方对外所负的债务，相对人知道该约定的，以夫或妻一方所有的个人财产清偿。

（三）离婚

类型	协议离婚	（1）自婚姻登记机关收到离婚登记申请之日起30日内，任何一方不愿意离婚的，可以向婚姻登记机关撤回离婚登记申请。 （2）上述期限届满后30日内，双方应当亲自到婚姻登记机关申请发给离婚证；未申请的，视为撤回离婚登记申请。
	诉讼离婚	（1）基本理由是感情确已破裂，且调解无效。 （2）有下列情形之一，调解无效的，应当准予离婚：①重婚或者与他人同居；②实施家庭暴力或者虐待、遗弃家庭成员；③有赌博、吸毒等恶习屡教不改；④因感情不和分居满2年；⑤其他导致夫妻感情破裂的情形。一方被宣告失踪，另一方提起离婚诉讼的，应当准予离婚。经人民法院判决不准离婚后，双方又分居满1年，一方再次提起离婚诉讼的，应当准予离婚。 （3）离婚诉权的限制：①对现役军人：离婚必须征得军人同意，军人一方有重大过错的除外。②对妇女：女方在怀孕期间、分娩后1年内或终止妊娠后6个月内，男方不得提出离婚，但女方提出离婚或者人民法院认为确有必要受理男方离婚请求的除外。
法律后果	子女关系	（1）离婚后，不满2周岁的子女，以由母亲直接抚养为原则。已满2周岁的子女，父母双方对抚养问题协议不成的，由人民法院根据双方的具体情况，按照最有利于未成年子女的原则判决。子女已满8周岁的，应当尊重其真实意愿。 （2）父母与子女间的关系，不因父母离婚而消除。 （3）离婚后，子女由一方直接抚养的，另一方应当负担部分或者全部抚养费。负担费用的多少和期限的长短，由双方协议；协议不成的，由法院判决。若有下列情形，子女有权要求有负担能力的父或者母增加抚养费：①不足以维持当地实际生活水平；②患病或上学。 （4）探望权：离婚后，不直接抚养子女的父或母，有探望子女的权利，另一方有协助的义务。
	财产分割	（1）个人财产归个人。 （2）共有财产由双方协议处理；协议不成时，由法院根据财产的具体情况，按照照顾子女、女方和无过错方权益的原则判决。 （3）难以确定是个人财产还是共有财产时，主张权利的一方有举证责任，不能举证的，按共同财产处理。 （4）一方生活困难，有负担能力的另一方应给予适当帮助。具体办法由双方协议；协议不成时，由法院判决。 （5）夫妻一方隐藏、转移、变卖、毁损、挥霍夫妻共同财产，或者伪造夫妻共同债务企图侵占另一方财产的，在离婚分割夫妻共同财产时，对该方可以少分或不分。离婚后，另一方发现有上述行为的，可以向人民法院提起诉讼，请求再次分割夫妻共同财产。

续表

	（6）离婚时夫妻一方尚未退休、不符合领取基本养老金条件，另一方请求按照夫妻共同财产分割基本养老金的，人民法院不予支持；婚后以夫妻共同财产缴纳基本养老保险费，离婚时一方主张将养老金账户中婚姻关系存续期间个人实际缴纳部分及利息作为夫妻共同财产分割的，人民法院应予支持。
债务清偿	原则：共同债务以共同财产清偿；个人债务以个人财产清偿。 （1）离婚时，夫妻共同债务应当共同偿还。共同财产不足清偿或者财产归各自所有的，由双方协议清偿；协议不成时，由法院判决。以下为共同债务：①夫妻双方共同签字或者夫妻一方事后追认等共同意思表示所负的债务；②夫妻一方在婚姻关系存续期间以个人名义为婚后家庭共同生活所负的债务。 （2）夫妻一方单独所负债务，由本人偿还。所谓婚后个人债务，指婚后所欠与共同生活无关的，为满足个人需要或资助个人亲友的债务或夫妻约定由个人清偿的债务。个人债务主要包括：夫妻一方在婚姻关系存续期间以个人名义超出家庭日常生活需要所负的债务，并且非用于婚后家庭共同生活、共同生产经营或者非基于夫妻双方共同意思表示。 （3）夫妻一方与第三人串通，虚构债务，第三人主张该债务为夫妻共同债务的，人民法院不予支持。 （4）夫妻一方在从事赌博、吸毒等违法犯罪活动中所负债务，第三人主张该债务为夫妻共同债务的，人民法院不予支持。 （5）夫或者妻一方死亡的，生存一方应当对婚姻关系存续期间的夫妻共同债务承担清偿责任。
离婚救济	（1）离婚经济帮助权：离婚时，如一方生活困难，有负担能力的另一方应给予适当帮助。 （2）离婚经济补偿权：夫妻一方因抚育子女、照料老人、协助另一方工作等负担较多义务的，离婚时有权请求另一方补偿。 （3）离婚损害赔偿请求权： ①由无过错方向有过错方主张离婚损害赔偿。 ②有过错的判断标准：重婚；与他人同居；实施家庭暴力；虐待、遗弃家庭成员；有其他重大过错。 ③以当事人提起离婚为前提。

六、继 承

(一) 代位继承与转继承

	代位继承	转继承
定义	指被继承人的子女先于被继承人死亡的,死亡的子女的直系晚辈血亲代位继承被继承人遗产的制度。	指继承人在继承开始后、遗产分割之前死亡,其应继承的遗产转由他的合法继承人继承的制度。
适用范围	只适用于法定继承,不适用于遗嘱继承。	法定继承、遗嘱继承均适用。
适用条件	(1) 被代位继承人必须是被继承人的子女,并且先于被继承人死亡或宣告死亡,这是代位继承的首要条件。 (2) 代位继承人只限于被继承人子女的晚辈直系血亲,而且没有代数的限制。 (3) 被继承人的兄弟姐妹先于被继承人死亡的,由被继承人的兄弟姐妹的子女代位继承。	(1) 基于继承人后于被继承人死亡的事实而发生的。 (2) 转继承人可以是被继承人的晚辈直系血亲,也可以是被继承人的其他法定继承人。
结果	代位继承人一般只能继承被代位继承人有权继承的继承份额。	转继承人要按继承顺序继承遗产。

(二) 遗嘱继承、遗赠与遗赠扶养协议

遗嘱继承	(1) 自书遗嘱:由遗嘱人亲笔书写,签名,注明年、月、日。 (2) 代书遗嘱:应当有两个以上见证人在场见证,由其中一人代书,并由遗嘱人、代书人和其他见证人签名,注明年、月、日。 (3) 打印遗嘱:应当有两个以上见证人在场见证。遗嘱人和见证人应当在遗嘱每一页签名,注明年、月、日。 (4) 录音录像遗嘱:应当有两个以上见证人在场见证。遗嘱人和见证人应当在录音录像中记录其姓名或者肖像,以及年、月、日。 (5) 口头遗嘱:遗嘱人在危急情况下,可以立口头遗嘱。口头遗嘱应当有两个以上见证人在场见证。危急情况消除后,遗嘱人能够以书面或者录音录像形式立遗嘱的,所立的口头遗嘱无效。 (6) 公证遗嘱:公证遗嘱由遗嘱人经公证机构办理。 注意:各类遗嘱效力相同。

续表

	遗嘱人可以撤回、变更自己所立的遗嘱。 (1) 立遗嘱后，遗嘱人实施与遗嘱内容相反的民事法律行为的，视为对遗嘱相关内容的撤回。 (2) 立有数份遗嘱，内容相抵触的，以最后的遗嘱为准。
遗赠	自然人可以立遗嘱将个人财产赠与国家、集体或者法定继承人以外的组织、个人。
遗赠扶养协议	自然人可以与继承人以外的组织或者个人签订遗赠扶养协议。按照协议，该组织或者个人承担该自然人生养死葬的义务，享有受遗赠的权利。
注意：遗嘱继承效力高于法定继承，低于遗赠扶养协议。	

七、侵权责任

（一）归责原则与构成要件

归责原则与构成要件	过错责任	加害人有过错时才承担责任，受害人需要证明加害人有过错。 过错责任是一般原则，法律未特别规定的，都适用过错责任原则。
		构成要件：损害、违法行为、因果关系、过错。
	过错推定责任	加害人有过错时才承担责任，法律直接推定加害人有过错。 在法律有规定时适用。
		构成要件：损害、行为、因果关系、推定过错。（受害人无需证明加害人有过错，法律直接推定其有过错，但加害人可以证明自己无过错而免于承担责任）
	无过错责任	不考虑加害人过错状况，无论其有无过错，都要承担责任。 在法律有规定时适用。
		构成要件：损害、行为、因果关系。
公平分担损失	双方对损害发生均无过错，且不适用无过错责任，由双方按照经济能力等因素公平分担损失；分担者非构成侵权，不能称之为公平责任。	

（二）免责事由的一般规则

法定情形	**过错相抵**：受害人的过错——减轻侵权责任。	
	受害人故意：受害人的故意——行为人免责。	
	第三人原因：损害因第三人造成，第三人承担侵权责任。	
	不可抗力：因不可抗力造成他人损害的，不承担责任。	
	正当防卫：因正当防卫造成损害的，不承担责任。防卫过当，承担适当的责任。	
	紧急避险：(1) 因紧急避险造成损害的，引起险情发生的人承担责任。(2) 危险由自然原因引起的，紧急避险人不承担责任，可以给予适当补偿。(3) 紧急避险采取措施不当或者超过必要的限度，造成不应有的损害的，紧急避险人应当承担适当责任。	
	自甘风险：自愿参加具有一定风险的文体活动，因其他参加者的行为受到损害的，受害人不得请求其他参加者承担侵权责任；但是，其他参加者对损害的发生有故意或者重大过失的除外。	
	自助行为：合法权益受到侵害，情况紧迫且不能及时获得国家机关保护，不立即采取措施将使其合法权益受到难以弥补的损害的，受害人可以在保护自己合法权益的必要范围内采取扣留侵权人的财物等合理措施；但是，应当立即请求有关国家机关处理。受害人采取的措施不当造成他人损害的，应当承担侵权责任。	
其他理由	执行职务；受害人同意。	

（三）数人侵权

因共同故意或过失，共同实施侵权行为	包括无分工的共同侵权及有分工的共同侵权，各侵权人承担连带侵权责任。
非共同故意或过失的分别实施的数个侵权行为造成同一损害	(1) 每个人的侵权行为都足以造成全部损害的，行为人承担连带责任。(2) 每个人的侵权行为不足以造成全部损害的，能够确定责任大小的，各自承担相应的责任；难以确定责任大小的，平均承担赔偿责任。
教唆、帮助侵权	(1) 教唆、帮助完全民事行为能力人实施侵权行为，承担连带责任。(2) 教唆、帮助无民事行为能力人、限制民事行为能力人实施侵权行为：由教唆、帮助人承担侵权责任；该无民事行为能力人、限制民事行为能力人的监护人未尽到监护职责的，应当承担相应的责任。

续表

共同危险行为	二人以上实施危及他人人身、财产安全的行为，其中一人或者数人的行为造成他人损害的，能够确定具体侵权人的，由侵权人承担责任；不能确定具体侵权人的，行为人承担连带责任。

（四）责任主体的特殊规定

监护人责任	监护人对被监护人实施的侵权行为，承担无过错责任。监护人尽到监护职责的，可以减轻其侵权责任。
	被监护人有财产的，从本人财产中支付赔偿费用。不足部分，由监护人赔偿。
委托监护责任	无民事行为能力人、限制民事行为能力人造成他人损害，监护人将监护职责委托给他人的，监护人应当承担侵权责任；受托人有过错的，承担相应的责任。
丧失意识侵权责任	完全民事行为能力人对自己的行为暂时没有意识或者失去控制造成他人损害有过错的，应当承担侵权责任；没有过错的，根据行为人的经济状况对受害人适当补偿。
	完全民事行为能力人因醉酒、滥用麻醉药品或者精神药品对自己的行为暂时没有意识或者失去控制造成他人损害的，应当承担侵权责任。
教育机构责任	教育机构自己侵权责任：（1）无民事行为能力人在幼儿园、学校或者其他教育机构学习、生活期间受到人身损害的，幼儿园、学校或者其他教育机构承担过错推定责任；但是，能够证明尽到教育、管理职责的，不承担侵权责任。（2）限制民事行为能力人在学校或者其他教育机构学习、生活期间受到人身损害的，学校或者其他教育机构未尽到教育、管理职责的，承担过错责任。
	第三人侵权时教育机构的责任：由第三人承担侵权责任，幼儿园、学校或者其他教育机构未尽到管理职责的，承担相应的补充责任。幼儿园、学校或者其他教育机构承担补充责任后，可以向第三人追偿。

续表

用人者责任	用人单位责任：（1）工作人员因执行工作造成他人损害的，用人单位承担侵权责任。用人单位承担侵权责任后，可以向有故意或者重大过失的工作人员追偿。个体工商户的从业人员因执行工作任务造成他人损害的，适用前述规定认定民事责任。（2）劳务派遣人员因执行工作任务造成他人损害的，由接受劳务派遣的用工单位承担侵权责任；劳务派遣单位有过错的，承担相应的责任。劳务派遣期间，被派遣的工作人员因执行工作任务造成他人损害，被侵权人合并请求劳务派遣单位与接受劳务派遣的用工单位承担侵权责任的，接受劳务派遣的用工单位承担侵权人应承担的全部责任；劳务派遣单位在不当选派工作人员、未依法履行培训义务等过错范围内，与接受劳务派遣的用工单位共同承担责任，但责任主体实际支付的赔偿费用总和不应超出被侵权人应受偿的损失数额。劳务派遣单位先行支付赔偿费用后，就超过自己相应责任的部分向接受劳务派遣的用工单位追偿的，人民法院应予支持，但双方另有约定的除外。
	个人使用人责任：（1）个人之间形成劳务关系，提供劳务一方因劳务造成他人损害的，由接受劳务一方承担侵权责任。接受劳务一方承担侵权责任后，可以向有故意或者重大过失的提供劳务一方追偿。（2）提供劳务一方因劳务自己受到损害的，根据双方各自的过错承担相应的责任。（3）提供劳务期间，因第三人的行为造成提供劳务一方损害的，提供劳务一方有权请求第三人承担侵权责任，也有权请求接受劳务一方给予补偿。接受劳务一方补偿后，可以向第三人追偿。
网络侵权责任	网络用户、网络服务提供者对自己的侵权行为承担过错责任。
	网络服务提供者对网络用户的侵权行为承担责任。 （1）提示规则：网络用户侵权——被侵权人通知——网络服务提供者接到通知后未及时采取必要措施的——就扩大的损害，与该网络用户承担连带责任。 （2）明知规则：网络服务提供者知道或者应当知道网络用户侵权，未采取必要措施，与该网络用户承担连带责任。
违反安全保障义务的责任	安全保障义务人的责任： 宾馆、商场、银行、车站、机场、体育场馆、娱乐场所等经营场所、公共场所的经营者、管理者或者群众性活动的组织者，未尽到安全保障义务，造成他人损害的，应当承担侵权责任。

续表

	第三人侵权，安全保障义务人的责任： 第三人承担侵权责任，经营者、管理者或者组织者未尽到安全保障义务的，承担相应的补充责任。经营者、管理者或者组织者承担补充责任后，可以向第三人追偿。 物业服务企业等建筑物管理人未采取必要的安全保障措施防止从建筑物中抛掷物品或者从建筑物上坠落的物品造成他人损害，具体侵权人、物业服务企业等建筑物管理人作为共同被告的，人民法院应当在判决中明确，未采取必要安全保障措施的物业服务企业等建筑物管理人在人民法院就具体侵权人的财产依法强制执行后仍不能履行的范围内，承担与其过错相应的补充责任。 物业服务企业等建筑物管理人未采取必要的安全保障措施防止从建筑物中抛掷物品或者从建筑物上坠落的物品造成他人损害，经公安等机关调查，在民事案件一审法庭辩论终结前仍难以确定具体侵权人的，未采取必要安全保障措施的物业服务企业等建筑物管理人承担与其过错相应的责任。被侵权人其余部分的损害，由可能加害的建筑物使用人给予适当补偿。具体侵权人确定后，已经承担责任的物业服务企业等建筑物管理人、可能加害的建筑物使用人可以向具体侵权人追偿。

（五）产品责任

责任分担	外部被侵权人的求偿：受害人可以选择要求生产者、销售者承担无过错责任。 内部责任分担及追偿： （1）生产者：无过错责任。 （2）销售者：过错导致产品缺陷；不能指明缺陷产品的生产者。 （3）第三人：运输者、仓储者等第三人过错导致产品缺陷。 向被侵权人承担了责任的主体有权向应该承担责任的人追偿。
特殊的责任方式	非现实损害的责任方式：停止侵害、排除妨碍、消除危险。 停止销售、警示、召回：产品投入流通后发现存在缺陷的，生产者、销售者应当及时采取停止销售、警示、召回等补救措施；未及时采取补救措施或者补救措施不力造成损害扩大的，对扩大的损害也应当承担侵权责任。
惩罚性赔偿责任	生产者、销售者明知产品存在缺陷仍然生产、销售，或者没有依法采取有效补救措施，造成他人死亡或者健康严重损害的，被侵权人有权请求相应的惩罚性赔偿。

（六）机动车交通事故责任

一般规则	先由保险人在机动车第三者责任强制保险责任限额范围内予以赔偿，不足部分：（1）机动车之间发生事故——双方承担过错归责原则。（2）机动车与非机动车及行人之间发生事故——机动车一方承担无过错责任；非机动车一方有过错，减轻机动车方责任（机动车一方没有过错的，承担不超过10%的赔偿责任）；非机动车一方故意碰撞，免责。
主体的特殊规定	（1）租赁、借用机动车：使用人承担责任；所有人、管理人有过错的，承担相应责任。 （2）转让机动车：已交付但未办理所有权转移登记，受让人承担责任。 （3）以挂靠形式经营的机动车：挂靠人和被挂靠人承担连带责任。 （4）未经允许驾驶他人机动车：机动车使用人承担赔偿责任；机动车所有人、管理人对损害的发生有过错的，承担相应的赔偿责任。 （5）转让拼装或者已达到报废标准的机动车：转让人和受让人承担连带责任。以买卖或者其他方式转让拼装或者已经达到报废标准的机动车，发生交通事故造成损害，转让人、受让人以其不知道且不应当知道该机动车系拼装或者已达到报废标准为由，主张不承担侵权责任的，人民法院不予支持。 （6）盗窃、抢劫或者抢夺的机动车：盗窃人、抢劫人或者抢夺人承担赔偿责任。盗窃人、抢劫人或者抢夺人与机动车使用人不是同一人，发生交通事故造成损害，属于该机动车一方责任的，由盗窃人、抢劫人或者抢夺人与机动车使用人承担连带责任。保险人在机动车强制保险责任限额范围内垫付抢救费用的，有权向交通事故责任人追偿。 **总结**：风险控制主义：实际控制人承担责任。
机动车驾驶人交通事故逃逸	机动车确定且参加强制保险：由保险人在机动车强制保险责任限额范围内予以赔偿。 机动车不明、该机动车未参加强制保险或者抢救费用超过机动车强制保险责任限额——道路交通事故社会救助基金人身垫付伤亡的抢救、丧葬等费用——管理机构有权向交通事故责任人追偿。
好意同乘的责任承担	非营运机动车发生交通事故造成无偿搭乘人损害：属于该机动车一方责任的，应当减轻其赔偿责任，但是机动车使用人有故意或者重大过失的除外。

(七) 医疗损害责任

一般规则	过错责任：未尽说明义务；未取得同意（抢救例外）；未尽到与当时的医疗水平相应的诊疗义务。
特殊情况	过错推定责任：(1) 违反法律、行政法规、规章以及其他有关诊疗规范的规定；(2) 隐匿或者拒绝提供与纠纷有关的病历资料；(3) 遗失、伪造、篡改或者违法销毁病历资料。
法定免责事由	(1) 患者或者其近亲属不配合医疗机构进行符合诊疗规范的诊疗。 (2) 医务人员在抢救生命垂危的患者等紧急情况下已经尽到合理诊疗义务。 (3) 限于当时的医疗水平难以诊疗。
缺陷药品、消毒产品、医疗器械、不合格血液致人损害	不真正连带责任：因药品、消毒产品、医疗器械的缺陷，或者输入不合格的血液造成患者损害的： (1) 患者可以向药品上市许可持有人、生产者、血液提供机构请求赔偿，也可以向医疗机构请求赔偿。 (2) 患者向医疗机构请求赔偿的，医疗机构赔偿后，有权向负有责任的药品上市许可持有人、生产者、血液提供机构追偿。

(八) 环境污染和生态破坏责任

归责原则	污染环境、破坏生态的行为人承担无过错责任。
举证责任分配	因果关系举证责任倒置：侵权人证明损害与污染行为之间不存在因果关系。 受害人需证明损害及侵权人有污染行为；侵权人需证明损害与污染行为之间不存在因果关系及其他免责事由。
第三人过错导致环境污染侵权	不真正连带责任。 被侵权人可以向侵权人请求赔偿，也可以向第三人请求赔偿。侵权人赔偿后，有权向第三人追偿。
惩罚性赔偿	侵权人违反法律规定故意污染环境、破坏生态造成严重后果的，被侵权人有权请求相应的惩罚性赔偿。
生态环境修复责任	(1) 违反国家规定造成生态环境损害，生态环境能够修复的，国家规定的机关或者法律规定的组织有权请求侵权人在合理期限内承担修复责任。 (2) 侵权人在期限内未修复的，国家规定的机关或者法律规定的组织可以自行或者委托他人进行修复，所需费用由侵权人负担。

续表

公益诉讼赔偿范围	（1）生态环境受到损害至修复完成期间服务功能丧失导致的损失。 （2）生态环境功能永久性损害造成的损失。 （3）生态环境损害调查、鉴定评估等费用。 （4）清除污染、修复生态环境费用。 （5）防止损害的发生和扩大所支出的合理费用。

（九）高度危险责任

一般规则	由高度危险作业人或经营人，承担无过错责任。
主体的特殊规定	遗失、抛弃高度危险物造成他人损害的，由所有人承担侵权责任。
	所有人将高度危险物交由他人管理的，由管理人承担侵权责任；所有人有过错的，与管理人承担连带责任。
	非法占有高度危险物造成他人损害的，由非法占有人承担侵权责任。所有人、管理人不能证明对防止非法占有尽到高度注意义务的，与非法占有人承担连带责任。
免责事由的特殊规定	占有或者使用易燃、易爆、剧毒、高放射性、强腐蚀性、高致病性等高度危险物造成他人损害——受害人故意或者不可抗力，免责；受害人重大过失，减轻责任。
	从事高空、高压、地下挖掘活动或者使用高速轨道运输工具造成他人损害——受害人故意或者不可抗力，免责；受害人重大过失，减轻责任。
	未经许可进入高度危险活动区域或者高度危险物存放区域受到损害——管理人能够证明已经采取足够安全措施并尽到充分警示义务的，可以减轻或者不承担责任。

（十）饲养动物损害责任

一般规则	饲养人或者管理人承担无过错责任，但能够证明损害是因被侵权人故意或者重大过失造成的，可以不承担或者减轻责任。
特殊规则	（1）违反管理规定，未对动物采取安全措施造成他人损害，动物饲养人或者管理人应当承担侵权责任；但是，能够证明损害是因被侵权人故意造成的，可以减轻责任。 （2）禁止饲养的烈性犬等危险动物造成他人损害，动物饲养人或者管理人应当承担侵权责任（受害人故意或者重大过失不能作为免责事由）。 （3）动物园的动物造成他人损害的，动物园承担过错推定责任（证明自己尽到管理职责可免责）。

续表

第三人过错导致饲养动物侵权	不真正连带责任： 被侵权人可以向动物饲养人或者管理人请求赔偿，也可以向第三人请求赔偿。动物饲养人或者管理人赔偿后，有权向第三人追偿。

（十一）建筑物和物件损害责任

建筑物及悬挂物等脱落、坠落责任	建筑物、构筑物或者其他设施及其搁置物、悬挂物发生脱落、坠落造成他人损害： （1）所有人、管理人或者使用人承担过错推定责任。 （2）所有人、管理人或者使用人赔偿后，有其他责任人的，有权向其他责任人追偿。
建筑物倒塌、塌陷责任	建筑物、构筑物或者其他设施倒塌、塌陷造成他人损害： （1）建设单位与施工单位承担无过错连带责任，但是建设单位与施工单位能够证明不存在质量缺陷的除外。建设单位、施工单位赔偿后，有其他责任人的，有权向其他责任人追偿。 （2）因所有人、管理人、使用人或者第三人的原因，建筑物、构筑物或者其他设施倒塌、塌陷造成他人损害的，由所有人、管理人、使用人或者第三人承担侵权责任。
不明抛掷物、坠落物致害责任	（1）从建筑物中抛掷物品或者从建筑物上坠落的物品造成他人损害的，由侵权人依法承担侵权责任；经调查难以确定具体侵权人的，除能够证明自己不是侵权人的外，由可能加害的建筑物使用人给予补偿。可能加害的建筑物使用人补偿后，有权向侵权人追偿。 （2）物业服务企业等建筑物管理人应当采取必要的安全保障措施防止前述情形的发生；未采取必要的安全保障措施的，应当依法承担未履行安全保障义务的侵权责任。 （3）发生前述情形的，公安等机关应当依法及时调查，查清责任人。
堆放物、林木侵权	（1）堆放物倒塌、滚落或者滑落造成他人损害，堆放人不能证明自己没有过错的，应当承担侵权责任。（过错推定） （2）在公共道路上堆放、倾倒、遗撒妨碍通行的物品造成他人损害的，由行为人承担侵权责任。（过错责任）公共道路管理人不能证明已经尽到清理、防护、警示等义务的，应当承担相应的责任。（过错推定） （3）因林木折断、倾倒或者果实坠落等造成他人损害，林木的所有人或者管理人不能证明自己没有过错的，应当承担侵权责任。（过错推定）

续表

地面施工、地下设施致损责任	在公共场所或者道路上挖掘、修缮安装地下设施等造成他人损害，施工人不能证明已经设置明显标志和采取安全措施的，应当承担侵权责任。（过错推定）
	窨井等地下设施造成他人损害，管理人不能证明尽到管理职责的，应当承担侵权责任。（过错推定）

第十一章 知识产权法

复习记忆指导

知识产权部分的考查近年有加强的趋势，总体来说难度适中，熟悉法条及教材内容即可。

一、专利法

（一）授予专利权的条件

类型	条件		
发明和实用新型	新颖性	不属于现有技术（即已经公开的技术）。	出版物公开。
			使用公开。
			其他方式，如口头等。
		不存在抵触申请。	
		不视为丧失新颖性的公开： （1）在国家出现紧急状态或者非常情况时，为公共利益目的首次公开的。 （2）在中国政府主办或者承认的国际展览会上首次展出的。 （3）在规定的学术会议或者技术会议上首次发表的。 （4）他人未经申请人同意而泄露其内容的。	
	创造性	同申请日以前的现有技术相比，该发明具有突出的实质性特点和显著的进步，该实用新型具有实质性特点和进步。	
	实用性	能够制造或者使用，并且能够产生积极效果。	
	（1）专利权期限：发明 20 年；实用新型 10 年。（2）优先权期限：12 个月内。		
外观设计	新颖性	整体或局部；不属于现有设计；不存在抵触申请。	
	实用性		
	富有美感。		
	（1）专利权期限：15 年。（2）优先权期限：6 个月内。		

第十一章　知识产权法

（二）不授予专利权的情形

不授予专利权的情形	（1）科学发现。 （2）智力活动的规则和方法。 （3）疾病的诊断和治疗方法。 （4）动物和植物品种。 注意：动物和植物品种产品的生产方法，可以依法授予专利权。 （5）原子核变换方法以及用原子核变换方法获得的物质。 （6）对平面印刷品的图案、色彩或者二者的结合作出的主要起标识作用的设计。

（三）专利侵权责任

侵犯专利权的赔偿	（1）侵犯专利权的赔偿数额按照权利人因被侵权所受到的实际损失或者侵权人因侵权所获得的利益确定；权利人的损失或者侵权人获得的利益难以确定的，参照该专利许可使用费的倍数合理确定。 （2）对故意侵犯专利权，情节严重的，可以在按照权利人受到的损失、侵权人获得的利益或者专利许可使用费倍数计算的数额1倍到5倍内确定赔偿数额。 （3）权利人的损失、侵权人获得的利益和专利许可使用费均难以确定的，人民法院可以根据专利权的类型、侵权行为的性质和情节等因素，确定给予3万元以上500万元以下的赔偿。 （4）赔偿数额还应当包括权利人为制止侵权行为所支付的合理开支。
举证责任	（1）人民法院为确定赔偿数额，在权利人已经尽力举证，而与侵权行为相关的账簿、资料主要由侵权人掌握的情况下，可以责令侵权人提供与侵权行为相关的账簿、资料。 （2）侵权人不提供或者提供虚假的账簿、资料的，人民法院可以参考权利人的主张和提供的证据判定赔偿数额。

二、著作权法

（一）著作权的产生和保护

著作权的产生	（1）中国人的著作权为自动取得：中国公民、法人或者非法人组织的作品，不论是否发表，依照著作权法享有著作权。 （2）外国人（包括无国籍人）的著作权为发表取得：外国人的作品首先在中国境内发表的，依照著作权法享有著作权，且其著作权自首次出版之日起受保护。

239

续表

著作权的保护期限	无期限——署名权、修改权、保护作品完整权。 50 年——发表权和著作财产权（**注意**：计算 50 年的起始点和结束点） （1）自然人的作品，其发表权、著作财产权的保护期为作者终生及其死亡后 50 年，截止于作者死亡后第 50 年的 12 月 31 日；如果是合作作品，截止于最后死亡的作者死亡后的第 50 年的 12 月 31 日。 （2）法人或者非法人组织的作品、著作权（署名权除外）由法人或者非法人组织享有的职务作品，其发表权的保护期为 50 年，截止于作品创作完成后第 50 年的 12 月 31 日；著作财产权的保护期为 50 年，截止于作品首次发表后第 50 年的 12 月 31 日，但作品自创作完成后 50 年内未发表的，不再保护。 （3）视听作品，其发表权的保护期为 50 年，截止于作品创作完成后第 50 年的 12 月 31 日；著作财产权的保护期为 50 年，截止于作品首次发表后第 50 年的 12 月 31 日，但作品自创作完成后 50 年内未发表的，不再保护。

（二）著作权法律关系

著作权的内容	著作人身权	（1）发表权。（2）署名权。（3）修改权。（4）保护作品完整权。
	著作财产权	（1）复制权；（2）发行权；（3）出租权；（4）展览权；（5）表演权；（6）放映权；（7）广播权；（8）信息网络传播权；（9）摄制权；（10）改编权；（11）翻译权；（12）汇编权；（13）其他权利。
著作权的客体（作品）		积极要件：作品的范围。 （1）文字作品；（2）口述作品；（3）音乐、戏剧、曲艺、舞蹈、杂技艺术作品；（4）美术、建筑作品；（5）摄影作品；（6）视听作品；（7）工程设计图、产品设计图、地图、示意图等图形作品和模型作品；（8）计算机软件；（9）符合作品特征的其他智力成果。 消极要件（不予保护的对象）： （1）违禁作品，即依法禁止出版、传播的作品。 （2）官方文件，即法律、法规，国家机关的决议、决定、命令和其他具有立法、行政、司法性质的文件，及其官方正式译文。 （3）单纯事实消息。 （4）历法、数表、通用表格和公式。

续表

著作权的主体	一般作品——作者（包括自然人和单位）。 权利推定规则：如无相反证明，在作品上署名的自然人、法人或者非法人组织为作者。	
	演绎作品——改编、翻译、注释、整理、汇编人。 双重许可。	
	合作作品——合作作者共同享有。 协商一致行使；不能协商一致，又无正当理由的，任何一方不得阻止他方行使除转让、许可他人专有使用、出质以外的其他权利，但是所得收益应当合理分配给所有合作作者。	
	视听作品中的电影作品、电视剧作品——制作者。 其他人享有署名权。	
	职务作品	一般职务作品——作者。
		特殊职务作品——单位。 合同约定；或主要利用单位的物质条件，且由单位承担责任。
	委托作品——有约定依约定，无约定归受托人。	
	原件所有权转移的作品——作者。 但美术、摄影作品原件的展览权由原件所有人享有。	
	作者不明作品——由原件的所有人行使著作权（署名权除外）。	

三、商标法

（一）商标注册

商标注册的原则	申请在先原则	（1）含义：两个以上的商标注册申请人，在同一种商品或者类似商品上，以相同或者近似的商标申请注册的，初步审定并公告申请在先的商标；同一天申请的，初步审定并公告使用在先的商标。
		（2）限制：不得损害他人现有的在先权利，也不得以不正当手段抢先注册他人已经使用并有一定影响的商标。
	自愿注册原则	商标使用人是否申请商标注册取决于自己的意愿。
		例外：烟草制品实行强制注册原则，禁止生产和销售未使用注册商标的烟草制品。

241

续表

商标注册的条件	申请人	自然人、法人或者其他组织；两个以上主体可以共同向商标局申请注册同一商标，共同享有和行使该商标专用权。
	积极要件	能够与他人的商品区别开的可视性标志，有显著特征。
	消极要件（禁止性要件）	不得与他人在先取得的合法权利相冲突。
		不得违反商标法禁止使用或注册的条款。
商标注册的审查核准	主体：商标局。	
	步骤：收到申请文件之日起9个月内初步审定，予以公告，3个月公告期满无异议的，予以核准注册。	
商标复审	主体：商标评审委员会。	
	步骤：对驳回申请、不予公告的商标，商标局应当书面通知商标注册申请人。商标注册申请人不服的，可以自收到通知之日起15日内向商标评审委员会申请复审，商标评审委员会应自收到申请之日起9个月内作出决定，并书面通知申请人。有特殊情况需要延长的，经国务院市场监督管理部门批准，可以延长3个月。当事人对商标评审委员会的决定不服的，可以自收到通知之日起30日内向人民法院起诉。	

（二）商标的保护

注册商标专用权	以核准注册的商标和核定使用的商品为限。	
	权利期间：注册商标的有效期为10年，自核准注册之日起计算。	
	商标注册人申请商标注册前，他人已经在同一种商品或者类似商品上先于商标注册人使用与注册商标相同或者近似并有一定影响的商标的，注册商标专用权人无权禁止该使用人在原使用范围内继续使用该商标，但可以要求其附加适当区别标识。	
	注册商标专用权的续展	期满前12个月内申请续展注册；在此期间未能办理的，可以给予6个月的宽展期。
		每次续展注册的有效期为10年，自该商标上一届有效期满次日起计算。

续表

商标侵权行为	（1）未经商标注册人的许可，在同一种商品上使用与其注册商标相同的商标的。 （2）未经商标注册人的许可，在同一种商品上使用与其注册商标近似的商标，或者在类似商品上使用与其注册商标相同或者近似的商标，容易导致混淆的。（在同一种或者类似商品上，将与他人注册商标相同或者近似的标志作为商品名称或者商品装潢使用，误导公众的） （3）销售侵犯注册商标专用权的商品的。 （4）伪造、擅自制造他人注册商标标识或者销售伪造、擅自制造的注册商标标识的。 （5）未经商标注册人同意，更换其注册商标并将该更换商标的商品又投入市场的。 （6）故意为侵犯他人商标专用权行为提供便利条件，帮助他人实施侵犯商标专用权行为的。 （7）给他人的注册商标专用权造成其他损害的。
	侵权责任的特殊规定：销售不知道是侵犯注册商标专用权的商品，能证明该商品是自己合法取得并说明提供者的，由市场监督管理部门责令停止销售（不作其他处罚）。
驰名商标的特殊保护	（1）就相同或者类似商品申请注册的商标是复制、摹仿或者翻译他人未在中国注册的驰名商标，容易导致混淆的，不予注册并禁止使用。 （2）就不相同或不相类似商品申请注册的商标是复制、摹仿或者翻译他人已经在中国注册的驰名商标，误导公众，致使该驰名商标注册人的利益可能受到损害的，不予注册并禁止使用。

（三）商标的转让和使用许可

商标的转让	（1）程序：转让人和受让人应当签订转让协议，并共同向商标局提出申请，经核准后予以公告。 （2）转让注册商标的，商标注册人对其在同一种商品上注册的近似的商标，或者在类似商品上注册的相同或者近似的商标，应当一并转让。 （3）受让人自公告之日起享有商标专用权。
商标使用许可	（1）被许可人的义务：必须在使用该注册商标的商品上标明被许可人的名称和商品产地。 （2）许可人的义务：将其商标使用许可报商标局备案，由商标局公告。
	商标使用许可未经备案不得对抗善意第三人。

第十二章 商 法

复习记忆指导

《公司法》在商法诸法中所占的分值可谓首屈一指,而且其出题细且难,这就要求考生对法条非常熟悉,特别是细节方面,另外还要掌握重要的理论点,需要看一些典型案例。商法的其他部分涉考较少,熟悉基本法条即可,难度不大。此外,《企业破产法》《保险法》《合伙企业法》和《信托法》等也属于热点,考生应认真对待。

一、公司法

(一) 公司设立

	有限责任公司	股份有限公司
股东的人数和资格	有限责任公司由1个以上50个以下股东出资设立。	设立股份有限公司,应当有1人以上200人以下为发起人,其中须有半数以上的发起人在中国境内有住所。
股东出资	(1) 有限责任公司的注册资本为在公司登记机关登记的全体股东认缴的出资额。法律、行政法规以及国务院决定对有限责任公司注册资本实缴、注册资本最低限额另有规定的,从其规定。 (2) 股东的出资方式除了货币出资外,还可以用实物、知识产权、土地使用权、股权、债权等可以用货币估价并可以依法转让的非货币财产作价出资。 (3) 有限责任公司股东认缴的出资,可以在公司成立时一次缴清,也可以在公司成立后分次缴清,但是分次缴纳的最长期限不得超过5年。	有符合公司章程规定的全体发起人认购的股本总额或者募集的实收股本总额。由于股份有限公司实行有限的授权资本制度,股份有限公司的注册资本是在公司登记机关登记的已发行股份的股本总额。

续表

	(4) 有限责任公司设立时，股东未按照公司章程规定实际缴纳出资，或者实际出资的非货币财产的实际价额显著低于所认缴的出资额的，设立时的其他股东与该股东在出资不足的范围内承担连带责任。	
公司章程	有限责任公司章程应当载明下列事项：(1) 公司名称和住所；(2) 公司经营范围；(3) 公司注册资本；(4) 股东的姓名或者名称；(5) 股东的出资额、出资方式和出资日期；(6) 公司的机构及其产生办法、职权、议事规则；(7) 公司法定代表人的产生、变更办法；(8) 股东会认为需要规定的其他事项。股东应当在公司章程上签名或者盖章。	设立股份有限公司，应当由发起人共同制定公司章程。股份有限公司章程应当载明下列事项：(1) 公司名称和住所；(2) 公司经营范围；(3) 公司设立方式；(4) 公司注册资本、已发行的股份数和设立时发行的股份数，面额股的每股金额；(5) 发行类别股的，每一类别股的股份数及其权利和义务；(6) 发起人的姓名或者名称、认购的股份数、出资方式；(7) 董事会的组成、职权和议事规则；(8) 公司法定代表人的产生、变更办法；(9) 监事会的组成、职权和议事规则；(10) 公司利润分配办法；(11) 公司的解散事由与清算办法；(12) 公司的通知和公告办法；(13) 股东会认为需要规定的其他事项。
其他条件	(1) 有公司名称。 (2) 有公司的组织机构。 (3) 有必要的生产经营条件。	(1) 股份发行、筹办事项符合法律规定。 (2) 有公司名称，建立符合股份有限公司要求的组织机构。 (3) 有公司住所。
公司发起人的责任	(1) 发起人为设立公司而以自己的名义对外签订合同的，合同相对人有权请求该发起人承担合同责任。如果最终公司得以成立，且公司对发起人以自己的名义对外签订的合同予以确认的，或者公司已经实际享有合同权利或者履行合同义务的，合同相对人也可以请求公司承担合同责任。	

245

续表

	(2) 发起人如果是以公司的名义在设立公司过程中对外签订合同，则公司成立后由公司承担合同责任。但是，如果公司能够证明发起人利用设立中公司的名义为自己的利益与相对人订立合同，则公司可以抗辩，但此种抗辩不能对抗善意的第三人。 (3) 公司设立失败时，发起人对设立公司产生的费用和债务承担连带清偿责任。换言之，债权人有权请求全体或者部分发起人承担全部清偿责任。对外承担了清偿责任的发起人，对内取得求偿权，有权向其他发起人追偿。其他发起人应当按照约定的责任承担比例分担责任。若没有约定责任承担比例，则按照约定的出资比例分担责任；若出资比例也没有约定，则按照均等份额分担责任。 (4) 在公司设立过程中，发起人因自己的过失使公司利益受到损害的，应当对公司承担赔偿责任。 (5) 发起人因履行公司设立职责而给第三人造成损害的，公司成立后由公司承担对第三人的赔偿责任；若公司未成立，则由全体发起人对第三人承担连带赔偿责任。公司或者无过错的发起人在承担对外责任后可以向有过错的发起人追偿。

（二）股份有限公司的设立方式

发起设立	发起设立，是指由发起人认购公司应发行的全部股份，不向发起人之外的任何人募集股份而设立公司。发起设立的程序包括以下几方面： (1) 发起人认购股份。 (2) 发起人缴清股款。发起人的出资，适用《公司法》第48条、第49条第2款关于有限责任公司股东出资的规定。发起人以实物、知识产权、非专利技术或者土地使用权出资的，应当依法估价，并办理财产权转移手续。 (3) 选举董事会和监事会。发起人缴纳首期出资后，应当选举董事会和监事会。 (4) 申请设立登记。
募集设立	募集设立，是指由发起人认购公司应发行股份的一部分，其余部分向社会公开募集而设立公司。募集设立的程序如下： (1) 发起人认购股份。以募集方式设立股份有限公司的，发起人认购的股份不得少于公司章程规定的公司设立时应发行股份总数的35%。法律、行政法规对此另有规定的，从其规定。 (2) 公告招股说明书，制作认股书。招股说明书应当附有发起人制定的公司章程，并载明下列事项：发行的股份总数；面额股的票面金额和发行价格或者无面额股的发行价格；募集资金的用途；认股人的权利和义务；股份种类及其权利和义务；本次募股的起止日期及逾期未募足时认股人可以撤回所认股份的说明。

续表

| | (3) 签订承销协议和代收股款协议。
(4) 召开成立大会。发起人应当自公司设立时应发行股份的股款缴足之日起 30 日内主持召开成立大会，发起人应当在成立大会召开 15 日前将会议日期通知各认股人或者予以公告。成立大会应当有持有表决权过半数的认股人出席，方可举行。
(5) 设立登记并公告。董事会应当授权代表，于公司成立大会结束后 30 日内向公司登记机关申请设立登记。
(6) 公司设立时应发行的股份未募足，或者发行股份的股款缴足后，发起人在 30 日内未召开成立大会的，认股人可以按照所缴股款并加算银行同期存款利息，要求发起人返还。 |

（三）公司股东

1. 股东权利

我国《公司法》第 4 条第 2 款规定，公司股东对公司依法享有资产收益、参与重大决策和选择管理者等权利。除该条外，《公司法》在其他条文中规定了股东的具体权利。

股东权归纳起来可分为以下 12 类：（1）发给股票或其他股权证明请求权；（2）股份转让权；（3）股息红利分配请求权，即资产收益权；（4）股东会临时召集请求权或自行召集权；（5）出席股东会并行使表决权，即参与重大决策权和选择管理者的权利；（6）对公司财务的监督检查和会计账簿的查阅权；（7）公司章程、股东会会议记录、董事会会议决议、监事会会议决议的查阅权和复制权，但股份有限公司的股东没有复制权；（8）优先认购新股权；（9）公司剩余财产分配权；（10）权利损害救济权和股东代表诉讼权；（11）公司重整申请权；（12）对公司经营的建议与质询权。其中，第 1、2、3、8、9 类为股东权中的财产权，第 4、5、6、7、10、11、12 类为股东权中的管理参与权。

（1）股东知情权的行使

一般知情权	公司股东有权查阅、复制公司的六种文件资料：公司章程、股东名册、股东会会议记录、董事会会议决议、监事会会议决议和财务会计报告。
股东对公司会计账簿、会计凭证的知情权	股东也可以要求查阅公司会计账簿和会计凭证，但是，需要符合较为严格的条件。 第一，提出书面请求并说明目的。 第二，不正当目的的认定。《公司法》第 57 条第 2 款规定，公司有合理根据认为股东查阅会计账簿、会计凭证有不正当目的，可能损害公司合法利益的，可以拒绝提供查阅，并应当自股东提出书面请求之日起 15 日内书面答复股东并说明理由。有证据证明股东存在下列情形之一的，人民法院应当认定股东有上述规定的"不正当目的"：①股东自营或者为他人经营与公司主营业务有实质性竞争关系业务的，但公司章程另有规定或者全体股东另有约

247

	定的除外；②股东为了向他人通报有关信息查阅公司会计账簿，可能损害公司合法利益的；③股东在向公司提出查阅请求之日前的3年内，曾通过查阅公司会计账簿，向他人通报有关信息损害公司合法利益的；④股东有不正当目的的其他情形。 第三，如果公司章程、股东之间的协议等实质性剥夺股东对于公司会计账簿和会计凭证的查阅权利，此种规定或约定不具有约束力，股东仍然可以行使查阅权；若股东以此提起诉讼，而公司以存在上述公司章程、股东协议等为由拒绝股东查阅或者复制的，人民法院不予支持。 第四，人民法院审理股东请求查阅或者复制公司特定文件材料的案件，如果作出对原告诉讼请求予以支持的判决，应当在判决中明确查阅或者复制公司特定文件材料的时间、地点和特定文件材料的名录。股东依据人民法院生效判决查阅公司文件材料的，可以委托会计师事务所、律师事务所等中介机构进行。 同时，《公司法》第57条第5款确认了有限责任公司的股东有权依据公司知情权的行使规则，要求查阅、复制公司全资子公司相关材料，从而确认了股东知情权可以穿越行使至公司全资子公司的制度。

（2）股东红利分配请求权的行使

红利分配请求权的司法救济与诉讼当事人	公司股东如果认为公司没有按照公司章程或者《公司法》的规定进行股息或者利润分配，可以通过诉讼途径行使自己的红利分配请求权。股东请求公司分配利润案件，应当列公司为被告，即使是股东（特别是小股东）认为公司拒绝进行利润分配是大股东控制的结果，也仍然只能以公司为被告提起此等诉讼。 法院受理关于股息与红利分配纠纷案件后，在一审法庭辩论终结前，其他股东基于同一分配方案请求分配利润并申请参加诉讼的，应当将其他股东列为共同原告。
红利分配请求权纠纷的实体处理	在红利分配请求权纠纷案件中，如果公司作出了进行利润分配的决议，却又拒绝按照该决议进行实际的利润分配，股东向法院提交了载明具体分配方案的股东会的有效决议，请求公司分配利润，而公司拒绝分配利润且其关于无法执行决议的抗辩理由不成立的，人民法院应当判决公司按照决议载明的具体分配方案向股东分配利润。 相反，如果股东未提交载明具体分配方案的股东会有效决议，请求公司分配利润，人民法院应当驳回其诉讼请求。例外情形是，如果股东能够证明公司违反法律规定滥用股东权利导致公司不分配利润，给其他股东造成损失，则法院应当支持股东的诉讼请求。 至于利润分配的完成时限，分配方案中有规定的，以分配方案为准；分配方案中没有规定的，以公司章程为准；分配方案和公司章程中均没有规定，或者有规定但时限超过1年的，则应当在1年内分配完毕。

2. 股东的义务

全体股东的共同义务	（1）出资义务。这是股东最主要的义务。股东应当根据出资协议和公司章程的规定，履行向公司出资的义务。出资协议或公司章程约定为出资需一次缴纳的，股东应当一次足额缴纳；约定为公司成立后分期缴纳的，股东应当按照约定的期限按时缴纳出资。对以实物特别是不动产、设备等和知识产权出资的，股东应当依相关规定办理财产的权利转移手续，使公司取得出资物的合法权利并能有效行使该权利。股东逾期缴纳出资的，应当向已履行出资义务的股东承担违约责任。对于已缴纳给公司的出资财产，股东不能抽回。 （2）参加股东会会议的义务。参加股东会会议既是股东的权利，也是股东的义务。 （3）不干涉公司正常经营的义务。 （4）特定情形下的表决权禁行义务。《公司法》第15条第2、3款规定，公司为公司股东或者实际控制人提供担保的，必须经股东会决议。被提供担保的股东或者受被提供担保的实际控制人支配的股东，不得参加关于该事项的股东会的表决。该项表决由出席会议的其他股东所持表决权的过半数通过。这称为利害关系股东表决权的排除。 （5）不得滥用股东权利的义务。
控股股东的特别义务	控股股东，根据《公司法》第265条的规定，是指其出资额占有限责任公司资本总额超过50%或者其持有的股份占股份有限公司股本总额超过50%的股东；出资额或者持有股份的比例虽然低于50%，但依其出资额或者持有的股份所享有的表决权已足以对股东会的决议产生重大影响的股东。所以，控股股东有两种：一是持股比例超过50%的股东；二是虽然持股比例低于50%，但其享有的在股东会的表决权足以实际影响股东会决议的股东。 我国《公司法》对控股股东的特别义务主要体现在以下方面： （1）不得滥用控股股东的地位，损害公司和其他股东的利益。 （2）不得利用其关联关系损害公司利益。所谓关联关系，是指公司控股股东、实际控制人、董事、监事、高级管理人员与其直接或者间接控制的企业之间的关系，以及可能导致公司利益转移的其他关系。但是，国家控股的企业之间不仅因为同受国家控股而具有关联关系。 （3）滥用股东权利的赔偿义务。控股股东或实际控制人滥用股东权利或者利用关联关系损害公司或其他股东利益的，应当承担赔偿责任（《公司法》第22、23条）。

3. 股东的出资责任

股东出资义务的违反	完全不履行	完全不履行，是指股东完全未履行出资义务。具体包括以下四种形态： (1) 拒绝出资，是指股东明确拒绝履行出资义务，或以自己的行为表明其拒绝履行出资义务。 (2) 不能出资，是指因客观条件发生了变化，导致股东出资义务履行不能，如股东用作出资的房地产在变更财产登记前发生了毁损灭失等。 (3) 虚假出资，是指股东通过虚假手段表明其已经出资，但事实上并未出资。虚假出资本质上是一种欺诈行为，具体的表现形式有以虚假凭证骗取验资报告等。 (4) 抽逃出资，是指在公司成立或资本验资之后，将缴纳的出资抽回。
	未完全履行	未完全履行，又称未足额履行，是指股东只履行了部分出资义务，包括货币出资的不足、非货币出资的价值显著低于章程所确定的价额等。
	不适当履行	不适当履行，是指股东的出资存在时间、形式或手续上的不当。主要包括迟延出资、瑕疵出资。迟延出资是指股东未及时按认缴期限交付出资，如未及时交付货币或办理非货币财产的转移手续；瑕疵出资是指股东用作出资的非货币财产存在权利或质量上的瑕疵，如该财产是第三人所有、股东无权处分该财产，又或者该财产并不符合事先约定的质量等。
		股东未履行或者未全面履行出资义务或者抽逃出资的，公司根据公司章程或者通过股东会决议，可以对其利润分配请求权、新股优先认购权、剩余财产分配请求权等股东权利作出相应的合理限制，使其不能实际享有或者行使上述权利。
股东出资违约责任		(1) 股东向公司足额缴纳的出资责任。《公司法》第 49 条第 3 款规定："股东未按期足额缴纳出资的，除应当向公司足额缴纳外，还应当对给公司造成的损失承担赔偿责任。"股东未按期足额缴纳出资，应向公司承担继续履行、补足补缴的违约责任。 (2) 股东向公司的赔偿责任。损害赔偿责任是违约责任的一种责任类型，因股东未如期如约出资，可能给公司带来损害，股东需向公司承担损害赔偿责任。 (3) 股东对其他股东的违约责任。股东不仅需要向公司承担违约责任，还需要依据设立协议或者发起人协议向其他股东承担违约责任。
发起人股东的资本充实责任		发起人股东存在未完全履行出资义务的情形，其他发起人股东均需对此承担连带责任。《公司法》第 50 条规定："有限责任公司设立时，股东未按照公司章程规定实际缴纳出资，或者实际出资的非货币财产的实际价额显著低于所认缴的出资额的，设立时的其他股东与该股东在出资不足的范围内承担连带责任。"

续表

抽逃出资	抽逃出资的具体表现	抽逃出资的具体表现包括：（1）制作虚假财务会计报表虚增利润进行分配；（2）通过虚构债权债务关系将其出资转出；（3）利用关联交易将出资转出；（4）其他未经法定程序将出资抽回的行为。
	股东抽逃出资后的法律责任	（1）返还出资的责任。《公司法》第53条规定："公司成立后，股东不得抽逃出资。违反前款规定的，股东应当返还抽逃的出资；给公司造成损失的，负有责任的董事、监事、高级管理人员应当与该股东承担连带赔偿责任。" （2）向公司进行损害赔偿的责任。《公司法》第53条第2款规定，"给公司造成损失的，负有责任的董事、监事、高级管理人员应当与该股东承担连带赔偿责任"。 （3）因抽逃出资而产生的行政责任。《公司法》第253条规定："公司的发起人、股东在公司成立后，抽逃其出资的，由公司登记机关责令改正，处以所抽逃出资金额百分之五以上百分之十五以下的罚款；对直接负责的主管人员和其他直接责任人员处以三万元以上三十万元以下的罚款。"
		有限责任公司的股东未履行出资义务或者抽逃全部出资，经公司催告缴纳或者返还，其在合理期间内仍未缴纳或者返还出资，公司可以股东会决议解除该股东的股东资格。此称为股东资格之革除。但此种情形仅适用于有限责任公司，不适用于股份有限公司。

4. 股东诉讼

直接诉讼	股东为了维护自身的利益而提起的诉讼。原告为股东，被告可能是公司，也可能是公司的董事、高级管理人员。	（1）撤销会议决议之诉。 公司股东会、董事会的会议召集程序、表决方式违反法律、行政法规或者公司章程，或者决议内容违反公司章程的，股东自决议作出之日起60日内，可以请求人民法院撤销。但是，股东会、董事会的会议召集程序或者表决方式仅有轻微瑕疵，对决议未产生实质影响的除外。 未被通知参加股东会会议的股东自知道或者应当知道股东会决议作出之日起60日内，可以请求人民法院撤销；自决议作出之日起1年内没有行使撤销权的，撤销权消灭。 （2）董事及高管人员责任之诉。 董事、高级管理人员违反法律、行政法规或者公司章程的规定，损害股东利益的，股东可以向人民法院提起诉讼。 （3）查阅权行使不能之诉。 股东有权查阅、复制公司章程、股东名册、股东会会议记录、董事会会议决议、监事会会议决议和财务会计报告。股东可以要求查阅公司会计账簿、会计凭证。公司拒绝提供查阅的，股东可以向人民法院提起诉讼。

续表

		（4）异议股东股权/股份回购之诉。 自股东会决议作出之日起 60 日内，股东与公司不能达成股权/股份收购协议的，股东可以自股东会决议作出之日起 90 日内向人民法院提起诉讼。
		（5）解散公司之诉。 公司经营管理发生严重困难，继续存续会使股东利益受到重大损失，通过其他途径不能解决的，持有公司 10%以上表决权的股东，可以请求人民法院解散公司。
股东代表诉讼	公司合法利益受到侵犯，并造成公司损失时，公司有关机关和人员无视股东的请求，应该提起诉讼而怠于或者拒绝提起诉讼，具备法定资格的股东，为了公司的利益，可以自己的名义向人民法院提起诉讼。	股东提起派生诉讼，需要满足以下条件： （1）公司董事、高级管理人员执行公司职务时，违反法定或者公司章程的规定并给公司造成损失，或者他人侵犯公司的合法权益并给公司造成损失。 （2）内部救济手段用尽。 董事、高级管理人员执行职务违反法律、行政法规或者公司章程的规定的，有限责任公司的股东、股份有限公司连续 180 日以上单独或者合计持有公司 1%以上股份的股东，可以书面请求监事会向人民法院提起诉讼；监事有前述规定的情形的，前述股东可以书面请求董事会向人民法院提起诉讼。 监事会或者董事会收到前述规定的股东书面请求后拒绝提起诉讼，或者自收到请求之日起 30 日内未提起诉讼，或者情况紧急、不立即提起诉讼将会使公司利益受到难以弥补的损害的，前述规定的股东有权为公司利益以自己的名义直接向人民法院提起诉讼。 他人侵犯公司合法权益，给公司造成损失的，前述规定的股东可以依照规定向人民法院提起诉讼。 公司全资子公司的董事、监事、高级管理人员执行职务违反法律、行政法规或者章程的规定的，或者他人侵犯公司全资子公司合法权益造成损失的，有限责任公司的股东、股份有限公司连续 180 以上单独或者合计持有公司 1%以上股份的股东，可以依照前述规定书面请求全资子公司的监事会、董事会向人民法院提起诉讼或者以自己的名义直接向人民法院提起诉讼。 （3）符合法定条件的股东提起诉讼。 有限责任公司的股东、股份有限公司连续 180 日以上单独或者合计持有公司 1%以上股份的股东。股东为原告，公司董事、高级管理人员或其他侵权行为人为被告。如果胜诉，获得的利益交付于公司而非股东，诉讼股东的诉讼支出可以请求公司偿付。

（四）公司决议的效力

公司决议的无效	公司决议无效有以下两方面原因： （1）违反法律和行政法规的决议无效。 （2）违反公序良俗的决议无效。
	公司决议无效的确认程序。《公司法》第25条并未规定提起股东会、董事会决议无效之诉的主体，按照法律行为无效的基础法理，在决议无效的类型下，任何人均应当有权提起无效之诉。但监事会是法定的公司监督机构，若发现股东会和董事会决议存在无效情形，监事会依法应当提起诉讼以维护股东利益和公司利益。同样，与决议存在利益关系的第三人应当同样可以提起股东会、董事会决议的无效之诉。
公司决议的撤销	依据《公司法》第26条的规定，公司决议可撤销的事由主要包括： （1）会议召集程序违反法律、行政法规或公司章程，如由没有召集权的人召集会议，未向部分股东召集，通知时间、通知方法不合法，通知内容不齐全，等等。 （2）会议的表决方式违反法律、行政法规或公司章程。 （3）会议决议内容违反公司章程，如公司大股东通过2/3多数决方式通过了以侵害小股东利益为内容的决议，侵害了公司章程赋予公司和小股东的利益，即属于可撤销的情形。 至于提起撤销权之诉的期限，因为引起决议撤销之诉的事由并非很严重，所以在法律规定的期间内，没有提起决议撤销之诉的，不得再提起决议撤销之诉。《公司法》第26条规定，行使撤销权的期限为60日，对于参加会议的股东而言，提起撤销之诉的60日期限自决议作出之日起计算；对于未被通知参加股东会的股东，自知道或者应当知道股东会决议作出之日起算60日的期间。为了维护决议的稳定性，《公司法》同时规定了撤销权行使的最长期间为1年，股东自决议作出之日起1年内没有行使撤销权的，撤销权消灭。依据撤销权的法理，此处规定的60日和1年均为除斥期间，不存在中止、中断和延长的情形，如果在此期间无人提起股东会、董事会决议撤销之诉，则该决议成为具有确定法律效力的决议。
公司决议不成立	依据《公司法》第27条的规定，以下四类情形应当认定为公司股东会或董事会的决议不成立： （1）未召开股东会或董事会会议作出决议。 （2）股东会或董事会会议未对决议事项进行表决。 （3）出席会议的人数或者所持表决权数未达到《公司法》或者公司章程规定的人数或者所持表决权数。 （4）同意决议事项的人数或者所持表决权数未达到《公司法》或公司章程规定的人数或者所持表决权数。

续表

公司决议无效、被撤销、不成立的法律后果	(1) 已办理登记事项的后果。股东会、董事会决议被法院裁判确认无效的，对公司产生法律效力；决议被撤销的，决议撤销判决的效力应当溯及决议之时无效，而且，依据被裁判确认无效或者撤销的决议形成的公司登记应依法申请撤销。《公司法》第28条第1款规定，公司股东会、董事会决议被人民法院宣告无效、撤销或者确认不成立的，公司应当向公司登记机关申请撤销根据该决议已办理的登记。 (2) 对外民事法律关系的后果。公司决议虽然是公司的内部行为，但在有法律规定的情形下也会产生对外效力。为了保护善意相对人的合法权益，保护交易安全，《公司法》第28条第2款规定，股东会、董事会决议被人民法院宣告无效、撤销或者确认不成立的，公司根据该决议与善意相对人形成的民事法律关系不受影响。

（五）公司组织机构

1. 股东会

相关问题		有限责任公司	股份有限公司
职权		《公司法》第59条规定的9项职权，以及公司章程规定的其他职权，股份公司股东大会和有限公司股东会职权相同。 特别注意股东会以下职权： (1) 选举和更换董事、监事，决定有关董事、监事的报酬事项； (2) 对公司增加或者减少注册资本作出决议； (3) 对发行公司债券作出决议； (4) 对公司合并、分立、解散、清算或者变更公司形式作出决议； (5) 修改公司章程。	
会议类别	定期	公司章程规定。	应当每年召开一次年会。
会议类别	临时	代表10%以上表决权的股东、1/3以上的董事或者监事会提议召开临时会议的，应当召开临时会议。	有下列情形之一的，应当在2个月内召开临时股东会会议： (1) 董事人数不足本法规定人数或者公司章程所定人数的2/3时； (2) 公司未弥补的亏损达股本总额1/3时； (3) 单独或者合计持有公司10%以上股份的股东请求时； (4) 董事会认为必要时； (5) 监事会提议召开时； (6) 公司章程规定的其他情形。

续表

程序	应当于会议召开 15 日前通知全体股东；但是，公司章程另有规定或者全体股东另有约定的除外。	（1）召开股东会会议，应当将会议召开的时间、地点和审议的事项于会议召开 20 日前通知各股东；临时股东会会议应当于会议召开 15 日前通知各股东。 （2）单独或者合计持有公司 1% 以上股份的股东，可以在股东会会议召开 10 日前提出临时提案并书面提交董事会。
表决	（1）有限责任公司股东会会议由股东按照出资比例行使表决权；但是，公司章程另有规定的除外。股东会作出决议，应当经代表过半数表决权的股东通过。股东会作出修改公司章程、增加或者减少注册资本的决议，以及公司合并、分立、解散或者变更公司形式的决议，应当经代表 2/3 以上表决权的股东通过。 （2）股份有限公司股东出席股东会会议，所持每一股份有一表决权，类别股股东除外。公司持有的本公司股份没有表决权。股东会作出决议，应当经出席会议的股东所持表决权过半数通过。股东会作出修改公司章程、增加或者减少注册资本的决议，以及公司合并、分立、解散或者变更公司形式的决议，应当经出席会议的股东所持表决权的 2/3 以上通过。股东会选举董事、监事，可以按照公司章程的规定或者股东会的决议，实行累积投票制。累积投票制，是指股东会选举董事或者监事时，每一股份拥有与应选董事或者监事人数相同的表决权，股东拥有的表决权可以集中使用。 （3）股份有限公司股东委托代理人出席股东会会议的，应当明确代理人代理的事项、权限和期限；代理人应当向公司提交股东授权委托书，并在授权范围内行使表决权。	

2. 董事会

	有限责任公司	股份有限公司
组成	董事会成员为 3 人以上，其成员中可以有公司职工代表。职工人数 300 人以上的，除依法设监事会并有公司职工代表的外，其董事会成员中应当有公司职工代表。	
职权	《公司法》第 67 条规定的 9 项职权以及公司章程规定或者股东会授予的其他职权。 特别注意董事会下列职权： 决定聘任或者解聘公司经理及其报酬事项，并根据经理的提名决定聘任或者解聘公司副经理、财务负责人及其报酬事项。 （有限责任公司可以设经理，股份有限公司设经理）	

续表

董事任期	董事任期由公司章程规定，但每届任期不得超过3年。董事任期届满，连选可以连任。董事任期届满未及时改选，或者董事在任期内辞任导致董事会成员低于法定人数的，在改选出的董事就任前，原董事仍应当依照法律、行政法规和公司章程的规定，履行董事职务。董事辞任的，应当以书面形式通知公司，公司收到通知之日辞任生效，但存在前款规定情形的，董事应当继续履行职务。	
董事长、副董事长	设董事长1人，可以设副董事长。董事长、副董事长的产生办法由公司章程规定。	设董事长1人，可以设副董事长。董事长和副董事长由董事会以全体董事的过半数选举产生。
会议召开	公司章程规定。	（1）每年度至少召开两次会议，每次会议应当于会议召开10日前通知全体董事和监事。 （2）代表1/10以上表决权的股东、1/3以上董事或者监事会，可以提议召开临时董事会会议。董事长应当自接到提议后10日内，召集和主持董事会会议。可以另定召集董事会的通知方式和通知时限。
议事规则	（1）依公司章程规定。 （2）表决一人一票。	（1）应当有过半数的董事出席方可举行。董事会作出决议，必须经全体董事的过半数通过。 （2）董事会决议的表决，应当一人一票。 （3）应由董事本人出席；董事因故不能出席，可以书面委托其他董事代为出席，委托书中应载明授权范围。 （4）董事会应当对会议所议事项的决定作成会议记录，出席会议的董事应当在会议记录上签名。 （5）董事应当对董事会的决议承担责任。董事会的决议违反法律、行政法规或者公司章程、股东大会决议，给公司造成严重损失的，参与决议的董事对公司负赔偿责任；经证明在表决时曾表明异议并记载于会议记录的，该董事可以免除责任。

3. 监事会

	有限责任公司	股份有限公司
组成	（1）监事会成员为 3 人以上。 （2）监事会成员应当包括股东代表和适当比例的公司职工代表，其中职工代表的比例不得低于 1/3，具体比例由公司章程规定。 （3）监事会中的职工代表由公司职工通过职工代表大会、职工大会或者其他形式民主选举产生。 （4）董事、高级管理人员不得兼任监事。	
职权	（1）检查公司财务； （2）对董事、高级管理人员执行职务的行为进行监督，对违反法律、行政法规、公司章程或者股东会决议的董事、高级管理人员提出解任的建议； （3）当董事、高级管理人员的行为损害公司的利益时，要求董事、高级管理人员予以纠正； （4）提议召开临时股东会会议，在董事会不履行本法规定的召集和主持股东会会议职责时召集和主持股东会会议； （5）向股东会会议提出提案； （6）依照《公司法》第 189 条的规定，对董事、高级管理人员提起诉讼； （7）公司章程规定的其他职权。	
监事任期	每届为 3 年。任期届满，连选可以连任。（法定情况下，改选前继续履行职务）	
主席	设主席 1 人，由全体监事过半数选举产生。	设主席 1 人，可以设副主席。 监事会主席和副主席由全体监事过半数选举产生。
会议召开	每年度至少召开一次会议。 监事可以提议召开临时监事会会议。	监事会每 6 个月至少召开一次会议。 监事可以提议召开临时监事会会议。
议事规则	监事会决议应当经半数以上监事通过。 其他由公司章程规定。	
特别规定	规模较小或者股东人数较少的有限责任公司，可以不设监事会，设 1 名监事，行使《公司法》规定的监事会的职权；经全体股东一致同意，也可以不设监事。	规模较小或者股东人数较少的股份有限公司，可以不设监事会，设 1 名监事，行使《公司法》规定的监事会的职权。

（六）股权转让
1. 有限责任公司的股权转让

股权对内转让的规则	有限责任公司的股东之间可以相互转让其全部或者部分股权。在转让部分股权的情况下，转让方仍保留股东身份，只是转让方与受让方各自的股权比例发生变化而已。在全部转让的情况下，转让方退出公司。
股权对外转让的规则	有限责任公司的股东可以将其持有的公司股权转让给现有股东以外的第三人，但须符合《公司法》规定的相关条件，包括以下三个条件。 （1）转让通知。 股东向股东以外的第三人转让股权，应当将股权转让的数量、价格、支付方式和期限等事项书面通知其他股东。 （2）其他股东的优先购买权。 对于股东对外转让的股权，其他股东在同等条件下有优先购买权。股东自接到书面通知之日起 30 日内未答复的，视为放弃优先购买权。 对"同等条件"的理解，可以参考转让股权的数量、价格、支付方式及期限等因素。 两个以上股东行使优先购买权的，协商确定各自的购买比例；协商不成的，按照转让时各自的出资比例行使优先购买权。公司章程对股权转让另有规定的，从其规定。 （3）强制执行程序中的股东优先购买权。 在股权质押担保等情形导致人民法院依法采取强制执行措施转让有限责任公司的股东在公司中的股权的情形下，人民法院应当将此强制执行措施的有关情况通知股东所在的公司和全体股东，包括被强制执行股权的股东和其他股东。其他股东在同等条件下享有优先购买权，但该优先购买权应当自接到人民法院的通知之日起 20 日内行使，逾期不行使的，视为放弃优先购买权，第三人可以通过强制执行措施受让该股权。对于该非通过协商而是通过强制执行程序购买股权的新股东，公司和其他股东不得否认其效力。公司应当注销原股东的出资证明书，并向新股东签发出资证明书，修改公司章程和股东名册中有关股东及其出资额的记载。此项对于公司章程的修改无须股东会表决而直接发生效力。
股权转让的程序性规定	（1）有限责任公司股东转让股权的，应当书面通知公司，请求变更股东名册；需要办理变更登记的，请求公司向公司登记机关办理变更登记。公司拒绝或者在合理期限内不予答复的，转让人、受让人可以依法向人民法院提起诉讼。 （2）股权转让的，受让人自记载于股东名册时起可以向公司主张行使股东权利，即受让人的股东身份自记载于公司股东名册时开始。

续表

	（3）股东依法转让股权后，公司应当及时注销原股东的出资证明书，向新股东签发出资证明书，并相应修改公司章程和股东名册中有关股东及其出资额的记载。对公司章程的该项修改不需再由股东会表决。 （4）有限责任公司股权转让涉及公司登记事项发生变动。《公司法》第34条规定："公司登记事项发生变更的，应当依法办理变更登记。公司登记事项未经登记或者未经变更登记，不得对抗善意相对人。"
瑕疵股权转让的法律后果	（1）股东转让已认缴出资但未届出资期限的股权的，由受让人承担缴纳该出资的义务；受让人未按期足额缴纳出资的，转让人对受让人未按期缴纳的出资承担补充责任。 （2）未按照公司章程规定的出资日期缴纳出资或者作为出资的非货币财产的实际价额显著低于所认缴的出资额的股东转让股权的，转让人与受让人在出资不足的范围内承担连带责任；受让人不知道且不应当知道存在上述情形的，由转让人承担责任。
异议股东的股权收购请求权	有下列情形之一的，对股东会该项决议投反对票的股东可以请求公司按照合理的价格收购其股权： （1）公司连续5年不向股东分配利润，而公司该5年连续盈利，并且符合《公司法》规定的分配利润条件。 （2）公司合并、分立、转让主要财产。 （3）公司章程规定的营业期限届满或者章程规定的其他解散事由出现，股东会通过决议修改章程使公司存续。 （4）公司的控股股东滥用股东权利，严重损害公司或者其他股东利益的，其他股东有权请求公司按照合理的价格收购其股权。 在上述任何一种情形下，对公司股东会会议通过上述决议不赞成，并且投的是反对票的股东，有权自股东会决议作出之日起60日内提出请求，请求公司收购其持有的公司股权。收购股权的价格由该股东与公司协商确定，如果该股东与公司不能就股权收购事宜达成一致，该股东可以自股东会决议作出之日起90日内向人民法院提起诉讼，通过诉讼途径解决该争议。公司因上述情形收购的本公司股权，应当在6个月内依法转让或者注销。

2. **股份有限公司的股份转让**

股份有限公司的股份转让实行自由转让的原则。

股份转让的限制	（1）公司章程对股份转让的限制。《公司法》第 157 条规定，股份有限公司的股东持有的股份可以向其他股东转让，也可以向股东以外的人转让；公司章程对股份转让有限制的，其转让按照公司章程的规定进行。 （2）对股份转让场所的限制。《公司法》第 158 条规定，股东转让其股份，应当在依法设立的证券交易场所进行或者按照国务院规定的其他方式进行。 （3）对公司公开发行股份前已发行的股份转让的限制。公司公开发行股份前已发行的股份，自公司股票在证券交易所上市交易之日起 1 年内不得转让。法律、行政法规或者国务院证券监督管理机构对上市公司的股东、实际控制人转让其所持有的本公司股份另有规定的，从其规定。 （4）对董事、监事、高级管理人员持有的本公司股份转让的限制。公司董事、监事、高级管理人员应当向公司申报所持有的本公司的股份及其变动情况，在就任时确定的任职期间每年转让的股份不得超过其所持有本公司股份总数的 25%；所持本公司股份自公司股票上市交易之日起 1 年内不得转让。上述人员离职后半年内，不得转让其所持有的本公司股份。此外，具有下列情形之一的，上市公司董事、监事、高级管理人员不得减持股份：①董事、监事、高级管理人员因涉嫌证券期货违法犯罪，在被中国证监会立案调查或者被司法机关立案侦查期间，以及在行政处罚决定、刑事判决作出之后未满 6 个月的；②董事、监事、高级管理人员因违反证券交易所规则，被证券交易所公开谴责未满 3 个月的；③证监会规定的其他情形。并且，其若计划通过证券交易所集中竞价交易减持股份，应当在首次卖出的 15 个交易日前向证券交易所报告并预先披露减持计划，由证券交易所予以备案。 （5）对上市公司控股股东和持股 5%以上股东（大股东）减持其非通过证券交易所集中竞价交易买入的上市公司股份的限制。具有下列情形之一的，上市公司大股东不得减持股份：①上市公司或者大股东因涉嫌证券期货违法犯罪，在被中国证监会立案调查或者被司法机关立案侦查期间，以及在行政处罚决定、刑事判决作出之后未满 6 个月的；②大股东因违反证券交易所规则，被证券交易所公开谴责未满 3 个月的；③证监会规定的其他情形。 （6）对股东减持其持有的公司首次公开发行前发行的股份、上市公司非公开发行的股份的限制。股东通过证券交易所集中竞价交易减持其持有的公司首次公开发行前发行的股份、上市公司非公开发行的股份，不得超过公司股份总数的 1%；股东通过协议转让方式减持其持有的公司首次公开发行前发行的股份、上市公司非公开发行的股份，股份出让方、受让方应当在减持后 6 个月内继续遵守上述规定。此外，股东持有上市公司非公开发行的股份，在股份限售期届满后 12 个月内通过集中竞价交易减持的数量，还应当符合证券交易所规定的比例限制。 （7）股份在法律、行政法规规定的限制转让期内出质的，质权人不得在限制转让期内行使质权。

股份回购	(1) 不公开发行股份的股份有限公司的股东异议回购请求权。 有下列三种情形之一，并且股东会在该股东投反对票的情况下依然作出了有效的决议，该投反对票的股份有限公司的股东才可以请求公司按照合理价格的收购其股份：①公司连续5年不向股东分配利润，而公司该5年连续盈利，并且符合《公司法》规定的分配利润条件。②公司转让主要财产。③公司章程规定的营业期限届满或者章程规定的其他解散事由出现，股东会通过决议修改章程使公司存续。 (2) 股份有限公司对本公司股份的回购。 《公司法》第162条规定了我国股份有限公司可以回购本公司股份的法定情形。 ①减少公司注册资本。公司减少注册资本的，应当经股东会决议，由公司对股东发出收购要约。 ②与持有本公司股份的其他公司合并。该事项亦应经股东会决议，公司回购股份后，应当在回购之日起6个月内转让或者注销股份。 ③将股份用于员工持股计划或者股权激励。回购股份后，公司可根据具体实际情况适时推行员工持股计划或者股权激励计划，但公司持股最长不得超过3年。 ④股东因对股东会作出的公司合并、分立决议持异议，要求公司收购其股份。为维护异议股东权利，当股东对股东会作出的合并、分立决议持异议时，可以要求公司回购其股份，公司应当回购，无须经股东会或者董事会决议。公司回购股份后，应当在回购之日起6个月内转让或者注销股份。 ⑤将股份用于转换公司发行的可转换为股票的公司债券。所回购的股份，应当在3年内按照可转债募集办法的规定转换给可转债持有人。 ⑥上市公司为维护公司价值及股东权益所必需。所回购的股份，应当在3年内转让或者注销。 (3) 上市公司的股份回购。 上市公司收购本公司股份的，除需要符合《公司法》的上述规定外，还应当依照《证券法》的规定履行信息披露义务。上市公司因《公司法》第162条第1款第3、5、6项规定的情形收购本公司股份的，应当通过公开的集中交易方式进行，而不能通过协议收购的方式进行。 (4) 公司接受本公司股票质押的禁止规定。 公司不得接受本公司的股票作为质押权的标的。 (5) 公司不得为他人取得本公司或者其母公司的股份提供赠与、借款、担保以及其他财务资助，公司实施员工持股计划的除外。

二、合伙企业法

（一）入伙

	普通合伙企业	有限合伙企业
条件	（1）新合伙人入伙，除合伙协议另有约定外，应当经全体合伙人一致同意，并依法订立书面入伙协议。 （2）订立入伙协议时，原合伙人应当向新合伙人如实告知原合伙企业的经营状况和财务状况。	
效力	（1）入伙的新合伙人与原合伙人享有同等权利，承担同等责任。入伙协议另有约定的，从其约定。 （2）新合伙人对入伙前合伙企业的债务承担无限连带责任。	新入伙的有限合伙人对入伙前有限合伙企业的债务，以其认缴的出资额为限承担责任。
其他规定	（1）合伙人死亡或者被依法宣告死亡的，对该合伙人在合伙企业中的财产份额享有合法继承权的继承人，按照合伙协议的约定或者经全体合伙人一致同意，从继承开始之日起，取得该合伙企业的合伙人资格。 （2）有下列情形之一的，合伙企业应当向合伙人的继承人退还被继承合伙人的财产份额：①继承人不愿意成为合伙人；②法律规定或者合伙协议约定合伙人必须具有相关资格，而该继承人未取得该资格；③合伙协议约定不能成为合伙人的其他情形。	
份额的继承	（1）合伙人的继承人为无民事行为能力人或者限制民事行为能力人的，经全体合伙人一致同意，可以依法成为有限合伙人，普通合伙企业依法转为有限合伙企业。 （2）全体合伙人未能一致同意的，合伙企业应当将被继承合伙人的财产份额退还该继承人。	作为有限合伙人的自然人死亡、被依法宣告死亡或者作为有限合伙人的法人及其他组织终止时，其继承人或者权利承受人可以依法取得该有限合伙人在有限合伙企业中的资格。

(二) 退伙

	普通合伙企业	有限合伙企业
条件	(1) 合伙协议约定合伙期限的，在合伙企业存续期间，有下列情形之一的，合伙人可以退伙： ①合伙协议约定的退伙事由出现； ②经全体合伙人一致同意； ③发生合伙人难以继续参加合伙的事由； ④其他合伙人严重违反合伙协议约定的义务。 (2) 合伙协议未约定合伙期限的，合伙人在不给合伙企业事务执行造成不利影响的情况下，可以退伙，但应当提前 30 日通知其他合伙人。 (3) 合伙人有下列情形之一的，当然退伙： ①作为合伙人的自然人死亡或者被依法宣告死亡； ②个人丧失偿债能力； ③作为合伙人的法人或者其他组织依法被吊销营业执照、责令关闭、撤销，或者被宣告破产； ④法律规定或者合伙协议约定合伙人必须具有相关资格而丧失该资格； ⑤合伙人在合伙企业中的全部财产份额被人民法院强制执行。 (4) 合伙人被依法认定为无民事行为能力人或者限制民事行为能力人的，经其他合伙人一致同意，可以依法转为有限合伙人，普通合伙企业依法转为有限合伙企业。其他合伙人未能一致同意的，该无民事行为能力或者限制民事行为能力的合伙人退伙。 (5) 合伙人有下列情形之一的，经其他合伙人一致同意，可以决议将其除名： ①未履行出资义务； ②因故意或者重大过失给合伙企业造成损失； ③执行合伙事务时有不正当行为； ④发生合伙协议约定的事由。	(1) 当然退伙： ①作为合伙人的自然人死亡或者被依法宣告死亡； ②作为合伙人的法人或者其他组织依法被吊销营业执照、责令关闭、撤销，或者被宣告破产； ③法律规定或者合伙协议约定合伙人必须具有相关资格而丧失该资格； ④合伙人在合伙企业中的全部财产份额被人民法院强制执行。 (2) 作为有限合伙人的自然人在有限合伙企业存续期间丧失民事行为能力的，其他合伙人不得因此要求其退伙。
效力	(1) 退伙不必然导致合伙企业解散。 (2) 退伙人丧失合伙人身份。 (3) 合伙人退伙，其他合伙人应当与该退伙人按照退伙时的合伙企业财产状况进行结算，退还退伙人的财产份额。退伙人对给合伙企业造成的损失负有赔偿责任的，相应扣减其应当赔偿的数额。 (4) 退伙人对基于其退伙前的原因发生的合伙企业债务，承担无限连带责任。	有限合伙人退伙后，对基于其退伙前的原因发生的有限合伙企业债务，以其退伙时从有限合伙企业中取回的财产承担责任。

三、外商投资法

（一）外商投资界定

	具体规定
投资者	外国的自然人、法人、其他组织。
投资领域	单独或合资设立外商投资企业；收购境内企业的股权、股份、财产份额或其他类似权益；单独或合资投资新建项目。
金融行业的特殊保护	外商投资金融行业或在金融市场投资，国务院另有规定，依照其规定。

（二）外商投资促进

	具体措施
提高外商投资政策的透明度	（1）制定与外商投资有关的法律、法规、规章，应当采取适当方式征求外商投资企业的意见和建议。 （2）与外商投资有关的规范性文件、裁判文书等，应当依法及时公布。
保障外商投资企业平等参与市场竞争	（1）平等适用各项政策。 （2）平等参与标准制定工作并平等适用。 （3）公平竞争参与政府采购。 （4）依法融资。
加强外商投资服务	（1）建立健全外商投资服务体系，提供法律法规、政策措施、投资项目信息等方面的咨询和服务。 （2）强化国际交流与合作。建立多边、双边投资促进合作机制，加强投资领域的国际交流与合作。 （3）提升外商服务水平。各级人民政府及其有关部门应当按照便利、高效、透明的原则，简化办事程序，提高办事效率，优化政务服务，进一步提高外商投资服务水平。 （4）有关主管部门应当编制和公布外商投资指引，为外国投资者和外商投资企业提供服务和便利。

依法依规鼓励和引导外商投资	（1）国家根据需要，设立特殊经济区域，或者在部分地区实行外商投资试验性政策措施，促进外商投资，扩大对外开放。 （2）国家根据国民经济和社会发展需要，鼓励和引导外国投资者在特定行业、领域、地区投资。外国投资者、外商投资企业可以依照法律、行政法规或者国务院的规定享受优惠待遇。 （3）县级以上地方人民政府可以根据法律、行政法规、地方性法规的规定，在法定权限内制定外商投资促进和便利化政策措施。

（三）外商投资保护

	具体措施
加强对外商投资企业的产权保护	（1）国家对外国投资者的投资不实行征收。在特殊情况下，国家为了公共利益的需要，可以依照法律规定对外国投资者的投资实行征收或者征用。征收、征用应当依照法定程序进行，并及时给予公平、合理的补偿。 （2）外商企业的合法所得可以依法以人民币或者外汇自由汇入、汇出。 （3）保护外商投资企业的知识产权，严禁侵权。行政机关及其工作人员不得利用行政手段强制转让技术。
强化行政机关及工作人员的保密义务	行政机关及其工作人员对于履行职责过程中知悉的外国投资者、外商投资企业的商业秘密，应当依法予以保密，不得泄露或者非法向他人提供。
强化对制定涉及外商投资规范性文件的约束	各级人民政府及其有关部门制定涉及外商投资的规范性文件，应当符合法律法规的规定；没有法律、行政法规依据的，不得减损外商投资企业的合法权益或者增加其义务，不得设置市场准入和退出条件，不得干预外商投资企业的正常生产经营活动。
促使地方政府守约践诺	（1）地方各级人民政府及其有关部门应当履行向外国投资者、外商投资企业依法作出的政策承诺以及依法订立的各类合同。 （2）因国家利益、社会公共利益需要改变政策承诺、合同约定的，应当依照法定权限和程序进行，并依法对外国投资者、外商投资企业因此受到的损失予以补偿。

	续表
建立外商投资企业投诉工作机制	(1) 国家建立外商投资企业投诉工作机制，及时处理外商投资企业或者其投资者反映的问题，协调完善相关政策措施。 (2) 外商投资企业或者其投资者认为行政机关及其工作人员的行政行为侵犯其合法权益的，可以通过外商投资企业投诉工作机制申请协调解决。 (3) 外商投资企业或者其投资者认为行政机关及其工作人员的行政行为侵犯其合法权益的，除依照上述规定通过外商投资企业投诉工作机制申请协调解决外，还可以依法申请行政复议、提起行政诉讼。

（四）外商投资管理

	具体措施
国民待遇+负面清单制度	(1) 准入前实行国民待遇+负面清单管理制度。 (2) 负面清单内禁止外商投资的，不得投资。 (3) 负面清单内限制外商投资的，可投资但应符合负面清单规定的条件。
按照内外资一致的原则对外商投资实施监督管理	(1) 核准备案：外商投资需要办理投资项目核准、备案的，按照国家有关规定执行。 (2) 许可手续：外国投资者在依法需要取得许可的行业、领域进行投资的，应当依法办理相关许可手续。有关主管部门应当按照与内资一致的条件和程序，审核外国投资者的许可申请，法律、行政法规另有规定的除外。 (3) 组织形式、结构、活动准则：适用《公司法》《合伙企业法》等法律的规定。 (4) 劳动保护、财税管理：外商投资企业开展生产经营活动，应当遵守法律、行政法规有关劳动保护、社会保险的规定，依照法律、行政法规和国家有关规定办理税收、会计、外汇等事宜，并接受相关主管部门依法实施的监督检查。 (5) 经营者集中：外国投资者并购中国境内企业或者以其他方式参与经营者集中的，应当依照《反垄断法》的规定接受经营者集中审查。
外商投资信息报告制度	(1) 国家建立外商投资信息报告制度。外国投资者或者外商投资企业应当通过企业登记系统以及企业信用信息公示系统向商务主管部门报送投资信息。 (2) 外商投资信息报告的内容和范围按照确有必要的原则确定；通过部门信息共享能够获得的投资信息，不得再行要求报送。
外商投资安全审查制度	国家建立外商投资安全审查制度，对影响或者可能影响国家安全的外商投资进行安全审查。依法作出的安全审查决定为最终决定。

四、企业破产法

(一) 重要机构
1. 破产管理人

资格	管理人由人民法院指定。
	清算组；律师事务所、会计师事务所、破产清算事务所等社会中介机构；社会中介机构中具备相关专业知识并取得执业资格的人员。
	有下列情形之一的，不得担任管理人。 (1) 因故意犯罪受过刑事处罚。 (2) 曾被吊销相关专业执业证书。 (3) 与本案有利害关系。 (4) 人民法院认为不宜担任管理人的其他情形。
	个人担任管理人的，应当参加执业责任保险。
权利	领取合理的报酬。
	经人民法院许可，可以聘用必要的工作人员。
职责	(1) 接管债务人的财产、印章和账簿、文书等资料。 (2) 调查债务人财产状况，制作财产状况报告。 (3) 决定债务人的内部管理事务。 (4) 决定债务人的日常开支和其他必要开支。 (5) 在第一次债权人会议召开之前，决定继续或者停止债务人的营业。 (6) 管理和处分债务人的财产。 (7) 代表债务人参加诉讼、仲裁或者其他法律程序。 (8) 提议召开债权人会议。 (9) 人民法院认为管理人应当履行的其他职责。
义务	管理人依照法律规定执行职务，向人民法院报告工作，并接受债权人会议和债权人委员会的监督。
	管理人应当列席债权人会议，向债权人会议报告职务执行情况，并回答询问。

续表

	在第一次债权人会议召开之前，管理人决定继续或者停止债务人的营业，应当经人民法院许可。实施下列行为时应当及时报告债权人委员会或者法院： （1）涉及土地、房屋等不动产权益的转让；（2）探矿权、采矿权、知识产权等财产权的转让；（3）全部库存或者营业的转让；（4）借款；（5）设定财产担保；（6）债权和有价证券的转让；（7）履行债务人和对方当事人均未履行完毕的合同；（8）放弃权利；（9）担保物的取回；（10）对债权人利益有重大影响的其他财产处分行为。
	管理人没有正当理由不得辞去职务。管理人辞去职务应当经人民法院许可。

2. 债权人会议

组成	依法申报债权的债权人。
表决	依法申报债权的债权人有权参加债权人会议，享有表决权。
	债权尚未确定的债权人，除人民法院能够为其行使表决权而临时确定债权额的外，不得行使表决权。
	对债务人的特定财产享有担保权的债权人，未放弃优先受偿权利的，对于以下两个事项不享有表决权：通过和解协议；通过破产财产的分配方案。
	债权人会议的决议，由出席会议的有表决权的债权人过半数通过，并且其所代表的债权额占无财产担保债权总额的 1/2 以上。
职责	（1）核查债权。 （2）申请人民法院更换管理人，审查管理人的费用和报酬。 （3）监督管理人。 （4）选任和更换债权人委员会成员。 （5）决定继续或者停止债务人的营业。 （6）通过重整计划。 （7）通过和解协议。 （8）通过债务人财产的管理方案。（注意：此项经债权人会议表决未通过的，由人民法院裁定） （9）通过破产财产的变价方案。（注意：此项经债权人会议表决未通过的，由人民法院裁定） （10）通过破产财产的分配方案。（此项经债权人会议 2 次表决仍未通过的，由人民法院裁定） （11）人民法院认为应当由债权人会议行使的其他职权。

第十二章 商　　法

续表

债权人委员会	债权人委员会由债权人会议选任的债权人代表和1名债务人的职工代表或者工会代表组成。
	债权人委员会成员不得超过9人。
	债权人委员会成员应当经人民法院书面决定认可。
	注意：管理人与债权人委员会的权力衔接（具体见上一个表格管理人的义务）。

（二）程序
1. 申请

申请人	情形	内容
债务人	债务人不能清偿到期债务，并且资产不足以清偿全部债务或者明显缺乏清偿能力时。	可以申请重整、和解或者破产。
债权人	债务人不能清偿到期债务时。	可以申请进行重整或者破产清算。
依法负有清算责任的人	企业法人已解散但未清算或者未清算完毕，资产不足以清偿债务的。	应当向人民法院申请破产清算。

2. 受理
（1）裁定是否受理的程序

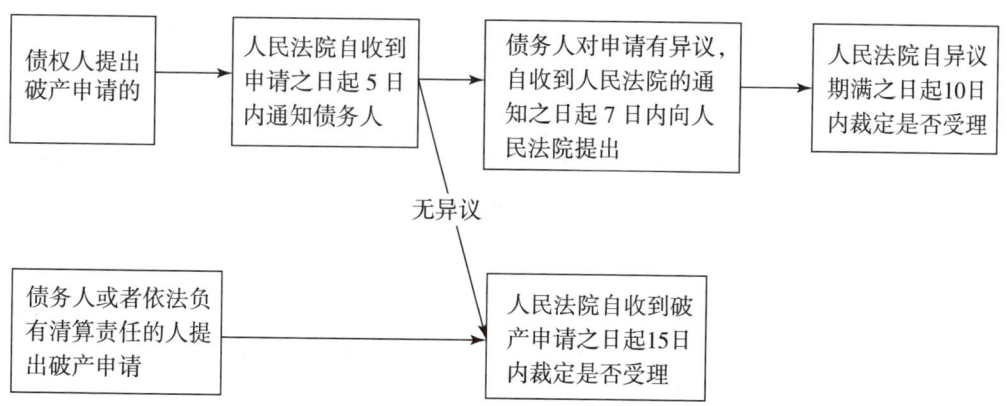

(2) 受理的后果

法院	应当同时指定管理人。
	自裁定受理破产申请之日起 25 日内通知已知债权人，并予以公告。
债务人	债务人的有关人员，即企业的法定代表人；经人民法院决定，可以包括企业的财务管理人员和其他经营管理人员。 应当： ①妥善保管其占有和管理的财产、印章和账簿、文书等资料； ②根据人民法院、管理人的要求进行工作，并如实回答询问； ③列席债权人会议并如实回答债权人的询问； ④未经人民法院许可，不得离开住所地； ⑤不得新任其他企业的董事、监事、高级管理人员。
	债务人对个别债权人的债务清偿无效。
债务人的债务人或者财产持有人	应当向管理人清偿债务或者交付财产。
管理人	管理人对破产申请受理前成立而债务人和对方当事人均未履行完毕的合同有权决定解除或者继续履行，并通知对方当事人。管理人自破产申请受理之日起 2 个月内未通知对方当事人，或者自收到对方当事人催告之日起 30 日内未答复的，视为解除合同。
	管理人决定继续履行合同的，对方当事人应当履行；但是，对方当事人有权要求管理人提供担保。管理人不提供担保的，视为解除合同。
相关诉讼程序	有关债务人财产的保全措施应当解除，执行程序应当中止。
	已经开始而尚未终结的有关债务人的民事诉讼或者仲裁应当中止；在管理人接管债务人的财产后，该诉讼或者仲裁继续进行。
	有关债务人的民事诉讼，只能向受理破产申请的人民法院提起。
	债务人对外享有债权的诉讼时效，自人民法院受理破产申请之日起中断。
	债务人无正当理由未对其到期债权及时行使权利，导致其对外债权在破产申请受理前 1 年内超过诉讼时效期间的，人民法院受理破产申请之日起重新计算上述债权的诉讼时效期间。

(3) 对债务人行为的限制

时间	行为	后果
人民法院受理破产申请前 1 年内	无偿转让财产；以明显不合理的价格进行交易；对没有财产担保的债务提供财产担保；对未到期的债务提前清偿的；放弃债权。	管理人有权请求人民法院予以撤销；因这些行为而取得的债务人的财产，管理人有权追回。（债务人对债权人进行的以下个别清偿不得撤销：①债务人为维系基本生产需要而支付水费、电费等的；②债务人支付劳动报酬、人身损害赔偿金的。）
人民法院受理破产申请前 6 个月内	债务人不能清偿到期债务，并且资产不足以清偿全部债务；或者明显缺乏清偿能力，但仍对个别债权人进行清偿的（除了个别清偿使债务人财产受益的）。	
	为逃避债务而隐匿、转移财产的；虚构债务或者承认不真实的债务的。	无效。
	债务人的出资人尚未完全履行出资义务的。	管理人应当要求该出资人缴纳所认缴的出资，而不受出资期限的限制。
	债务人的董事、监事和高级管理人员利用职权从企业获取非正常收入或侵占企业财产。	管理人应当追回。（非正常收入包括：①绩效奖金；②普遍拖欠职工工资情况下获取的工资性收入；③其他非正常收入。因返还第①、③项非正常收入形成的债权，可以作为普通破产债权清偿。因返还第②项非正常收入形成的债权，按照该企业职工平均工资计算的部分作为拖欠职工工资清偿；高出该企业职工平均工资计算的部分，可以作为普通破产债权清偿。）

3. 重整

条件	(1) 债务人或者债权人可以直接向人民法院申请对债务人进行重整。 (2) 债权人申请对债务人进行破产清算的，在人民法院受理破产申请后、宣告债务人破产前，债务人或者出资额占债务人注册资本 1/10 以上的出资人，可以向人民法院申请重整。

续表

期间	自人民法院裁定债务人重整之日起至重整程序终止。
法律后果	(1) 在重整期间，经债务人申请，人民法院批准，债务人可以在管理人的监督下自行管理财产和营业事务。在这种情形下，已接管债务人财产和营业事务的管理人应当向债务人移交财产和营业事务，相关职权由债务人行使。 (2) 在重整期间，对债务人的特定财产享有的担保权暂停行使。但是，担保物有损坏或者价值明显减少的可能，足以危害担保权人权利的，担保权人可以向人民法院请求恢复行使担保权。 (3) 在重整期间，债务人或者管理人为继续营业而借款的，可以为该借款设定担保。 (4) 债务人合法占有的他人财产，该财产的权利人在重整期间要求取回的，应当符合事先约定的条件。 (5) 在重整期间，债务人的出资人不得请求投资收益分配。 (6) 在重整期间，债务人的董事、监事、高级管理人员不得向第三人转让其持有的债务人的股权。但是，经人民法院同意的除外。

重整计划	提交	(1) 债务人或者管理人应当自人民法院裁定债务人重整之日起6个月内，同时向法院和债权人会议提交重整计划草案。 (2) 上述期限届满，经债务人或者管理人请求，有正当理由的，人民法院可以裁定延期3个月。
	制作	(1) 债务人自行管理财产和营业事务的，由债务人制作重整计划草案。 (2) 管理人负责管理财产和营业事务的，由管理人制作重整计划草案。
	内容	(1) 债务人的经营方案。 (2) 债权分类。 (3) 债权调整方案。 (4) 债权受偿方案。 (5) 重整计划的执行期限。 (6) 重整计划执行的监督期限。 (7) 有利于债务人重整的其他方案。
	表决	(1) 依债权分类进行分组表决。 ①对债务人的特定财产享有担保权的债权；②债务人所欠职工的工资和医疗、伤残补助、抚恤费用，所欠的应当划入职工个人账户的基本养老保险、基本医疗保险费用，以及法律、行政法规规定应当支付给职工的补偿金；③债务人所欠税款；④普通债权。

续表

		(2) 上述规定以外的社会保险费用不得减免；该项费用的债权人不参加重整计划草案的表决。 (3) 人民法院在必要时可以决定在普通债权组中设小额债权组对重整计划草案进行表决。 (4) 人民法院应当自收到重整计划草案之日起30日内召开债权人会议，对重整计划草案进行表决。出席会议的同一表决组的债权人过半数同意重整计划草案，并且其所代表的债权额占该组债权总额的2/3以上的，即为该组通过重整计划草案。 (5) 重整计划草案涉及出资人权益调整事项的，应当设出资人组，对该事项进行表决。
	再表决	部分表决组未通过重整计划草案的，债务人或者管理人可以同未通过重整计划草案的表决组协商。该表决组可以在协商后再表决一次。双方协商的结果不得损害其他表决组的利益。
	通过	(1) 各表决组均通过重整计划草案时，重整计划即为通过。 (2) 未通过重整计划草案的表决组拒绝再次表决或者再次表决仍未通过重整计划草案，但重整计划草案符合法律规定的条件的，债务人或者管理人可以申请人民法院批准重整计划草案（见《企业破产法》第87条）。
	执行	重整计划由债务人负责执行。由管理人监督重整计划的执行。
重整程序终结		(1) 债务人或者管理人未按期提出重整计划草案的，人民法院应当裁定终止重整程序，并宣告债务人破产。 (2) 自重整计划通过之日起10日内，债务人或者管理人应当向人民法院提出批准重整计划的申请。人民法院经审查认为符合法律规定的，应当自收到申请之日起30日内裁定批准，终止重整程序，并予以公告。 (3) 人民法院经审查认为重整计划草案符合法律规定的特殊情形的，应当自收到申请之日起30日内裁定批准，终止重整程序，并予以公告。 (4) 在重整期间，有下列情形之一的，经管理人或者利害关系人请求，人民法院应当裁定终止重整程序，并宣告债务人破产： ①债务人的经营状况和财产状况继续恶化，缺乏挽救的可能性； ②债务人有欺诈、恶意减少债务人财产或者其他显著不利于债权人的行为； ③由于债务人的行为致使管理人无法执行职务。 (5) 债务人不能执行或者不执行重整计划的，人民法院经管理人或者利害关系人请求，应当裁定终止重整计划的执行，并宣告债务人破产。

4. 和解

条件	（1）债务人直接向人民法院申请和解，或者债务人在人民法院受理破产申请后、宣告债务人破产前，向人民法院申请和解。 （2）债权人会议通过和解协议的决议，由出席会议的有表决权的债权人过半数同意，并且其所代表的债权额占无财产担保债权总额的 2/3 以上。
效力	（1）对债务人的特定财产享有担保权的权利人，自人民法院裁定和解之日起可以行使权利。 （2）债务人应当按照和解协议规定的条件清偿债务。 （3）和解债权人对债务人的保证人和其他连带债务人所享有的权利，不受和解协议的影响。 （4）按照和解协议减免的债务，自和解协议执行完毕时起，债务人不再承担清偿责任。
终止	（1）债权人会议通过和解协议，由人民法院裁定认可，终止和解程序，并予以公告。 （2）和解协议草案经债权人会议表决未获得通过，或者已经债权人会议通过的和解协议未获得人民法院认可的，人民法院应当裁定终止和解程序，并宣告债务人破产。 （3）债务人不能执行或者不执行和解协议的，人民法院经和解债权人请求，应当裁定终止和解协议的执行，并宣告债务人破产。

5. 破产清算

破产宣告	（1）直接的破产宣告。 （2）重整失败的破产宣告。 （3）和解失败的破产宣告。
破产清偿	（1）破产费用和共益债务。 （2）破产人所欠职工的工资和医疗、伤残补助、抚恤费用，所欠的应当划入职工个人账户的基本养老保险、基本医疗保险费用，以及法律、行政法规规定应当支付给职工的补偿金。 （3）破产人欠缴的除前项规定以外的社会保险费用和破产人所欠税款。 （4）普通破产债权。
	破产财产不足以清偿同一顺序的清偿要求的，按照比例分配。
破产终结	无财产可供分配或财产已经分配完毕。

五、保险法

	财产保险合同	人身保险合同
保险标的	物或者其他财产利益。	被保险人的生命或者身体。
类别	（1）财产损失保险合同。 （2）责任保险合同。	（1）人寿保险合同。 （2）健康保险合同。 （3）意外伤害保险合同。
保险责任	（1）实行保险责任限定制度。保险人的责任以保险合同约定的保险金额为限，超过合同约定的保险金额的损失，保险人不负保险责任。重复保险的保险金额总和超过保险价值的，各保险人的赔偿金额的总和不得超过保险价值。除合同另有约定外，各保险人按照其保险金额与保险金额总和的比例承担赔偿责任。 （2）保险金额由当事人约定，不得超过保险价值，超过保险价值的，超过的部分无效。 （3）保险金额低于保险价值的，除合同另有约定外，保险人按照保险金额与保险价值的比例承担赔偿责任。	（1）保险金额由投保人和保险人协商确定一个固定的数额，以此作为保险金的最高限额。 （2）保险金定额支付。

合同解除	(1) 货物运输保险合同和运输工具航程保险合同，保险责任开始后，合同当事人不得解除合同。 (2) 在合同有效期内，保险标的危险程度显著增加的，被保险人应当按照合同约定及时通知保险人，保险人可以按照合同约定增加保险费或者解除合同。被保险人未履行规定的通知义务的，因保险标的危险程度显著增加而发生的保险事故，保险人不承担赔偿责任。 (3) 保险责任开始前，投保人要求解除合同的，应当向保险人支付手续费，保险人应当退还保险费。保险责任开始后，投保人要求解除合同的，保险人可以收取自保险责任开始之日起至合同解除之日止期间的保险费，剩余部分退还投保人。	(1) 投保人申报的被保险人年龄不真实，并且其真实年龄不符合合同约定的年龄限制的，保险人可以解除合同，并按照合同约定退还保险单的现金价值。且该合同解除权，自保险人知道有解除事由之日起，超过30日不行使而消灭。自合同成立之日起超过2年的，保险人不得解除合同。 (2) 合同约定分期支付保险费，投保人支付首期保险费后，除合同另有约定外，投保人经保险人催告后30日内未支付当期保险费，超过规定的期限60日未支付当期保险费的，合同效力中止，或者由保险人按照合同约定的条件减少保险金额。自合同效力中止之日起2年内双方未达成协议的，保险人有权解除合同。保险人依照上述规定解除合同的，保险人应当按照合同约定退还保险单的现金价值。 (3) 投保人解除合同的，保险人应当自接到解除合同通知之日起30日内，按照合同约定退还保险单的现金价值。
合同变更	(1) 保险标的的转让应当及时通知保险人。但是，货物运输保险合同和另有约定的合同除外。 (2) 在合同有效期内，保险标的危险程度显著增加的，被保险人应当按照合同约定及时通知保险人，保险人可以按照合同约定增加保险费或者解除合同。	(1) 投保人申报的被保险人年龄不真实，致使投保人支付的保险费少于应付保险费的，保险人有权更正并要求投保人补缴保险费，或者在给付保险金时按照实付保险费与应付保险费的比例支付。投保人申报的被保险人年龄不真实，致使投保人实付保险费多于应付保险费的，保险人应当将多收的保险费退还投保人。

		续表
	（3）据以确定保险费率的有关情况发生变化，保险标的危险程度明显减少，或者保险标的的保险价值明显减少，除合同另有约定外，保险人应当降低保险费，并按日计算退还相应的保险费。	（2）被保险人或者投保人可以变更受益人并书面通知保险人。保险人收到变更受益人的书面通知后，应当在保险单或者其他保险凭证上批注或者附贴批单。投保人变更受益人时须经被保险人同意。
保险金的继承	保险金可以继承。	被保险人死亡后，遇有下列情形之一的，保险金作为被保险人的遗产，由保险人向被保险人的继承人履行给付保险金的义务： （1）没有指定受益人的，或者受益人指定不明无法确定的。 （2）受益人先于被保险人死亡，没有其他受益人的。 （3）受益人依法丧失受益权或者放弃受益权，没有其他受益人的。
代位求偿权	（1）因第三者对保险标的的损害而造成保险事故的，保险人自向被保险人赔偿保险金之日起，在赔偿金额范围内代位行使被保险人对第三者请求赔偿的权利。 （2）保险事故发生后，保险人未赔偿保险金之前，被保险人放弃对第三者的请求赔偿的权利的，保险人不承担赔偿保险金的责任。保险人向被保险人赔偿保险金后，被保险人未经保险人同意放弃对第三者请求赔偿的权利的，该行为无效。 （3）由于被保险人的过错致使保险人不能行使代位请求赔偿的权利的，保险人可以相应扣减保险赔偿金。 （4）保险人不得对被保险人的家庭成员或者其组成人员行使代位请求赔偿的权利，除非保险事故是由被保险人的家庭成员或者其组成人员故意造成的。	人身保险的被保险人因第三者的行为而发生死亡、伤残或者疾病等保险事故的，保险人向被保险人或者受益人给付保险金后，不得享有向第三者追偿的权利。但被保险人或者受益人仍有权向第三者请求赔偿。

续表

		(1) 投保人不得为无民事行为能力人投保以死亡为给付保险金条件的人身保险，保险人也不得承保。父母为其未成年子女投保的人身保险，不受此规定限制，但是死亡给付保险金额总和不得超过保险监督管理机构规定的限额。
特别规定	(1) 保险事故发生时，被保险人有责任尽力采取必要的措施，防止或者减少损失。 (2) 保险事故发生后，被保险人为防止或者减少保险标的的损失所支付的必要的、合理的费用，由保险人承担；保险人所承担的数额在保险标的损失赔偿金额以外另行计算，最高不超过保险金额的数额。	(2) 以死亡为给付保险金条件的合同，未经被保险人同意并认可保险金额的，合同无效。父母为其未成年子女投保的人身保险，不受此规定限制。 (3) 依照以死亡为给付保险金条件的合同所签发的保险单，未经被保险人书面同意，不得转让或者质押。 (4) 保险人对人寿保险的保险费，不得用诉讼方式要求投保人支付。 (5) 人身保险的受益人由被保险人或者投保人指定。投保人指定受益人时须经被保险人同意。被保险人为无民事行为能力人或者限制民事行为能力人的，可以由其监护人指定受益人。
诉讼时效	自其知道或应当知道保险事故发生之日起2年。	(1) 人寿保险，自其知道或应当知道保险事故发生之日起5年。 (2) 其他人身保险，自其知道或应当知道保险事故发生之日起2年。

六、票据法

（一）汇票、本票、支票比较

	汇票	本票	支票
定义	出票人签发的，委托付款人在见票时或者在指定日期无条件支付确定的金额给收款人或者持票人的票据。	出票人签发的，承诺自己在见票时无条件支付确定的金额给收款人或者持票人的票据。	出票人签发的，委托办理支票存款业务的银行或者其他金融机构在见票时无条件支付确定的金额给收款人或者持票人的票据。
功能	支付、信用功能	支付功能（国外有远期本票—信用功能）	支付功能
种类	银行汇票和商业汇票（银行承兑、商业承兑）	我国只有银行本票	普通支票、现金支票、转账支票
当事人	出票人、付款人、收款人	出票人、收款人（自付票据）	出票人、付款人、收款人
款式	汇票必须记载下列事项： (1) 表明"汇票"的字样。 (2) 无条件支付的委托。 (3) 确定的金额。 (4) 付款人名称。 (5) 收款人名称。 (6) 出票日期。 (7) 出票人签章。	本票必须记载下列事项： (1) 表明"本票"的字样。 (2) 无条件支付的承诺。 (3) 确定的金额。 (4) 收款人名称。 (5) 出票日期。 (6) 出票人签章。	支票必须记载下列事项： (1) 表明"支票"的字样。 (2) 无条件支付的委托。 (3) 确定的金额（可以由出票人授权补记，未补记前的支票，不得使用）。 (4) 付款人名称。 (5) 出票日期。 (6) 出票人签章。
付款	即期：出票后1个月内。 远期：到期日起10日内。	只有见票即付。 自出票日起2个月内。	只有见票即付。 自出票之日起10日内。
付款	(1) 持票人依照票据法规定提示付款的，付款人必须在当日足额付款。 (2) 付款人及其代理付款人付款时，应当审查汇票背书的连续，并审查提示付款人的合法身份证明或者有效证件。付款人及其代理付款人以恶意或者有重大过失付款的，应当自行承担责任。 (3) 对定日付款、出票后定期付款或者见票后定期付款的汇票，付款人在到期日前付款的，由付款人自行承担所产生的责任。			

279

续表

时效	2年	2年	6个月
	(1) 持票人对前手的追索权，自被拒绝承兑或者被拒绝付款之日起6个月。 (2) 持票人对前手的再追索权，自清偿日或者被提起诉讼之日起3个月。 (3) 持票人因超过票据权利时效或者因票据记载事项欠缺而丧失票据权利的，仍享有民事权利，可以请求出票人或者承兑人返还其与未支付的票据金额相当的利益。			

（二）票据行为

行为	定义	相关制度
出票	出票人制作并将其交付给持票人的基本票据行为，是创设票据权利的行为。	(1) 票据金额以中文大写和数码同时记载，二者必须一致，二者不一致的，票据无效。 (2) 汇票的出票人必须与付款人具有真实的委托付款关系，并且具有支付汇票金额的可靠资金来源。不得签发无对价的汇票用以骗取银行或者其他票据当事人的资金。 (3) 本票的出票人必须具有支付本票金额的可靠资金来源，并保证支付。 (4) 开立支票存款账户和领用支票，应当有可靠的资信，并存入一定的资金。支票的出票人所签发的支票金额不得超过其付款时在付款人处实有的存款金额。禁止签发空头支票。
背书	持票人为转让票据权利或其他目的，在票据的背面或粘单上记载有关事项并签章、交付票据的附属票据行为。	(1) 出票人在票据上记载"不得转让"字样的，票据不得转让。背书转让的，背书行为无效（但是票据有效），背书转让后的受让人不得享有票据权利，票据的出票人、承兑人对受让人不承担票据责任。 (2) 背书人在票据上记载"不得转让"字样，其后手再背书转让的，原背书人对后手的被背书人不承担保证责任。 (3) 背书由背书人签章并记载背书日期。背书未记载日期的，视为在票据到期日前背书。 (4) 以背书转让的票据，背书应当连续。 (5) 以背书转让的票据，后手应当对其直接前手背书的真实性负责。 (6) 背书不得附有条件。背书时附有条件的，所附条件不具有票据上的效力。 (7) 将票据金额的一部分转让的背书或者将票据金额分别转让给2人以上的背书无效。 (8) 背书人以背书转让票据后，即承担保证其后手所持票据承兑和付款的责任。

续表

承兑	远期汇票的付款人或付款代理人在票据的正面记载有关事项并签章，承诺在汇票到期日无条件支付票载金额的附属票据行为。	(1) 见票即付的汇票无需提示承兑。 (2) 见票后定期付款的汇票，持票人应当自出票日起1个月内向付款人提示承兑。汇票未按照规定期限提示承兑的，持票人丧失对其前手的追索权。 (3) 付款人承兑汇票，不得附有条件；承兑附有条件的，视为拒绝承兑。
保证	由票据债务人以外的第三人为担保票据的履行，以负担同一内容的票据债务为目的所为的一种附属票据行为。	(1) 保证人由票据债务人以外的他人担当。 (2) 保证人在票据或者粘单上未记载被保证人的名称的，已承兑的票据，承兑人为被保证人；未承兑的票据，出票人为被保证人。 (3) 保证不得附有条件；附有条件的，不影响对票据的保证责任。 (4) 保证人为2人以上的，保证人之间承担连带责任。 (5) 保证人清偿票据债务后，可以行使持票人对被保证人及其前手的追索权。
签章相关制度		(1) 票据上的签章，为签名、盖章或者签名加盖章。法人和其他使用票据的单位在票据上的签章，为该法人或者该单位的盖章加其法定代表人或者其授权的代理人的签章。在票据上的签名，应当为该当事人的本名。 (2) 票据当事人可以委托其代理人在票据上签章，并应当在票据上表明其代理关系。没有代理权而以代理人名义在票据上签章的，应当由签章人承担票据责任；代理人超越代理权限的，应当就其超越权限的部分承担票据责任。 (3) 无民事行为能力人或者限制民事行为能力人在票据上签章的，其签章无效，但是不影响其他签章的效力。 (4) 票据上有伪造、变造的签章的，不影响票据上其他真实签章的效力。票据上其他记载事项被变造的，在变造之前签章的人，对原记载事项负责；在变造之后签章的人，对变造之后的记载事项负责；不能辨别是在票据被变造之前或者之后签章的，视同在变造之前签章。

七、证券法

(一) 股票、公司债券发行条件比较

事项	股票	公司债券
公开发行	公司首次公开发行新股条件： (1) 具备健全且运行良好的组织机构； (2) 具有持续经营能力； (3) 最近3年财务会计报告被出具无保留意见审计报告； (4) 发行人及其控股股东、实际控制人最近3年不存在贪污、贿赂、侵占财产、挪用财产或者破坏社会主义市场经济秩序的刑事犯罪； (5) 经国务院批准的国务院证券监督管理机构规定的其他条件。 上市公司发行新股，应当符合经国务院批准的国务院证券监督管理机构规定的条件，具体管理办法由国务院证券监督管理机构规定。 公开发行存托凭证的，应当符合首次公开发行新股的条件以及国务院证券监督管理机构规定的其他条件。	公开发行公司债券条件： (1) 具备健全且运行良好的组织机构； (2) 最近3年平均可分配利润足以支付公司债券1年的利息； (3) 国务院规定的其他条件。 公开发行公司债券筹集的资金，必须按公司债券募集办法所列资金用途使用；改变资金用途，必须经债券持有人会议作出决议。公开发行公司债券筹集的资金，不得用于弥补亏损和非生产性支出。 上市公司发行可转换为股票的公司债券，除应当符合第1款规定的条件外，还应当遵守本法第12条第2款的规定。但是，按照公司债券募集办法，上市公司通过收购本公司股份的方式进行公司债券转换的除外。
不得发行	公司对公开发行股票所募集资金，必须按照招股说明书或者其他公开发行募集文件所列资金用途使用；改变资金用途，必须经股东大会作出决议。擅自改变用途，未作纠正的，或者未经股东大会认可的，不得公开发行新股。	不得再次公开发行公司债券： (1) 对已公开发行的公司债券或者其他债务有违约或者延迟支付本息的事实，仍处于继续状态； (2) 违反本法规定，改变公开发行公司债券所募资金的用途。

（二）证券交易的禁止行为

内幕交易	禁止证券交易内幕信息的知情人和非法获取内幕信息的人利用内幕信息从事证券交易活动。
操纵市场	禁止任何人以下列手段操纵证券市场，影响或者意图影响证券交易价格或者证券交易量： （1） 单独或者通过合谋，集中资金优势、持股优势或者利用信息优势联或者连续买卖； （2） 与他人串通，以事先约定的时间、价格和方式相互进行证券交易； （3） 在自己实际控制的账户之间进行证券交易； （4） 不以成交为目的，频繁或者大量申报并撤销申报； （5） 利用虚假或者不确定的重大信息，诱导投资者进行证券交易； （6） 对证券、发行人公开作出评价、预测或者投资建议，并进行反向证券交易； （7） 利用在其他相关市场的活动操纵证券市场； （8） 操纵证券市场的其他手段。
虚假信息	（1） 禁止任何单位和个人编造、传播虚假信息或者误导性信息，扰乱证券市场。 （2） 禁止证券交易场所、证券公司、证券登记结算机构、证券服务机构及其从业人员，证券业协会、证券监督管理机构及其工作人员，在证券交易活动中作出虚假陈述或者信息误导。 （3） 各种传播媒介传播证券市场信息必须真实、客观，禁止误导。传播媒介及其从事证券市场信息报道的工作人员不得从事与其工作职责发生利益冲突的证券买卖。 （4） 编造、传播虚假信息或者误导性信息，扰乱证券市场，给投资者造成损失的，应当依法承担赔偿责任。
损害客户利益	禁止证券公司及其从业人员从事下列损害客户利益的行为： （1） 违背客户的委托为其买卖证券； （2） 不在规定时间内向客户提供交易的确认文件； （3） 未经客户的委托，擅自为客户买卖证券，或者假借客户的名义买卖证券； （4） 为牟取佣金收入，诱使客户进行不必要的证券买卖； （5） 其他违背客户真实意思表示，损害客户利益的行为。
其他	任何单位和个人不得违反规定，出借自己的证券账户或者借用他人的证券账户从事证券交易。
	禁止资金违规流入股市。
	禁止投资者违规利用财政资金、银行信贷资金买卖证券。
违反责任	给投资者（或客户）造成损失的，行为人应当依法承担赔偿责任。

(三) 重要数字记忆

(1) 证券的代销、包销期限最长不得超过 90 日。

(2) 为证券发行出具审计报告或者法律意见书等文件的证券服务机构和人员，在该证券承销期内和期满后 6 个月内，不得买卖该证券。除前款规定外，为发行人及其控股股东、实际控制人，或者收购人、重大资产交易方出具审计报告或者法律意见书等文件的证券服务机构和人员，自接受委托之日起至上述文件公开后 5 日内，不得买卖该证券。实际开展上述有关工作之日早于接受委托之日的，自实际开展上述有关工作之日起至上述文件公开后 5 日内，不得买卖该证券。

(3) 上市公司、股票在国务院批准的其他全国性证券交易场所交易的公司持有 5% 以上股份的股东、董事、监事、高级管理人员，将其持有的该公司的股票或者其他具有股权性质的证券在买入后 6 个月内卖出，或者在卖出后 6 个月内又买入，由此所得收益归该公司所有，公司董事会应当收回其所得收益。但是，证券公司因购入包销售后剩余股票而持有 5% 以上股份，以及有国务院证券监督管理机构规定的其他情形的除外。

八、海商法

(一) 法律适用

法律适用	具体内容
调整范围 — 海上运输关系	(1) 是指海上货物运输和海上旅客运输，包括海江之间、江海之间的直达运输。 (2) 海上货物运输合同的规定，不适用于中华人民共和国港口之间的海上货物运输。
调整范围 — 船舶关系	(1) 船舶，是指海船和其他海上移动式装置，包括船舶属具。 (2) 用于军事的、政府公务的船舶和 20 总吨以下的小型船艇除外。

续表

涉外法律适用	一般规则	国际条约（保留条款除外）→ 我国法律→国际惯例
	合同	合同当事人选择合同适用的法律（法律另有规定的除外）→适用与合同有最密切联系的国家的法律
	船旗国法（主要是物权关系）	船舶所有权的取得、转让和消灭
		(1) 船舶抵押权。 (2) 船舶在光船租赁以前或者光船租赁期间，设立船舶抵押权的，适用原船舶登记国的法律。
		同一国籍的船舶，不论碰撞发生于何地，碰撞船舶之间的损害赔偿适用船旗国法律。
	行为地法	船舶碰撞的损害赔偿，适用侵权行为地法律
	法院地法	共同海损理算，适用理算地法律
		船舶在公海上发生碰撞的损害赔偿
		船舶优先权
		海事赔偿责任限制

（二）共同海损

构成	(1) 在同一航程中的财产遭遇共同危险。 (2) 共同海损的措施是有意合理的。 (3) 共同海损的损失是特殊的，支出的费用是额外的。 (4) 措施必须是最终有效的，有获救财产。

续表

范围	共同海损牺牲	因采取共同海损措施而直接造成的船舶、货物和其他财产的损失,包括:船舶牺牲、货物牺牲、运费牺牲。
	共同海损费用	(避难港口费用)船舶因发生意外、牺牲或者其他特殊情况而损坏时,为了安全完成本航程,驶入避难港口、避难地点或者驶回装货港口、装货地点进行必要的修理,在该港口或者地点额外停留期间所支付的港口费,船员工资、给养,船舶所消耗的燃料、物料,为修理而卸载、储存、重装或者搬移船上货物、燃料、物料以及其他财产所造成的损失、支付的费用。
		(代替费用)为代替可以列为共同海损的特殊费用而支付的额外费用,可以作为代替费用列入共同海损;但是,列入共同海损的代替费用的金额,不得超过被代替的共同海损的特殊费用。
		(共同海损牺牲的利息和垫付手续费)
		(其他杂项费)如共同海损的检验费、共同海损的保险费、在避难港的代理费、通讯费等。
	注意事项	(1)无论在航程中或者在航程结束后发生的船舶或者货物因迟延所造成的损失,包括船期损失和行市损失以及其他间接损失不列入共同海损。 (2)提出共同海损分摊请求的一方应当负举证责任,证明其损失应当列入共同海损。
效力		(1)共同海损应当由受益方按照各自的分摊价值比例分摊。 (2)引起共同海损特殊牺牲、特殊费用的事故,可能是由航程中一方的过失造成的,不影响该方要求分摊共同海损的权利;但是,非过失方或者过失方可以就此项过失提出赔偿请求或者进行抗辩。
时效		理算结束日起1年。

九、信托法

(一) 信托制度概述
1. 信托的概念与特征

信托的概念	信托,是指委托人基于对受托人的信任,将其财产权委托给受托人,由受托人按委托人的意愿以自己的名义,为受益人的利益或者特定目的,进行管理或者处分的行为。
信托的基本要素	(1) 主体要素,即须有信托当事人,包括委托人、受托人与受益人。 (2) 客体要素,即须有信托财产,因为信托就是围绕信托财产的管理与利用所形成的法律关系。 (3) 信托的设立行为。信托的设立一般基于设立行为,如签订合同、订立遗嘱,甚至法院推定和拟制(如归复信托、拟制信托),在例外情形下可由法律直接规定(如法定信托)。 (4) 须有信托目的,即须有为了受益人利益之目的或其他特定目的。 (5) 受托人须以自己名义对信托财产进行管理或者处分。
信托的特征	(1) 信托财产须移转给受托人。 理论上一般认为,委托人须将信托财产的财产权移转给受托人。这一特征使信托区别于委托关系、保管关系和行纪关系。 信托财产的财产权须移转给受托人这一要件与特征,也决定了受托人以自己的名义来对信托财产进行管理或者处分,从而也使信托与代理制度之间存在根本的区别。 (2) 信托财产具有独立性。 第一,信托财产之于委托人的独立性。委托人须将信托财产的财产权移转给受托人,这也表明信托财产已自委托人原有财产中分离出去,从而独立于委托人所剩余的未设立信托的其他财产(《信托法》第15条)。 第二,信托财产之于受托人的独立性。信托财产权虽移转至受托人名下,但并非真正归属于受托人所有。信托财产必须与属于受托人所有的财产(固有财产)相区别,不得归入受托人的固有财产或者成为固有财产的一部分(《信托法》第16条第1款)。 第三,信托财产之于受益人的独立性。受益人虽对信托财产享有信托受益权,但在信托关系存续期间,对信托财产并不享有直接的支配或处分权利,更谈不上享有所有权等权利。信托财产不属于受益人的责任财产,故而受益人之个人债权人也不能以其对受益人所享有的债权为根据,直接对信托财产主张强制执行。 (3) 委托人与受托人之间具有信义关系。 信托关系与传统的委托合同等合同关系相较,更强调受托人所负有的信义义务。我国《信托法》不仅规定了受托人为受益人的最大利益处理信托事务的原则(第25条第1款),更将受托人信义义务具体化为"恪尽职守,履行诚实、信用、谨慎、有效管理"义务等内容,同时还规定了受托人不得利用信托财产为自己谋取利益的禁止原则(第26条第1款)。

2. 信托的种类

类型	内容		
民事信托、营业信托与公益信托	《信托法》第 3 条将我国法上的信托，区分为民事信托、营业信托与公益信托三类。		
明示信托、默示信托与法定信托	分类标准	信托设立是否基于委托人的意思表示以及如何确定其意思表示。	
^	明示信托	明示信托，是指委托人以明确的意思表示设立的信托。委托人设立信托的意思表示的形式，包括信托合同、遗嘱以及委托人自己单方的宣言，由此相应地形成合同信托、遗嘱信托与宣言信托三个信托种类。	
^	默示信托	默示信托，是指委托人未有明确的意思表示，而根据对事实和当事人行为的解释而形成的信托。默示信托是英美法系衡平法上较常见的信托种类，具体又可分为归复信托与拟制信托两种。	
^	法定信托	法定信托，其成立无须委托人的意思，而是根据法律的直接规定所成立的信托。例如，《信托法》第 55 条规定："依照前条规定，信托财产的归属确定后，在该信托财产转移给权利归属人的过程中，信托视为存续，权利归属人视为受益人。"	
自益信托与他益信托	分类标准	受益人与委托人的关系。	
^	自益信托	自益信托，是指受益人和委托人是同一人，委托人设立信托是为了自己的利益。	
^	他益信托	他益信托，是指受益人为委托人之外的第三人，或者委托人与其他第三人共同成为受益人。	
^	自益信托与他益信托均为我国《信托法》所认可的信托种类（第 43 条第 2 款）。		
个别信托和集团信托	分类标准	信托管理方法。	
^	个别信托	个别信托，是指受托人与每一个委托人分别订立信托合同，并对各委托人的信托财产予以分别管理与处分，从而形成若干个别的信托关系。	
^	集团信托	集团信托，指受托人在同一条件或标准下同时接受不特定多数人的委托，并将各委托人的信托财产集中在一起，由受托人共同管理与运用的信托。如《信托公司集合资金信托计划管理办法》。	

续表

可撤销信托与不可撤销信托	分类标准	委托人是否有权终止或撤销信托关系。
	可撤销信托	委托人在信托文件中保留撤销权，或者按信托属性委托人得享有解除权或撤销权的信托，即为可撤销信托。自益信托一般为可撤销信托（《信托法》第50条第1句）。
	不可撤销信托	委托人在信托文件中没有撤销权，或者按信托属性委托人没有解除权或撤销权的信托，即为不可撤销信托。他益信托因涉及第三人受益人的利益，故以不可撤销信托为原则，但允许信托文件另作约定。

（二）信托的设立

1. 信托设立"三确定"原则

信托财产确定性原则	法律规定	《信托法》第7条第1款规定："设立信托，必须有确定的信托财产，并且该信托财产必须是委托人合法所有的财产。"
	具体内容	（1）作为信托关系的客体，信托财产须确定化与特定化：若信托财产不确定或特定，则无法满足信托财产由委托人移转给受托人这一要件。因此，对于无从确定的、仅是将来有取得可能的客体，不能在其上设立信托。 （2）信托财产须为委托人合法所有的财产。对于委托人不享有所有权或其归属的财产，委托人自然无法合法地移转给受托人，从而无从设立信托。
	注意： （1）信托财产确定性原则只是针对信托设立行为的要求，并不是针对信托设立后之信托财产的管理行为。 （2）信托设立若违反信托财产确定性原则，其后果在我国法上为信托无效，即信托财产不能确定与委托人以非法财产或者《信托法》规定不得设立信托的财产设立信托的，均被列为信托无效的事由（《信托法》第11条第2、3项）。	
受益人确定性原则	具体内容	信托若无受益人或受益人不确定，则对后托无从强制执行；故信托的设立须遵循受益人确定性原则，即在设立信托的意思表示中，必须表明受益人的范围或者确定受益人范围的方法。
	法律效果	信托设立时违反该原则，也就是没有受益人或者受益人范围不能确定，在我国《信托法》上同样产生信托无效的后果（《信托法》第11条第5项）。

		续表
信托目的 确定性原则	具体内容	信托目的为成立信托的一项必备要素。信托目的是委托人所意欲达成的目的；若无信托目的，则受托人管理信托财产的行为也就失去行为指引与依归。信托目的须载明于信托合同等信托文件中，且在内容表述上须具体、明确；否则同样难以给受托人管理行为提供指示与指引，进而也难以判断受托人之管理行为是否符合信托目的。
	法律效果	我国《信托法》虽未明文规定信托目的确定性原则，但在理论上均认可这一信托法的基本原则。 违反信托目的确定性原则，设立信托的行为原则上也应归于无效，即应参照前两项确定性原则来处理。

2. 信托设立行为——信托合同

信托合同主体		信托合同的签订主体为委托人与受托人。 信托受益人虽为信托当事人，但并非信托合同的签订主体，故不能参与决定信托合同的内容。
信托合同的 要式性与诺成性		《信托法》第8条第1款规定，设立信托，应当采取书面形式。故信托合同为要式合同。
		《信托法》第8条第3款第1句规定，采取信托合同形式设立信托的，信托合同签订时，信托成立。故信托合同为诺成合同。
信托合同的 有偿性问题	法律规定	《信托法》第35条第1款规定，受托人有权依照信托文件的约定取得报酬。信托文件未作事先约定的，经信托当事人协商同意，可以作出补充约定；未作事先约定和补充约定的，不得收取报酬。
	条文解读	信托合同是否有偿，取决于事先或事后的约定，无偿性只是在适用时的一项缺省规则。 注意：受托人按约定所取得的报酬，并非其接受信托财产移转的对价，这二者之间并不形成对待给付关系。

信托合同条款	强制性条款	《信托法》第9条第1款规定，信托合同应当载明的条款或事项包括：(1) 信托目的；(2) 委托人、受托人的姓名或者名称、住所；(3) 受益人或者受益人范围；(4) 信托财产的范围、种类及状况；(5) 受益人取得信托利益的形式、方法。
	任意性条款	《信托法》第9条第2款列明信托合同可载入的"任意性条款或事项"，包括信托期限、信托财产的管理方法、受托人的报酬、新受托人的选任方式、信托终止事由等。
信托的存续期限		信托关系属于一种继续性法律关系，我国《信托法》就信托期限未设强制性规定，仅规定其为信托合同之任意性条款。因此，在信托合同等信托文件中约定有存续期限时，无论是公益信托、营业信托还是民事信托，只要期限届满，信托自然终止。

3. 信托的成立与生效

在设立行为层面也就是信托合同，其成立与生效，原则上应遵循《民法典》关于合同成立与生效的一般性规则，即"自成立时生效"（《民法典》第502条第1款）。

4. 信托无效

《信托法》第11条规定，有下列情形之一的，信托无效：

(1) 信托目的违反法律、行政法规或者损害社会公共利益；
(2) 信托财产不能确定；
(3) 委托人以非法财产或者本法规定不得设立信托的财产设立信托；
(4) 专以诉讼或者讨债为目的设立信托；
(5) 受益人或者受益人范围不能确定；
(6) 法律、行政法规规定的其他情形。

5. 委托人的债权人对信托的撤销

委托人信托财产的移转，必然导致其责任财产减少，相应地其债权人之债权受偿风险就会增加。为了保护委托人的债权人之利益，《信托法》第12条针对此种情形下的所谓"诈害信托"，赋予委托人的债权人以撤销权，具体内容为：(1) 该项撤销权与普通的债权人撤销权一样，均为撤销诉权；(2) 该项撤销诉权的除斥期间为1年，自债权人知道或者应当知道撤销原因之日起计算；(3) 法院依照该条规定撤销信托的，不影响善意受益人已经取得的信托利益。

6. 遗嘱信托设立上的特别规定

遗嘱信托是明示信托的另一种设立方式。

遗嘱属于单方行为、死因行为，以立遗嘱人死亡时为生效时间。遗嘱信托应在遗嘱生效时成立。

关于受托人的确定，《信托法》第 13 条第 2 款规定，如果遗嘱指定的人拒绝或者无能力担任受托人，则由受益人另行选任受托人；受益人为无民事行为能力人或者限制民事行为能力人的，依法由其监护人代行选任。遗嘱对选任受托人另有规定的，从其规定。

（三）信托财产

1. 信托财产的范围

具体范围	（1）受托人因承诺信托而取得的财产是信托财产。这是信托财产最主要的来源，由此形成所谓的"原始信托财产"。此种情形要求信托财产必须是委托人合法所有的财产。 （2）受托人因信托财产的管理运用、处分或者其他情形而取得的财产，也归入信托财产。
抽象范围	（1）法律、行政法规禁止流通的财产，不得作为信托财产。 （2）法律、行政法规限制流通的财产，依法经有关主管部门批准后，可以作为信托财产。

2. 信托财产的独立性

信托财产之于委托人的独立性	（1）信托财产独立于委托人未设立信托的其他财产。 （2）信托财产独立于委托人的遗产或清算财产。 （3）独立于委托人之债权人——强制执行禁止。
信托财产之于受托人的独立性	（1）信托财产区别于受托人的固有财产。 （2）信托财产独立于受托人的遗产或清算财产。 （3）独立于受托人之债权人——强制执行禁止。 （4）受托人抵销禁止规则。
信托财产之于受益人的独立性	信托财产本身并不属于受益人所有，其债权人也不能对信托财产直接主张强制执行，而只能在合法范围内要求受益人以信托受益权来清偿债务。

3. 信托财产登记与信托登记

《信托法》第 10 条规定，设立信托，对于信托财产，有关法律、行政法规规定应当办理登记手续的，应当依法办理信托登记。未依照前款规定办理信托登记的，应当补办登记手续；不补办的，该信托不产生效力。

该条所针对的仅为其中涉及登记手续的信托财产；而且该条所要求的登记，明确表述为"信托登记"，从而有别于各项权利原有的权利登记制度。

（四）信托当事人

信托当事人包括委托人、受托人和受益人；其中，任何一方当事人均可为复数，如共同受托人（《信托法》第31、32、42条）、共同受益人（《信托法》第45、46条）。

1. 委托人

概述	委托人是信托关系不可或缺的主体或当事人，因为信托是围绕信托财产所建构的法律关系，而委托人恰是信托财产的提供方。就委托人的资格，《信托法》第19条规定，委托人应当是具有完全民事行为能力的自然人、法人或者依法成立的其他组织。	
主要权利	知情权	信托是一种信义关系，且在信托存续期间，就信托财产的管理运用，委托人处于一种信息不对称的地位；故为保护委托人利益，立法上赋予其知情权。具言之，委托人有权了解其信托财产的管理运用、处分及收支情况，并有权要求受托人作出说明；委托人有权查阅、抄录或者复制与其信托财产有关的信托账目以及处理信托事务的其他文件（《信托法》第20条）。
	要求受托人调整信托财产管理方法的权利	信托是一种继续性法律关系，因设立信托时未能预见的特别事由，致使信托财产的管理方法不利于实现信托目的或者不符合受益人的利益时，委托人有权要求受托人调整该信托财产的管理方法（《信托法》第21条）。这一权利名为"要求"，但实为指示权，且受托人也负有执行与配合的义务。
	申请撤销信托财产处分行为的权利	在信托管理中，若受托人违反信托目的处分信托财产，或者因违背管理职责、处理信托事务不当致使信托财产受到损失，则委托人有权申请法院撤销该处分行为，并有权要求受托人恢复信托财产的原状或者予以赔偿。此即《信托法》第22条赋予委托人的申请撤销信托财产处分行为的权利，在性质上为一种撤销诉权。该项撤销诉权的除斥期间为1年，即自委托人知道或者应当知道撤销原因之日起计算。处分行为撤销后，若该信托财产的受让人明知是违反信托目的而接受该财产，则应当予以返还或者予以赔偿。
	对受托人的解任权	在受托人违反信托目的处分信托财产或者管理运用、处分信托财产有重大过失时，委托人享有解任权，即有权依照信托文件的规定解任受托人，或者申请法院解任受托人（《信托法》第23条）。
	变更受益人的权利和处分受益权的权利	在信托设立后，委托人有权变更受益人，或者处分受益人的信托受益权。但委托人行使该项权利，仅限于下列情形：第一，受益人对委托人有重大侵权行为；第二，受益人对其他共同受益人有重大侵权行为；第三，经受益人同意；第四，信托文件规定的其他情形（《信托法》第51条第1款）。

信托的解除权	依《信托法》的规定，委托人的信托解除权，产生于两种情形：其一，自益信托的委托人是信托的唯一受益人，则委托人（及其继承人）享有解除权；此项法定解除权为一种法定性的任意解除权，在行使时无须出具解除理由；就此项任意解除权，信托文件另有规定的，从其规定（《信托法》第50条）。其二，在受益人对委托人有重大侵权行为，或者经受益人同意，或者存在信托文件规定的其他情形，委托人亦可解除信托（《信托法》第51条第2款）。
义务	委托人的义务可分为信托设立时的义务与信托存续时的义务。在信托设立阶段，根据《信托法》第8条第3款的规定，委托人所负有的义务，主要是移转信托财产给受托人，以完成信托的完整设立。 在信托存续阶段，委托人原则上不再负有相应的义务，唯一的例外则是有可能存在于为受托人支付报酬或者提供补偿的情形。不过，按照《信托法》第35条规定的文义，受托人取得报酬的依据，为信托文件的约定，从而委托人是否负有报酬支付义务，取决于信托文件的具体约定情况。

2. 受托人

概述	信托关系中的受托人，是接受委托人的委托，为受益人的利益或者特定目的，对信托财产进行管理或者处分的人。受托人应当是具有完全民事行为能力的自然人、法人；法律、行政法规对受托人的条件另有规定的，从其规定（《信托法》第24条）。受托人须具备特别资格或条件者，一般见于营业信托、公益信托。 同一信托可以同时存在两个以上的受托人，此即共同受托人情形。共同受托人应当共同处理信托事务，但信托文件规定对某些具体事务由受托人分别处理的，则从其规定（《信托法》第31条第2款）。共同受托人共同处理信托事务时，若发生意见不一致，首先按信托文件规定处理；信托文件未规定的，则由委托人、受益人或者其利害关系人决定（《信托法》第31条第3款）。此外，共同受托人处理信托事务对第三人所负债务，应当承担连带清偿责任。第三人对共同受托人之一所作的意思表示，对其他受托人同样有效。共同受托人之一违反信托目的处分信托财产或者因违背管理职责、处理信托事务不当致使信托财产受到损失的，其他受托人应当承担连带赔偿责任（《信托法》第32条）。

续表

义务	遵守信托文件的义务	信托文件乃信托成立的基础，书面化的信托文件均详细载明各信托当事人的权利义务内容，故受托人在管理信托财产时，首先须遵守信托文件的规定（《信托法》第25条第1款）。而受托人在法定义务之外所负的约定义务，也主要来源于信托文件的规定。
	忠实义务	信义义务的核心内容为忠实义务，忠实义务在内容上，主要是消极性的不作为义务；故有关忠实义务的法律规范，一般均体现为禁止性规范。《信托法》所规定的受托人忠实义务，主要为： 第一，《信托法》第25条先就受托人忠实义务予以总体性规定，确立受托人为受益人的最大利益处理信托事务的原则，并要求受托人在管理信托财产时负有"诚实、信用"的义务。 第二，禁止利用信托财产为自己牟利，即受托人除依照《信托法》规定取得报酬外，不得利用信托财产为自己谋取利益；受托人若违反这一规则，利用信托财产为自己谋取利益，则其所得利益须归入信托财产（《信托法》第26条）。 第三，禁止将信托财产转为固有财产，即受托人不得将信托财产转为其固有财产；受托人若违反这一规则，将信托财产转为其固有财产，必须恢复该信托财产的原状；造成信托财产损失的，还应当承担赔偿责任（《信托法》第27条）。 第四，禁止受托人自己交易，即受托人不得将其固有财产与信托财产进行交易，或者将不同委托人的信托财产进行相互交易；若受托人违反这一规则，造成信托财产损失的，则应当承担赔偿责任（《信托法》第28条）。但是，对于信托文件另有规定，或者经委托人或者受益人同意，并以公平的市场价格进行交易的情形，受托人可以进行自己交易（《信托法》第28条第1款"但书"规定），此即禁止受托人自己交易规则的例外。
	善管注意义务或谨慎义务	在信托管理中，受托人所负的善管注意义务或谨慎义务，常被纳入忠实义务之内，称其为积极性的忠实义务。但与普通的民事保管合同不同，在信托关系中，尤其是在商业信托或营业信托中，受托人对信托财产一般不是简单的管理，往往还须对信托财产善加利用，有效发挥信托财产的效益与价值，以实现受益人利益的最大化。 善管注意义务或谨慎义务，概括言之，就是受托人在管理、利用、处分信托财产时，应尽到"善良管理人的注意与谨慎"，即以一个客观的"善良管理人标准"，来衡量受托人是否已尽或已履行其义务。因此，在判断受托人是否达到善管注意义务或谨慎义务时，一方面须考察受托人自身的技能、注意能力等个人要素，另一方面更须结合其所从事的职业、所在阶层普遍应达到的标准。

续表

	分别管理义务	受托人的分别管理义务，依《信托法》第29条的规定，包括两个方面的内容：其一，将信托财产与其固有财产分别管理、分别记账；其二，将不同委托人的信托财产，同样予以分别管理、分别记账。在管理不同委托人的信托财产时，若财产属性、类别相同或相近，则受托人还负有公平管理的义务，不得厚此薄彼；这一公平管理义务，尤其体现在商业信托之中，如受托人同时管理有几个不同的投资基金的信托。
	亲自管理义务	根据《信托法》第30条的规定，受托人在管理信托时，负有亲自管理义务，即受托人应当自己处理信托事务。但该条同时设置例外，即在信托文件另有规定或者有不得已事由的情况下，受托人可以委托他人代为处理信托事务；受托人依法将信托事务委托他人代理的，应当对他人处理信托事务的行为承担责任。
	记录、报告和保密义务	按照《信托法》第33条的规定，受托人必须保存处理信托事务的完整记录。受托人应当每年定期将信托财产的管理运用、处分及收支情况，报告委托人和受益人。受托人对委托人、受益人以及处理信托事务的情况和资料负有保密的义务。
	信托利益给付义务	信托是为了受益人的利益而设立，受益人在信托中享有信托受益权。这一权利在属性上为一项请求权，请求权人为受益人；而请求权相对人即义务人，就是受托人。故受托人对受益人负有给付信托利益的义务，当然给付义务的内容仅以信托财产为限（《信托法》第34条）。
	清算义务	在信托终止时，受托人应当作出处理信托事务的清算报告，即受托人负有进行清算并完成制作清算报告的义务（《信托法》第58条）。信托清算报告的功能在于，除受托人有不正当行为以外，一旦受益人或者信托财产的权利归属人对清算报告无异议，则受托人就清算报告所列事项即解除责任。
权利	报酬请求权	受托人有权依照信托文件的约定取得报酬。信托文件未作事先约定的，经信托当事人协商同意，可以作出补充约定；未作事先约定和补充约定的，不得收取报酬。约定的报酬经信托当事人协商同意，可以增减其数额（《信托法》第35条）。

续表

	求偿权	在受托人合法、谨慎、尽责地执行信托事务时，因处理信托事务所支出的费用、对第三人所负债务，以信托财产承担（《信托法》第 37 条第 1 款第 1 句）。但是，在受托人以其固有财产先行支付的情形下，受托人对信托财产享有求偿权，且按照《信托法》第 37 条第 1 款第 2 句，受托人在求偿时"对信托财产享有优先受偿的权利"。当然，如果受托人违背管理职责或者处理信托事务不当而对第三人负有债务或者使自己遭受损失，则此类债务或损失，与信托财产无关，应由受托人以其固有财产承担（《信托法》第 37 条第 2 款）。
	受托人的辞任权	按照《信托法》第 38 条的规定，在私益信托中，受托人征得委托人和受益人双方同意后，可以辞任；但在新受托人选出之前，辞任的受托人仍应继续履行管理信托事务的职责。
职责终止		根据《信托法》第 39 条第 1 款的规定，受托人职责终止的事由具体如下：(1) 受托人死亡或者被依法宣告死亡；(2) 受托人被依法宣告为无民事行为能力人或者限制民事行为能力人；(3) 受托人被依法撤销或者被宣告破产；(4) 受托人依法解散或者法定资格丧失；(5) 受托人辞任或者被解任；(6) 法律、行政法规规定的其他情形。由此可见，这些事由均发生于受托人个人身上，故其后果也就只是导致受托人职责终止，而不是导致信托终止。 既然信托并不因此终止，则在受托人职责终止时，其继承人或者遗产管理人、监护人、清算人应当妥善保管信托财产，协助新受托人接管信托事务（《信托法》第 39 条第 2 款）。这就产生了新受托人的选任问题。对此，《信托法》第 40 条规定了一套选任程序，即在出现受托人职责终止的情形时，应依照信托文件规定选任新受托人；若信托文件对此未规定，则由委托人选任；若委托人不指定或者无能力指定，则由受益人选任；若受益人为无民事行为能力人或者限制民事行为能力人，则依法由其监护人代行选任。一旦选任出新受托人，则原受托人处理信托事务的权利和义务，由新受托人承继。 若受托人因有《信托法》第 39 条第 1 款第 3 项至第 6 项所列情形之一而终止职责，则应当作出处理信托事务的报告，并向新受托人办理信托财产和信托事务的移交手续；除原受托人有不正当行为以外，该报告经委托人或者受益人认可后，原受托人就报告中所列事项即解除责任（《信托法》第 41 条）。此外，在共同受托人情形下，共同受托人之一发生职责终止的，信托财产由其他受托人管理和处分（《信托法》第 42 条）。

3. 受益人

概述	按照《信托法》第43条第1款第2句的规定，受益人可以是自然人、法人或者依法成立的其他组织。这是关于成为受益人的一般性条件。 在信托中，委托人可以是受益人，甚至是同一信托的唯一受益人；受托人可以是受益人，不过不得是同一信托的唯一受益人（《信托法》第43条第2、3款）。
受益权	受益人所享有的最核心的权利是信托受益权，简称受益权。

受益权	受益权的起始	受益人自信托生效之日起，享有信托受益权；但信托文件另有规定的，则从其规定（《信托法》第44条）。
	受益权的权利范围、内容指向	受益权基于信托财产而生，故而受益人受益权在权利范围、内容指向上，也均指向信托财产所产生的收益及其他利益。这一点由《信托法》第34条的反面解释可得。
	共同受益人的受益权	在受益人有数个而构成共同受益人时，共同受益人按照信托文件的规定享受信托利益；若信托文件对信托利益的分配比例或者分配方法未作规定，则各受益人按照均等的比例享受信托利益（《信托法》第45条）。
	受益权的放弃	受益权是受益人所享有的一项私法性权利，故在私法自治原则下，受益人自可放弃信托受益权（《信托法》第46条第1款）。若全体受益人均放弃信托受益权，则其后果就是导致信托终止（《信托法》第46条第2款）。在仅是部分受益人放弃信托受益权的情形下，被放弃的信托受益权按下列顺序确定归属：首先是信托文件规定的人，其次是其他受益人，最后是委托人或者其继承人（《信托法》第46条第3款）。
	以受益权来清偿债务	受益权属于受益人所有的财产性权利，亦即属于受益人的责任财产范畴。故在受益人对外负担债务的情形下，其债权人在债权不能获得主动清偿时，自然可以主张对受益人受益权的强制执行，且其他信托当事人对受益人的债权人的强制执行主张，不得提出执行异议（《信托法》第47条前段）。但是，法律、行政法规以及信托文件的限制性规定，可排除受益权归于受益人责任财产的效果（《信托法》第47条后段），从而受益人的债权人对其就不能再行主张强制执行。
	受益权的转让和继承	既然受益权在性质上为一项私法性的财产性权利，且原则上也不具有人身属性，故受益权也自应具有可转让性与可继承性，即受益人可依法转让其信托受益权，在其死亡时该受益权亦得成为继承的客体。但根据《信托法》第48条"但书"的规定，信托文件可对信托受益权的可转让性与可继承性进行限制。

其他权利	除信托受益权外，根据《信托法》第 49 条的规定，受益人还可以行使《信托法》所赋予委托人的若干权利，如知情权（第 20 条）、要求受托人调整信托财产管理方法的权利（第 21 条）等。

（五）信托的变更与终止
1. 信托的变更

概念	所谓信托的变更，是指在信托有效设立后的存续期间，出现约定或者法定的变更事由时信托当事人依法对信托文件所规定的事项进行的改变和调整。
分类	（1）基于信托文件的约定（如《信托法》第 51 条第 1 款第 4 项），即约定变更。 （2）基于法律所规定的变更事由，即法定变更。 《信托法》所规定的变更，主要是信托的法定变更。
具体情形	（1）信托财产管理方法的调整（《信托法》第 21 条）。 （2）受托人的变更。包括《信托法》第 23 条规定的因委托人行使解任权而发生的受托人变更、因《信托法》第 39 条所规定的受托人职责终止所导致的受托人变更。 （3）受益人变更。主要是《信托法》第 51 条所规定的委托人对受益人的变更，以及委托人对受益人信托受益权的处分。

2. 信托的终止

概念	信托的终止，是指因出现法定或者约定的事由，导致信托关系归于消灭。
信托的连续性	为确保信托目的的实现，《信托法》第 52 条确立了信托连续性原则，即信托不因委托人或者受托人的死亡、丧失民事行为能力、依法解散、被依法撤销或者被宣告破产而终止，也不因受托人的辞任而终止。 不过，该条也规定了该项原则的例外，即在《信托法》或者信托文件另有规定的情形下，信托得以终止。

续表

信托终止的事由	(1) 信托文件规定的终止事由发生； (2) 信托的存续违反信托目的； (3) 信托目的已经实现或者不能实现； (4) 信托当事人协商同意； (5) 信托被撤销； (6) 信托被解除。
信托终止的法律后果	信托终止的，信托财产归属于信托文件规定的人；信托文件未规定的，按下列顺序确定归属：(1) 受益人或者其继承人；(2) 委托人或者其继承人。信托财产的归属确定后，在该信托财产转移给权利归属人的过程中，信托视为存续，权利归属人视为受益人。
	信托终止后，人民法院依法对原信托财产进行强制执行的，以权利归属人为被执行人。
	信托终止后，受托人依法行使请求给付报酬、从信托财产中获得补偿的权利时，可以留置信托财产或者对信托财产的权利归属人提出请求。
	信托终止的，受托人应当作出处理信托事务的清算报告。受益人或者信托财产的权利归属人对清算报告无异议的，受托人就清算报告所列事项解除责任。但受托人有不正当行为的除外。

第十三章 经济法

复习记忆指导

经济法部分出题风格比较稳定,无论是直接考查知识点还是放在案例里考查,都比较简单。经济法出题范围的特点,就是重点部分年年考查,但是每年都会出些比较偏的知识点。

经济法是很让人头疼的部分,繁杂的小法一部又一部,这部分其实出的题都不难,只是很琐碎。笔者建议,如果时间的确安排不过来,也应仔细掌握常考的重点,比如反垄断法;对于不经常考的法,比如审计法、银行业监督管理法等,可以有重点地看,这样详略结合,争取时间利用最大化。

一、竞争法

(一) 反垄断法

1. 垄断协议

行为类型	横向垄断协议	纵向垄断协议	组织、帮助其他经营者达成垄断协议
表现形式	(1) 固定或者变更商品价格。 (2) 限制商品的生产数量或者销售数量。 (3) 分割销售市场或者原材料采购市场。 (4) 限制购买新技术、新设备或者限制开发新技术、新产品。 (5) 联合抵制交易。 (6) 国务院反垄断执法机构认定的其他垄断协议。	(1) 固定向第三人转售商品的价格。 (2) 限定向第三人转售商品的最低价格。 (3) 国务院反垄断执法机构认定的其他垄断协议。	组织其他经营者达成垄断协议或者为其他经营者达成垄断协议提供实质性帮助。

续表

垄断协议的豁免	（1）为改进技术、研究开发新产品的。 （2）为提高产品质量、降低成本、增进效率，统一产品规格、标准或者实行专业化分工的。 （3）为提高中小经营者经营效率，增强中小经营者竞争力的。 （4）为实现节约能源、保护环境、救灾救助等社会公共利益的。 （5）因经济不景气，为缓解销售量严重下降或者生产明显过剩的。 （6）为保障对外贸易和对外经济合作中的正当利益的。 （7）法律和国务院规定的其他情形。
	属于上述第1项至第5项情形，经营者还应当证明所达成的协议不会严重限制相关市场的竞争，并且能够使消费者分享由此产生的利益。
法律责任	（1）由反垄断执法机构责令停止违法行为，没收违法所得，并处上一年度销售额1%以上10%以下的罚款，上一年度没有销售额的，处500万元以下的罚款；尚未实施所达成的垄断协议的，可以处300万元以下的罚款。经营者的法定代表人、主要负责人和直接责任人员对达成垄断协议负有个人责任的，可以处100万元以下的罚款。 （2）经营者组织其他经营者达成垄断协议或者为其他经营者达成垄断协议提供实质性帮助的，适用上述规定。 （3）经营者主动向反垄断执法机构报告达成垄断协议的有关情况并提供重要证据的，反垄断执法机构可以酌情减轻或者免除对该经营者的处罚。

2. 滥用市场支配地位

概念	市场支配地位，是指经营者在相关市场内具有能够控制商品价格、数量或者其他交易条件，或者能够阻碍、影响其他经营者进入相关市场能力的市场地位。
行为类型	（1）以不公平的高价销售商品或者以不公平的低价购买商品。 （2）没有正当理由，以低于成本的价格销售商品。 （3）没有正当理由，拒绝与交易相对人进行交易。 （4）没有正当理由，限定交易相对人只能与其进行交易或者只能与其指定的经营者进行交易。 （5）没有正当理由搭售商品，或者在交易时附加其他不合理的交易条件。 （6）没有正当理由，对条件相同的交易相对人在交易价格等交易条件上实行差别待遇。 （7）国务院反垄断执法机构认定的其他滥用市场支配地位的行为。
	具有市场支配地位的经营者不得利用数据和算法、技术以及平台规则等从事上述滥用市场支配地位的行为。

续表

市场支配地位认定因素	（1）该经营者在相关市场的市场份额，以及相关市场的竞争状况。 （2）该经营者控制销售市场或者原材料采购市场的能力。 （3）该经营者的财力和技术条件。 （4）其他经营者对该经营者在交易上的依赖程度。 （5）其他经营者进入相关市场的难易程度。 （6）与认定该经营者市场支配地位有关的其他因素。
市场支配地位的推定	（1）一个经营者在相关市场的市场份额达到1/2的。 （2）两个经营者在相关市场的市场份额合计达到2/3的。 （3）三个经营者在相关市场的市场份额合计达到3/4的。 有上述第（2）项、第（3）项规定的情形，其中有的经营者市场份额不足1/10的，不应当推定该经营者具有市场支配地位。
法律责任	由反垄断执法机构责令停止违法行为，没收违法所得，并处上一年度销售额1%以上10%以下的罚款。

3. 经营者集中

表现形式	（1）经营者合并。 （2）经营者通过取得股权或者资产的方式取得对其他经营者的控制权。 （3）经营者通过合同等方式取得对其他经营者的控制权或者能够对其他经营者施加决定性影响。
事前申报	（1）经营者集中达到国务院规定的申报标准的，经营者应当事先向国务院反垄断执法机构申报，未申报的不得实施集中。 （2）经营者集中未达到国务院规定的申报标准，但有证据证明该经营者集中具有或者可能具有排除、限制竞争效果的，国务院反垄断执法机构可以要求经营者申报。 （3）经营者未依照上述规定进行申报的，国务院反垄断执法机构应当依法进行调查。
申报豁免	（1）参与集中的一个经营者拥有其他每个经营者50%以上有表决权的股份或者资产的。 （2）参与集中的每个经营者50%以上有表决权的股份或者资产被同一个未参与集中的经营者拥有的。

303

续表

审查考量因素	(1) 参与集中的经营者在相关市场的市场份额及其对市场的控制力。 (2) 相关市场的市场集中度。 (3) 经营者集中对市场进入、技术进步的影响。 (4) 经营者集中对消费者和其他有关经营者的影响。 (5) 经营者集中对国民经济发展的影响。 (6) 国务院反垄断执法机构认为应当考虑的影响市场竞争的其他因素。	
处理决定	禁止集中	经营者集中具有或者可能具有排除、限制竞争效果的,国务院反垄断执法机构应当作出禁止经营者集中的决定。
	允许集中	经营者能够证明该集中对竞争产生的有利影响明显大于不利影响,或者符合社会公共利益的,国务院反垄断执法机构可以作出对经营者集中不予禁止的决定。
法律责任	由国务院反垄断执法机构责令停止实施集中、限期处分股份或者资产、限期转让营业以及采取其他必要措施恢复到集中前的状态,处上一年度销售额10%以下的罚款;不具有排除、限制竞争效果的,处500万元以下的罚款。	

4. 滥用行政权力排除、限制竞争

主体	行政机关和法律、法规授权的具有管理公共事务职能的组织。
表现形式	(1) 限定或者变相限定单位或者个人经营、购买、使用其指定的经营者提供的商品。 (2) 通过与经营者签订合作协议、备忘录等方式,妨碍其他经营者进入相关市场或者对其他经营者实行不平等待遇,排除、限制竞争。 (3) 实施下列行为,妨碍商品在地区之间的自由流通:①对外地商品设定歧视性收费项目、实行歧视性收费标准,或者规定歧视性价格;②对外地商品规定与本地同类商品不同的技术要求、检验标准,或者对外地商品采取重复检验、重复认证等歧视性技术措施,限制外地商品进入本地市场;③采取专门针对外地商品的行政许可,限制外地商品进入本地市场;④设置关卡或者采取其他手段,阻碍外地商品进入或者本地商品运出;⑤妨碍商品在地区之间自由流通的其他行为。 (4) 以设定歧视性资质要求、评审标准或者不依法发布信息等方式,排斥或者限制经营者参加招标投标以及其他经营活动。

	续表
	（5）采取与本地经营者不平等待遇等方式，排斥、限制、强制或者变相强制外地经营者在本地投资或者设立分支机构。 （6）强制或者变相强制经营者从事《反垄断法》规定的垄断行为。 （7）制定含有排除、限制竞争内容的规定。
法律责任	（1）行政机关和法律、法规授权的具有管理公共事务职能的组织滥用行政权力，实施排除、限制竞争行为的，由上级机关责令改正；对直接负责的主管人员和其他直接责任人员依法给予处分。 （2）反垄断执法机构可以向有关上级机关提出依法处理的建议。行政机关和法律、法规授权的具有管理公共事务职能的组织应当将有关改正情况书面报告上级机关和反垄断执法机构。

5. 反垄断调查

调查措施		（1）进入被调查的经营者的营业场所或者其他有关场所进行检查。 （2）询问被调查的经营者、利害关系人或者其他有关单位或者个人，要求其说明有关情况。 （3）查阅、复制被调查的经营者、利害关系人或者其他有关单位或者个人的有关单证、协议、会计账簿、业务函电、电子数据等文件、资料。 （4）查封、扣押相关证据。 （5）查询经营者的银行账户。
调查程序	中止调查	对反垄断执法机构调查的涉嫌垄断行为，被调查的经营者承诺在反垄断执法机构认可的期限内采取具体措施消除该行为后果的，反垄断执法机构可以决定中止调查。中止调查的决定应当载明被调查的经营者承诺的具体内容。
	终止调查	反垄断执法机构决定中止调查的，应当对经营者履行承诺的情况进行监督。经营者履行承诺的，反垄断执法机构可以决定终止调查。
	恢复调查	有下列情形之一的，反垄断执法机构应当恢复调查： （1）经营者未履行承诺的。 （2）作出中止调查决定所依据的事实发生重大变化的。 （3）中止调查的决定是基于经营者提供的不完整或者不真实的信息作出的。

（二）反不正当竞争法

行为类型	表现形式
混淆行为	（1）擅自使用与他人有一定影响的商品名称、包装、装潢等相同或者近似的标识。 （2）擅自使用他人有一定影响的企业名称（包括简称、字号等）、社会组织名称（包括简称等）、姓名（包括笔名、艺名、译名等）。 （3）擅自使用他人有一定影响的域名主体部分、网站名称、网页等。 （4）其他足以引人误认为是他人商品或者与他人存在特定联系的混淆行为。
商业贿赂	经营者不得采用财物或者其他手段贿赂下列单位或者个人，以谋取交易机会或者竞争优势：（1）交易相对方的工作人员；（2）受交易相对方委托办理相关事务的单位或者个人；（3）利用职权或者影响力影响交易的单位或者个人。
	合法与否的判断标准：是否如实入账。
	经营者的工作人员进行贿赂的，应当认定为经营者的行为；但是，经营者有证据证明该工作人员的行为与为经营者谋取交易机会或者竞争优势无关的除外。
虚假宣传	（1）经营者（广告主）不得对其商品的性能、功能、质量、销售状况、用户评价、曾获荣誉等作虚假或者引人误解的商业宣传，欺骗、误导消费者。 （2）经营者（广告经营者、广告发布者等）不得通过组织虚假交易等方式，帮助其他经营者进行虚假或者引人误解的商业宣传。
	注意：经营者虚假宣传，属于发布虚假广告的，依照《广告法》的规定处罚。
侵犯商业秘密	（1）以盗窃、贿赂、欺诈、胁迫、电子侵入或者其他不正当手段获取权利人的商业秘密。 （2）披露、使用或者允许他人使用以上述手段获取的权利人的商业秘密。 （3）违反保密义务或者违反权利人有关保守商业秘密的要求，披露、使用或者允许他人使用其所掌握的商业秘密。 （4）教唆、引诱、帮助他人违反保密义务或者违反权利人有关保守商业秘密的要求，获取、披露、使用或者允许他人使用权利人的商业秘密。 （5）第三人明知或者应知商业秘密权利人的员工、前员工或者其他单位、个人实施上述违法行为，仍获取、披露、使用或者允许他人使用该商业秘密的，视为侵犯商业秘密。
	注意：商业秘密，是指不为公众所知悉、具有商业价值并经权利人采取相应保密措施的技术信息、经营信息等商业信息。
有奖销售	（1）所设奖的种类、兑奖条件、奖金金额或者奖品等有奖销售信息不明确，影响兑奖。 （2）采用谎称有奖或者故意让内定人员中奖的欺骗方式进行有奖销售。 （3）抽奖式的有奖销售，最高奖的金额超过 5 万元。

续表

诋毁商誉	行为主体：同一行业有竞争关系的经营者。
	行为表现：编造、传播虚假信息或者误导性信息，损害竞争对手的商业信誉、商品声誉。
互联网 不正当 竞争行为	（1）未经其他经营者同意，在其合法提供的网络产品或者服务中，插入链接、强制进行目标跳转。 （2）误导、欺骗、强迫用户修改、关闭、卸载其他经营者合法提供的网络产品或者服务。 （3）恶意对其他经营者合法提供的网络产品或者服务实施不兼容。 （4）其他妨碍、破坏其他经营者合法提供的网络产品或者服务正常运行的行为。
注意：执法机构为县级以上市场监督管理部门。	

二、消费者法

（一）消费者权益保护法
1. 消费者权利

安全保障权	在购买、使用商品和接受服务时享有人身、财产安全不受损害的权利。
真情知悉权	享有知悉其购买、使用的商品或接受的服务的真实情况的权利。
自主选择权	享有自主选择商品和服务的权利，包括：（1）有权自主选择提供商品或者服务的经营者；（2）有权自主选择商品品种或者服务方式；（3）有权自主决定是否购买任何一种商品或是否接受任何一项服务；（4）有权对商品或服务进行比较、鉴别和选择。
公平交易权	这主要体现在两个方面：（1）交易条件公平，即消费者在购买商品或接受服务时，有权获得质量保证、价格合理、计量正确等公平交易条件；（2）拒绝强制交易，即消费者有权按照真实意愿从事交易活动，对经营者的强制交易行为有权拒绝。
获取赔偿权	获取赔偿权也称消费者求偿权。 享有求偿权的主体包括：（1）商品的购买者、使用者；（2）服务的接受者；（3）第三人，指消费者之外的因某种原因在事故发生现场而受到损害的人。 求偿的内容包括：（1）人身损害赔偿，无论是生命健康还是精神方面的损害均可要求赔偿；（2）财产损害的赔偿包括直接损失及可得利益损失。
结社权	享有依法成立维护自身合法权益的社会组织的权利。
获得相关知识权	享有获得有关消费和消费者权益保护方面的知识的权利。

续表

受尊重权	在购买、使用商品和接受服务时，享有其人格尊严、民族风俗习惯得到尊重的权利。
监督批评权	享有对商品和服务以及保护消费者权益工作进行监督的权利。
个人信息权	也称消费者隐私权，指消费者的姓名、性别、职业、学历、住所、联系方式、婚姻状况、亲属关系、财产状况、血型、病史、消费习惯等所有私人信息不被非法收集和非法披露的权利。

2. 经营者义务

依法经营和诚信经营义务	经营者向消费者提供商品和服务，应依照法律、法规的规定履行义务。双方有约定的，应按照约定履行义务，但双方的约定不得违法。经营者向消费者提供商品或者服务，应当恪守社会公德，诚信经营，保障消费者的合法权益；不得设定不公平、不合理的交易条件，不得强制交易。在这方面的具体规定有禁止强迫销售、禁止虚假承诺、禁止信息骚扰、禁止误导老年人。
接受监督的义务	经营者应当听取消费者对其提供的商品或服务的意见，接受消费者的监督。
安全保障义务	经营者应当保证其提供的商品或服务（包括以奖励、赠送、试用等形式向消费者免费提供商品或者服务）符合保障人身、财产安全的要求。 (1) 对可能危及人身、财产安全的商品和服务，应作出真实说明和明确的警示，标明正确使用及防止危害发生的方法。免费提供的商品或者服务存在瑕疵但不违反法律强制性规定且不影响正常使用性能的，经营者应当在提供前如实告知消费者。 (2) 宾馆、商场、餐馆、银行、机场、车站、港口、影剧院等经营场所的经营者，应当对消费者尽到安全保障义务。为此，经营者应当保证其经营场所及设施符合保障人身、财产安全的要求，采取必要的安全防护措施，并设置相应的警示标识。消费者在经营场所遇到危险或者受到侵害时，经营者应当给予及时、必要的救助。 (3) 经营者发现其提供的商品或者服务存在缺陷，有危及人身、财产安全危险的，应当立即向有关行政部门报告和告知消费者，并采取停止销售、警示、召回、无害化处理、销毁、停止生产或者服务等措施，且自行承担商品召回的必要费用。

续表

提供真实信息的义务	经营者应当采用通俗易懂的方式，真实、全面地向消费者提供商品或者服务相关信息，不得通过虚构经营者资质、资格或者所获荣誉，虚构商品或者服务交易信息、经营数据，篡改、编造、隐匿用户评价等方式，进行虚假或者引人误解的宣传，欺骗、误导消费者。经营者不得在消费者不知情的情况下，对同一商品或者服务在同等交易条件下设置不同的价格或者收费标准。对消费者关于质量、使用方法等问题的询问，经营者应作出明确的、完备的、符合实际的答复。经营者提供商品或者服务应当明码标价。
标明真实名称和标记的义务	经营者应当在其经营场所的显著位置标明其真实名称和标记。
出具凭证或单据的义务	经营者提供商品或者服务，应按照国家规定或商业惯例向消费者出具发票等购货凭证或者服务单据；消费者索要发票等购货凭证或者单据的，经营者必须出具。
保证质量的义务	经营者有义务保证商品和服务的质量。该义务体现在以下三个方面：第一，经营者应当保证在正常使用商品或者接受服务的情况下其提供的商品或者服务应当具有的质量、性能、用途和有效期限；但消费者在购买该商品或者接受服务前已经知道其存在瑕疵，且存在该瑕疵不违反法律强制性规定的除外。第二，经营者以广告、产品说明、实物样品或者其他方式表明商品或者服务的质量状况的，应当保证提供的商品或者服务的实际质量与表明的质量状况相符。第三，经营者提供的机动车、计算机、电视机、电冰箱、空调器、洗衣机等耐用商品或者装饰装修等服务，消费者自接受商品或者服务之日起6个月内发现瑕疵，发生争议的，由经营者承担有关瑕疵的举证责任。
履行退货、更换、修理的义务	（1）对瑕疵履行的补救。在经营者提供的商品或者服务不符合质量要求的情形下，如果有国家规定或者当事人约定，经营者有义务按照消费者的要求办理退货、更换或者修理。如果没有国家规定和当事人约定，消费者自收到商品之日起7日内退货的，经营者有义务办理退货，7日后符合法定解除合同条件的，经营者仍然有退货义务。不符合法定解除合同条件的，经营者应按消费者要求履行更换、修理等义务。经营者与消费者约定承担退货、更换、修理等义务的有效期限不得低于国家有关规定的要求。 （2）无理由退货。无论经营者提供的商品有无质量问题，只要是采用网络、电视、电话、邮购等方式销售的，消费者都有权自收到商品之日起7日内退货，且无须说明理由。但是，以下商品不适用无理由退货的规定：消费者定作的；鲜活易腐的；在线下载或者消费者拆封的音像制品、计算机软件等数字化商品；交付的报纸、期刊；其他根据商品性质并经消费者在购买时确认不宜退货的商品。经营者不得超出此规定擅自扩大不适用无理由退货的商品范围。经营者履行退货义务时，应当按照购货凭证或者服务单据上显示的价格一次性退清相关款项。

续表

正确使用格式条款的义务	（1）提示和说明的义务。经营者在经营活动中使用格式条款的，应当以显著方式提请消费者注意商品或者服务的数量和质量、价款或者费用、履行期限和方式、安全注意事项和风险警示、售后服务、民事责任等与消费者有重大利害关系的内容，并按照消费者的要求予以说明。 （2）禁止滥用格式条款的义务。经营者不得以格式条款、通知、声明、店堂告示等方式，作出排除或者限制消费者权利、减轻或者免除经营者责任、加重消费者责任等对消费者不公平、不合理的规定，不得利用格式条款并借助技术手段强制交易；违反此义务的，其条款无效。
不得侵犯消费者人格权的义务	经营者不得对消费者进行侮辱、诽谤，不得搜查消费者的身体及其携带的物品，不得侵犯消费者的人身自由。
尊重消费者信息自由的义务	经营者应当依法保护消费者的个人信息。
特别事项的规定	（1）押金、预付款。经营者提供商品或者服务时收取押金的，应当事先与消费者约定退还押金的方式、程序和时限，不得对退还押金设置不合理条件。经营者以收取预付款方式提供商品或者服务的，应当与消费者订立书面合同，约定商品或者服务的具体内容、价款或者费用、预付款退还方式、违约责任等事项。经营者出现重大经营风险，有可能影响经营者按照合同约定或者交易习惯正常提供商品或者服务的，应当停止收取预付款。消费者要求退还押金、预付款，符合退还条件的，经营者应当及时退还。经营者决定停业或者迁移服务场所的，应当提前30日在其经营场所、网站、网店首页等的醒目位置公告经营者的有效联系方式等信息，并按消费者要求退还未消费的预付款余额。 （2）网络直播销售。经营者通过网络直播等方式提供商品或者服务的，应当依法履行消费者权益保护相关义务。直播营销平台经营者应当建立健全消费者权益保护制度，明确消费争议解决机制。发生消费争议的，直播营销平台经营者应当根据消费者的要求提供直播间运营者、直播营销人员相关信息以及相关经营活动记录等必要信息。 （3）网络游戏。经营者提供网络游戏服务的，应当符合国家关于网络游戏服务相关时段、时长、功能和内容等方面的规定和标准，针对未成年人设置相应的时间管理、权限管理、消费管理等功能，在注册、登录等环节严格进行用户核验，依法保护未成年人身心健康。

第十三章 经济法

3. 产品损害赔偿

事由	求偿对象	其他注意事项
产品瑕疵损害	消费者在购买、使用商品时，其合法权益受到损害的： （1）可以向销售者要求赔偿。 （2）销售者赔偿后，属于生产者的责任或者属于向销售者提供商品的其他销售者的责任的，销售者有权向生产者或者其他销售者追偿。	（1）原企业分立、合并的——变更后承受其权利义务的企业。 （2）使用他人营业执照的违法经营者提供商品或者服务——可以向经营者要求赔偿，也可以向营业执照的持有人要求赔偿。 （3）消费者在展销会、租赁柜台购买商品或者接受服务——可以向销售者或者服务者要求赔偿。展销会结束或者柜台租赁期满后，也可以向展销会的举办者、柜台的出租者要求赔偿——展销会的举办者、柜台的出租者赔偿后，有权向销售者或者服务者追偿。
产品缺陷损害	消费者或者其他受害人因商品缺陷造成人身、财产损害的： （1）可以向销售者要求赔偿，也可以向生产者要求赔偿。 （2）属于生产者责任的，销售者赔偿后，有权向生产者追偿。属于销售者责任的，生产者赔偿后，有权向销售者追偿。 （3）因产品缺陷产生的诉讼，时效为 2 年，最长不得超过 10 年，若产品的明示安全使用期长于 10 年，则以该安全使用期为准。	
接受服务受损	消费者在接受服务时，其合法权益受到损害的，可以向服务者要求赔偿。	
因虚假广告受损	（1）可以向商品、服务经营者要求赔偿。 （2）广告的经营者、发布者发布虚假广告的，消费者可以请求行政主管部门予以惩处。 （3）广告的经营者、发布者不能提供经营者的真实名称、地址的，应当承担赔偿责任。 （4）广告经营者、发布者设计、制作、发布关系消费者生命健康商品或者服务的虚假广告，造成消费者损害的，与经营者承担连带责任。 （5）社会团体或者其他组织、个人在关系消费者生命健康商品或者服务的虚假广告或者其他虚假宣传中向消费者推荐商品或者服务，造成消费者损害的，与经营者承担连带责任。	
网络消费受损	（1）可以向销售者或者服务者要求赔偿。 （2）网络交易平台提供者不能提供销售者或者服务者的真实名称、地址和有效联系方式的，也可以向网络交易平台提供者要求赔偿；网络交易平台提供者作出更有利于消费者的承诺的，应当履行承诺。网络交易平台提供者赔偿后，有权向销售者或者服务者追偿。 （3）网络交易平台提供者明知或者应知销售者或者服务者利用其平台侵害消费者合法权益，未采取必要措施的，与该销售者或者服务者承担连带责任。	

4. 损害赔偿范围

侵害人身权的赔偿范围	（1）造成消费者或者其他受害人人身伤害的，应当赔偿医疗费、护理费、交通费等为治疗和康复支出的合理费用，以及因误工减少的收入。造成残疾的，还应当赔偿残疾生活辅助具费和残疾赔偿金。造成死亡的，还应当赔偿丧葬费和死亡赔偿金。 （2）侵害消费者的人格尊严、人身自由或者个人信息依法受保护的权利的，应当停止侵害、恢复名誉、消除影响、赔礼道歉，并赔偿损失。 （3）造成严重精神损害的，受害人可以要求精神损害赔偿。
惩罚性赔偿	（1）经营者提供商品或者服务有欺诈行为的，应当按照消费者的要求增加赔偿其受到的损失，增加赔偿的金额为消费者购买商品的价款或者接受服务的费用的3倍；增加赔偿的金额不足500元的，为500元。法律另有规定的，依照其规定。 （2）经营者明知商品或者服务存在缺陷，仍然向消费者提供，造成消费者或者其他受害人死亡或者健康严重损害的，受害人有权要求所受损失2倍以下的惩罚性赔偿。

（二）产品质量法

	产品瑕疵责任	产品缺陷责任
性质	违约责任。	侵权责任。
归责原则	/	生产者：无过错责任。销售者：过错（推定）责任。
损害形式	产品不合格，无须现实损害。	产品有缺陷，有危害结果。
责任主体	销售者，可追偿。	生产者或销售者，不真正连带。
责任形式	修理、更换、退货、赔偿损失。	损害赔偿+精神损害赔偿。
免责事由	/	（1）未将产品投入流通的；（2）产品投入流通时，引起损害的缺陷尚不存在的；（3）将产品投入流通时的科学技术水平尚不能发现缺陷的存在的。

（三）食品安全法
1. 食品安全标准

类型	制定主体及内容
国家标准	国务院卫生行政部门会同国务院食品安全监督管理部门制定、公布，国务院标准化行政部门提供国家标准编号。

续表

地方标准	对地方特色食品，没有食品安全国家标准的，省、自治区、直辖市人民政府卫生行政部门可以制定并公布食品安全地方标准，报国务院卫生行政部门备案。食品安全国家标准制定后，该地方标准即行废止。
企业标准	国家鼓励食品生产企业制定严于食品安全国家标准或者地方标准的企业标准，在本企业适用，并报省、自治区、直辖市人民政府卫生行政部门备案。

2. 食品召回制度

主动召回	食品生产者	立即停止生产，召回已经上市销售的食品，通知相关生产经营者和消费者，并记录召回和通知情况。
	食品经营者	食品经营者应当立即停止经营，通知相关生产经营者和消费者，并记录停止经营和通知情况。食品生产者认为应当召回的，应当立即召回。由于食品经营者的原因造成其经营的食品有应当召回的情形的，食品经营者应当召回。
	处理措施	食品生产经营者应当对召回的食品采取无害化处理、销毁等措施，防止其再次流入市场。 例外：对因标签、标志或者说明书不符合食品安全标准而被召回的食品，食品生产者在采取补救措施且能保证食品安全的情况下可以继续销售；销售时应当向消费者明示补救措施。
	报告制度	食品生产经营者应当将食品召回和处理情况向所在地县级人民政府食品安全监督管理部门报告；需要对召回的食品进行无害化处理、销毁的，应当提前报告时间、地点。食品安全监督管理部门认为必要的，可以实施现场监督。
责令召回		食品生产经营者未依照规定召回或者停止经营的，县级以上人民政府食品安全监督管理部门可以责令其召回或者停止经营。

3. 损害赔偿

原则	内容
民事赔偿优先	生产经营者财产不足以同时承担民事赔偿责任和缴纳罚款、罚金时，先承担民事赔偿责任。

续表

首付责任制	消费者因不符合食品安全标准的食品受到损害的，可以向经营者要求赔偿损失，也可以向生产者要求赔偿损失。接到消费者赔偿要求的生产经营者，应当实行首负责任制，先行赔付，不得推诿；属于生产者责任的，经营者赔偿后有权向生产者追偿；属于经营者责任的，生产者赔偿后有权向经营者追偿。
惩罚性赔偿	生产不符合食品安全标准的食品或者经营明知是不符合食品安全标准的食品，消费者除要求赔偿损失外，还可以向生产者或者经营者要求支付价款10倍或者损失3倍的赔偿金；增加赔偿的金额不足1000元的，为1000元。
	食品的标签、说明书存在不影响食品安全且不会对消费者造成误导的瑕疵的除外。
知假买假	因食品、药品质量问题发生纠纷，购买者向生产者、销售者主张权利，生产者、销售者以购买者明知食品、药品存在质量问题而仍然购买为由进行抗辩的，人民法院不予支持。
赠品问题	食品、药品生产者、销售者提供给消费者的食品或者药品的赠品发生质量安全问题，造成消费者损害，消费者主张权利，生产者、销售者以消费者未对赠品支付对价为由进行免责抗辩的，人民法院不予支持。

三、银行业法

（一）商业银行设立

最低注册资本	全国性商业银行	10亿元人民币
	城市商业银行	1亿元人民币
	农村商业银行	5000万元人民币
	必须是实缴资本。	
限制投资的情况	任何单位和个人购买商业银行股份总额5%以上的，应当事先经国务院银行业监督管理机构批准。	
设分支机构	在我国境内设立分支机构的商业银行，拨付各分支机构营运资金额的总和，不得超过总行资本金总额的60%。	

续表

其他注意事项	商业银行及其分支机构自取得营业执照之日起无正当理由超过6个月未开业的，或者开业后自行停业连续6个月以上的，由国务院银行业监督管理机构吊销其经营许可证，并予以公告。
	董事、高管的更换必须报经国务院银行业监督管理机构审查其任职资格。

（二）商业银行经营管理

1. 信贷管理

原则	信贷分离、分级审批。
限制规定	不得向关系人发放信用贷款；向关系人发放担保贷款的条件不得比同条件者优厚。
关系人的范围	董事、监事、高管、信贷业务员以及近亲属；前述人员投资或者担任高管职务的公司、企业和其他经济组织。

2. 同业拆借

限制规定	拆入资金不得发放固定资产贷款或者用于投资。
资金用途	弥补票据结算、联行汇差头寸的不足；临时性资金周转。

（三）商业银行监管

监管机构	银行业监督管理机构。	中国人民银行。
主要职责	监管银行业金融机构的行政性事务。	制定和执行货币政策。
单独查处事项	(1) 未经批准设立分支机构、分立、合并、变更、终止。 (2) 未经任职资格审查任命董事、高级管理人员。 (3) 严重违反审慎经营规则。 (4) 出租、出借经营许可证。 (5) 将单位的资金以个人名义开立账户存储。 (6) 未按照规定进行信息披露。 (7) 违反规定从事未经批准或者未备案的业务活动。 (8) 违反《商业银行法》第43条业务限制的、违法提供贷款。 (9) 未经批准购买商业银行股份总额5%以上。 (10) 未经批准在名称中使用"银行"字样。	(1) 未经批准办理结汇、售汇的。 (2) 未经批准在银行间债券市场发行、买卖金融债券或者到境外借款的。 (3) 违反规定同业拆借。

续表

容易混淆事项	未经批准买卖政府债券或者发行、买卖金融债券。	未经批准在银行间债券市场发行、买卖金融债券或者到境外借款。
	拒绝或者阻碍非现场监管或者现场检查。	拒绝或者阻碍中国人民银行检查监督。
	违反规定提高或者降低存款利率、贷款利率。	未按照中国人民银行规定的比例交存存款准备金。

四、财税法

（一）个人所得税法

纳税人	居民纳税人	在中国境内有住所，或者无住所而一个纳税年度内在中国境内居住累计满183天的个人，就从中国境内和境外取得的所得缴纳个人所得税。
	非居民纳税人	在中国境内无住所又不居住，或者无住所而一个纳税年度内在中国境内居住累计不满183天的个人，就从中国境内取得的所得缴纳个人所得税。
免税事项	（1）省级人民政府、国务院部委和中国人民解放军军以上单位，以及外国组织、国际组织颁发的科学、教育、技术、文化、卫生、体育、环境保护等方面的奖金。（2）国债和国家发行的金融债券利息。（3）按照国家统一规定发给的补贴、津贴。（4）福利费、抚恤金、救济金。（5）保险赔款。（6）军人的转业费、复员费、退役金。（7）按照国家统一规定发给干部、职工的安家费、退职费、基本养老金或者退休费、离休费、离休生活补助费。（8）依照有关法律规定应予免税的各国驻华使馆、领事馆的外交代表、领事官员和其他人员的所得。（9）中国政府参加的国际公约、签订的协议中规定免税的所得。（10）国务院规定的其他免税所得。	
减征事项	（1）残疾、孤老人员和烈属的所得。（2）因自然灾害遭受重大损失的。（3）国务院规定的其他减税情形。	

（二）企业所得税法

纳税范围	居民企业应当就其来源于中国境内、境外的所得缴纳企业所得税。	税率：25%
	非居民企业在中国境内设立机构、场所的，应当就其所设机构、场所取得的来源于中国境内的所得，以及发生在中国境外但与其所设机构、场所有实际联系的所得，缴纳企业所得税。	税率：25%
	非居民企业在中国境内未设立机构、场所的，或者虽设立机构、场所但取得的所得与其所设机构、场所没有实际联系的，应当就其来源于中国境内的所得缴纳企业所得税。	税率：20%
免税收入	（1）国债利息收入； （2）符合条件的居民企业之间的股息、红利等权益性投资收益； （3）在中国境内设立机构、场所的非居民企业从居民企业取得与该机构、场所有实际联系的股息、红利等权益性投资收益； （4）符合条件的非营利组织的收入。	税率：0
可以免征、减征	企业的下列所得，可以免征、减征企业所得税： （1）从事农、林、牧、渔业项目的所得； （2）从事国家重点扶持的公共基础设施项目投资经营的所得； （3）从事符合条件的环境保护、节能节水项目的所得； （4）符合条件的技术转让所得； （5）《企业所得税法》第3条第3款规定的所得。	/
	符合条件的小型微利企业。	税率：20%
	国家需要重点扶持的高新技术企业。	税率：15%
	民族自治地方的自治机关对本民族自治地方的企业应缴纳的企业所得税中属于地方分享的部分。	/

(三) 税收征收管理法

1. 延期缴纳

主体	纳税人（不包括扣缴义务人）。
原因	特殊困难： (1) 因不可抗力，导致发生较大损失，正常生产经营受到较大影响。 (2) 当期货币资金在扣除应付职工工资、社会保险后，不足缴纳税款。
延长期限	3个月。
程序	(1) 纳税人申请。 (2) 省级税务机关批准或者计划单列市税务机关可以批准。
后果	延期后未缴纳税款，按日加收滞纳税款0.05%的滞纳金。

2. 税收保全措施

针对对象	从事生产、经营的纳税人。
程序 （注意本程序具有时间上的先后性）	(1) 责令限期缴纳税款。 (2) 发现有转移、隐匿财产所得等的，责成提供纳税担保。 (3) 不能提供的，经县以上税务局（分局）局长批准，采取税收保全措施： ①冻结相当数额的存款。 ②扣押、查封相当税款的商品、货物、财产。 (4) 期限届满仍然不缴纳： ①从冻结存款中划拨。 ②拍卖或者变卖扣押、查封的财物。
注意：个人及其所扶养家属维持生活必需的住房和用品，不在税收保全措施范围之内。	

3. **税收强制执行措施**

针对对象	从事生产、经营的纳税人、扣缴义务人、纳税担保人。
程序	（1）税务机关限期缴纳。 （2）逾期不缴，可采取以下强制措施： ①书面通知其开户银行或者其他金融机构从其存款中扣缴税款。 ②扣押、查封、依法拍卖或者变卖其价值相当于应纳税款的商品、货物或者其他财产，以拍卖或者变卖所得抵缴税款。 注意：必须经过税务局局长批准。 （3）加收滞纳金。

五、土地法和房地产法

（一）土地管理法

占用耕地的处理	（1）已经办理审批手续的非农业建设占用耕地，1年内不用而又可以耕种并收获的，应当恢复耕种（原主体或者用地单位）。 （2）1年以上未动工建设的，应当缴纳闲置费。 （3）连续2年未使用的，经原批准机关批准，由县级以上人民政府无偿收回。 （4）土地原为集体组织所有的，应当交集体所有组织恢复耕种。
土地所有权以及使用权争议	（1）单位之间，由县级人民政府处理。 （2）单位与个人之间或者个人之间，由乡级或者县级人民政府处理。 （3）对解决结果不服，在收到决定30日内起诉。
农用地转为建设用地的程序	由国务院批准的为以下三类： （1）永久基本农田。 （2）永久基本农田以外的耕地超过35公顷。 （3）其他土地超过70公顷。
征收土地的补偿	（1）土地补偿费。 （2）安置补助费。 （3）农村村民住宅、其他地上附着物和青苗等的补偿费用。 （4）被征地农民的社会保障费用。

319

续表

划拨取得土地	土地用途： （1）国家机关用地。 （2）军事用地。 （3）城市基础设施用地（如道路）。 （4）公益事业用地（如学校、医院）。 （5）国家重点扶持的能源、交通、水利等基础设施用地（如三峡水库）。 县级以上人民政府有审批权。
收回国有土地使用权	（1）批准机关：自然资源主管部门报经原批准的人民政府或者有批准权的人民政府。 （2）收回原因： ①为实施城市规划进行旧城区改建以及其他公共利益需要。 ②有偿使用合同约定的使用期限届满，未延期或者延期未获得批准。 ③单位撤销或者迁移，停止使用原划拨土地。 ④公路、铁路、机场、矿厂经核准报废。 第①种情形收回使用权的，应给予适当补偿。
收回乡镇土地	（1）经过原批准用地人民政府的批准。 （2）收回原因： ①乡（镇）村公共设施和公益事业建设。 ②不按批准的用途使用土地。 ③因撤销、迁移而停止使用土地。

（二）城市房地产管理法

出让土地的方式	（1）以拍卖、招标、挂牌或者协议等方式确定土地使用者。 （2）签订书面合同。 （3）出让方必须是市、县人民政府土地管理部门。
改变出让土地用途	（1）征得出让方和市、县人民政府城市规划主管部门的同意。 （2）重新签订或者变更土地使用权出让合同。 （3）调整土地使用权出让金。

续表

出让方式取得土地使用权的房地产开发	（1）满 1 年未开工的，可以征收相当于 20%以下土地使用权出让金的土地闲置费。 （2）满 2 年未开发的，可以无偿收回土地。 （3）但是因为不可抗力和政府行为或者前期工作造成的延迟除外。
以出让方式转让房地产的条件	（1）一金：交付全部土地使用权出让金。 （2）一投资：房屋建设工程，完成开发总额 25%；成片开发，形成工业或者其他建设用地的条件。 （3）一证书：转让时房产已经建成的，应当有房屋所有权证书。
以划拨方式转让房地产的条件	（1）以划拨方式取得土地使用权的，转让房地产时，应当经过批准。 （2）办理出让手续或者按照国家规定将所获得的收益上缴国家。
商品房预售的条件	（1）土地使用权证书、建设工程规划许可证、商品房预售许可证明（"三证"）。 （2）投入开发建设的资金已经达到总投资的 25%以上（"一投资"）。 （3）预售合同应当备案（县级以上人民政府房产管理部门、土地管理部门）。

第十四章　环境资源法

复习记忆指导

环境资源法以考查法条规定为主。环境保护法部分要注意结合民事诉讼法中的公益诉讼制度进行复习，还需重点掌握环境保护的几种基本制度和环境法律责任等。自然资源法部分需重点掌握森林资源和矿产资源的权属制度、管理制度和保护制度。

一、环境保护法

环境质量标准	(1) 国务院生态环境主管部门：制定国家环境质量标准。 (2) 省、自治区、直辖市人民政府：对国标未作规定的，可以制定地方环境质量标准；对国标已作规定，可以制定严于国标的地方环境质量标准。地方环境质量标准应当报国务院生态环境主管部门备案。
污染物排放标准	(1) 国务院生态环境主管部门：制定国家污染物排放标准。 (2) 省、自治区、直辖市人民政府：对国标未作规定的，可以制定地方污染物排放标准；对国标已作规定的，可以制定严于国家污染物排放标准的地方污染物排放标准。地方污染物排放标准应当报国务院生态环境主管部门备案。
重点污染物排放总量控制	(1) 重点污染物排放总量控制指标由国务院下达，省、自治区、直辖市人民政府分解落实。 (2) 企业事业单位在执行国家和地方污染物排放标准的同时，应当遵守分解落实到本单位的重点污染物排放总量控制指标。
环境影响评价	(1) 编制有关开发利用规划，建设对环境有影响的项目，应当依法进行环境影响评价。①可能造成重大环境影响的，应当编制环境影响报告书，对产生的环境影响进行全面评价。②可能造成轻度环境影响的，应当编制环境影响报告表，对产生的环境影响进行分析或者专项评价。③对环境影响很小、不需要进行环境影响评价的，应当填报环境影响登记表。 (2) 未依法进行环境影响评价的开发利用规划，不得组织实施；未依法进行环境影响评价的建设项目，不得开工建设。

续表

	(3) 作为一项整体建设项目的规划，按照建设项目进行环境影响评价，不进行规划的环境影响评价。已经进行了环境影响评价的规划包含具体建设项目的，规划的环境影响评价结论应当作为建设项目环境影响评价的重要依据，建设项目环境影响评价的内容应当根据规划的环境影响评价审查意见予以简化。
生态保护	国家在重点生态功能区、生态环境敏感区和脆弱区等区域划定生态保护红线，实行严格保护。各级人民政府对具有代表性的各种类型的自然生态系统区域，珍稀、濒危的野生动植物自然分布区域，重要的水源涵养区域，具有重大科学文化价值的地质构造、著名溶洞和化石分布区、冰川、火山、温泉等自然遗迹，以及人文遗迹、古树名木，应当采取措施予以保护，严禁破坏。
	国家建立、健全生态保护补偿制度。国家加大对生态保护地区的财政转移支付力度。有关地方人民政府应当落实生态保护补偿资金，确保其用于生态保护补偿。国家指导受益地区和生态保护地区人民政府通过协商或者按照市场规则进行生态保护补偿。
"三同时"制度	建设项目中防治污染的设施，应当与主体工程同时设计、同时施工、同时投产使用。防治污染的设施应当符合经批准的环境影响评价文件的要求，不得擅自拆除或者闲置。
环境公益诉讼	(1) 诉讼对象：污染环境、破坏生态，损害社会公共利益的行为。 (2) 诉讼主体：①依法在设区的市级以上人民政府民政部门登记。②专门从事环境保护公益活动连续5年以上且无违法记录。 (3) 诉讼时效：提起环境损害赔偿诉讼的时效期间为3年，从当事人知道或者应当知道其受到损害时起计算。
环境法律责任	(1) 违法排污按日连续处罚：企业事业单位和其他生产经营者违法排放污染物，受到罚款处罚，被责令改正，拒不改正的，依法作出处罚决定的行政机关可以自责令改正之日的次日起，按照原处罚数额按日连续处罚。 (2) 超标排污：企业事业单位和其他生产经营者超过污染物排放标准或者超过重点污染物排放总量控制指标排放污染物的，县级以上生态环境主管部门可以责令其采取限制生产、停产整治等措施；情节严重的，报经有批准权的人民政府批准，责令停业、关闭。 (3) 未提交环评文件：建设单位未依法提交建设项目环境影响评价文件或者环境影响评价文件未经批准，擅自开工建设的，由负有环境保护监督管理职责的部门责令停止建设，处以罚款，并可以责令恢复原状。 (4) 第三方机构连带责任：环境影响评价机构、环境监测机构以及从事环境监测设备和防治污染设施维护、运营的机构，在有关环境服务活动中弄虚作假，对造成的环境污染和生态破坏负有责任的，除依法予以处罚外，还应当与造成环境污染和生态破坏的其他责任者承担连带责任。

二、自然资源法

（一）森林法

森林资源的分类	（1）按所有权归属分为：国有林和集体林。 （2）按功能分为：公益林和商品林。 （3）按用途分为：防护林、特种用途林、用材林、经济林和能源林。
权属制度所有权	（1）森林资源属于国家所有，由法律规定属于集体所有的除外。 （2）国家所有的森林资源的所有权由国务院代表国家行使。国务院可以授权国务院自然资源主管部门统一履行国有森林资源所有者职责。
使用权	（1）国有林地使用权：国家所有的林地和林地上的森林、林木可以依法确定给林业经营者使用。林业经营者依法取得的国有林地和林地上的森林、林木的使用权，经批准可以转让、出租、作价出资等。 （2）集体林地使用权 ①承包经营：承包方可以依法采取出租（转包）、入股、转让等方式流转林地经营权、林木所有权和使用权。 ②集体经营：未实行承包经营的，经本集体经济组织成员的村民会议 2/3 以上成员或者 2/3 以上村民代表同意并公示，可以通过招标、拍卖、公开协商等方式依法流转林地经营权、林木所有权和使用权。 ③林地经营权流转合同：集体林地经营权流转应当签订书面合同。 ④林地经营权收回：受让方违反法律规定或者合同约定造成森林、林木、林地严重毁坏的，发包方或者承包方有权收回林地经营权。
收益权	（1）国有企业事业单位、机关、团体、部队营造的林木，由营造单位管护并按照国家规定支配林木收益。 （2）农村居民在房前屋后、自留地、自留山种植的林木，归个人所有。城镇居民在自有房屋的庭院内种植的林木，归个人所有。 （3）集体或者个人承包国家所有和集体所有的宜林荒山荒地荒滩营造的林木，归承包的集体或者个人所有；合同另有约定的从其约定。 （4）其他组织或者个人营造的林木，依法由营造者所有并享有林木收益；合同另有约定的从其约定。

续表

争议解决	（1）单位之间发生的林木、林地所有权和使用权争议，由县级以上人民政府依法处理。 （2）个人之间、个人与单位之间发生的林木所有权和林地使用权争议，由乡镇人民政府或者县级以上人民政府依法处理。 （3）当事人对有关人民政府的处理决定不服的，可以自接到处理决定通知之日起30日内，向人民法院起诉。 （4）在林木、林地权属争议解决前，除因森林防火、林业有害生物防治、国家重大基础设施建设等需要外，当事人任何一方不得砍伐有争议的林木或者改变林地现状。
采伐许可证	（1）采伐林地上的林木应当申请采伐许可证，并按照采伐许可证的规定进行采伐；采伐自然保护区以外的竹林，不需要申请采伐许可证，但应当符合林木采伐技术规程。 （2）农村居民采伐自留地和房前屋后个人所有的零星林木，不需要申请采伐许可证。 （3）有下列情形之一的，不得核发采伐许可证：①采伐封山育林期、封山育林区内的林木；②上年度采伐后未按照规定完成更新造林任务；③上年度发生重大滥伐案件、森林火灾或者林业有害生物灾害，未采取预防和改进措施；④法律法规和国务院林业主管部门规定的禁止采伐的其他情形。
法律责任	（1）代为履行：有下列情形之一的，由县级以上人民政府林业主管部门依法组织代为履行，代为履行所需费用由违法者承担：①拒不恢复植被和林业生产条件，或者恢复植被和林业生产条件不符合国家有关规定；②拒不补种树木，或者补种不符合国家有关规定。 （2）违法用地：违反法律规定，未经县级以上人民政府林业主管部门审核同意，擅自改变林地用途的，由县级以上人民政府林业主管部门责令限期恢复植被和林业生产条件，可以处恢复植被和林业生产条件所需费用3倍以下的罚款。（在临时使用的林地上修建永久性建筑物，或者临时使用林地期满后1年内未恢复植被或者林业生产条件的，依照上述规定处罚）

（二）矿产资源法

权属制度	（1）矿产资源属于国家所有，由国务院代表国家行使矿产资源的所有权。 （2）地表或者地下的矿产资源的国家所有权，不因其所依附的土地的所有权或者使用权的不同而改变。 （3）勘查、开采矿产资源应当按照国家有关规定缴纳费用。国务院可以根据不同情况规定减收或者免收有关费用。开采矿产资源应当依法缴纳资源税。
矿业权	（1）国家实行探矿权、采矿权有偿取得的制度。探矿权、采矿权统称矿业权。 （2）矿业权应当通过招标、拍卖、挂牌等竞争性方式出让，法律、行政法规或者国务院规定可以通过协议出让或者其他方式设立的除外。

续表

矿业权	（3）出让矿业权的，矿业权出让部门应当与依法确定的受让人以书面形式签订矿业权出让合同。 （4）设立矿业权的，应当向矿业权出让部门申请矿业权登记。符合登记条件的，矿业权出让部门应当将相关事项记载于矿业权登记簿，并向矿业权人发放矿业权证书。矿业权变更、转让、抵押和消灭的，应当依法办理登记。矿业权的设立、变更、转让、抵押和消灭，经依法登记，发生效力；未经登记，不发生效力，法律另有规定的除外。 （5）探矿权的期限为5年。探矿权期限届满，可以续期，续期最多不超过3次，每次期限为5年；续期时应当按照规定核减勘查区域面积。 （6）采矿权的期限结合矿产资源储量和矿山建设规模确定，最长不超过30年。采矿权期限届满，登记的开采区域内仍有可供开采的矿产资源的，可以续期。 （7）矿业权期限届满前，为了公共利益的需要，原矿业权出让部门可以依法收回矿业权；矿业权被收回的，应当依法给予公平、合理的补偿。
矿产资源勘查、开采	（1）矿业权人依照本法有关规定取得矿业权后，进行矿产资源勘查、开采作业前，应当按照矿业权出让合同以及相关标准、技术规范等，分别编制勘查方案、开采方案，报原矿业权出让部门批准，取得勘查许可证、采矿许可证；未取得许可证的，不得进行勘查、开采作业。 （2）勘查活动结束后，探矿权人应当及时对勘查区域进行清理，清除可能危害公共安全的设施、设备等，对废弃的探坑、探井等实施回填、封堵；破坏地表植被的，应当及时恢复。勘查活动临时占用耕地的，应当及时恢复种植条件和耕地质量；临时占用林地、草地的，应当及时恢复植被和生产条件。 （3）开采矿产资源，应当采取合理的开采顺序、开采方法，并采取有效措施确保矿产资源开采回采率、选矿回收率和综合利用率达到有关国家标准的要求。开采矿产资源，应当采取有效措施保护地下水资源，并优先使用矿井水。 （4）勘查、开采矿产资源，应当遵守有关生态环境保护、安全生产、职业病防治等法律、法规的规定，防止污染环境、破坏生态，预防和减少生产安全事故，预防发生职业病。 （5）勘查、开采矿产资源时发现重要地质遗迹、古生物化石和文物的，应当加以保护并及时报告有关部门。
矿区生态修复	（1）因开采矿产资源导致矿区生态破坏的，采矿权人应当依法履行生态修复义务。采矿权人的生态修复义务不因采矿权消灭而免除。 （2）采矿权人应当按照经批准的矿区生态修复方案进行矿区生态修复。能够边开采、边修复的，应当边开采、边修复；能够分区、分期修复的，应当分区、分期修复；不能边开采、边修复或者分区、分期修复的，应当在矿山闭坑前或者闭坑后的合理期限内及时修复。矿区生态修复分区、分期进行的，应当分区、分期验收。 （3）采矿权人应当按照规定提取矿区生态修复费用，专门用于矿区生态修复。矿区生态修复费用计入成本。

第十五章　劳动与社会保障法

复习记忆指导

劳动法部分考点较多，较为琐碎，通常以小案例或不定项的形式进行考查，以考查法条规定为主。社会保险法部分需重点掌握五种社会保险及其具体制度。军人保险法部分需重点掌握四个险种。本部分复习过程中，建议考生在熟练掌握理论知识的同时，多做题目以加深理解、巩固记忆。

一、劳动法

（一）劳动合同的分类

分类	定义	适用
固定期限劳动合同	指用人单位与劳动者约定合同终止时间的劳动合同。	用人单位与劳动者协商一致。
无固定期限劳动合同	指用人单位与劳动者约定无确定终止时间的劳动合同。	（1）用人单位与劳动者协商一致。 （2）有下列情形之一，劳动者提出或者同意续订、订立劳动合同的，除劳动者提出订立固定期限劳动合同外，应当订立无固定期限劳动合同： ①劳动者在该用人单位连续工作满10年的。②用人单位初次实行劳动合同制度或者国有企业改制重新订立劳动合同时，劳动者在该用人单位连续工作满10年且距法定退休年龄不足10年的。③连续订立二次固定期限劳动合同，且劳动者无以下情形的：试用期不符合录用条件；严重违反用人单位规章制度；严重失职、营私舞弊，给用人单位造成重大损害；同时与其他单位建立劳动关系，对完成本单位工作造成严重影响，或

		经提出，拒不改正；以欺诈、胁迫手段或乘人之危，使对方违背真实意思订立或变更造成劳动合同无效；被依法追究刑事责任；患病或非因工负伤，在规定的医疗期满后不能从事原工作或另行安排的工作；不能胜任工作，经过培训或调岗，仍不胜任。 (3) 用人单位自用工之日起满1年不与劳动者订立书面劳动合同的，视为用人单位与劳动者已订立无固定期限劳动合同。
以完成一定工作任务为期限的劳动合同	指用人单位与劳动者约定以某项工作的完成为合同期限的劳动合同。	用人单位与劳动者协商一致。

（二）试用期规定

合同期限	试用期限	工资标准
3个月≤合同期限<1年	试用期限≤1个月	工资标准≥本岗位最低工资或者工资标准＝约定工资×80%，但工资标准≥本市最低工资标准
1年≤合同期限<3年	试用期限≤2个月	
合同期限≥3年	试用期限≤6个月	
合同期限<3个月	试用期限＝0	

（三）劳动合同的解除

种类	主要内容	经济补偿
协议解除	用人单位与劳动者协商一致，可以解除劳动合同。	用人单位提出：支付经济补偿。 劳动者提出：无经济补偿。

续表

用人单位解除	因劳动者过失解除： （1）试用期不符合录用条件。 （2）严重违反用人单位规章制度。 （3）严重失职、营私舞弊，给用人单位造成重大损害。 （4）同时与其他用人单位建立劳动关系，对完成本单位工作造成严重影响，或经用人单位提出，拒不改正。 （5）以欺诈、胁迫手段或乘人之危，使对方违背真实意思订立或变更造成劳动合同无效。 （6）被依法追究刑事责任。	可不支付经济补偿。
	非因劳动者过失解除（提前30天通知或额外支付1个月工资）： （1）患病或非因工负伤，在规定的医疗期满后不能从事原工作或另行安排的工作。 （2）不能胜任工作，经过培训或调岗，仍不能胜任。 （3）客观情况发生重大变化，原劳动合同无法履行，协商不一致。 （4）企业符合规定条件，实行经济性裁员。	支付经济补偿。
用人单位不得解除	（1）从事接触职业病危害作业而未进行离岗前职业健康检查，或疑似职业病病人在诊断或者医学观察期间。 （2）在本单位患职业病或者工伤并被确认丧失或者部分丧失劳动能力。 （3）患病或非因工负伤，在医疗期内。 （4）女职工在孕期、产期、哺乳期。 （5）在单位连续工作满15年，且距法定退休年龄不足5年。 （6）其他法定情形。	违反规定解除的，恢复关系或支付2倍的经济补偿。

续表

劳动者解除	无理由的： (1) 试用期内，提前3天通知单位。 (2) 一般情况提前30天通知单位。	可不支付经济补偿。
	用人单位过失： (1) 未按约定提供劳动保护或劳动条件。 (2) 未及时足额支付报酬。 (3) 未缴纳社会保险费。 (4) 单位的规章制度违法，损害劳动者权益。 (5) 以欺诈、胁迫手段或乘人之危，使对方违背真实意思订立或变更造成劳动合同无效。 (6) 单位自己免责，排除劳动者权利导致合同无效。 (7) 违反法律法规强制性规定导致无效合同。 (8) 以暴力、威胁或非法限制自由等强制劳动的或单位违章指挥、强令冒险作业危及人身安全。 (9) 法律、行政法规规定劳动者可以解除的其他情形。	支付经济补偿。

（四）用人单位经济补偿

适用情形	用人单位过失，劳动者解除劳动合同的。	对负有保密义务的劳动者，用人单位可以在劳动合同或者保密协议中与劳动者约定竞业限制条款。
	用人单位向劳动者提出解除劳动合同并与劳动者协商一致解除劳动合同的。	
	劳动者非过失性辞退。	
	经济性裁员。	
	除用人单位维持或者提高劳动合同约定条件续订劳动合同，劳动者不同意续订的情形外，劳动合同期满终止固定期限劳动合同。	
	用人单位宣告破产；用人单位被吊销营业执照、责令关闭、撤销或者用人单位决定提前解散。	
	法律、行政法规规定的其他情形。	

支付标准	经济补偿按劳动者在本单位工作的年限，每满 1 年支付 1 个月工资的标准向劳动者支付。6 个月以上不满 1 年的，按 1 年计算；不满 6 个月的，向劳动者支付半个月工资的经济补偿。 劳动者月工资高于用人单位所在直辖市、设区的市级人民政府公布的本地区上年度职工月平均工资 3 倍的，向其支付经济补偿的标准按职工月平均工资 3 倍的数额支付，向其支付经济补偿的年限最高不超过 12 年。	双方约定在解除或者终止劳动合同后，在竞业限制期限内按月给予劳动者经济补偿。

（五）劳务派遣

设立条件	（1）经营劳务派遣业务应当具备下列条件： ①注册资本不得少于人民币 200 万元。 ②有与开展业务相适应的固定的经营场所和设施。 ③有符合法律、行政法规规定的劳务派遣管理制度。 ④法律、行政法规规定的其他条件。 （2）经营劳务派遣业务，应当向劳动行政部门依法申请行政许可；经许可的，依法办理相应的公司登记。未经许可，任何单位和个人不得经营劳务派遣业务。
适用范围	劳动合同用工是我国的企业基本用工形式。劳务派遣用工是补充形式，只能在临时性、辅助性或者替代性的工作岗位上实施。 （1）临时性工作岗位是指存续时间不超过 6 个月的岗位。 （2）辅助性工作岗位是指为主营业务岗位提供服务的非主营业务岗位。 （3）替代性工作岗位是指用工单位的劳动者因脱产学习、休假等原因无法工作的一定期间内，可以由其他劳动者替代工作的岗位。 用工单位应当严格控制劳务派遣用工数量，不得超过其用工总量的一定比例，具体比例由国务院劳动行政部门规定。

（六）劳动争议的解决

当事人的协商和解	劳动者可以与用人单位协商，也可以请工会或者第三方共同与用人单位协商，达成和解协议。

争议处理的基本程序	（1）当事人不愿协商、协商不成或者达成和解协议后不履行的，可以向调解组织申请调解。 （2）不愿调解、调解不成或者达成调解协议后不履行的，可以向劳动争议仲裁委员会申请仲裁。 （3）对仲裁裁决不服的，除法律另有规定的外，可以向人民法院提起诉讼。 **注意**：申请劳动仲裁是提起诉讼的前置程序。

（七）知识点数字记忆

（1）集体合同签订者是工会与企业或者职工代表与企业，劳动行政部门收到集体合同文本后15日内未表示异议，集体合同生效，集体合同的效力在于为后来者订立一个最低标准。
（2）延长工作时间的，一般每日不得超过1小时，特殊原因需要延长的，每日不得超过3小时，但是每月不得超过36小时。
（3）安排劳动者延长工作时间的，支付不低于工资的150%的工资报酬；休息日安排劳动者工作又不能安排补休的，支付不低于工资的200%的工资报酬；法定休假日安排劳动者工作，支付不低于工资的300%的工资报酬。
（4）对怀孕7个月以上的女职工，不得安排其延长工作时间和夜班劳动，女职工生育享受不少于98天的产假。
（5）我国劳动法规定的劳动年龄是16周岁以上；文艺、体育单位、特种工艺单位可以招用未满16周岁的未成年人，必须遵守国家的有关规定，并保障其接受义务教育的权利。

二、社会保障法

（一）社会保险法

适用范围	国家建立基本养老保险、基本医疗保险、工伤保险、失业保险、生育保险等社会保险制度，保障公民在年老、疾病、工伤、失业、生育等情况下依法从国家和社会获得物质帮助的权利。	
缴纳主体	双缴（用人单位和职工共同缴纳）	养老、医疗、失业
	单缴（仅用人单位缴，职工不缴）	工伤、生育
竞合规则	由于第三人原因造成工伤，第三人不支付工伤医疗费用或者无法确定第三人的，由工伤保险基金先行支付。工伤保险基金先行支付后，有权向第三人追偿。	

(二) 军人保险法

险种	要点
军人伤亡保险	(1) 伤亡保险待遇。 ①因战、因公死亡：给付军人死亡保险金。 ②因战、因公、因病致残：给付军人死亡保险金。 ③退役参加工作后旧伤复发的：享受相应的工伤待遇。 (2) 不享受军人伤亡保险待遇： ①故意犯罪的。 ②醉酒或者吸毒的。 ③自残或者自杀的。 ④法律、行政法规和军事法规规定的其他情形。(罪酒毒杀) (3) 保费缴纳：由国家承担，个人不缴纳保险费。
退役养老保险	(1) 转移接续：军人入伍前，或者退出现役后，参加基本养老保险的，由地方社会保险经办机构和军队后勤（联勤）机关财务部门办理基本养老保险关系转移接续手续。 (2) 缴费年限：服现役+入伍前+退役后（军龄+社龄），缴费年限合并计算。
退役医疗保险	(1) 保费缴纳 ①军官、文职干部和士官：个人缴纳军人退役医疗保险费，国家按同等数额给予补助。 ②义务兵、供给制学员：不缴纳军人退役医疗保险费，国家按照规定的标准给予军人退役医疗保险补助。 (2) 转移接续：军人入伍前，或者退出现役后，参加基本医疗保险的，由地方社会保险经办机构和军队后勤（联勤）机关财务部门办理基本医疗保险关系转移接续手续。 (3) 缴费年限：服现役+入伍前+退役后（军龄+社龄），缴费年限合并计算。
随军未就业的军人配偶保险	(1) 参保类型：养老保险、医疗保险。个人缴纳，国家给予相应补助。 (2) 停止缴纳：随军未就业的军人配偶无正当理由拒不接受就业安置，或介绍的适当工作、提供的就业培训的，停止给予保险缴费补助。 (3) 缴费年限：随军期间+地方缴费期间，缴费年限合并计算。

第十六章 民事诉讼法与仲裁制度

复习记忆指导

民诉十分重视对法条的直接考查。2023年9月，全国人大常委会对《民事诉讼法》作了第五次修正，要特别注意法律规定的变化，尤其是其中的新增内容以及对原有重要制度加以完善的部分。对待民诉，我们的态度也应当是拿下几乎全部的分数。为了达到这样的目标，除了要十分熟悉法律规定，还要多多做题训练，找到自己知识的盲点。从近几年的考题来看，诉讼法考查的趋势是加强理论的间接考查以及和实体法结合起来考查，但是万变不离其宗，望广大考生在熟练掌握法条的基础上加深理论知识的理解。无数成功的经验告诉我们，诉讼法比实体法更值得投入时间和精力，只要肯下功夫，多做练习，考试就能从容应对。

一、数字记忆

（一）当事人与诉讼代理人应当遵守的时限以及其他相关数字

1. "3日内"

被罚款、拘留的人不服罚款、拘留决定申请复议的，应当自收到决定书之日起3日内提出。

2. "7日内"

（1）适用简易程序审理的案件转为普通程序的，原告自接到人民法院交纳诉讼费用通知之日起7日内补交案件受理费。

（2）支付令失效后，申请支付令的一方当事人不同意提起诉讼的，应当自收到终结督促程序裁定之日起7日内向受理申请的人民法院提出。

（3）支付令失效后，申请支付令的一方当事人自收到终结督促程序裁定之日起7日内未向受理申请的人民法院表明不同意提起诉讼的，视为向受理申请的人民法院起诉。

3. "10日内"

（1）对法院驳回管辖权异议的裁定不服的，可以在10日内向上一级法院上诉。

（2）当事人因不可抗拒的事由或者其他正当理由耽误期限的，在障碍消除后的10日内，可以申请顺延期限。

（3）对一审裁定提起上诉的期限为10日。

4. "15 日内"
(1) 提出管辖权异议：被告收到起诉状副本的 15 日内。
(2) 对一审判决提起上诉的期限为 15 日。
(3) 被告人、被上诉人的答辩期间为 15 日。
(4) 债务人接到支付令后无异议的，应当在 15 日内偿还债务；债务人对支付令有异议的，应在 15 日内向法院提出书面异议。

5. "6 个月"
(1) 人民法院自收到申请执行书之日起超过 6 个月未执行的，申请执行人可以向上一级人民法院申请执行。
(2) 当事人申请再审的，应当在判决、裁定发生法律效力后 6 个月内提出；有新的证据，足以推翻原判决、裁定的，原判决、裁定认定事实的主要证据是伪造的，据以作出原判决、裁定的法律文书被撤销或者变更，以及发现审判人员在审理该案件时有贪污受贿，徇私舞弊，枉法裁判行为的，自知道或者应当知道之日起 6 个月内提出。

6. "30 日内"
(1) 申请人在采取保全措施后 30 日内不起诉或申请仲裁，法院解除保全措施。
(2) 涉外：被告在国内没有住所的，法院应当将起诉状副本送达被告，并通知被告在收到起诉状副本后 30 日内提出答辩状。
(3) 涉外：在国内没有住所的当事人，不服第一审法院判决、裁定的，有权在判决书、裁定书送达之日起 30 日内提起上诉。
(4) 涉外：被上诉人在收到上诉状副本后，应当在 30 日内提出答辩状。
(5) 涉外：对不在我国领域内居住的被告，经用公告方式送达诉状或传唤，公告期满不应诉，法院缺席判决后，仍应将裁判文书公告送达。自公告送达裁判文书满 3 个月之日起，经过 30 日的上诉期当事人没有上诉的，一审判决即发生法律效力。
(6) 涉外：当事人双方分别居住在我国领域内和领域外，对一审法院判决、裁定的上诉期，居住在我国领域外的为 30 日（判决、裁定都是）。

7. "2 年"
(1) 公民下落不明满 2 年，利害关系人申请宣告其失踪的，向下落不明人住所地基层人民法院提出。
(2) 公民因意外事件下落不明满 2 年，利害关系人申请宣告其死亡的，向下落不明人住所地基层人民法院提出。
(3) 申请执行的期间为 2 年。

(二) 人民法院应当遵守的时限以及其他相关数字
1. "3 日内""3 日前"
(1) 法院对当事人提出的回避申请，应当在申请提出的 3 日内作出决定。法院的复议决定应当在接到申请后 3 日内作出。
(2) 一审开庭 3 日前，人民法院应当通知当事人和其他诉讼参与人到庭。

（3）审判人员确定后，3 日内告知当事人。

（4）公示催告：人民法院在决定受理、发出止付通知的 3 日内发出公告。

2."5 日内"

（1）直接向二审法院提出上诉的，二审法院应当在 5 日内将上诉状移交原审法院，由原审法院审查是否具备上诉条件。

（2）一审立案后 5 日内向被告发送起诉状副本。

（3）原审法院向被上诉人送达上诉状副本的期间为 5 日。

（4）原审法院向上诉人送达答辩状副本的期间为 5 日。

（5）原审法院向上级法院移送上诉状、答辩状、证据、案卷材料的期间为 5 日。

（6）支付令：法院在收到申请之后进行审查，应在 5 日内通知是否受理。

3."7 日内"

（1）人民法院对执行标的裁定中止执行后，申请执行人在法律规定的期间内未提起执行异议之诉的，人民法院应当自起诉期限届满之日起 7 日内解除对该执行标的采取的执行措施。

（2）当事人的起诉符合起诉条件的，人民法院应当在 7 日内立案，并通知当事人；不符合起诉条件的，应当在 7 日内作出裁定书，不予受理。

（3）人民法院收到公示催告的申请后，应立即审查，并决定是否受理。经审查认为符合受理条件的，通知予以受理，并同时通知支付人停止支付；认为不符合受理条件的，7 日内裁定驳回申请。

4."10 日内"

一审当庭宣判的，应当在 10 日内发送判决书。

5."15 日内"

（1）人民法院确定举证期限的，适用第一审普通程序审理的案件不得少于 15 日，当事人提供新的证据的第二审案件不得少于 10 日，适用简易程序审理的案件不得超过 15 日。

（2）当事人、利害关系人认为执行行为违反法律规定，提出书面异议的，人民法院应当自收到书面异议之日起 15 日内审查，理由成立的，裁定撤销或者改正；理由不成立的，裁定驳回。

（3）执行过程中，案外人对执行标的提出书面异议的，人民法院应当自收到书面异议之日起 15 日内审查，理由成立的，裁定中止对该标的的执行；理由不成立的，裁定驳回。

（4）被执行人或者被执行的财产在外地的，可以委托当地人民法院代为执行。受委托人民法院收到委托函件后，必须在 15 日内开始执行，不得拒绝。受委托人民法院自收到委托函件之日起 15 日内不执行的，委托人民法院可以请求受委托人民法院的上级人民法院指令受委托人民法院执行。

（5）拘留的期限：15 日以下。

（6）一审立案后，被告应当在 15 日内提交答辩状。

（7）发出支付令的期限是受理之日起 15 日内。

6."30 日内"

（1）人民法院在必要时可以委托外地人民法院调查。受委托人民法院收到委托书后，应当在 30 日内完成调查。因故不能完成的，应当在上述期限内函告委托人民法院。

（2）人民法院审理对裁定的上诉案件，应当在第二审立案之日起 30 日内作出终审裁定。
（3）人民法院适用特别程序审理的案件，应当在立案之日起 30 日内或者公告期满后 30 日内审结。有特殊情况需要延长的，由本院院长批准。但审理选民资格的案件除外。
（4）人民检察院提出抗诉的案件，接受抗诉的人民法院应当自收到抗诉书之日起 30 日内作出再审的裁定。
（5）公告送达：受送达人下落不明，或者用其他方式无法送达的，采用公告送达。自发出公告之日起，经过 30 日，即视为送达。

7. "60 日"
（1）公示催告的公告期间不得少于 60 日。
（2）涉外公告送达：人民法院对于在我国没有住所的当事人送达诉讼文书，不能用其他方式送达的，公告送达，自发出公告之日起，经过 60 日，即视为送达。

8. "48 小时"
（1）诉讼保全：人民法院接受申请后，对情况紧急的，必须在 48 小时内作出裁定。
（2）诉前保全：人民法院接受申请后，必须在 48 小时内作出裁定。

9. "3 个月"
涉外邮寄送达：自邮寄之日起满 3 个月，送达回证没有退回，但根据各种情况足以认定已经送达的，期间届满之日视为送达。

10. 罚款的数额
个人 10 万元以下；单位 5 万元以上 100 万元以下。

11. 一审的审限
（1）适用普通程序审理的案件，应当在立案之日起 6 个月内审结。
（2）适用简易程序审理的案件，应当在立案之日起 3 个月内审结。
（3）适用小额程序审理的案件，应当在立案之日起 2 个月内审结。
（4）适用特别程序审理的案件，应当在立案之日起 30 日内或者公告期满后 30 日内审结，审理选民资格案件必须在选举日前审结。
（5）延长：
适用普通程序审理的案件，有特殊情况需要延长的，经本院院长批准，可以延长 6 个月，还需延长的，报请上级法院批准。
简易程序的审理期限到期后，有特殊情况需要延长的，经本院院长批准，可以延长审理期限。延长后的审理期限累计不得超过 4 个月。
适用小额诉讼的程序审理案件，有特殊情况需要延长的，经本院院长批准，可以延长 1 个月。
适用特别程序审理的案件，有特殊情况需要延长的，由本院院长批准，但审理选民资格案件必须在选举日前审结。

12. 二审的审限
（1）判决：应在第二审立案之日起 3 个月内审结；有特殊情况需要延长的，由本院院长批准；
（2）裁定：应在第二审立案之日起 30 日内作出终审裁定。

13. **不计算在审限内的时间**
（1）公告、鉴定期间；
（2）管辖权异议、管辖争议的时间；
（3）执行中拍卖、变卖被查封、扣押财产的期间；
（4）有关专业机构进行审计、评估、资产清理的时间；
（5）双方当事人申请庭外和解的期间；
（6）中止诉讼（或执行）至恢复诉讼（或执行）的期间；
（7）上级人民法院通知暂缓执行的期间；
（8）当事人达成执行和解或提供执行担保之后，执行法院决定暂缓执行的期间；
（9）在答辩期满前调解延长的调解期间。

14. **再审的审查**
人民法院应当自收到再审申请书之日起3个月内审查，符合《民事诉讼法》规定的，裁定再审；不符合《民事诉讼法》规定的，裁定驳回申请。有特殊情况需要延长的，由本院院长批准。

（三）仲裁程序中应当遵守的时限以及其他相关数字

1. 审查与受理：仲裁委员会收到仲裁申请书之日起5日内，认为符合受理条件的，应当受理。
2. 对裁决书中的文字、计算错误或者仲裁庭已经裁决但在裁决书中遗漏的事项，仲裁庭应当补正；当事人自收到裁决书之日起30日内，可以请求仲裁庭补正。

二、图表记忆

（一）离婚案件的特殊规定

国内结婚定居国外：国内婚姻缔结地或一方国内最后居住地（《民诉解释》第13条）
国外结婚定居国外：一方原住所地或在国内的最后居住地（《民诉解释》第14条）
一方在国内：国内法院永远有管辖权（《民诉解释》第15条）
双方在国外未定居：原告或被告原住所地（《民诉解释》第16条）

（二）诉前保全的管辖

诉前保全————————→起诉或申请仲裁
　　↓
被保全财产所在地、被申请人住所地或对案件有管辖权的法院

（三）级别管辖

- 基层人民法院管辖
- 中级人民法院管辖
  - 重大的涉外案件（争议标的额大，或案情复杂，或一方当事人人数众多）
  - 本辖区有重大影响的案件（如诉讼标的额大或诉讼单位为省、自治区、直辖市以上的经济纠纷）
  - 最高人民法院确定由中级人民法院管辖的案件：
    - 海事、海商案件（海事法院在审级上相当于中级法院）
    - 专利纠纷案件（**注意**：专利纠纷案件还可以由知识产权法院和最高人民法院确定的基层人民法院管辖）
    - 著作权民事纠纷案件
    - 商标民事纠纷第一审案件
    - 涉及域名的侵权纠纷案件
    - 虚假陈述证券民事赔偿案件，由发行人住所地的省、自治区、直辖市人民政府所在地的市、计划单列市和经济特区中级人民法院管辖
    - 对于仲裁协议的效力有异议，请求法院作出裁决的案件
    - 申请撤销仲裁裁决的，由仲裁委员会所在地的中级人民法院管辖
- 高级人民法院管辖
- 最高人民法院管辖
  - 在全国有重大影响的案件
  - 认为应当由本院审理的案件

（四）管辖权异议

1. 被告在提交答辩状期间提出管辖权异议，认为受诉人民法院违反级别管辖规定，案件应当由上级人民法院或者下级人民法院管辖的，受诉人民法院应当审查，并在受理异议之日起 15 日内作出裁定：（1）异议不成立的，裁定驳回；（2）异议成立的，裁定移送有管辖权的人民法院。

2. 提交答辩状期间届满后，原告增加诉讼请求金额致使案件标的额超过受诉人民法院级别管辖标准，被告提出管辖权异议，请求由上级人民法院管辖的，人民法院应当审查，并在受理异议之日起 15 日内作出裁定。

3. 对人民法院就级别管辖异议作出的裁定，当事人不服提起上诉的，第二审人民法院应当依法审理并作出裁定。

（五）地域管辖

被告住所地人民法院管辖，被告住所地与经常居住地不一致的，由经常居住地人民法院管辖

例外：原告住所地法院管辖
1. 对不在中华人民共和国领域内居住的人提起的有关身份关系的诉讼
2. 对下落不明或者宣告失踪的人提起的有关身份关系的诉讼
3. 对被采取强制性教育措施的人提起的诉讼
4. 对被监禁的人提起的诉讼
5. 追索赡养费、抚养费、扶养费案件的几个被告住所地不在同一辖区内的，可以由原告住所地人民法院管辖
6. 夫妻一方离开住所地超过1年，另一方起诉离婚的案件，可以由原告住所地人民法院管辖

因公司设立、确认股东资格、分配利润、解散等纠纷提起的诉讼，由公司住所地人民法院管辖

（六）合同或者其他财产权益纠纷案件的管辖

1. 因合同纠纷提起的诉讼，由被告住所地或者合同履行地人民法院管辖。

（1）协议管辖在不违反级别管辖和专属管辖的规定的前提下，可以选择被告住所地、原告住所地、合同签订地、合同履行地、标的物所在地等与争议有实际联系的地点的人民法院管辖。

（2）合同没有实际履行且双方当事人住所地又都不在合同约定的履行地的，应由被告住所地人民法院管辖。

2. 因保险合同纠纷提起的诉讼，由被告住所地或保险标的物所在地人民法院管辖。

因财产保险合同纠纷提起的诉讼，如果保险标的物是运输工具或运输中的货物，可以由运输工具登记注册地、运输目的地、保险事故发生地的人民法院管辖；因人身保险合同纠纷提起的诉讼，可以由被保险人住所地人民法院管辖。

3. 因铁路、公路、水上、航空运输和联合运输合同纠纷提起的诉讼，由运输始发地、目的地或者被告住所地人民法院管辖。

（七）侵权引发诉讼的管辖

1. 因侵权行为提起的诉讼，由侵权行为地或者被告住所地人民法院管辖。

2. 因产品、服务质量不合格造成他人财产、人身损害提起的诉讼，由产品制造地、服务提供地、产品销售地、侵权行为地和被告住所地的人民法院管辖。

3. 因侵犯著作权行为提起的民事诉讼,由侵权行为地、侵权复制品储藏地或查封扣押地、被告住所地人民法院管辖。

4. 因侵犯专利权行为提起的诉讼,由侵权行为地或者被告住所地人民法院管辖。

5. 因侵犯注册商标专用权行为提起的诉讼,由侵权行为的实施地、侵权商品的储藏地或者查封扣押地、被告住所地人民法院管辖。

6. 当事人就油轮装载持久性油类造成的油污损害提起诉讼、申请设立油污损害赔偿责任限制基金,由船舶油污事故发生地海事法院管辖。

(八) 管辖协议

1. 《民事诉讼法》第 35 条规定的书面协议,包括书面合同中的协议管辖条款或者诉讼前以书面形式达成的选择管辖的协议。

2. 经营者使用格式条款与消费者订立管辖协议,未采取合理方式提请消费者注意,消费者主张管辖协议无效的,人民法院应予支持。

3. 管辖协议约定由一方当事人住所地人民法院管辖,协议签订后当事人住所地变更的,由签订管辖协议时的住所地人民法院管辖,但当事人另有约定的除外。

4. 合同转让的,合同的管辖协议对合同受让人有效,但转让时受让人不知道有管辖协议,或者转让协议另有约定且原合同相对人同意的除外。

(九) 证明责任

1.

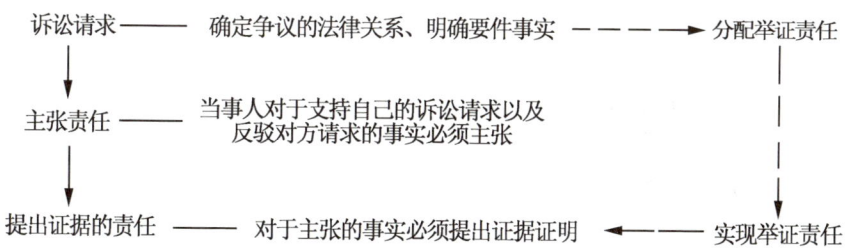

341

2. 侵权责任承担明细

承担责任方 侵权类型	侵害行为	损害事实	因果关系	过错	免责
方法专利侵权	被告	原告	原告	原告	被告
高度危险侵权	原告	原告	原告	无须证明	被告
环境污染侵权	原告	原告	被告	无须证明	被告
建筑物侵权	原告	原告	原告	被告	被告
动物侵权①	原告	原告	原告	无须证明	被告
产品缺陷	原告	原告	原告	无须证明	被告
共同危险	原告	原告	被告	原告	被告
医疗侵权	原告	原告	被告	原告	被告

总结：
(1) 损害事实是原告，免责事由是被告。
(2) 过错看归责原则：过错责任是原告；过错推定责任是被告；无过错责任不需要举证。
(3) 侵害行为、因果关系的倒置是因为被告的举证能力（被告离证据最近）显著高于原告，那么就交给被告举证。如侵犯方法专利权、环境污染侵权、共同危险、医疗侵权。

（十）上诉案件的审理

审查范围	针对与上诉请求的有关事实和适用法律进行审查。 **特别提示：** 在刑事诉讼或行政诉讼中，二审的审查范围不受上诉人上诉范围的限制，均是对全案进行整体审查。
审理方式	经过阅卷、调查和询问当事人，对没有提出新的事实、证据或者理由，人民法院认为不需要开庭审理的，可以不开庭审理。（可以不开庭审理的具体情形参见《民诉解释》第331条）
审理地点	(1) 二审法院；(2) 案件发生地或原审法院。

---

① 动物侵权案件在一般情况下适用无过错责任原则，但动物园动物致人损害适用过错推定原则。

第十六章 民事诉讼法与仲裁制度

续　表

调解	（1）二审法院可对案件进行调解，达成协议的，制作调解书，调解书送达后，原审判决视为撤销。调解不成，则应当及时判决。 （2）对当事人在一审中已经提出的诉讼请求，原审法院未作审理、判决的，第二审人民法院可以调解，调解不成的，发回重审。 （3）必须参加诉讼的当事人或者有独立请求权的第三人在一审中未参加诉讼，第二审人民法院可以调解，调解不成，发回重审。 （4）一审判决不准离婚的案件，第二审人民法院认为应当判决离婚的，可以与子女抚养、财产问题一并调解，调解不成，发回重审；双方当事人同意由第二审人民法院一并审理的，第二审人民法院可以一并裁判。 （5）二审程序中，原审原告增加独立的诉讼请求或原审被告提出反诉，第二审法院可以根据当事人自愿的原则就新增加的诉讼请求或反诉进行调解，调解不成的，告知当事人另行起诉；双方当事人同意由第二审人民法院一并审理的，第二审人民法院可以一并裁判。

（十一）再审程序的启动

人民法院 （审判监督）	（1）提起再审的主体必须是法定的机关和人员。包括：①本法院院长和审判委员会；②上级人民法院；③最高人民法院。 （2）提起再审的客体必须是人民法院已发生法律效力的并确有错误的判决、裁定或调解书。**特别提示：**①本法院院长只能将案件提交本院的审判委员会，由其决定是否对该案进行再审；②上级人民法院和最高人民法院提起再审的方式：提审；指令下级人民法院（不一定是原审法院）再审。 （3）作出再审决定或指令下级人民法院再审的决定或提审决定。
人民检察院 （抗诉）	（1）提起的主体：①最高人民检察院；②上级人民检察院。 **特别提示：**①只能向与自己同级的人民法院提起抗诉；②地方各级检察院对与自己同级的人民法院的生效裁判不能以自己的名义向该法院提起抗诉，而只能提请自己的上级人民检察院向与该上级人民检察院同级的人民法院提起抗诉。所以基层检察院没有再审抗诉权。 （2）客体是已发生法律效力的判决、裁定或调解书。 （3）须具有法定的事实和理由：①有新的证据，足以推翻原判决、裁定的；②原判决、裁定认定的基本事实缺乏证据证明的；③原判决、裁定认定事实的主要证据是伪造的；④原判决、裁定认定事实的主要证据未经质证的；⑤对审理案件需要的主要证据，当事人因客观原因不能自行收集，书面申请人民法院调查收集，人民法院未调查收集的；⑥原判决、

343

	裁定适用法律确有错误的；⑦审判组织的组成不合法或者依法应当回避的审判人员没有回避的；⑧无诉讼行为能力人未经法定代理人代为诉讼或者应当参加诉讼的当事人，因不能归责于本人或者其诉讼代理人的事由，未参加诉讼的；⑨违反法律规定，剥夺当事人辩论权利的；⑩未经传票传唤，缺席判决的；⑪原判决、裁定遗漏或者超出诉讼请求的；⑫据以作出原判决、裁定的法律文书被撤销或者变更的；⑬审判人员在审理该案件时有贪污受贿，徇私舞弊，枉法裁判行为的；⑭调解书损害国家利益、社会公共利益的。 (4) 有下列情形之一的，当事人可以向人民检察院申请检察建议或者抗诉：①人民法院驳回再审申请的；②人民法院逾期未对再审申请作出裁定的；③再审判决、裁定有明显错误的。人民检察院对当事人的申请应当在3个月内进行审查，作出提出或者不予提出检察建议或者抗诉的决定。当事人不得再次向人民检察院申请检察建议或者抗诉。 (5) 人民检察院须制作抗诉书并派员出庭。
当事人 （申请再审）	(1) 只能由本案原审中的当事人提起。包括：①原告或上诉人；②被告或被上诉人；③有独立请求权的第三人；④法院判决其承担实体义务的无独立请求权的第三人。 **注意**：①当事人死亡或者终止的，其权利义务承继者可按规定申请再审。②判决、调解书生效后，当事人将判决、调解书确认的债权转让，债权受让人对该判决、调解书不服申请再审的，人民法院不予受理。 (2) 申请再审的客体须是已经发生法律效力的判决、裁定或调解书。 (3) 下列案件不得申请再审：①对已发生法律效力的解除婚姻关系的判决、调解书；②适用特别程序、督促程序、公示催告程序、破产程序等非讼程序审理的案件；③除已经发生法律效力确有错误的驳回起诉、不予受理裁定外的其他裁定，均不得申请再审。 (4) 申请再审应具备法定的事由：①有新的证据，足以推翻原判决、裁定的；②原判决、裁定认定的基本事实缺乏证据证明的；③原判决、裁定认定事实的主要证据是伪造的；④原判决、裁定认定事实的主要证据未经质证的；⑤对审理案件需要的主要证据，当事人因客观原因不能自行收集，书面申请人民法院调查收集，人民法院未调查收集的；⑥原判决、裁定适用法律确有错误的；⑦审判组织的组成不合法或者依法应当回避的审判人员没有回避的；⑧无诉讼行为能力人未经法定代理人代为诉讼或者应当参加诉讼的当事人，因不能归责于本人或者其诉讼代理人的事由，未参加诉讼的；⑨违反法律规定，剥夺当事人辩论权利的；⑩未经传票传唤，缺席判决的；⑪原判决、裁定遗漏或者超出诉讼请求的；⑫据以作出原判决、裁定的法律文书被撤销或者变更的；⑬审判人员在审理该案件时有贪污受贿，徇私舞弊，枉法裁判行为的。 **特别提示**：对生效的调解书的再审只有两个理由：调解违反自愿原则；调解书的内容违反法律规定。

续表

	（5）应当在判决、裁定发生法律效力后 6 个月内提出。有新的证据，足以推翻原判决、裁定的，原判决、裁定认定事实的主要证据是伪造的，作出原判决、裁定的法律文书被撤销或者变更，以及发现审判人员在审理该案件时有贪污受贿，徇私舞弊，枉法裁判行为的，自知道或者应当知道之日起 6 个月内提出。 （6）当事人申请再审后，应当提交再审申请书等材料。 **特别提示**：在这里的 6 个月期间是不变期间，自裁判生效后次日起计算。 （7）当事人向上一级人民法院申请再审；当事人一方人数众多或者当事人双方为公民的案件，也可以向原审人民法院申请再审。

注意：（1）按照审判监督程序决定再审的案件，裁定中止原判决、裁定、调解书的执行，但追索赡养费、扶养费、抚养费、抚恤金、医疗费用、劳动报酬等案件，可以不中止执行；

（2）另行组成合议庭；

（3）依原审程序进行审理：①对原审为一审程序审结的案件，适用第一审程序；②对原审为二审程序审结的案件，适用第二审程序；③凡由最高人民法院或上级人民法院提审的案件均适用第二审程序。

（十二）公益诉讼

受理	符合下列条件的，人民法院应当受理： （1）有明确的被告； （2）有具体的诉讼请求； （3）有社会公共利益受到损害的初步证据； （4）属于人民法院受理民事诉讼的范围和受诉人民法院管辖。
管辖	（1）公益诉讼案件由侵权行为地或者被告住所地中级人民法院管辖，但法律、司法解释另有规定的除外。 （2）因污染海洋环境提起的公益诉讼，由污染发生地、损害结果地或者采取预防污染措施地海事法院管辖。 （3）对同一侵权行为分别向两个以上人民法院提起公益诉讼的，由最先立案的人民法院管辖，必要时由它们的共同上级人民法院指定管辖。
其他注意事项	（1）对公益诉讼案件，当事人可以和解，人民法院可以调解。当事人达成和解或者调解协议后，人民法院应当将和解或者调解协议进行公告。公告期间不得少于 30 日。 （2）公益诉讼案件的原告在法庭辩论终结后申请撤诉的，人民法院不予准许。

（十三）第三人撤销之诉

期限和法院	应当自知道或者应当知道其民事权益受到损害之日起6个月内，向作出生效判决、裁定、调解书的人民法院提出，并提供相应材料。
是否开庭审理	人民法院对第三人撤销之诉案件，应当组成合议庭开庭审理。
受理	对于下列情形，人民法院不予受理：（1）适用特别程序、督促程序、公示催告程序、破产程序等非诉程序处理的案件；（2）婚姻无效、撤销或者解除婚姻关系等判决、裁定、调解书中涉及身份关系的内容；（3）《民事诉讼法》第57条规定的未参加登记的权利人对代表人诉讼案件的生效裁判；（4）《民事诉讼法》第58条规定的损害社会公共利益行为的受害人对公益诉讼案件的生效裁判。
其他注意事项	受理第三人撤销之诉案件后，原告提供相应担保，请求中止执行的，人民法院可以准许。

（十四）执行异议之诉

	案外人	申请执行人
条件	（1）符合《民事诉讼法》第122条规定；（2）案外人的执行异议申请已经被人民法院裁定驳回；（3）有明确的排除对执行标的执行的诉讼请求，且诉讼请求与原判决、裁定无关；（4）自执行异议裁定送达之日起15日内提起。	（1）符合《民事诉讼法》第122条规定；（2）依案外人执行异议申请，人民法院裁定中止执行；（3）有明确的对执行标的继续执行的诉讼请求，且诉讼请求与原判决、裁定无关；（4）自执行异议裁定送达之日起15日内提起。
被告	以申请执行人为被告。被执行人反对案外人异议的，被执行人为共同被告；被执行人不反对案外人异议的，可以列被执行人为第三人。	以案外人为被告。被执行人反对申请执行人主张的，以案外人和被执行人为共同被告；被执行人不反对申请执行人主张的，可以列被执行人为第三人。
适用程序	普通程序。	普通程序。
处理	（1）案外人就执行标的享有足以排除强制执行的民事权益的，判决不得执行该执行标的；（2）案外人就执行标的不享有足以排除强制执行的民事权益的，判决驳回诉讼请求。注意：案外人应当就其对执行标的享有足以排除强制执行的民事权益承担举证证明责任。	（1）案外人就执行标的不享有足以排除强制执行的民事权益的，判决准许执行该执行标的；（2）案外人就执行标的享有足以排除强制执行的民事权益的，判决驳回诉讼请求。

续表

> （1）申请执行人对中止裁定未提起执行异议之诉，被执行人提起执行异议之诉的，人民法院告知其另行起诉。
> （2）人民法院应当在收到起诉状之日起 15 日内决定是否立案。

三、比较记忆

（一）确认之诉、形成之诉与给付之诉之比较

	确认之诉	形成之诉	给付之诉
特征	（1）是对现存的民事法律关系之确认。 （2）只请求确认当事人之间是否存在或者不存在某种民事法律关系，对方当事人没有给付的义务。 （3）法院的裁判没有执行的问题。	（1）双方当事人对其现存的民事法律关系并无争议，只是对现存的民事法律关系是否变更及如何变更有争议。 （2）现存的民事法律关系因法院作出的生效判决而变更。	原告有请求权，对方负有给付义务，且双方对此发生争议。
要件	因现存的民事法律关系是否存在而发生争议。	（1）当事人双方对现存的法律关系并无争议。 （2）原告必须主张引起双方当事人之间的民事法律关系发生变更或消灭的新的法律事实发生，且由该事实引起争议。	（1）在实体法上，原告有请求权。 （2）请求权已到履行期，而义务人不履行。

（二）民事诉讼与行政诉讼中专属管辖之比较

民事诉讼	行政诉讼
（1）因不动产纠纷而提起的诉讼，由不动产所在地人民法院管辖。 （2）因港口作业中发生纠纷而提起的诉讼，由港口所在地人民法院管辖。	（1）因不动产提起的行政诉讼，由不动产所在地人民法院管辖。

续表

（3）因继承遗产纠纷提起的诉讼，由被继承人死亡时所在地或主要遗产所在地人民法院管辖。 **注意**：在涉外继承中，仍依上述规定确定法院，但须注意此时动产继承适用被继承人死亡时所在地法律，不动产继承适用不动产所在地的法律。 （4）因在中华人民共和国领域内设立的法人或者其他组织的设立、解散、清算，以及该法人或者其他组织作出的决议的效力等纠纷提起的诉讼，由人民法院专属管辖。 （5）因与在中华人民共和国领域内审查授予的知识产权的有效性有关的纠纷提起的诉讼，由人民法院专属管辖。 （6）因在中华人民共和国领域内履行中外合资经营企业合同、中外合作经营企业合同、中外合作勘探开发自然资源合同发生纠纷提起的诉讼，由人民法院专属管辖。	（2）对限制人身自由的行政强制措施不服提起的诉讼，由原告所在地或被告所在地人民法院管辖。

（三）共同诉讼之比较

特别提示：当事人不是复数时，法院也可以将双方有牵连的多个诉讼合并审理，但这种情况不构成共同诉讼。

	普通共同诉讼	必要共同诉讼
概念	当事人一方或双方为两人以上，其诉讼标的属同一种类，经当事人同意，法院认为可以合并审理的诉讼，为普通共同诉讼。	当事人一方或双方为两人以上，有共同的诉讼标的，人民法院认为其属于不可分之诉而进行统一审理并作出合一判决的诉讼，为必要共同诉讼。
诉讼标的	是同一种类的。	是同一的。
当事人	须经当事人同意。	无须经当事人同意。
法院	可以合并审理。	应当合并审理。
诉讼行为的效力	其中一人的诉讼行为对其他共同诉讼人不发生效力。	共同诉讼人中一人的诉讼行为，经全体承认后，对全体共同诉讼人均发生效力。
裁判效力	对各个当事人分别作出。	对各个当事人一并作出。

(四) 保全与先予执行的比较

	保全		先予执行
	诉前保全	诉讼保全	
条件	(1) 利害关系人不立即申请保全将会使其合法权益受到难以弥补的损害的； (2) 情况紧急； (3) 向被保全财产所在地、被申请人住所地或者对案件有管辖权的法院申请； (4) 申请人应提供担保； (5) 起诉或申请仲裁前申请； (6) 限于给付之诉。	(1) 可能因当事人一方的行为或者其他原因，使判决难以执行或者造成当事人其他损害； (2) 当事人提出或法院在必要时主动采取措施； (3) 于立案后、裁判前申请； (4) 限于给付之诉。	案件范围：(1) 追索赡养费、扶养费、抚养费、抚恤金、医疗费用的；(2) 追索劳动报酬的；(3) 因情况紧急需要先予执行的（"情况紧急"的具体情形，参见《民诉解释》第170条）。 人民法院裁定先予执行的条件：(1) 当事人之间权利义务关系明确，不先予执行将严重影响申请人的生活或者生产经营的；(2) 被申请人有履行能力。
具体程序	(1) 由申请人向人民法院提出申请； (2) 申请人应当提供担保； (3) 人民法院在接受申请后必须在48小时内作出裁定； (4) 裁定采取保全措施的，应当立即开始执行。	(1) 申请人向人民法院提出申请或人民法院依职权采取措施； (2) 可责令申请人提供担保； (3) 尽快作出保全裁定，情况紧急的，必须在48小时内作出裁定，裁定采取保全措施的，应立即开始执行。	(1) 由权利人申请； (2) 可责令申请人提供担保； (3) 裁定先予执行； (4) 裁定后立即执行。
可否复议	当事人或者利害关系人对保全或者先予执行裁定不服的，可以申请复议1次。 **注意**：(1) 向作出裁定的人民法院申请复议；(2) 复议期间不停止执行。		
采取的措施	查封；扣押；冻结；法律允许的其他方法。 划拨存款；扣留财产；提取财产；强制某种作为或不作为。		

是否提供担保	申请人必须提供担保。	由人民法院根据案件的具体情况，决定当事人是否应当提供担保。	人民法院可以责令申请人提供担保。
解除条件	有下列情形之一的，人民法院应当作出解除保全裁定： （1）保全错误的； （2）申请人撤回保全申请的； （3）申请人的起诉或者诉讼请求被生效裁判驳回的； （4）人民法院认为应当解除保全的其他情形。 **注意**：（1）诉前保全：申请人在采取保全措施后30日内不依法提起诉讼或申请仲裁，人民法院应当解除保全；（2）财产保全的被保全人提供其他等值担保财产且有利于执行的，人民法院可以裁定变更保全标的物为被保全人提供的担保财产。		

（五）审判组织

	民事诉讼		刑事诉讼	
	一审	二审	一审	二审
人员	普通程序：（1）合议庭：审判员与人民陪审员共同组成合议庭或者由审判员组成合议庭（审判长只能由法官担任）；（2）独任庭：基本事实清楚、权利义务关系明确的一审案件，可以由审判员一人适用普通程序独任审理。 简易程序：审判员独任。 小额诉讼程序：审判员独任。	合议庭：由审判员组成合议庭。 独任庭：中级人民法院对第一审适用简易程序审结或者不服裁定提起上诉的第二审民事案件，事实清楚、权利义务关系明确的，经双方当事人同意，可以由审判员一人独任审理。	由审判员与人民陪审员共同组成合议庭或者由审判员组成合议庭，但审判长只能由法官担任。 简易程序：审判员独任。 速裁程序：审判员独任。	由审判员组成合议庭。

续表

人数	3人以上的单数即可	基层和中级法院：由审判员3人或者由审判员和人民陪审员共3人或者7人组成合议庭； 高级法院：由审判员3人至7人或者审判员和人民陪审员共3人或者7人组成合议庭； 最高法院：由审判员3人至7人组成合议庭。	上诉和抗诉：由审判员3人或者5人组成合议庭。
		合议庭的成员人数应为单数。	
重审	原审人民法院应当按照第一审程序另行组成合议庭。		
再审	原来是一审的，按照一审程序另行组成合议庭； 原来是二审的或者是上级人民法院提审的，按照二审程序另行组成合议庭。		

（六）诉讼中止、诉讼终结与延期审理之比较

	诉讼中止	诉讼终结	延期审理
适用情形	（1）一方当事人死亡，需等待继承人表明是否参加诉讼的； （2）一方当事人丧失诉讼行为能力，尚未确定法定代理人的； （3）作为一方当事人的法人或其他组织终止，尚未确定权利义务承受人的； （4）一方当事人因不可抗拒的事由，不能参加诉讼的； （5）本案必须以另一案的审理结果为依据，而另一案尚未审结的； （6）其他应当中止诉讼的情形。	（1）原告死亡，没有继承人，或者继承人放弃诉讼权利的； （2）被告死亡，没有遗产，也没有应当承担义务的人的； （3）离婚案件一方当事人死亡的； （4）追索赡养费、扶养费、抚养费以及解除收养关系案件的一方当事人死亡的； （5）撤诉以及按撤诉处理的情形也会产生终结诉讼的效力。	（1）必须到庭的当事人和其他诉讼参与人有正当理由没有到庭的； （2）当事人临时提出回避申请的； （3）需要通知新的证人到庭，调取新的证据，重新鉴定、勘验，或者需要补充调查的； （4）其他应当延期的情形。

351

续表

方式	裁定（不准上诉）。	裁定（不准上诉）。	由法院决定。
效力	（1）当障碍消除后，法院恢复诉讼； （2）有时条件变化，法院终止诉讼程序。	不再恢复诉讼程序。	一定期间后法院必然恢复诉讼程序。 不计入审限。

（七）简易程序与普通程序之比较

	简易程序	普通程序
适用的法院	基层法院及其派出法庭。	各级法院。
案件范围	（1）限于事实清楚、权利义务关系明确、争议不大的简单民事案件。基层人民法院和它派出的法庭审理前述规定以外的民事案件，当事人双方也可以约定适用简易程序。 （2）下列案件不适用简易程序： ①起诉时被告下落不明； ②发回重审； ③当事人一方人数众多； ④适用审判监督程序； ⑤涉及国家利益、社会公共利益； ⑥第三人起诉请求改变或者撤销生效判决、裁定、调解书； ⑦其他不宜适用简易程序的案件。	除适用特别程序审理的和简单的民事案件外的一切民事案件。
起诉要件	没有任何条件限制，可以口头起诉。	只有在书面起诉有困难时，才允许口头起诉。
审判组织	审判员一人独任审判，不组成合议庭。	由审判员、人民陪审员共同或由审判员单独组成合议庭。基层人民法院审理的基本事实清楚、权利义务关系明确的第一审民事案件，可以由审判员一人适用普通程序独任审理。
受理	审判人员可以当即受理，也可以另定日期。	原告起诉后，法院有7日的立案审查期。

第十六章　民事诉讼法与仲裁制度

续表

传唤当事人、通知证人的方式	(1) 采取捎口信、电话、短信、传真、电子邮件等简便方式传唤双方当事人、通知证人和送达诉讼文书； (2) 没有3日内的限制，案件随到随审。	(1) 开庭3日前，人民法院以通知书方式通知证人或诉讼代理人、其他诉讼参与人到庭； (2) 开庭3日前，以传票方式通知当事人、第三人到庭参加诉讼。
审限	(1) 立案之日起3个月内审结； (2) 审理期限到期后，有特殊情况需要延长的，经本院院长批准，可以延长审理期限。延长后的审理期限，累计不得超过4个月。	(1) 6个月审结； (2) 如有特殊情况还可以依法延长。
终审	基层人民法院和它派出的法庭审理事实清楚、权利义务关系明确、争议不大的简单金钱给付民事案件，标的额为各省、自治区、直辖市上年度就业人员年平均工资50%以下的，适用小额诉讼的程序审理，实行一审终审。	除最高人民法院受理的一审案件一审终审外，实行二审终审。

注意：(1) 人民法院在审理过程中，发现案件不宜适用简易程序的，裁定转为普通程序。转为普通程序后，审理期限自人民法院立案之日起计算。
(2) 已经按照普通程序审理的案件，在开庭后不得转为简易程序审理。
(3) 简易程序中的小额诉讼：
下列民事案件，不适用小额诉讼的程序：
①人身关系、财产确权案件；
②涉外案件；
③需要评估、鉴定或者对诉前评估、鉴定结果有异议的案件；
④一方当事人下落不明的案件；
⑤当事人提出反诉的案件；
⑥其他不宜适用小额诉讼的程序审理的案件。
人民法院在审理过程中，发现案件不宜适用小额诉讼的程序的，应当适用简易程序的其他规定审理或者裁定转为普通程序。当事人认为案件适用小额诉讼的程序审理违反法律规定的，可以向人民法院提出异议。人民法院对当事人提出的异议应当审查，异议成立的，应当适用简易程序的其他规定审理或者裁定转为普通程序；异议不成立的，裁定驳回。

（八）民事诉讼与刑事诉讼简易程序之比较

	民诉简易程序	刑诉简易程序
适用法院	基层法院及其派出法庭。	基层法院。
案件范围	仅限于事实清楚，权利义务关系明确，争议不大的简单民事案件。	基层人民法院管辖的案件，符合下列条件的，可以适用简易程序审判： （1）案件事实清楚、证据充分的； （2）被告人承认自己所犯罪行，对指控的犯罪事实没有异议的； （3）被告人对适用简易程序没有异议的。 人民检察院在提起公诉的时候，可以建议人民法院适用简易程序；被告人及其辩护人也可以申请适用简易程序。
不适用	（1）起诉时被告下落不明的； （2）发回重审的； （3）当事人一方人数众多的； （4）适用审判监督程序的； （5）涉及国家利益、社会公共利益的； （6）第三人起诉请求改变或者撤销生效判决、裁定、调解书的； （7）其他不宜适用简易程序的案件。	（1）被告人是盲、聋、哑人的； （2）被告人是尚未完全丧失辨认或者控制自己行为能力的精神病人的； （3）案件有重大社会影响的； （4）共同犯罪案件中部分被告人不认罪或者对适用简易程序有异议的； （5）辩护人作无罪辩护的； （6）被告人认罪但经审查认为可能不构成犯罪的； （7）不宜适用简易程序审理的其他情形。
转化	人民法院在审理过程中，发现案件不宜适用简易程序的，裁定转为普通程序。	（1）被告人的行为可能不构成犯罪的； （2）被告人可能不负刑事责任的； （3）被告人当庭对起诉指控的犯罪事实予以否认的； （4）案件事实不清、证据不足的； （5）不应当或者不宜适用简易程序的其他情形。
审限	立案之日起3个月，特殊情况下可延长，但累计不超过4个月。	（1）受理后20日；对可能判处的有期徒刑超过3年的，可以延长至1个半月； （2）决定转为普通程序审理的案件，审理期限应当从作出决定之日起计算。

（九）六种特别程序之比较

选民资格案件	条件： (1) 起诉人应先向选举委员会提出申诉后才能起诉； (2) 起诉人是与选民案件有直接利害关系的公民或无直接利害关系的其他公民。 程序： (1) 起诉； (2) 管辖：由选区所在地基层人民法院管辖； (3) 审判组织：由审判员组成合议庭进行； (4) 审理：在选举日前审结，起诉人、选举委员会的代表和有关公民必须参加； (5) 判决：在选举日前送达选举委员会和起诉人，并通知有关公民，对判决任何人不得上诉。
宣告失踪、死亡案件	条件： (1) 公民下落不明满一定期限：宣告失踪的须满2年，宣告死亡的须满4年，或因意外事件下落不明满2年，或因意外事件下落不明，经有关机关证明不可能生存的； (2) 由利害关系人提出，符合法律规定的多个利害关系人提出申请的，列为共同申请人； (3) 向下落不明人住所地基层人民法院提出申请，申请应附有公安机关或其他机关关于该公民下落不明的书面证明。 程序： (1) 受理； (2) 公告：宣告失踪的公告期为3个月，宣告死亡的公告期为1年（因意外事件下落不明，经有关机关证明该公民不可能生存的，宣告死亡的公告期为3个月）； (3) 判决：公告期届满后作出宣告死亡或宣告失踪的判决或者作出驳回申请的判决； (4) 被宣告失踪、宣告死亡的公民重新出现，经本人或者利害关系人申请，法院应撤销原判决。
指定遗产管理人案件	(1) 管辖：由被继承人死亡时住所地或者主要遗产所在地基层人民法院管辖； (2) 申请：由利害关系人申请； (3) 判决：人民法院受理申请后，应当审查核实，并按照有利于遗产管理的原则，判决指定遗产管理人； (4) 另行指定：被指定的遗产管理人死亡、终止、丧失民事行为能力或者存在其他无法继续履行遗产管理职责情形的，人民法院可以根据利害关系人或者本人的申请另行指定遗产管理人； (5) 遗产管理人资格的撤销：遗产管理人违反遗产管理职责，严重侵害继承人、受遗赠人或者债权人合法权益的，人民法院可以根据利害关系人的申请，撤销其遗产管理人资格，并依法指定新的遗产管理人。

续表

认定公民无民事行为能力、限制民事行为能力案件	(1) 管辖：由该公民住所地基层人民法院管辖； (2) 申请：由利害关系人或者有关组织申请； (3) 鉴定； (4) 代理：由近亲属为代理人，申请人除外； (5) 判决； (6) 被判无民事行为能力、限制民事行为能力的公民恢复行为能力的，应作出新判决，撤销原判决； (7) 在诉讼中，当事人的利害关系人或者有关组织提出该当事人不能辨认或者不能完全辨认自己的行为，要求宣告该当事人无民事行为能力或者限制民事行为能力的，应由利害关系人或者有关组织向人民法院提出申请，由受诉人民法院按照特别程序立案审理，原诉讼中止。
认定财产无主案件	(1) 管辖：由财产所在地基层人民法院管辖； (2) 申请：由公民、法人或其他组织申请； (3) 公告判决：人民法院受理，发出财产认领公告满1年后进行判决； (4) 判决认定财产无主后，原所有人或继承人出现并在诉讼时效期间内提出申请，审查属实后应作出新判决，撤销原判决； (5) 在公告期间，有人对该财产提出请求，法院应裁定终结特别程序，并告知申请人另行起诉，适用普通程序审理。
确认调解协议案件	(1) 经依法设立的调解组织调解达成调解协议，申请司法确认的，由双方当事人自调解协议生效之日起30日内，共同向下列人民法院提出：①人民法院邀请调解组织开展先行调解的，向作出邀请的人民法院提出；②调解组织自行开展调解的，向当事人住所地、标的物所在地、调解组织所在地的基层人民法院提出；调解协议所涉纠纷应当由中级人民法院管辖的，向相应的中级人民法院提出。 (2) 人民法院受理申请后，经审查，符合法律规定的，裁定调解协议有效，一方当事人拒绝履行或者未全部履行的，对方当事人可以向人民法院申请执行；不符合法律规定的，裁定驳回申请，当事人可以通过调解方式变更原调解协议或者达成新的调解协议，也可以向人民法院提起诉讼。
实现担保物权案件	(1) 申请实现担保物权，由担保物权人以及其他有权请求实现担保物权的人依照法律，向担保财产所在地或者担保物权登记地基层人民法院提出。 (2) 人民法院受理申请后，经审查，符合法律规定的，裁定拍卖、变卖担保财产，当事人依据该裁定可以向人民法院申请执行；不符合法律规定的，裁定驳回申请，当事人可以向人民法院提起诉讼。 (3) 实现担保物权案件属于海事法院等专门人民法院管辖的，由专门人民法院管辖。

续表

| 适用特别程序作出的判决、裁定，当事人、利害关系人认为有错误的，可以向作出该判决、裁定的人民法院提出异议。人民法院经审查，异议成立或者部分成立的，作出新的判决、裁定撤销或者改变原判决、裁定；异议不成立的，裁定驳回。
对人民法院作出的确认调解协议、准许实现担保物权的裁定，当事人有异议的，应当自收到裁定之日起15日内提出；利害关系人有异议的，自知道或者应当知道其民事权益受到侵害之日起6个月内提出。 |

四、三大诉讼法跨法比较记忆

(一) 管辖问题

1. 中级人民法院管辖范围之比较

民诉	(1) 重大涉外案件； (2) 在本辖区有重大影响的案件； (3) 最高人民法院确定由中级人民法院管辖的案件，如专利纠纷案件等。(《民事诉讼法》第19条)
行诉	(1) 对国务院部门或县级以上人民政府所作的行政行为提起诉讼的案件； (2) 海关处理的案件； (3) 本辖区内重大、复杂的案件； (4) 其他法律规定由中级人民法院管辖的案件。(《行政诉讼法》第15条)
刑诉	(1) 危害国家安全、恐怖活动案件； (2) 可能判处无期徒刑、死刑的案件。(《刑事诉讼法》第21条)

2. 一般地域管辖之比较

民诉	(1) 被告所在地法院管辖为一般原则，原告所在地法院管辖为例外规定； (2) 民事诉讼中有大量的特殊地域管辖的规定。
行诉	(1) 最初作出行政行为的行政机关所在地法院管辖为一般原则；经过复议的案件，也可以由复议机关所在地法院管辖； (2) 对限制人身自由的行政强制措施提起的诉讼，由被告住所地或者原告所在地法院管辖； (3) 因不动产提起的诉讼，由不动产所在地法院管辖。

357

续表

刑诉	（1）犯罪地法院管辖为主，被告人居住地法院管辖为辅； （2）最初受理地法院审判为主，主要犯罪地法院管辖为辅； （3）刑事诉讼中也有一些特殊地域管辖的规定。

（二）审判组织

1. 回避申请决定权

民诉	院长担任审判长或者独任审判员时的回避，由审判委员会决定；审判人员的回避，由院长决定；其他人员的回避，由审判长或者独任审判员决定。
行诉	院长担任审判长时的回避，由审判委员会决定；审判人员的回避，由院长决定；其他人员的回避，由审判长决定。
刑诉	（1）审判人员、检察人员、侦查人员的回避，应当分别由院长、检察长、公安机关负责人决定；院长的回避，由本院审判委员会决定；检察长和公安机关负责人的回避，由同级人民检察院检察委员会决定。 （2）法官助理、书记员、翻译人员和鉴定人，其回避问题由人民法院院长决定。

2. 公开审判的例外情形

民诉	行诉	刑诉
涉及国家秘密、个人隐私的案件或者法律另有规定的案件，应当不公开审理。 当事人申请不公开审理的离婚案件、涉及商业秘密的案件，可以不公开审理。	人民法院公开审理行政案件，但涉及国家秘密、个人隐私和法律另有规定的除外。涉及商业秘密的案件，当事人申请不公开审理的，可以不公开审理。	（1）有关国家秘密或者个人隐私的案件，不公开审理。 （2）涉及商业秘密的案件，当事人申请不公开审理的，可以不公开审理。 （3）开庭审理时被告人不满18周岁的案件，一律不公开审理。经未成年被告人及其法定代理人同意，未成年被告人所在学校和未成年人保护组织可以派代表到场。到场代表的人数和范围，由法庭决定。对依法公开审理，但可能需要封存犯罪记录的案件，不得组织人员旁听；有旁听人员的，应当告知其不得传播案件信息。

（三）诉讼主体
1. 诉讼参与人

	民诉	行诉	刑诉
诉讼参与人（诉讼参加人）	当事人、法定代理人、诉讼代理人、委托代理人、证人、鉴定人、勘验人员和翻译人员。		当事人、法定代理人、诉讼代理人、辩护人、证人、鉴定人和翻译人员。
当事人	原告、被告、共同诉讼人、第三人、诉讼代表人。		被害人、自诉人；犯罪嫌疑人、被告人；附带民事诉讼的原告人和被告人。
法定代理人	无诉讼行为能力人的监护人。		被代理人的父母、养父母、监护人和负有保护责任的机关、团体的代表。
诉讼代理人	法定诉讼代理人、委托诉讼代理人、指定诉讼代理人。		公诉：被害人及其法定代理人或者近亲属委托代为参加诉讼的人； 自诉：自诉人及其法定代理人委托代为参加诉讼的人； 附带民事：当事人及其法定代理人委托代为参加诉讼的人。

2. 近亲属范围之比较

民诉	行诉	刑诉
与当事人有夫妻、直系血亲、三代以内旁系血亲、近姻亲关系以及其他有抚养、赡养关系的亲属。	配偶、父母、子女、兄弟姐妹、祖父母、外祖父母、孙子女、外孙子女和其他具有扶养、赡养关系的亲属。	夫、妻、父、母、子、女、同胞兄弟姊妹。

（四）撤诉
1. 是否准予撤诉

民诉	在宣判前，原告自愿申请撤诉的，人民法院可以准许，也可以裁定不予准许；不准许原告撤诉的，可以在原告无正当理由拒不到庭时作出缺席判决。

续表

行诉	在宣判前，原告申请撤诉的，人民法院可以裁定准许，也可以裁定不予准许；不准许原告撤诉的，可以在原告无正当理由拒不到庭时作出缺席判决。
刑诉	(1) 公诉案件：在宣判前，人民检察院要求撤诉的，人民法院可以裁定准许，也可以裁定不予准许；(2) 自诉案件：在宣判前，自诉人出于自愿撤诉的，人民法院应当准许。

2. 撤诉后的处理

民诉	原告撤诉或按撤诉处理后，当事人以同一诉讼请求再次起诉的，应予受理。
	原告撤诉或者按撤诉处理的离婚案件，没有新情况、新理由，6个月内又起诉的，不予受理。
行诉	原告撤诉后，又以同一事实和理由重新起诉的，法院不予立案； 准予撤诉的裁定确有错误，原告申请再审的，法院应当通过审判监督程序撤销原准予撤诉的裁定，重新对案件进行审理。 原告未按规定的期限预交案件受理费，又不提出缓交、减交、免交申请，或者提出申请未经批准的，按自动撤诉处理。在按撤诉处理后，原告在法定期限内再次起诉，并依法解决诉讼费预交问题的，人民法院应予立案。
刑诉	在宣告判决前，检察院要求撤回起诉的，法院应当审查检察院撤回起诉的理由，并作出是否准许的裁定。
	法院裁定准许检察院撤诉的案件，没有新的事实、证据，检察院重新起诉的，应当退回人民检察院。除因证据不足而撤诉的以外，自诉撤诉后，就同一事实又告诉的，法院不予受理。

(五) 审理程序

1. 申请顺延期限的规定

民诉	当事人因不可抗拒的事由或者其他正当理由耽误期限的，在障碍消除后的10日内，可以申请顺延期限，是否准许，由人民法院决定。
行诉	公民、法人或者其他组织因不可抗力或者其他不属于其自身的原因以外的其他特殊情况耽误法定期限的，在障碍消除后的10日内，可以申请延长期限，是否准许，由人民法院决定。
刑诉	当事人由于不能抗拒的原因或者其他正当理由而耽误期限的，在障碍消除后5日以内，可以申请继续进行应当在期满以前完成的诉讼活动。是否准许，由人民法院裁定。

2. 延期审理、中止诉讼与终结诉讼（中止审理、终结审理）

	民诉	行诉	刑诉
延期审理	（1）必须到庭的当事人和其他诉讼参与人有正当理由没有到庭的； （2）当事人临时提出回避申请的； （3）需要通知新证人到庭，调取新证据，重新鉴定、勘验，或者需要补充调查的； （4）其他。	（1）应当到庭的当事人和其他诉讼参与人有正当理由没有到庭的； （2）当事人临时提出回避申请且无法及时作出决定的；	（1）因为特殊原因，在较长时间内不宜交付审判的特别重大复杂的案件，由最高人民检察院报请全国人民代表大会常务委员会批准延期审理。 （2）在法庭审判过程中，遇有下列情形之一，影响审判进行的，可以延期审理： ①需要通知新的证人到庭，调取新的物证，重新鉴定或者勘验的； ②检察人员发现提起公诉的案件需要补充侦查，提出建议的（不得超过两次）； ③由于申请回避而不能进行审判的。
中止审理	（1）一方当事人死亡，需要等待继承人表明是否参加诉讼的； （2）一方当事人丧失诉讼行为能力，尚未确定法定代理人的； （3）作为一方当事人的法人或者其他组织终止，尚未确定权利义务承受人的； （4）一方当事人因不可抗力的事由不能参加诉讼的； （5）本案必须以另一案的审理结果为依据，而另一案尚未审结的； （6）其他。	（1）原告死亡，须等待其近亲属表明是否参加诉讼的； （2）原告丧失诉讼行为能力，尚未确定法定代理人的； （3）作为一方当事人的行政机关、法人或者其他组织终止，尚未确定权利义务承受人的； （4）一方当事人因不可抗力的事由不能参加诉讼的； （5）案件涉及法律适用问题，需要送请有权机关作出解释或者确认的； （6）案件的审判须以相关民事、刑事或者其他行政案件的审理结果为依据，而相关案件尚未审结的； （7）其他应当中止诉讼的情形。	在审判过程中，有下列情形之一，致使案件在较长时间内无法继续审理的，可以中止审理： （1）被告人患有严重疾病，无法出庭的； （2）被告人脱逃的； （3）自诉人患有严重疾病，无法出庭，未委托诉讼代理人出庭的； （4）由于不能抗拒的原因。 中止审理的原因消失后，应当恢复审理。中止审理的期间不计入审理期限。

续表

| 终结（止）审理 | (1) 原告死亡，没有继承人，或者继承人放弃诉讼权利的；
(2) 被告死亡，没有遗产，也没有应当承担义务的人；
(3) 离婚案件一方当事人死亡的；
(4) 追索赡养费、扶养费、抚养费以及解除收养关系案件的一方当事人死亡的。 | (1) 原告死亡，没有近亲属或者近亲属放弃诉讼权利的；
(2) 作为原告的法人或者其他组织终止后，其权利义务的承受人放弃诉讼权利的。
因中止诉讼 (1)(2)(3) 原因中止诉讼满 90 日仍无人继续诉讼的，裁定终结诉讼，但有特殊情况的除外。 | (1) 情节显著轻微、危害不大，不认为是犯罪的；
(2) 犯罪已过追诉时效期限的；
(3) 经特赦令免除刑罚的；
(4) 依照刑法告诉才处理的犯罪，没有告诉或者撤回告诉的；
(5) 犯罪嫌疑人、被告人死亡的；
(6) 其他法律规定免予追究刑事责任的。 |

3. 二审的范围

民诉	第二审的审理应当围绕当事人上诉请求的有关事实和适用法律进行审查。当事人没有提出请求的，不予审理；但一审判决违反法律禁止性规定，或者损害国家利益、社会公共利益或者他人合法利益的除外。
行诉	人民法院审理上诉案件，应当对原审人民法院的判决、裁定和被诉行政行为进行全面审查。
刑诉	第二审人民法院应当就第一审判决认定的事实和适用法律进行全面审查，不受上诉或者抗诉范围的限制。 共同犯罪的案件只有部分被告人上诉的，应当对全案进行审查，一并处理。

4. 一审、二审、再审审限之比较

民诉	一审	(1) 普通程序：应当在立案之日起 6 个月内审结，有特殊情况需要延长的，经本院院长批准，可以延长 6 个月，还需要延长的，报请上级法院批准。 (2) 简易程序：应当在立案之日起 3 个月内审结；审理期限到期后，有特殊情况需要延长的，经本院院长批准，可以延长 1 个月。延长后的审理期限累计不得超过 4 个月。 (3) 小额诉讼程序：应当在立案之日起 2 个月内审结。有特殊情况需要延长的，经本院院长批准，可以延长 1 个月。
	二审	(1) 对判决上诉的案件：应当在第二审立案之日起 3 个月内审结，有特殊情况需要延长的，由本院院长批准。 (2) 对裁定上诉的案件：应当在第二审立案之日起 30 日内作出终审裁定，有特殊情况需要延长审限的，由本院院长批准。
	再审	再审案件按照第一审程序或者第二审程序审理的，适用民事诉讼法相应的审限。

第十六章　民事诉讼法与仲裁制度

续表

行诉	一审	（1）应当在立案之日起 6 个月内作出第一审判决。有特殊情况需要延长的，由高级人民法院批准，高级人民法院审理第一审案件需要延长的，由最高人民法院批准。 （2）基层人民法院申请延长审理期限，应当直接报请高级人民法院批准，同时报中级人民法院备案。
	二审	人民法院审理上诉案件，应当在收到上诉状之日起 3 个月内作出终审判决；有特殊情况需要延长的，由高级人民法院批准，高级人民法院审理上诉案件需要延长的，由最高人民法院批准。
	再审	再审案件按照第一审程序或第二审程序审理的，适用原审限规定。
刑诉	一审	（1）公诉案件：应当在受理后 2 个月以内宣判，至迟不得超过 3 个月。对于可能判处死刑的案件或者附带民事诉讼的案件，以及有《刑事诉讼法》第 158 条规定情形之一的，经上一级人民法院批准，可以延长 3 个月；因特殊情况还需要延长的，报请最高人民法院批准。人民法院改变管辖的案件，从改变后的人民法院收到案件之日起计算审理期限。人民检察院补充侦查的案件，补充侦查完毕移送人民法院后，人民法院重新计算审理期限。 （2）自诉案件：①被告人被羁押的，应当在受理后 2 个月以内宣判，至迟不得超过 3 个月。对于可能判处死刑的案件或者附带民事诉讼的案件，以及有《刑事诉讼法》第 158 条规定情形之一的，经上一级人民法院批准，可以延长 3 个月；因特殊情况还需要延长的，报请最高人民法院批准。人民法院改变管辖的案件，从改变后的人民法院收到案件之日起计算审理期限。②未被羁押的，应当在受理后 6 个月以内宣判。 （3）适用简易程序审理案件，人民法院应当在受理后 20 日以内审结；对可能判处的有期徒刑超过 3 年的，可以延长至 1 个半月。 （4）适用速裁程序审理案件，人民法院应当在受理后 10 日内审结；对可能判处的有期徒刑超过 1 年的，可以延长至 15 日。适用速裁程序审理案件，应当当庭宣判。
	二审	第二审人民法院受理上诉、抗诉案件，应当在 2 个月以内审结。对于可能判处死刑的案件或者附带民事诉讼的案件，以及有《刑事诉讼法》第 158 条规定情形之一的，经省、自治区、直辖市高级人民法院批准或者决定，可以延长 2 个月；因特殊情况还需要延长的，报请最高人民法院批准。最高人民法院受理上诉、抗诉案件的审理期限，由最高人民法院决定。
	再审	人民法院按照审判监督程序重新审判的案件，应当在作出提审、再审决定之日起 3 个月以内审结，需要延长期限的，不得超过 6 个月。

363

5. 再审案件应否停止原裁判的执行

民诉	按照审判监督程序决定再审的案件，裁定中止原判决、裁定、调解书的执行，但追索赡养费、扶养费、抚养费、抚恤金、医疗费用、劳动报酬等案件，可以不中止执行。
行诉	按照审判监督程序决定再审的案件，裁定中止原判决、裁定、调解书的执行，但支付抚恤金、最低生活保障费或者社会保险待遇的案件，可以不中止执行。
刑诉	再审期间不停止原判决、裁定的执行，但被告人可能经再审改判无罪，或者可能经再审减轻原判刑罚而致刑期届满的，可以决定中止原判决、裁定的执行，必要时，可以对被告人采取取保候审、监视居住措施。

6. 当事人申请再审的期限

民诉	应当在判决、裁定发生法律效力后 6 个月内提出；有新的证据，足以推翻原判决、裁定的，原判决、裁定认定事实的主要证据是伪造的，据以作出原判决、裁定的法律文书被撤销或者变更，以及审判人员在审理该案件时有贪污受贿、徇私舞弊、枉法裁判行为的，自知道或者应当知道之日起 6 个月内提出。
行诉	应当在判决、裁定或者调解书发生法律效力后 6 个月内提出。有新的证据，足以推翻原判决、裁定的，原判决、裁定认定事实的主要证据是伪造的，据以作出原判决、裁定的法律文书被撤销或者变更的，审判人员审理该案件时有贪污受贿、徇私舞弊、枉法裁判行为的，应当自知道或者应当知道之日起 6 个月内提出。
刑诉	法律对申诉和提起再审没有期限的规定。

五、调解、和解比较记忆

	参与主体	法律效力
调解	人民调解：人民调解委员会、当事人。	具有法律约束力，当事人应当按照约定履行。发生争议的，一方可以向法院起诉。
	行政调解：国家行政机关、当事人。	当事人可以就民事争议依法向法院提起民事诉讼。
	法院调解：法院、当事人。	调解书经双方当事人签收后，即具有法律效力。送达前一方反悔的，法院应当及时判决。

续表

和解	双方当事人。	和解协议具有合同性质,当事人应当按照约定履行。执行程序中一方不履行的,法院可以根据对方当事人的申请,恢复对原生效法律文书的执行。

六、仲裁制度

(一) 仲裁协议的效力

确认	(1) 时间:仲裁庭首次开庭前。 (2) 确认机构:仲裁机构和人民法院。 ①人民法院有优先确认权:一方请求仲裁委员会作出决定,另一方请求人民法院作出裁定的,由人民法院裁定。 ②对仲裁协议有确认权的人民法院:仲裁协议约定的仲裁机构所在地、仲裁协议签订地、申请人住所地、被申请人住所地的中级人民法院或者专门人民法院。
独立性	仲裁协议独立存在,合同的变更、解除、终止或者无效,不影响仲裁协议的效力。仲裁庭有权确认合同的效力。
无效	(1) 约定的仲裁事项超出法律规定的仲裁范围的; (2) 无民事行为能力人或者限制民事行为能力人订立的仲裁协议; (3) 一方采取胁迫手段,迫使对方订立仲裁协议的; (4) 以口头方式订立的仲裁协议无效; (5) 或裁或审的仲裁协议无效。
失效	(1) 仲裁庭已对仲裁协议所约定的全部争议事项作出仲裁裁决; (2) 当事人放弃仲裁协议; (3) 附期限的仲裁协议因期限届满而失效。

（二）申请撤销仲裁裁决

申请主体	双方当事人
管辖法院	仲裁委员会所在地的中级人民法院
申请时间	收到仲裁裁决书之日起 6 个月
法定情形	**国内仲裁** （1）没有仲裁协议的； （2）裁决的事项不属于仲裁协议的范围或者仲裁委员会无权仲裁的； （3）仲裁庭的组成或者仲裁的程序违反法定程序的； （4）裁决所根据的证据是伪造的； （5）对方当事人隐瞒了足以影响公正裁决的证据的； （6）仲裁员在仲裁该案时有索贿受贿，徇私舞弊，枉法裁决行为的。 人民法院经组成合议庭审查核实裁决有前款规定情形之一的，应当裁定撤销。 人民法院认定该裁决违背社会公共利益的，应当裁定撤销。	**涉外仲裁** （1）当事人在合同中没有订有仲裁条款或者事后没有达成书面仲裁协议的； （2）被申请人没有得到指定仲裁员或者进行仲裁程序的通知，或者由于其他不属于被申请人负责的原因未能陈述意见的； （3）仲裁庭的组成或者仲裁的程序与仲裁规则不符的； （4）裁决的事项不属于仲裁协议的范围或者仲裁机构无权仲裁的。 人民法院认定执行该裁决违背社会公共利益的，裁定不予执行。

（三）仲裁裁决的执行与不予执行

申请执行仲裁裁决的条件	（1）申请主体：由依据仲裁裁决享有权利的当事人，在义务人拒不履行义务时提出。 （2）时间：申请执行的期间为 2 年。 （3）管辖法院：被执行人住所地或者被执行财产所在地的中级人民法院。

续表

申请不予执行仲裁裁决的条件	（1）申请主体：依据仲裁裁决需要履行实体义务的人，即被执行人。 （2）管辖法院：受理执行案件的法院。 （3）时间：应当在执行通知书送达之日起15日内提出书面申请。裁决所根据的证据是伪造的，或者仲裁员在仲裁该案时有贪污受贿，徇私舞弊，枉法裁决行为且执行程序尚未终结的，应当自知道或者应当知道有关事实或案件之日起15日内提出书面申请。 （4）法定事由： 国内仲裁： ①当事人在合同中没有订有仲裁条款或者事后没有达成书面仲裁协议的； ②裁决的事项不属于仲裁协议的范围或者仲裁机构无权仲裁的； ③仲裁庭的组成或者仲裁的程序违反法定程序的； ④裁决所根据的证据是伪造的； ⑤对方当事人向仲裁机构隐瞒了足以影响公正裁决的证据的； ⑥仲裁员在仲裁该案时有贪污受贿，徇私舞弊，枉法裁决行为的。 涉外仲裁： ①当事人在合同中没有订有仲裁条款或者事后没有达成书面仲裁协议的； ②被申请人没有得到指定仲裁员或者进行仲裁程序的通知，或者由于其他不属于被申请人负责的原因未能陈述意见的； ③仲裁庭的组成或者仲裁的程序与仲裁规则不符的； ④裁决的事项不属于仲裁协议的范围或者仲裁机构无权仲裁的。 人民法院认定执行该裁决违背社会公共利益的，裁定不予执行。 （5）仲裁裁决被人民法院裁定不予执行的，当事人可以根据双方达成的书面仲裁协议重新申请仲裁，也可以向人民法院起诉。

（四）案外人申请不予执行仲裁裁决或仲裁调解书

形式条件	提交书面申请。
时间条件	（1）案外人主张的合法权益所涉及的执行标的尚未执行终结； （2）自知道或者应当知道人民法院对该标的采取执行措施之日起30日内提出。
实质条件	有证据证明仲裁案件当事人恶意申请仲裁或者虚假仲裁，损害其合法权益。

续表

法院的处理	案外人申请不予执行仲裁裁决或者仲裁调解书，符合下列条件的，人民法院应当支持： (1) 案外人系权利或者利益主体； (2) 案外人主张的权利或者利益合法、真实； (3) 仲裁案件当事人之间存在虚构法律关系，捏造案件事实的情形； (4) 仲裁裁决主文或者仲裁调解书处理当事人民事权利义务的结果部分或者全部错误，损害案外人合法权益。
救济途径	人民法院基于案外人申请裁定不予执行仲裁裁决或者仲裁调解书，当事人不服的，可以自裁定送达之日起10日内向上一级人民法院申请复议；人民法院裁定驳回或者不予受理案外人提出的不予执行仲裁裁决、仲裁调解书申请，案外人不服的，可以自裁定送达之日起10日内向上一级人民法院复议。

图书在版编目（CIP）数据

2025 国家统一法律职业资格考试记忆通 / 飞跃考试辅导中心编. -- 北京：中国法治出版社，2024.12.
ISBN 978-7-5216-4773-0

Ⅰ. D920.4

中国国家版本馆 CIP 数据核字第 2024JD3532 号

责任编辑：刘海龙　　　　　　　　　　　　　　　　封面设计：杨鑫宇

2025 国家统一法律职业资格考试记忆通
2025 GUOJIA TONGYI FALÜ ZHIYE ZIGE KAOSHI JIYITONG

编者／飞跃考试辅导中心
经销／新华书店
印刷／三河市国英印务有限公司
开本／850 毫米×1168 毫米　24 开　　　　　　印张／16.25　字数／388 千
版次／2024 年 12 月第 1 版　　　　　　　　　2024 年 12 月第 1 次印刷

中国法治出版社出版
书号 ISBN 978-7-5216-4773-0　　　　　　　　　　　　　　定价：49.00 元

北京市西城区西便门西里甲 16 号西便门办公区
邮政编码：100053　　　　　　　　　　　　　　传真：010-63141600
网址：http://www.zgfzs.com　　　　　　　　　编辑部电话：010-63141814
市场营销部电话：010-63141612　　　　　　　　印务部电话：010-63141606

（如有印装质量问题，请与本社印务部联系。）

赠送及增补服务有效期截至 2025 年 12 月 31 日。
本书扉页使用防伪纸印制，有这种扉页的"飞跃版"考试图书是正版图书。